# PAIDEIA
## The Ideals of Greek Culture

# 教化
### 古 希 腊 文 化 的 理 想

第三卷

## 柏拉图时代文化理想的冲突
### The Conflict of Cultural Ideals in the Age of Plato

[德] 韦尔纳·耶格尔 (Werner Jaeger)　著

陈文庆　译

华东师范大学出版社
·上海·

华东师范大学出版社六点分社　策划

# 目　录

# 前　　言

《教化》第三卷紧接着第二卷"探寻神圣的中心"而来。希望更多地了解整部著作的计划以及这新的两卷在其中位置的读者，可以参考本人第二卷的前言。

第二卷描述了哲学如何从教化问题中诞生。通过哲学在古典时代早期的渐次展开，即从苏格拉底令人心潮澎拜的问题——"（并非仅仅是技术意义上的）教育真的是可能的吗"——到柏拉图《王制》自然而然的高潮，第二卷追溯了哲学这一新的伟大力量在人类生活中的成长历程。在第二卷中，哲学为建立至高价值——它们构成人类的生活和教育的理想目标——而进行的艰苦卓绝的斗争，被描述为"探寻神圣的中心"，它与智术师时代的离心倾向形成鲜明的对比，智术师曾经宣告"人是万物的尺度"。

现在的第三卷讨论希腊精神努力重建自身的普遍趋势——伯罗奔尼撒战争末期，伯利克里帝国崩溃之后，希腊精神由登峰造极而到强弩之末。与上一卷一样，本卷从同一起点出发，但本卷追踪的是希腊智识发展的另一条线索。它探讨这个时代的哲学力量的逻辑反题——更确切地说，就是那些依靠实践经验和一般常识而非建立在第一原则［本原］之上的文化力量。本卷的标题指的就是这种文化理想的冲突。在本卷的第二部分，我们又回到柏拉图，讨论他作为一个哲学家的后期阶段。他的最后一部预言性著作《法义》是悲剧终场乐曲的一首序曲：这场悲剧就是自由城邦的衰亡，它标志着希腊文化古典时期的终结。

我要借此机会向我的妻子表达深深的谢意，在本书的出版过程中，她做了许多重要的工作。她孜孜不倦、坚持不懈、不厌其烦地辨认三大卷原始手稿并将其用打字机打出，更不用说我们之间关于本书内容的频繁讨论了。我要向我的朋友和同事布洛赫（Herbert Bloch）致以特别的感谢，在选择第二卷和第三卷的封面设计风格时，他为我提供了专业的帮助。

W. 耶格尔

哈佛大学

剑桥，麻省

1943 年 10 月

# 第一章　作为教化的希腊医学

[3]柏拉图以高度赞扬的口吻谈到希腊的医师和医学，以至于即使早期希腊的医学文献全部遗失了，我们也不需要进一步的证据即可推论，在耶稣基督之前的五世纪晚期和四世纪，希腊医疗职业的社会地位和智识声望确实非比寻常。柏拉图将医师看作高度专业化和精细化的知识部门的代表；柏拉图同时也将医学看作一种职业规范的典型和化身——其职业规范之严谨，足以使其成为知识与其实用目的之适当关系的典范，柏拉图隔三差五地举医学为例，以期使读者理解理论知识如何有助于改变人类生活的结构。可以毫不夸张地说，苏格拉底的道德知识学说——柏拉图对话中的许多争论都围绕于苏格拉底的道德学说展开——如果没有他如此频繁地提及的医疗科学作为其典范的话，是无从设想的。在那时存在的所有学科分支中（包括数学和自然科学），医学与苏格拉底的道德科学最为接近。① 然而，我们之所以必须考察希腊医学，不只是因为希腊医学是知识发展的一个初始阶段，它通向苏格拉底、柏拉图和亚里士多德的哲学，而且还因为它在那个时候所具有的知识形式：它发展成了希腊人生活中的主导性文化力量，而不再只是

---

① 参见本书第二卷，第32页。

一种单纯的手艺。从那时起，尽管有一些反对的声音，医学越来越成为一般文化(ἐγκύκλιος παιδεία)的常规部分。医学在我们时代的文化中一直没有重新获得这样的声望和地位。今天，高度发展的医疗科学——它产生于人文主义时代希腊-罗马医学文献的重新发现——因为过度专业化，[1]已经不能和它的先驱居于同等地位了。

医疗科学在后来希腊-罗马文化中的彻底整合，从希腊的角度看，可以通过盖伦(Galen)，[4]从罗马的角度看，可以通过加图(Cato)、瓦罗(Varro)和塞尔苏斯(Celsus)——他们没有一个是专职的医生——的"百科全书"看得最为清楚。[2] 但是，这不过是对医学在公元前五世纪后半叶及之后获得的崇高地位和影响力的一种认可。医学在当时之所以有如此地位和声望，有几个原因。第一，在那个时期，医学的代表人物们的宇宙观前所未有地宽广，他们将医学提升到了极高的智识水准，并保持了几个世纪；第二，通过与哲学的冲突，医学收获颇丰：它对自身的目的和方法获得了一种清晰的理解，并产生了自身特有的"知识"观念的经典表达形式；最后，更重要的是这样一个事实，即希腊文化永远既是身体的文化，又是灵魂的文化。这一真理体现在构成早期希腊教育的二元系统——体育和"音乐"之中。新

---

① 那些最为著名的医学史（如由施普伦格尔[Sprengel]和罗森鲍姆[Rosenbaum]所著，以及由赫克[Hecker]所著的医学史）显示出同一种过度专业化的倾向：他们没有考察医疗科学在希腊文化内部的地位，而是将其与周围环境分割开来，孤立对待。从事这一领域的古典学者们通常也这样做。在一本由利文斯敦(R. W. Livingstone)编辑的名为《希腊的遗产》(The Legacy of Greece, Oxford, 1923)的文集中，有一篇查尔斯·辛格(Charles Singer)的论文《医学》(Medicine)，英国的读者会发现里面有一个很好的导论。另可参见海德尔(W. Heidel)，《希波克拉底的医学》(Hippocratic Medicine)，New York, 1941。

② 关于医学在希腊化时期文化体系中的地位，参见马克斯(F. Marx)为塞尔苏斯(Celsus)所写的序言，第8页及以下。译注：盖伦（公元129—199年），希腊解剖学家、内科医生和作家，生于小亚细亚的佩加蒙(Pergamum)。他做了许多动物解剖，开创了解剖学和实验生理学先河。盖伦的医学思想源于希波克拉底，哲学观点源于亚里士多德。他的著作范围涵盖哲学、医学、数学等。其重要著作包括《论解剖操作》(On Anatomical Procedures)、《论医学经验》(On Medical Experience)、《论自然力》(On the Natural Faculties)等，这些著作对中世纪的医学有决定性影响。塞尔苏斯（公元前25年—公元50年），古罗马百科全书编纂者，医生。曾在提比略(Tiberius)皇帝治下，与大加图、瓦罗等共同编纂一部百科全书，其中留传后世的八卷本医书，相传为其所作。该书涉及内外科，资料宏富，显示了古罗马人的医学水平，影响直至文艺复兴时代。

时代的一个征兆就是,在任何身体训练的描述中,医师总是与体育教练一起被提到①——正如在智识领域中,哲学家总是出现在音乐家和诗人周围一样。医师在古典希腊的独特地位,主要是由于其与教育的关系。我们曾经追溯过希腊体育的发展历程:发端于荷马,经历赋予其理想以形式和色彩的诗歌,到柏拉图的哲学——希腊体育的理想由此获得了在人类生活框架中的应有地位。与体育不同,医学很早就产生了属于其自身的文献,这些文献向我们显示了医学真正的性质,这也是医学具有世界范围的影响力的真正原因。通过这些文献,我们知道了——尽管荷马赞扬医师的手艺②"与其他人相比毫不逊色"——这类医疗科学实际上是时代理性的产物。

当医学首次出现在希腊文明史上时,它获取的要比贡献的多。其依附性地位最明显的证据是,公元前五和前四世纪得以完整保存的所有医学文献都是用伊奥尼亚(Ionic)的散文写成的;其中一些可能是在伊奥尼亚写就的。不过,这绝不足以说明整个情况。希波克拉底(Hippocrates)本人生活和教学于科斯岛(Cos),科斯岛的居民说多利安语。他和他的学派用伊奥尼亚语写作,甚至可能在科学讨论时说伊奥尼亚语,[5]这一事实只能用先进的伊奥尼亚文明和伊奥尼亚科学的影响才能得到解释。那里一直医士辈出;不过,希腊的治疗手艺在其受到伊奥尼亚自然哲学的影响之前,一直没有发展成为一种目标确定的系统性科学。我们在希波克拉底的著作中第一次遇见了希腊医学,③他的学校对哲学持彻底的反对态度,但对我们来说,不让这种反对态度掩盖上述事实至关重要。如果不是因为最早的伊奥尼亚自然哲学家,不是因为他们对全部发生的事情寻求一种"自然的"解释,不是因为他们努力对一切事物追根溯源,并表明全部因果链条组成了一种必然的宇宙秩序,不是因为他们

---

① 例如,可参见柏拉图,《普罗泰戈拉》313d;《高尔吉亚》450a,517e;《智术师》226e,228e;《政治家》289a;尤其是《高尔吉亚》464b;这样的例子不胜枚举。关于希罗迪科(Herodicus)对医生和体育教练这两个职业的合并,参见柏拉图,《王制》406a。

② 《伊利亚特》Ⅱ. 514。

③ 参见本卷第 17 页及以下。曾经有那么一段时间,人们认为希腊医学起源于泰勒斯,这与塞尔苏斯的学说(《论医学》[De Medicina],第一卷,前言6)——即普遍性的科学、哲学原初都包含所有特殊科学,而且是全部技术发明之母——相一致。

的坚定信念（即不抱成见的观察和理性的力量可以洞察世界的全部奥秘），医学就永远不可能成为一门真正的科学。我们可以读到公元前两千多年法老御医所做的详细记录，钦佩他们观察的细致入微和惊人精确；他们在因果概念及其普遍应用的理论研究道路上已经走得非常之远，①要想不追问为什么埃及医学在达到这么高的发展阶段之后，竟然没有发展成为我们所理解的那种科学是不可能的。他们的医师对专业化和经验观察几乎知之甚少。不过，答案非常简单。埃及人不能、也没有像伊奥尼亚人那样，将自然设想为一个普遍的整体。他们的聪明才智（如我们现在所知的那样）和实事求是足以克服巫术和咒语的力量——在品达保守的希腊世界中，巫术和咒语还被误认为是医学。然而，只有希腊医学——它从伊奥尼亚的哲学前辈那里学到了如何寻找普遍规律——才能创造出一种理论体系来支持一场真正的科学运动。

早在梭伦那里（他深受伊奥尼亚的影响），我们就发现他对支配疾病的规律，以及部分与整体、原因与结果之间不可分割的联系有了一种完全客观的洞察。在那个时代，除了伊奥尼亚之外，如此清晰和敏锐的洞察力在其他任何地方都是不可能的。梭伦认定了这种普遍规律的存在，并以此假定为基础建立了他的"有机体"学说，即所谓政治危机就是社会有机体的健康状态的紊乱。② 在另一首诗中，他把人的生活划分为几个有节奏地相辅相承的七年周期。尽管这首诗写于公元前六世纪，但是，[6]它与"希波克拉底"的《七日奥秘论》(On Hebdomads)以及"希波克拉底"的其他作品——它们在写作日期上都要晚得多——有一种紧密的亲缘关系；因为它们与梭伦的诗一样，都倾向于把这些支配现象的规律追溯到数值关系中的相似之处——正如梭伦的同时代人米利

---

① 参见布雷斯特德(J. H. Breasted)，《埃德温·史密斯外科纸草摹本及象形文本，附译文和评注》(The Edwin Smith Surgical Papyrus, published in Facsimile and Hieroglyphic Transliteration, with Translation and Commentary)，二卷本，Chicago，1930；雷伊(A. Rey)，《希腊人之前的东方国家的科学》(La Science Orientale avant les Grecs)，Paris，1930，第 314 页及以下。关于那个阶段的埃及医学是不是真正的科学这一问题的相关文献，参见迈耶霍夫(M. Meyerhof)，《关于埃德温·史密斯的外科纸草，世界最古老的外科手术》(Ueber den Papyrus Edwin Smith, Das älteste Chirurgiebuch der Welt)，载《德国外科杂志》(Deutsche Zeitschrift für Chirurgie)，第 231 卷，1931，第 645—690 页。

② 参见本书第一卷，第 180 页及以下。

都的阿那克西曼德在他的宇宙论中，以及后来伊奥尼亚的毕达哥拉斯及其学派所做的那样。① 每个年龄段都有某种"适合"其能力的东西，这样的观念也出现在梭伦那里，后来又作为食疗理论的基础重新出现。② 还有另一种由自然哲学所创造的学说：即一切自然现象都是事物相互之间的某种法定补偿。这种学说经常出现在医学作家那里，他们把生理和病理事件解释为补偿和惩罚。③ 与此紧密相连的是这样一种观念：有机体或全部自然的正常健康状态就是 isomoiria（即全部基本因素的均衡与对等）。例如，这一观念出现在由医学科学家撰写的论著《气候水土论》(*On Airs , Waters , and Places*)以及其他不同的相关语境中。④ 令人怀疑的是，究竟是希腊医学中的其他基本观念——比如"混合(κρᾶσις)"与"和谐"的观念——来源于自然哲学，还是自然哲学从希腊医学思想那里借来了这些观念。

不过，关于主导性观念"自然(φύσις)"的起源是没有疑问的。在讨论智术师及其教育理论时，我们提到了人的自然(physis)应该成为整

① 本书第一卷，第201—202页描述了阿那克西曼德的三合一体系。涉及数字七的理论出现在希波克拉底的著作汇编《七日奥秘论》(第五章)和《筋肉论(*On Flesh*)》(第十二至十三章)中，在卡里斯托斯的狄奥克勒斯(Diocles of Carystus)那里(残篇177，威尔曼[Wellmann]编——来自他的一段拉丁文摘录，保存在马克罗比乌斯[Macrobius]那里)有关于数字理论的一套系统解答。可参见更完整的希腊文对应版本，在拙文《逍遥学派卡里斯托斯的狄奥克勒斯被遗忘的残篇(Vergessene Fragmente des Peripatetikers Diokles von Karystos)》(载《柏林科学院会议报告》，1938，第17—36页)中，以及本人评价时间周期理论和数字学说在希腊自然观中的意义时，曾提请学者们注意其希腊文对应版本。

② 梭伦残篇14.6,19.9。关于医学文献中的"适合(ἁρμόττον)"观念，参见拙著《卡里斯托斯的狄奥克勒斯，医学史和亚里士多德学派》(*Diokles von Karystos , Die griechische Medizin und die Schule des Aristoteles*)，Berlin，1938，第47页及以下。

③ 例如，"τιμωρία[帮助、报复、惩罚]"和"τιμωρεῖν[帮助(解除病痛)、报复]"这样的词出现在希波克拉底的《急性病摄生论》(*On Regimen in Acute Illness*)15，17和18之中。评论这些段落的盖伦和厄洛蒂安(Erotian)(《苏达辞书》，"τιμωρέουσα[帮助]"词条)解释说它们与"βοήθεια[援助(名词)]"和"βοηθεῖν[援助(动词不定式)]"是相同的意思。这显然是对的；不过，同样显然的是，这一观念与自然哲学的古老观念如"δίκη[正义]"、"τίσις[赔偿、惩罚]"、"ἀμοιβή[报应]"有某种联系。自然中的因果关系通过与司法过程的类比而被阐释为惩罚和报偿(参见本书第一卷，第205页及以下)。德谟克利特残篇261说，"一个人必须努力帮助(τιμωρεῖν)那些被他冤枉的人"；而"βοηθεῖν[援助]"一词，如我们现在所知，也有一种法律上的含义。

④ 在《气候水土论》第十二章中，健康的本质被描述为均衡原则(isomoiria)，以及不被某种力量占据主导地位；亦可参见《古代医学论》(*On Ancient Medicine*)14。

个教育过程的基础这一思想的划时代的重要意义。① 我们在修昔底德那里发现了同一观念在历史领域中的运用；我们看到他的历史思维是如何建立在这样一种假设之上的，这种假设就是：存在着"人性（human nature）"这样一种永远相同且哪里都一样的东西。② 在这一点上，和在其他很多事情上一样，智术师们和修昔底德都受到当时医学的影响，当时的医学发现了人的自然（φύσις τοῦ ανϑρώπου）的观念，并将其全部工作都建立在这一观念之上。不过，在这一点上，医学本身依赖于大自然——即整体的自然（φύσις τοῦ παντός）——的观念，而整体自然的观念是由伊奥尼亚哲学发展而来的。希波克拉底的医学思想依赖于伊奥尼亚哲学的整体自然观，《气候水土论》的导言（1 和 2）是对这一依赖途径的一个杰出表达：

> 谁想要正确地研究医学，都必须从以下几点着手。[7]首先，他必须研究一年中各个季节产生的影响——因为季节之间根本不同，同一年份的不同季节和不同年份的同一季节均有很大区别。其次，他必须研究冷热风的影响，特别是那种影响所有人的普遍的风，然后是影响任何一个地区的特有的风。他还必须研究不同水质对人的影响；因为正如它们的味道和轻重各不相同，它们对人的影响也差别很大。无论何时，当他到达一个陌生的城市（这里，和往常一样，他被认为是一位行医）时，他必须首先考察其方位，看看它与各种气流和日出位置的关系……看看它是何种水质……以及土壤的性质……如果他知道这个城市的气候怎样随季节而变化，星辰又在何时升起和落下……他就能预知下一年的气候和疾病流行的特点。通过这些研究和对下一年的预测，他将对每一个具体病例胸有成竹，在保护健康中取得最佳成绩，在运用医学技艺方面取得最大成功。如果有人认为这些东西太像自然科学，那么，他就应该理解，天文学对医学的贡献不是很小而是很大了。因为人的

----

① 参见本书第一卷，第 378 页及以下。
② 参见本书第一卷，第 472 页；修昔底德的医学因果观，参见本书第一卷，第 476—477 页；他对历史的准医学态度，参见本书第一卷，第 485 页及以下。

疾病随不同的季节而随时改变。

以这种方式来面对疾病问题的人显然有一个优秀的头脑。我们可以从他对事物整体性的理解中看出这一点。他没有把疾病孤立起来，将其当作一个特殊的问题来研究。他目不转睛地盯着那个得病的人，把他放在他所处的全部自然环境连同其普遍规律和各自特点中来看待。米利都自然哲学的精神在《神疾论》(On the Divine Disease) 令人难忘的字里行间发现了同样清晰的声音。《神疾论》的作者观察到，癫痫并不比其他任何疾病更有神意或更少神意，它与其他疾病一样来源于相同的自然原因。实际上，它们都既属于神，又都属于人。[①] 如此众多的前苏格拉底哲学赖以奠基的"自然"概念，被最成功地运用和延伸到了关于人的物理性质的医学理论之中，这种理论将成为后来自然概念运用于人的精神本性的典范。

公元前五世纪期间，自然哲学和医学之间的关系开始改变。阿那克萨哥拉和阿波罗尼亚的第欧根尼这样的哲学家接手了医学（尤其是在生理领域的医学）发现；当然也出现了一些本身就是医师的哲学家，如阿尔克迈翁、恩培多克勒和希朋(Hippon)，他们都属于西希腊学派。[8]与此同时，这种兴趣的融合反过来影响医学科学家，他们开始接收哲学家们创造的某些体系，作为自己的理论基础；我们已经在希波克拉底的一些专题文章中注意到了这一点。如此这般，在两种不同的思想类型之间的首次滋养接触之后，随之而来的是一段不确定的时期，在此期间，它们互相侵入对方的领域，医学和哲学之间的边界处于被打破的危险之中。正是在这一时期——医学作为独立存在的科学的一个关键

---

① 《神疾论》1 和 21。译注：希波克拉底的时代，人们普遍认为癫痫这种疾病是神赐的结果，所以经常用巫术、咒语、祈祷来治病。癫痫患者会突然发作，失去意识，然后慢慢地恢复意识，重新掌控自己的身体。因此，古希腊人认为是神灵制造了这种疯狂的发作，并称之为"神圣的疾病"。为了抵制"神赐疾病"的谬说，希波克拉底积极探索疾病的成因，提出了著名的"体液学说"。他认为复杂的人体是由血液、粘液、黄胆、黑胆这四种体液组成的，四种体液在人体内的比例不同，形成了人的不同气质；人之所以会得病，就是由于四种液体不平衡造成的；而体液失调又是外界因素影响的结果。因此，他认为一个医生进入某个城市首先要注意这个城市的位置、土壤、风向、水源、饮食习惯等等这些与人的健康和疾病有关的因素。

时期——开始有了现存最早的希腊医学文献。

此时此刻，我们必须对这部文献所呈现的哲学问题做一个简要的研究。这部文献有这么多内容得以保存，其用以写成的文体形式及其传诸后世的特殊方式，这些都表明它是小小的科斯岛上的著名医学学校的医疗实践和教学的产物。公元前五世纪后半叶，这个学校在其著名首领希波克拉底的带领下，其影响力达到了登峰造极的地步，柏拉图认为希波克拉底就是公元前四世纪早期希腊医学的化身（正如波利克里托斯［Polyclitus］和菲狄亚斯［Phidias］是希腊造型艺术的化身一样），亚里士多德则将其作为伟大医士的完美典范来引述。① 即使在一百多年之后，这个学校仍然还有一位才华横溢的校长——普拉克萨哥拉（Praxagoras），他提出了脉搏理论，谈到了把脉的技艺。从公元前五和前四世纪保存下来的所有完整的医学论文，都被冠以"希波克拉底"之名，它们都作为有一种固定形式的文集汇编一起（en bloc）流传了下来。尽管如此，现代学术研究已经表明，它们不可能全部都是一个人的作品，因为各篇论文经常相互矛盾，甚至相互攻击。这一点即使在古典时代也为该领域的学者们所知：因为与亚里士多德一样，希波克拉底在希腊化时代也有一次精神上的重生，在希腊化时代，希波克拉底学派和亚里士多德学派的研究已经成熟，只要希腊文化继续存在，他们的这种研究就能继续存在。盖伦对希波克拉底著作的宏富而渊博的评注，以及从后来的希腊-罗马世界得以幸存的全部希波克拉底辞书和解经训诂，无论是完整作品，还是残篇断简，都告诉我们这一学术研究分枝的一些蛛丝马迹。尽管我们不能与他们一样，相信真正的希波克拉底还能从大量希波克拉底派的论文中提取出来，[9]但我们不能不尊重其技

① 埃德尔斯坦（L. Edelstein）的《〈论气息〉和希波克拉底著作集》（*Περὶ ἀέρων und die Sammlung der hippokratischen Schriften*，Berlin，1931）第 117 页及以下指出，柏拉图和亚里士多德并不认为希波克拉底像他在盖伦时代所成为的那样，是绝对正确永无过失的权威。不过，在本人看来，埃德尔斯坦在其他一些方向上似乎走得太远了，比如他的微妙但相当牵强的证明——他试图证明柏拉图《普罗泰戈拉》311b—c，《斐德若》270c）和亚里士多德（《政治学》7.4.1326a15）著作中的那些著名段落表达了对希波克拉底的极大尊敬，但并没有将他置于比其他医生更高的地位。毫无疑问，无论是柏拉图，还是亚里士多德，都认为希波克拉底是医者的典范、医学技艺的化身。

艺和知识。现代批评家们也试图从文集中留出一定数量的作品,并将其归诸希波克拉底本人;但这些数量变得越来越小,而且,随着(在文集的众多代表作品中的)医学思想的特定线索的变化而变化——每位学者都坚持认为这一特定线索是希波克拉底本人的特征。因此,在经过所有这些勤奋细致的研究之后,看来我们不得不放弃这种研究,并承认我们对真相的无知了。①

　　从另一方面来说,又有大量的这种"希波克拉底的"专题论文:因此,在寻找真正的希波克拉底期间,学者们不自觉地对古典时代希腊思想中的医学科学作出了更为详细的描述。尽管到目前为止只是轮廓清晰,但这仍然是一个异常有趣的景象。这不只是简单地提出了一种学说体系,而且还向我们展示了一门科学的生命本身,及其全部复杂而又难以预料的影响和冲突。以下事实已经尽人皆知,即我们现在拥有的希波克拉底著作汇编不是希波克拉底的"著作集"——就像他那个时代的书肆中出售的那样——而是公元前三世纪的亚历山大里亚的学者们,在科斯岛的医学学校的档案室中发现的古代医学著作的一个全集,这些学者已经着手为后世子孙保存希波克拉底的著作(就像为其他古典作家保存著作一样)。显然,他们没有对这些作品中各式各样的混杂成分进行校订或清理,它们之中的一些被作为学科文献而公开发行,或者至少是为公众阅读而写就的。其他有一些是大量的原始笔记,还有一些是评注,这些评注不是为公众的阅读,而是为供作者的同伴参考而写的,其中一些也根本不是在柯安(Coan)的学校里写的——很自然,因为如果科学家们不关注其他人的思想和发现,科学很快就会停滞不前。这些无关的作品也被保存在学校的档案室里,而医学专家的著作

─────────────

① 戴希格雷贝尔(K. Deichgräber)的《〈流行病论〉和〈希波克拉底文集〉》(*Die Epidemien und das Corpus Hippocraticum*)(《柏林科学院会议报告》,1933)是最近的系统性著作,该书试图确定《希波克拉底文集》(*Das Corpus Hippocraticum*)中哪些作品应该归诸希波克拉底的圈子,哪些属于希波克拉底学校的第一代学生所撰写。作者的工作以《访问记》(*Visits*)中日期可以确定的那些段落为基础,但他没有冒险将任何一部专论归诸希波克拉底本人。只要小心求证,这种研究方法就会得出相对确定的结论。目前最需要的,是对现存的希波克拉底作品的文体风格和智力形式进行一种分析和解释,目前几乎还没有人做此类尝试。

则与其学生的作品混杂在一起，因为学校不是一个私人机构。除此之外，学校的每一个成员都知道同伴们的意见是什么。像柏拉图和亚里士多德这类掌管大型哲学学校的人的著作集也出现了类似的情况，①尽管与希波克拉底著作集的情况相比程度较轻。

希波克拉底誓言中庄严的规定之一，[10]就是他应该为学到的东西保守秘密，这一规定被每一个准许入校的学生所接受。正常情况下，医学知识父子相传，就像子承父业一样。因此，当老师接受一个陌生人为学生时，这个陌生人就相当于成了老师的儿子；因而要保证把技艺免费传授给老师的子女。② 一个学生（就像一个学徒）通过与老师的女儿结婚从而继承老师的行业是常有之事。我们被明确地告知，希波克拉底的女婿波利布斯（Polybus）是一个医师；恰好他也是柯安学校中亚里士多德指名道姓地引述的唯一成员——亚里士多德引述了他对静脉系统的详细描述，他的描述仍然保存在"希波克拉底"文集最著名的作品之一中。③ 这一特点使我们对整个文集有了更进一步的了解。尽管在希波克拉底的时代，个体伟大人格的支配地位开始在医学界显现（正如

---

① 在科学和哲学的学校内部，教学和书籍的写作是许多人同时分担的任务：参见拙著《亚里士多德形而上学发展史研究》（*Studien zur Entstehungsgeschichte der Mataphysik des Aristotles*），Berlin，1912，第 141 页及以下；阿利纳（H. Alline），《柏拉图的文本史》（*Histoire du Texte de Platon*），Paris，1935，第 36 页及以下。尽管有威尔曼（M. Wellmann）在《赫尔墨斯》61.332 中的断言，但我们切不可认为希波克拉底的文集中包含着"伪作"，即为故意欺骗世人，将一部著作冠以一个杰出作家的名字；参见下页注释①。

② 参见《希腊医学文献集成》（*Corpus Medicorum Graecorum*，即 *CMG*）1.1.4 的"誓词"。

③ 亚里士多德，《动物志》（*Hist. An.*）3.3.512b12—513a7；参见希波克拉底，《人之自然论》（*On the Nature of Man*）II；那一章与亚里士多德给出的来自波利布斯的节选相同，这一事实使得绝大多数现代学者将希波克拉底《人之自然论》全部都归之于波利布斯。研究希波克拉底的古代学者们，以他们对这个问题的观点为依据，被划分两部分。盖伦在其对此专题论文（*CMG* 5.9.1）的评注中说，第一章和第八章为希波克拉底本人所著；其理由是，其中提出的四体液理论是希波克拉底本人的作品的标志。不过，他拒绝将论文的其余部分归之于任何一个像波利布斯那样与希波克拉底联系紧密的人。萨比努斯（Sabinus）和绝大多数古代评注家都认为波利布斯是《人之自然论》的作者。译注：《人之自然论》按字面可译为《论人的本性》或《论人性》，但因此处的"nature"一词着重指人的自然属性，而非道德属性，如"病人的自然乃治病之良医"中的"自然"，主要指有机体自身的自然力、生命力，若译为"病人的本性乃治病之良医"就很费解，所以不用"本性"、"人性"字样。其他篇名的翻译，基本采用赵洪均先生的译法：《希波克拉底文集》（修订版），北京：学苑出版社，2019。

诗歌和艺术领域在更早的阶段就已如此,而哲学领域从一开始就已如此一样),但医疗行业的团体协作精神仍然非常强大,以至于在职业实践中,很少将思想和学说归之于其团体创始人。很明显,医学研究者首次以他们自己的名义在外传播个人的观点是在公开的演说中。希波克拉底的文集中迄今仍有几篇这样的演说,但其作者的姓名已经失传。希波克拉底的一篇专题论文引用了出自其他学校的著作,比如"尼达斯派的学说(Cnidian doctrines)",更为古老但同样著名的小亚细亚的尼达斯(Cnidus)的医疗机构持守这种学说,①但迄今为止,还没有学者成功地证实,希波克拉底的文集中有任何现存专题论文具有科斯岛之外的某个特定学校的真实印记。在公元前五世纪末的希腊,个人有表达观点的充分自由,因而我们不能正当地将每一个对柯安的医学理论的偏离,都当作是它来自其他学校的学说的证据。尽管如此,过去几百年的研究已经证明,既存在着一个以尼达斯为中心的亚洲的医学学校,也存在着一个以西西里为中心的西希腊的学校,②尽管由于缺少证据,我们对那里所做的工作的知识必然是零星的。

在希腊智识发展史上,医学文献是一种全新的东西,[11]因为,尽管其目的旨在教学,或者直接用于教学,但它与哲学和诗歌一样,即使有写给普通人的,那也是少之又少。它的出现是我们现在应该越来越加以注意的一个历史趋势的主要事例,这个趋势就是,生活变得越来越专业化,知识越来越分化为不同的职业部门,只有少数经过专门训练的、具有高度的智力和道德水准的人才能进入这些职业。具有重要意义的是,医学领域的作家经常谈到"外行"和"专业人士"——这一区分有一段漫长而重要的历史,但我们在这里是第一次

---

① 参见《急性病摄生论》(*On the Diet in Acute Illness*)I:作者提到一种新的尼达斯派学说(*Κνίδιαι γνῶμαι*)的改进版。他实际上的原话是"*οἱ ὕστερον διασκευάντες*",意即,与《访问记》(*Visits*)一样,这部著作不是某个人的作品,而是一个学派的产物。

② 参见伊尔贝格(J. Ilberg),《尼达斯的医师学校》(*Die Aerzteschule von Knidos*),*Ber. Sachs. Akad.*,1924);以及本卷第8页,注释①中所引埃德尔斯坦的近著第154页(他试图表明,希波克拉底文集中的尼达斯派著作远没有人们认为的那么多)。另可参见威尔曼的《西西里医师的残篇》(*Die Fragmente der sikelischen Aerzte*,Berlin,1901),他错误地将狄奥克勒斯也归之于西西里学派,以及本人反对他的著作《卡里斯托斯的狄奥克勒斯》(*Diokles von Karystos*,Berlin,1938)。

遇到。我们语言中的"门外汉（layman）"一词，来源于中世纪的教会，其原先的意思是指一个不是神职人员的俗人，从而指一个不正式接触行业秘密的人；但希腊语"idiotés［外行］"一词带有一种社会和政治的涵义。它是指一个离群索居，只关心自己的私人事务，而对城邦和团体不闻不问的人。与这样的人相比，医生是一个 demiourgos［手艺人、精通某一技艺者］，即"社会工作者（public worker）"——就像每一个为公众制鞋和制作家具的工匠被叫作"demiourgos"一样。以此揆之，与医生相区别，外行常常被叫作"普通人（$δημόται$）"。"demiourgos"这一名称将医生职业的社会性和技术性这两个方面生动地结合在一起——而伊奥尼亚的"$χειρῶναξ$［精通某一技艺者］（该词被用作 demiourgos 的同义词）"一词只有后一个方面的涵义。[①] 没有一个词可以把具有高级技艺的希腊医生从我们应该称之为普通工匠的人中区分出来；同样的道理适用于雕刻匠和画匠。然而，不管怎样，在希腊医学中存在着某种东西，类似于我们所使用的"外行"一词，以及"无专业知识的门外汉"所表达的涵义；这是希波克拉底准则（Hippocratic Law）的美丽结尾："秘密只向业内人士透露。在他们进入知识的奥秘之前，严禁向他们透露秘密。"[②]这里，人仿佛被一种宗教仪式分成了两个阶层，其中一个被严格排除在神秘知识之外。这一思路将医生的重要性提升到普通匠人之上，无论是在技术方面，还是在社会方面；不仅如此，它也是对医疗事业的高贵品格及其深刻的责任意识的雄辩证明——如果不是希波克拉底本人所写，那么必定是某个

---

① 关于"$ἰδιώτης$（外行）"，参见《健康人摄生论》（*On Regimen in Health*）1，《流行病论》（*On Affections*）1，33，45 和《饮食论》（*On Diet*）3. 68。在《呼吸论》（*On Breaths*）1 和《古代医学论》（*On Ancient Medicine*）1—2 中，作者对"$δημότης$［平民、普通人］"和"$δημιουργός$［手艺人、从事某一技艺者］"这两个词进行了对比。"$ἰδιώτης$（外行）"和"$δημότης$［平民、普通人］"在《古代医学论》2 和《急性病摄生论》6 中是同义词；"$χειρῶναξ$［有手艺的人、精通某一技艺者］"一词出现在同一篇作品的第八章。埃斯库罗斯在《普罗米修斯》第 45 行称铁匠的技艺是 $χειρωναξία$。译注：在古希腊语中，demiourgos 由 demios（或 demos）与 ergon 合成，前者意为"普通人"或"属于普通人的"，后者意为"人做的事"或"所干的活"。由此二者合成的动词形式"demiourgeo"的意思是"从事一门手艺"，所以"demiourgos"首先意为"为民众工作的人"、"手工艺匠"，又喻为"制造者"和"创造者"，如"雕刻匠"、"建筑师"、"鞋匠"，等等。

② 《希腊医学文献集成》1. 1. 8。

认识到自己的职业从其自然知识的增长获得了什么的人所写。当然,它也表明,[12]关于医师这种新职业的地位——医师在社会框架之中与众隔绝而又自命不凡——他感受到了一种真正的困难。

然而,实际上,新的医疗科学与希腊的一般智识生活并不那么界限分明,它努力在希腊人的智识生活中为自己争得一席之地;尽管它建立在一个特殊的与众隔绝的知识分支之上,但它有意向公众传授医学知识,并想方设法使他们理解这些知识。它创造了一种特殊的文学类型,一种专门写给非医学行业读者的文学类型。幸运的是,两种类型的医学文献,我们都掌握了一些——为医学专家写的专题论文,以及为大多数公众写的医学读物。我们拥有的绝大多数作品属于第一类专业论文,它们在这里不能得到应有的充分探讨。我们的主要兴趣自然而然地集中在第二种类型,不仅是因为它的文学品质更胜一筹,而且还因为它确实是希腊人称之为"教化"的一个组成部分。① 在与智术师们一样的讲座(ἐπιδείξεις)上,以及在为公众阅读而写的"演说辞(λόγοι)"中,医学科学家们破天荒地将他们的问题带到公众面前,在这样的时代,没有人真正知道一个外行(idiotés)应该在这种事情上费多少周折。当医师站出来与巡回演说的智术师们一较高下时,他们试图在公众中获得声望和权威。他们卓越的智力不仅足以唤醒公众对医学的一时兴趣,而且还造就了一个志趣相投的医学群体。这个群体由那些"有医学修养的(medically cultured)"人组成,他们对医学问题有一种不同寻常的(虽然不是专业的)兴趣,由于有足够的能力对医学问题作出判断,他们与那些对这个问题毫无主见的普通群众判然有别。当然,医师向普通大众介绍医学思想的最佳时机,是他们在实际治疗病人的时候。在《法义》中,柏拉图对奴隶-医护和受过科学训练的、为自由人治病的医师之间的区别进行了有趣的描述。奴隶-医护在病床之间匆忙穿梭,不经讨

---

① 我们必须区分医学讲师用演说性散文写就的关于一般性话题的演说(如《技艺论》和《呼吸论》),以及用简单的事实类风格写就但同样是写给普通公众的论文(如《古代医学论》、《神疾论》、《人之自然论》)。《饮食论》四卷同样是一种文学作品。这些作品的目的,既是指导外行公众,也是为作者做宣传广告:这是有必要的,因为在希腊,医疗职业没有获得国家的正式认可。参见《古代医学论》1,12;《技艺论》1;《急性病摄生论》8。

论(ἄνευ λόγου)就开出处方并下达了命令,也就是说,不解释他的治疗方案,只根据以往的日常经验而工作。他是一个专制君主。[13]如果他听到一个身为自由民的医师对一个身为自由民的病人以一种类似于科学指导的方式(τοῦ φιλοσοφεῖν ἐγγύς)说话,对身体的全部自然追根究源从而确定疾病的起源时,他会开怀大笑,并且说绝大多数所谓的医师在这种情况下会说的话:"你这个傻瓜,你不是在医治病人,你这是在教育他,好像你不是想给他治病,而是想让他成为医生似的。"①不过,柏拉图相信,同一种治疗方法,只有建立在对病人的一种基本教育的基础之上,才是科学治疗的理想。柏拉图是从当时的医疗科学那里接受的这种观点。在希波克拉底的文集中,我们发现有几则使外行了解医师的问题的最佳方法的讨论。《古代医学论》的作者说,"以让外行能够理解的语言谈论医学这门技艺尤其必要"。一个医师必须从人们实际所遭受的疾病开始。作为非专业人士的外行,他们不懂自己遭受的疾病,以及这些疾病的起因和治疗方法,不过,通过让每一位病人回想起自己的经历,从而将所有这些向他们解释清楚,并非难事。《古代医学论》的作者说,如果医师的说明与病人的回忆相一致的话,那就证明医师的技艺高超。②

我们没有必要引述作者讨论怎样指导外行,或者怎样与他们直接沟通的那些段落。不是所有的医师都按照他的计划,从事引导性的治疗,并用从病人自身经历中得到的信息帮助病人。其他人,由于有不同的看法,或者处境不同,完全反其道而行,在外行面前详尽阐述疾病性质的一般理论(比如《人之自然论》的作者),甚至邀请公众来判断医学是不是一种真正的技艺(比如《技艺论》[On the Art]的作者)。在柏拉图的《会饮》中,医师厄律克西马库斯(Eryximachus)在餐后从医学和自然哲学的角度,对爱欲的本性向外行们发表了一篇机智的长篇演说。③ 在文明社会中,人们对诸如此类的话题有一种特殊的兴趣,此类话题与流行的自然

---

① 柏拉图,《法义》857c—d;οὐκ ἰατρεύεις τὸν νοσοῦντα, ἀλλὰ σχεδὸν παιδεύεις[不是在治疗病人,而是在教育他]。参见《法义》720c—d,其中,柏拉图对这两种类型做了类似的描述。

② 《古代医学论》2;另一个例子见《流行病论》1。

③ 柏拉图,《会饮》186a—188e。

哲学的联系大大增强了人们的兴趣。色诺芬在年轻的欧绪德谟（Euthy-
demus）身上——他后来成为苏格拉底的热情追随者——描述了此种新
型的医学爱好者。他唯一的兴趣就是智识，并已经购买了一整座图书
馆，里面有建筑、几何、天文、当然首先是医学等各类书籍。① 不难理解，
像伯罗奔尼撒战争期间的瘟疫这样一种恐怖经历是[14]如何促使了大
量医学文献的出现，并为公众争相传阅。修昔底德本人是医学的一位业
余爱好者，在对疾病的症状做著名的描述时——这一描述有意回避对瘟
疫的起因给出任何提示——他为大量相互矛盾的假设所引导。② 尽管
如此，在其所使用的医学术语的细节中，这一描述透露出他对这一学科
的专门文献做过仔细研究。

亚里士多德在其《论动物的部分》（On the parts of Animals）中以这
样的话语开篇：

> 对于每一种科学，无论它是崇高，还是卑微，皆可有两种可
> 能的态度。一种配得上科学知识之名，另一种则是某种类型的
> 文化教养（*παιδεία*）。因为受过文化教育的人的标志，就是他能够
> 对另一个[专业]人士的解释的是非对错作出正确的判断。实际
> 上，这就是我们认为有普遍的文化教养的人所是的样子，而所谓
> 文化教养即这样做的能力。只不过，我们认为，有文化教养的人
> 可以凭其自身的能力判断几乎每一知识领域中的问题，而另一
> 种人则只能在某个特定的领域这样做。因为在特定的领域中，
> 也必定有一种有文化教养的人与我们刚才描述的那种普遍类型
> 相对应。③

在《政治学》中，他在专业的自然哲学家和有文化教养的人之间进行了
明确的区分——后者只是对自然研究有兴趣的业余爱好者，因为这种
区分就是他要强调的重点。此外，他提到了知识的三个不同阶段：执业

---

① 色诺芬，《回忆苏格拉底》4.2.8—10。
② 修昔底德，《伯罗奔尼撒战争史》2.48.3。
③ 亚里士多德，《论动物的部分》（*Part. An.*）1.1.639a1。

医师的知识，从事创造性工作的医学研究者的知识（他将自己的发现与执业医师交流），接受过一般医学教育的人的知识。① 亚里士多德在此处也没有忘记补充说，在每一个领域都有诸如此类的业余爱好者。他用这个例子想要证明的是，不只有那些实际从政的政治家有权判断政治问题，那些接受过政治教育和政治训练的人也有权判断政治问题；但他选择医学作为例子来说明这一道理，证明了在医学领域这一类型的人相对比较普遍。

某个学科的专业研究者，与只将其作为一般文化教养的一部分而感兴趣者之间的区分，在此之前早就出现了。我们在那些雅典青年贵族身上就可以看到这一点，他们迫切参加智术师们的讲座，但远没有达到自己想成为职业智术师的程度。② 在《普罗泰戈拉》中，柏拉图机智地表明，即使是智术师们的那些最热情的听众，也对他们的思想有所保留。③ [15]在医学领域，这一点同样适用于色诺芬笔下的欧绪德谟，后者热衷于阅读医学书籍，但当苏格拉底问他是否想要成为一个医师时，他还是大吃一惊；④欧绪德谟五花八门的图书馆藏书所反映的广泛兴趣，是新的"普世文化"的特征。色诺芬在"苏格拉底对教育（paideia）的态度"这一标题下记录了苏格拉底与欧绪德谟的对话。⑤ 这表明，在某些特定的圈子里，"paideia"一词逐渐有了"普世文化"的意义。这里，我们的任务不是追溯任何一个特殊的文化分支的发展历程，而是在它所有丰富的表现形式中对它进行描述。医学文化是最重要的表现形式之一。亚里士多德关于有医学素养或自然科学素养的人的观念，比柏拉图和色诺芬的更为清晰。当他说这样的人能够对事物作出判断时，他的意思是，这样的人有解决问题的正确办法，尽管这并不意味着他是这

① 亚里士多德，《政治学》3.11.1282a1—7。

② 参见本书第一卷，第391页及以下。

③ 柏拉图，《普罗泰戈拉》312a，315a。

④ 色诺芬，《回忆苏格拉底》4.2.10。

⑤ 色诺芬，《回忆苏格拉底》4.2.1：*Τοῖς δὲ νομίζουσι παιδείας τε τῆς ἀρίστης τετυχηκέναι καὶ μέγα φρονοῦσιν ἐπὶ σοφίᾳ ὡς προσεφέρετο νῦν διηγήσομαι*[我现在要说一下苏格拉底如何对待那些自以为已经受到了最好的教育并以智慧自夸的人]。色诺芬将欧绪德谟想像为当代努力获得一种更高类型的新文化的典型代表，这种文化类型的实质尚有待揭示。当然，我们必须将这种类型的文化与苏格拉底自己的教育（paideia）相区别。

方面的行家里手。只有职业的科学研究者才能了如指掌,但有文化素养者有能力对问题作出判断,其天赋往往高过那些在其自身领域内的多产学者。此类介于纯粹的专家和纯粹的外行之间的新型通识之士的出现,是智术师时代之后,希腊文化史上的一个独特现象。亚里士多德只是简单地认为这是理所当然之事。我们可以在早期医学文献中最清楚地看到这一点,这些医学文献非常在意让外行进入自己的领域。接受特殊科学进入一般文化领域总是受到严格的社会标准的限制:除非它是那种一个博雅宏通之士理应通晓的知识。在亚里士多德那里,我们也遇到了这样的道德准则——他从这一道德准则中得出了对文化发展极其重要的结论,即过度专业化(ἀκρίβεια)不能与自由文化和真正的君子风度相适应。① 看一看,即使在科学所向披靡的时代,原有的贵族文化是如何仍然抬起其高傲的头颅的!

我们在最早的医学文献中首次遇见希腊人所谓的"医生的技艺"的那段时间确实非常关键,它足以引起我们所描述的那类公众对这类问题的广泛兴趣。通过对希波克拉底时代的医学科学家常用科学思想的梳理,[16]我们试图重建自然哲学对医学的影响,并认识医学如何深刻地改变了当时的科学。要完全这样做并认识到医疗科学与其远古先行者之间的距离有多大,需要相当的历史想象力。纵然如此,如果不想假定一种高度发展的医疗科学在公元前五世纪的存在完全是一种不需要解释的理所当然之事,那么我们就必须做出努力。我们完全可以认为这是理所当然之事,尤其是因为其许多观念在今天都非常流行,而在上个世纪时,我们还在细节上对其做了很大改进。通过其文献为我们所知的这段希腊医学的历史,始于其反抗自然哲学理论支配地位的斗争,这场斗争只是那场不可避免的伟大革命的一个征兆而已,实际上,那场革命在那时几乎在一切方面都已经完全结束了。从那之后,医学就建

① 亚里士多德,《政治学》8.2.1337b15: Ἔστι δὲ καὶ τῶν ἐλευθερίων ἐπιστημῶν μέχρι μὲν τινὸς ἐνίων μετέχειν οὐκ ἀνελεύθερον, τὸ δὲ προσεδρεύειν λίαν πρὸς ἀκρίβειαν ἔνοχον ταῖς εἰρημέναις βλάβαις [在适合自由人学习的各种科目中,有些也应该做某种程度的限制,这些科目要是过度专业化,也会妨碍身心]。关于"仅以实用为目的的工作"的结果,参见亚里士多德,《政治学》1337b8。

立在了关于下述规律的知识之上：这些规律支配有机体对既作为自然普遍进程之基础，又作为人们物质生活之基础的那些力量的影响的反应——无论是在正常情况下，还是不正常的情况下。一旦这个牢固的立足点得以建立，从这个立足点出发朝四面八方前进就很容易了：希腊人的头脑，连同其天生的目的性、敏锐性和逻辑性，开始在任其支配的经验许可的范围内探索知识的每一条道路。当医学吸收了自然哲学的那些伟大观念时，自然哲学的宇宙论思想与这些观念一同进入人们的头脑且使人们的思想混乱不安，就完全成了自然而然之事。

我们已经注意到，后来的自然哲学家们（如恩培多克勒）突破了原有的藩篱，学会了如何适应医学思想以达到自己的目的。恩培多克勒的以经验为依据的自然哲学与宗教预言的结合，也是同一种类型的综合。他作为一个执业医师的成功必定增强了他的医学教学的声望。他在哲学理论上的四元素说，在医学界关于热、冷、干、湿四种基本特质的学说中流传了几个世纪，它要么非常奇怪地与占主导地位的医学理论（即"四体液"说）结合在了一起，要么把所有对手都赶了出去，成了医学理论的唯一基础。恩培多克勒的例子足以表明哲学思想是如何挤入医学领域，医学对哲学的反应又是怎样各不相同的：一些医学科学家如何毫无保留地全盘接受它们，[17]并马上开始用热、冷、干、湿这些术语来进行思考；其他一些科学家又是如何努力将恩培多克勒的体质论嫁接到业已存在的"体液"理论之上，以便在这两种理论之间达到一种折中与调和；而另外一些人则干脆将其作为无用之物置之不理，或者仅仅作为内科医师的次要兴趣来对待。它使人们对这一职业的智力敏感性，以及医学对自然知识中的每一新进展的意识有了更为深刻的认识。那个时代的医师将未经足够检验的理论用于对医学现象的解释相当仓促和匆忙，但这只是希腊思想的局部性缺陷，主要是因为他们缺乏经验。在生理学和病理学中，理论推理仍处于起步阶段。因此，与对它的行动迅速和确信不疑感到吃惊相比，我们也就没多少理由对它的过分大胆或图式化感到惊讶了，医师的第一目标是治好病人，他们的目光总是盯着这一指标，希腊的医师正是以这种速度和自信，来防止不切实际的玄思冥想，让知识领域的真正进步在医学中畅行无阻。

　　现在，随着医学回归谨慎的经验实证，以及对每一个病例的详细观察的需要，它被明确地划分出来，作为一门独立于一切自然哲学的技艺（在医学的帮助下，自然哲学上升为科学），并最终成就了其真正自我。《古代医学论》的无名作者极有把握地做出这一断言。当然，在那个时代，他的这一看法并不孤单；这是我们可以公正地称之为一个学派的组织发出的声音。这个学派就是希波克拉底学派，无论希波克拉底本人是否写作了这篇专题论文；因此，将柯安的学校称之为作为一门独立科学的医学的创立者是正确的。这篇文章的论点是，医学不需要一个新的空洞"假设"，因为它长久以来就已经是一门真实存在的且名副其实的技艺。因此，他拒绝拥护持以下观点的医师，这些医师相信，对于一门真正的技艺来说，像哲学家们在其理论中所做的那样，确定一个单一的原理并将一切不同现象都归诸这一原理至关重要。① 他坚持认为，在确定疾病的原因时，这种信念无助于（如人们认为它有助于那样）医师摆脱那种非科学的迟疑不决；更不用说保证每一位病人都得到正确的治疗了。它只意味着抛弃经验的稳固立足点——迄今为止，医疗技艺一直站立在这一立足点之上——而青睐一种不确定的理论。在未知的黑暗领域，那[确定一个单一的原理并将一切不同现象都归诸这一原理]可以是唯一可能的方法，[18]通过这种方法，哲学摸索着蹒跚而行；但为了进入哲学领域，医师必须扔掉所有治疗经验——这些经验都是在它缓慢、艰苦、从其数个世纪之前的原初开端处稳步前进的过程中获得的。他从医生就是那个告诉我们吃什么、喝什么的人这一旧观念开始，使读者深切地感受到了医学的这种发展。人们只有经过长期的经验积累，才能一步步学会吃不同于动物所吃的食物，并在不同类型的食物之间作出区分。不过，医师给病弱者开出的某种特定食物，又是一个更高的发展阶段：因为健康人的食物对一个病人来说，与动物的食物对一个健康的人来说一样危险。②

---

①　《古代医学论》1 及以下和 12。
②　《古代医学论》5 及以下和 8。

正是这一进步，使医学发展成为一门真正的技艺，因为没有人会把"技艺"这个词用于一种每个人都会的技能，如烹调。然而，健康人和病人的营养原则是相同的：都需要"合适的"食物。① 不过，所谓"合适"并不只是指要区分油腻且难于消化的食物与清淡且易于消化的食物，还意味着数量的确定，食物的数量因不同的体格而不同。病人会由于吃得太少而受到伤害，正如他会因为进食过多而受到伤害一样。一个真正的医生是由他估计每一个具体病例所适合的食物数量的能力得到确认的。② 他就是那个有把握为每个人决定合适的食物数量的那个人。这里不存在一个衡量的标准可以让人在一般基础上确定食物的数量，这必须全凭感觉（αἴσθησις）来完成，由于缺乏这样一种理性的标准，因此感觉是唯一能够弥补的东西。③ 这也正是执业医师犯错误最多的地方，不时犯点小错误的医生其实已经是这一职业里的高手了。绝大多数医生就像蹩脚的舵手；在风平浪静中掌舵时，没有人注意到他们的笨拙，而一旦暴风骤雨来临，则所有人都会发现他们毫无用处。

《古代医学论》的作者反对一切泛泛之论。一些"内科医师和哲学家"断言，如果一个人不知道人是什么，人怎样变成人，人的原始构造中有什么元素，那么他就不可能懂得医学；作者对此提出异议。理论上，这些思想家当然完全正确，如果每一个人都一直满足于此类经验论，[19]人们就永远都不可能发现现代药物化学。不过，鉴于当时元素知识的原始性——这是那个时代所能获得的一切，作者的怀疑论有其实践上的合理性。"他们的理论与哲学不谋而合，就像恩培多克勒和写了关于'自然（Nature）'的著作的其他人那样。"在这样说时，由于加上了"就像恩培多克勒及诸如此类之人一样"的话，表明作者不是在攻击恩培多克勒本人（人们通常都这样理解他的话），而是在定义"哲学"（其

---

① 《古代医学论》4 和 5 结尾。
② 《古代医学论》8—9。
③ 《古代医学论》9：Δεῖ γὰρ μέτρου τινὸς στοχάσασθαι μέτρον δὲ οὔτε ἀριθμὸν οὔτε σταθμὸν ἄλλον πρὸς ὃ ἀναφέρων εἴση τὸ ἀκριβές, οὐκ ἂν εὕροις ἀλλ᾽ ἢ τοῦ σώματος τὴν αἴσθησιν[然而，除了人体感觉之外，现在的知识又无法用数量、重量等衡量标准把治疗方法讲得很准确]；在这一段落中，作者还把医生与舵手相比较。

时,哲学还未获得我们赋予它的含义)。① 他以自豪的评论来迎接对手们把医学提升到据说是自然哲学的更高层次的艰苦努力:"我相信,没有其他方法能够比通过医学更能获得关于自然的确切知识。当医学本身得到完全的、恰当的理解时,人们便获得了关于自然的确切知识。"② 虽然这些话在我们听来很奇怪,但在他那个时代,这些话非常贴切,恰如其分。其时,自然的研究者们还不懂得对知识的精确性的责任。在其他所有科学之前懂得这种责任的一门关于自然的科学,就是医学,因为在医学领域,治病救人的成功完全依赖于对细节的准确观察,而失败则意味着一条人命。我们的作者以之为核心问题的,不是人本身是什么,而是"人[的身体状况]与他吃什么、喝什么是什么关系,他的生活方式如何,所有这些又是怎样影响他的"。③ 他警告医生不要以为说这样的话就已经足够了:"奶酪是一种油腻而难以消化的食物,吃得太多会让你肠胃不适。"他必须知道它"怎样"使你不适,为什么使你不适,到底是人体的哪个部分不能承受奶酪。不管怎样,奶酪对不同的人有不同的影响,有的人可以吃饱,一点都不难受,他们甚至一致认为,奶酪使人力气大增;难消化的食物之难的原因各不相同。因此,在医学领域笼统地谈论"人的自然(human nature)"是愚蠢的。

我们称之为《访问记》(*Epidemiai*, *Visitis*)的七卷著作,为这种刻意保守的经验主义态度——这种态度是医学领域新潮流的典型——提供了正确的背景。它们绝大多数似乎是由长期行医实践中的案例

---

① 《古代医学论》20。一些作者沉溺于这样的错误观念,即这场论战主要是针对恩培多克勒及其学派的。阿那克萨哥拉或第欧根尼可能也是这场论战的目标。"Φιλοσοφίη(爱智、研究)"一词还没有得到清晰的定义,为了让这个词的意思更清楚一些,作者才使用了恩培多克勒的名字;亚里士多德通过点出那些最为著名的代表人物,以同样的方式(《劝勉篇》残篇 5b[沃尔泽编];残篇 52[罗斯编])来解释"形而上学(metaphysics)"的概念,因为那时还没有特定的词来表示"形而上学"。他说,"阿那克萨哥拉和巴门尼德从事的正是这种类型的真理探究(ἀληθείας φρόνησις)"。如果我们想要逐步形成一部正确的"哲学"概念的历史,那么确立这一点是非常重要的:人们不断试图把哲学的起源追溯到希罗多德、赫拉克利特,甚至是毕达哥拉斯的时代。《古代医学论》的作者接着说,"我以此(即恩培多克勒的哲学)意指那种使人懂得人是什么和他是什么来历的研究(ἱστορίη)",等等。

② 《古代医学论》20。

③ 《古代医学论》20。

记录组成的，这些案例主要集中于北希腊的岛屿和大陆。① 单独的案例通常以病人的姓名和居住的城镇来区别。在这部作品中，我们可以直接看到个体从业者的经验是如何成长为医学科学的宏伟大厦的，整部希波克拉底文集都见证了这一过程。这些"备忘录（ὑπονήματα）"的风格是这些医师据之行事的规则的最佳例证，[20]我们在亚里士多德那里再次遇到了这一规则，即经验在记忆的帮助下从感官知觉发展而来。

很明显，《访问记》并非出自一个观察者之手。它是希波克拉底的《医学箴言录》(*Aphorisms*)开篇名句的具体体现：

> 人生短促，技艺长存，机会稍纵即逝，试验生死攸关，而临床诊断难之又难。②

然而，一个真正的研究者不会止步于细节，尽管他不愿意放弃对病人的详细观察。真理永远不会消失于具体个案的无穷多样性中，或者，如果它会的话，它对我们也没有真正的意义。这就是为什么那时的医学思想家们得出人的自然——人的身体结构，人的性情气质，人的疾病等等——的类型(εἴδη)概念的原因。③ "eidos"首先意味着"形式"；然后是将一组个体的形式与另一组区分开来的可见"征兆"；但它马上扩展到各种相关现象所共同具有的一切可识别的特征之上，从而（尤其是复数形式的 eidos）有了"类(kind)"和"型(type)"的意义。这种概括和归纳

---

① 所以题目叫《访问记》：对外邦城市的访问(Ἐπιδημίαι：'Visits to foreign cities')"。以访问外邦城市(Ἐπιδημεῖν)为业的不只是智术师和文人墨客，参见柏拉图，《普罗泰戈拉》309d 和 315c；《巴门尼德》(*Parm.*)127a；以及诗人希俄斯岛的伊翁(Ion of Chios)自传体作品，后者也叫《访问记》(Ἐπιδημίαι)。走街串市的内科医师也这么做，参见《气候水土论》1。希波克拉底文集中写作《访问记》(Ἐπιδημίαι)的作者们是写作《古代医学论》的作者的智识上的盟友，尽管他可能不是他们之中的任何一个人。

② 《医学箴言录》1.1。德米特里乌斯(Demetrius)，《论风格》(*On Style*)4 引述这个著名的句子作为文字生硬、枯涩风格的典型，其精神气质只是由于其内容而受到欣赏。

③ 泰勒的《苏格拉底杂录》(*Varia Socratica*)第 178—267 页研究了希波克拉底文集中"eidos"（经常以复数形式出现）和"idea"概念的发生。参见埃尔斯(G. Else)更晚近的研究《类型这一术语》(The Terminology of the Ideas)，载《哈佛古典语文学研究》(*Harvard Studies in Classical Philology*)，1936。

甚至为《古代医学论》的作者所接受。① 他所拒绝的是以前苏格拉底自然哲学的方式作出的断言，诸如"热是自然的本原，也是所有的健康和疾病的原因"这样的断言。根据作者的说法，人体中有咸、苦、甜、酸、涩、淡，以及许多别的性质，每一种对身体都有不同的影响，当这些性质混在一起、互相化合时，便不再表现出各自的特质，而对人体无害；②但一旦某种性质与其他性质相分离而单独起作用时，就对人体有害。这是克罗同的阿尔克迈翁（Alcmaeon of Croton）的旧说——有机体中某种力量起主导作用（μουναρχίη）就会引发疾病，各种力量的均衡（ἰσονομίη）就会健康。③ 不过，《古代医学论》的作者并没有理会热、冷、干、湿四质说和著名的四体液论（血液质、粘液质、黄胆质、黑胆质），后者后来——尤其是在盖伦之后——被认为是希波克拉底医学的基础。④ 在这方面，希波克拉底与写作《人之自然论》的这位图式化教条主义者正好相反，而后者却一度被认为是希波克拉底本人。

尽管《古代医学论》的作者强烈反对"当时人们心目中的"那种哲学，尽管他有时也对那些短视的经验主义者给予迎头痛击，似乎他想要故意冒犯别人似的，但想要不对大量哲学探索的新途径不感到惊讶是不可能的。[21]虽然他不想被称为"智者"，但很难让人觉得他本人对这些一无所知。的确，研究医学史的现代语文学家们把哲学式医师看作类似这位作者的经验科学家的反面，他们通常遵循他的思路，把哲学式医师看作这样一个人：他满脑子宏大的宇宙理论，开口闭口都是从前苏格拉底自然哲学家那里借来的高贵言辞——类似四卷本《饮食论》（On Diet）的作者所说的那些，该作者的话听起来有时像赫拉克利特，有时又像阿那克萨哥拉或恩培多克勒。但是，医学打开哲学思想新领

---

① 参见《古代医学论》第 12 节的"εἴδεα[形式、类型]"和第 23 节的"εἴδεα σχημάτων[形态、特征]"等。

② 参见《古代医学论》第 15 节末尾：热没有人们归诸它的那种巨大力量（δύναμις）；以及第 14 节的第二部分：在身体中起作用的各种力量，它们的数目、类型、正确的化合，以及它们发生的干扰和紊乱。

③ 阿尔克迈翁残篇 4（第尔斯本）。

④ 他关于身体中有"无数的"力量在起作用的观点证实了这一点，参见第 15 节他反对同时代人的习惯的争论，他们把热冷干湿这些特质孤立看待并将其实体化。

域的大门，并非因为几个内科医师发现和采用了现成的自然哲学理论，而是因为其中最能干的研究者，在一种真正开创性的、一种哥伦布式的航行中，开始寻找"自然"到底是什么——从自然中的一个领域［医学］开始，在他们之前，还没有人如此密切相关地、如此感同身受地、或对其特殊规律有如此充分的理解地研究过这一领域。

我们已经表明，柏拉图从一开始就以其坚定的直觉与医学保持密切的联系。不过，我们在这里可以更详细地解释一下他的这种联系：因为就其对柏拉图和亚里士多德的哲学的影响而言，没有比医学的新方法和新观念更好的例证了。这里研究医学对哲学的影响的另一个极佳理由，就是它提出了教育真正的核心问题是什么。当柏拉图在建立其道德哲学和政治学时，他既不是以数学知识为模型，也不是以思辨的自然哲学为模型，而是（如他在《高尔吉亚》以及其他许多著作中所言）以医学科学为模型，这绝非偶然。在《高尔吉亚》中，柏拉图通过医学解释了他心目中的真正技艺是什么，他从医学的例子中提取了技艺之为技艺的特质。[①]一门技艺就是关于一个对象的自然［本性］的知识，它旨在造福人类，因而在它被付诸实践之前，作为知识，它是不完整的。根据柏拉图所言，医生就是这样的人：因为有关于疾病的反面（即健康）的知识，所以他能识别疾病，从而也能找到办法和方式使患病之人恢复正常状态。医学就是柏拉图为哲人准备的典范，[22]哲人要为人的灵魂以及灵魂的健康做同样的事情。柏拉图的科学（即"灵魂的治疗"）和医生的科学之间的这种对比，说明了二者共同具有的两个特征，并使其变得鲜明而生动。两种知识都将其判断建立在关于自然本身的客观知识之上——医生致力于对身体的自然的洞察，而哲人则致力于对灵魂的自然［本性］的理解，但两种知识各自不仅将自然作为一连串的事实来探索自身的特定领域，而且还希望在身体或灵魂的自然结构中，找到规定哲人和教师或医生之行为的主导原则。健康，医生称之为人的物理存在的正常状态；而柏拉图的道德和政治学说是要洞察人的灵魂，灵魂的正常状态就是健康。

在《高尔吉亚》中，柏拉图对医学的兴趣主要指向对真正的技艺的形

---

① 柏拉图，《高尔吉亚》464b 及以下，尤其是 465a，501a 及以下。

式和本质的讨论,但他在《斐德若》的另一段文章中关于医学所说的话,对医师的方法的关注超过了对技艺的本质的关注。他坚持认为,医学应该成为真正的修辞学的典范①——"真正的修辞学"意指(与在《高尔吉亚》中一样)他自己的政治哲学技艺,意在引导人们找到对自己最好的东西。那么,柏拉图认为什么是医学方法的要点呢?我相信读者经常会被他先前半开玩笑的话所误导,他说,由于伯利克里从哲学家阿那克萨哥拉那里学会了关于"自然(Nature)"的大话(ἀδολεσχία),所以他成了一个影响力强大的演说家和精神领袖。现在,对话进一步断言,"除非了解整体的性质",否则就不可能理解灵魂,并以希波克拉底为例来证明这一断言——希波克拉底将同一原则运用于有关身体的知识之上。因此,学者们常常得出结论说,柏拉图是将希波克拉底用作那些略懂自然哲学知识的内科医师——如《古代医学论》的作者所抨击的肤浅哲学家——的类型名称。但是,接下来对希波克拉底的方法的确切描述却导致了一个完全不同的结论;柏拉图在此处说的话意思也很简单,他只想为其修辞学及其治疗灵魂的技艺提供一个范本。(苏格拉底在对话中说)希波克拉底教导说,我们首先必须问,[23]我们想要获得真正技艺的那个对象的性质是单一的,还是复杂多样的(πολυειδές)。如果是单一的,那么我们应该探究其有何力量影响其他事物或受其他事物的影响;如果是有许多种类(εἴδη),那么我们应该对其一一清点,且以同样的方式,通过探究其如何影响其他事物或者受其他事物的影响,搞清楚其中的每一个。

对希波克拉底方法的这一描述并不适用于通过定义宇宙及其根本原因开始治疗感冒的那类医生,而更像是真正的观察者的操作程序,这种程序从头到尾贯穿于希波克拉底文集的最佳作品之中。与柏拉图对希波克拉底的描述相对应的,与其说是因高谈阔论人的自然而受《古代医学论》抨击的"哲学式医生",还不是如说是《古代医学论》的这位"经验主义"的作者本人——针对那种哲学的观点,他坚持认为,人的体质

① 柏拉图,《斐德若》270c—d;卡佩勒(W. Capelle)列出了讨论这段内容的更早文献,参见《赫尔墨斯》,第57期,第247页。本人在此无法讨论这个问题的最后处理方案,本章第8页注释①引用了埃德尔斯坦的《〈论气息〉和希波克拉底著作集》,尽管本人不相信其中所说总是对的。

有各种不同的类型，因而奶酪对他们的胃的影响也各不相同。如果我们由此得出结论说，《古代医学论》的作者乃是希波克拉底本人，那就太仓促了：柏拉图的描述同样非常适用于《急性病摄生论》和《访问记》的作者。学者们一遍又一遍地尝试，试图把柏拉图的这一描述作为检验标准，将希波克拉底的真正著作从文集的其余部分中分离出来。然而，最终，他们都失败了，这不只是因为他们误释了柏拉图的这段话，而且还因为柏拉图的这一描述的宽泛性和模糊性——它只是以希波克拉底之名来例示一种广泛流行于公元前五世纪后期和前四世纪的希腊医学界的态度而已。也有可能是希波克拉底创始了这种方法。不过，在这些幸存的医学著作中，似乎有许多是由从他那里得知这种方法的其他医生完成的。我们唯一可以肯定的是，《人之自然论》一书作者特有的那种对自然哲学的宽泛概括（盖伦把柏拉图的话用在了这位作者身上），或者被《古代医学论》所抨击的那种态度，几乎与柏拉图所描述的希波克拉底的方法完全相反，希波克拉底的方法是：对身体性质的仔细分析（διελέσθαι τὴν φύσιν）、列举各种类型（ἀριθμήσασθαι τὰ εἴδη）、确定各自的治疗方案（προσαρμόττειν ἕκαστον ἑκάστῳ）。

[24]要想看明白柏拉图在此所描述的医学的特有程序实际上是他本人所使用的程序，尤其是他后期著作中所使用的程序，并不需要多少关于柏拉图对话的知识。阅读医学文献并发现其怎样预示着柏拉图所刻画的"苏格拉底"的方法，真是令人吃惊。我们已经看到，在事实的强迫下，以经验为依据的医师们怎样开始处理他们通过长期研究而确定为同一性质的个案，并"将其一并看作"（用柏拉图的话说）同一种类型或种类（εἴδη）。当医书的作者们在谈论许多这样的类型或种类时，他们将其叫作εἴδη；但当他们只想揭示现象的复杂性背后的统一性时，他们就用"one Idea"，"one Form"——也即一种样态或表现形式（μία ἰδέα）这样的概念。对 eidos 和 idea 的表达形式以及柏拉图（在不涉及医学文献时）使用它们的方法的研究，得出了同样的结论。① 这些首先为医生

① 里特尔（C. Ritter），《柏拉图新探》（*Neue Untersuchungen über Platon*），Munich，1910，第228页及以下。

们在研究身体及其功能时所使用的概念,被柏拉图转用到他正在研究的特定主题(即道德哲学领域)之上,又由此转用到他的整个存在论之上。在他之前,医学已经认识到了疾病的多样性和差异性是一个大问题,并努力确定每种疾病的确切类型①——正如柏拉图在其辩证分析中所做的那样,柏拉图也把自己的辩证分析叫作将一般概念划分或分解为它们的类型。②

在将医学和哲学作比较时,柏拉图主要是在思考其规范性特征。因此,他提到了航船的舵手作为具有相同类型的知识的另一个例子,亚里士多德也随乃师有样学样,但他们二者都是从《古代医学论》那里借用的医生和舵手之比。③ 不过,柏拉图主要关注的,是舵手和医生都学会了识别行为的标准这一事实,而亚里士多德则用这一联想性的比较来证明另一论点。他的《尼各马克伦理学》讨论的重要问题之一,就是如何将一种普遍的标准运用于个人生活和不同事例中——这些个人生活和不同事例乍一看来很难为一般规则所解决;这一问题在教育领域尤其重要;[25]在《尼各马克伦理学》中,亚里士多德在个体的教育和共同体的教育之间进行了一个基本的区分,并以医学为例作为这种区分的支撑。④ 不过,他也用医学来说明个人怎样才能为自己的行为找到正确的标准:因为医学表明了,正当的道德行为就像健康的饮食一样,在于持守过与不及之间的中庸之道。根据亚里士多德的说法,道德规范关乎我们的本能——欲望和厌恶——的管控,如果记得这一点,那么我们就能更好地

---

① 参见《急性病摄生论》3,其作者说,尼达斯学派的医师已经强调了疾病的多样性(πολυσχιδίη),并试图确定每一种疾病在其中出现的疾病类型的确切数目,但他们被这些疾病的变化多样误导了。他还说,把一种疾病的几种表现形式归结为一个 eidos[种类]是必要的。《呼吸论》(*On Breaths*)的作者在第 2 节中走向极端:他否定疾病特点的多样性(πολυτροπίη),断言只有一种τρόπος[样式、模式],它们只是因τόπος[部位]不同而分化为许多形式。

② 让柏拉图和早期内科医师感兴趣的还有另外一个问题。在《古代医学论》第 15 节中,作者说,实际上,并不存在孤立的、与其他任何 eidos[种类]无关的热、冷、干、湿(μηδενι ἄλλῳ εἴδει κοινωνέον)。参见柏拉图,《智术师》257a 及以下,他也谈到γένη[种]或εἴδη[种类]之间的一种κοινωνία[关系](参见 259e)。

③ 例如柏拉图,《政治学》299c;亚里士多德,《尼各马可伦理学》2. 2. 1104a9 和 3. 5. 1112b5;《古代医学论》,第 9 节,第二部分。

④ 亚里士多德,《尼各马可伦理学》10. 10. 1180b7。

理解他的上述表达。在他之前，柏拉图在讨论强烈的欲望时曾经使用过填满和清空的医学概念，并得出结论说，强烈的欲望是需要控制的可以"多一点或少一点"的领域之一。① 亚里士多德说，道德行为的标准就是中道——但不是两个极端之间严格固定的数学中点，也不是程度和等级的绝对中点，而是有关个体适当的中庸之道。因此，道德行为在于"力求达到"对我们来说是适当的过与不及之间的中道。② 在这一点上，亚里士多德所使用的每一个词——过度、不足、中道和恰当比例、力求达到（aiming）和洞察（αἴσθησις）——以及他对一种绝对规则的存在的否定，还有他的断言（即必须找到一种适合个体自然［本性］的标准），所有这些都直接借自医学，而他的讨论实际上是仿照《古代医学论》进行的。③

如果为了保证亚里士多德理论的所谓"原创性"——这是我们可能会犯的现代错误——而试图限制他对医学的依赖，那么，我们应该相信自己对希腊的思维方式一无所知。这样的原创性是一种错误的标准，只会使其使用者误判事实。柏拉图和亚里士多德通过在另一个平行的思想领域中获得的结果来支持他们的学说，从而赢得了更高的权威。在希腊人的生活结构中，每一个部分都支撑其他部分且为其他部分所支撑：每一块石头都相互支撑。在希腊思想成长的各个较早阶段中，我们已经看到这一原则在起作用，认识到这一原则现在在柏拉图和亚里士多德关于人类德性的核心学说这样一个关键点上得到证实非常重要。它不是一个简单的类比问题，乍一看可能是这样。可以说，当对身体的正确治疗的医学思想体现在苏格拉底关于灵魂的正确关怀和治疗中时，[26]它就被提升到了一个更高的力量层次。柏拉图和亚里士多德的德性概念，既包含身体的德性，也包含灵魂的德性。④ 如此这般，

---

① 柏拉图，《斐利布》34e—35b，35e 及以下。

② 亚里士多德，《尼各马可伦理学》2.5.1106a26—32，b15，b27。参见《古代医学论》9，本卷第 20 页，注释③所引。

③ 来自《古代医学论》的这段话在公元前四世纪的医学文献中还有其他一些回响，参见卡里斯托斯的狄奥克勒斯的残篇 138（威尔曼编），以及《饮食论》1.2 中的争论（利特雷版，第六卷，第 470 页，第二部分）。这段话的作者不承认一般规则可以精确地应用于病人的个体自然：因为他看到了所有医师的技艺不可避免的弱点。

④ 参见本书第二卷，第 46 页，第 164 页及以下。

医学就整个地被吸收进了柏拉图的哲学人类学（即关于人的科学）之中。从这个角度看，我们对医学这门特殊科学在多大程度上隶属于教化的历史这个问题就有了全新的认识。医疗科学不只是让有知识的公众对医疗问题和医学思想略有所知。在哲学完成重新勾勒人性（human nature）的任务中，医学通过将注意力集中于人的生活的一个领域，即身体的领域，为哲学的新发现做出了至关重要的贡献，从而有助于哲学塑造更接近人类理想的新个体。

于我们的目的而言，没有必要以同等的精确和详尽考察整个希腊医学思想。希腊医学很大一部分只关系到医学研究和医学实践的细枝末节，与我们的主题没有直接联系。不过，公元前五和前四世纪的希腊医学对塑造希腊理想的伟大精神进程还有一个贡献——某种最近才被现代医学认为是重要的、最近才得到应有发展的东西。这就是养生之道，它是希波克拉底派医学对教育科学所做出的真正的创造性贡献。只有在宇宙自然（universal nature）概念的广阔背景下——这一概念出现在那个时期的医学著作中——我们才能理解它。我们已经指出，希腊医学思想受"自然（nature）"观念的支配。不过，它的具体含义是什么呢？希波克拉底派的研究者又是怎样阐释自然（physis）的力量的呢？迄今为止，还没有人担负起研究早期希腊医学文献中的"自然（nature）"观念的任务，尽管这种研究会使我们对那个时代以及后来时代的整个智识发展史有一种更深的认识。在整个过程中，所有真正的医师都被认为是这样一个人：他永远不会在不考虑整体的情况下去考虑部分的情况，他永远从一个事物所起的作用和被其他任何事物所作用中来看待这一事物。这里，我们可以回忆一下柏拉图在《斐德若》中对希波克拉底的描述。① 柏拉图心中想的就是我们所谓的有机自然观。通过医学方法的例子，他想要表明，[27]在每一门科学中，在整体之内把握部分的功能从而确定部分的处理方法是必要的。值得注意的是，医学为这种处理问题的方法提供了例证。在《斐多》中，②柏拉图指责

① 柏拉图，《斐德若》270c—d。
② 柏拉图，《斐多》96a 及以下。

早期自然哲学家，因为他们没有考虑宇宙的内在目的的因素——这是与有机自然观密切相关的一点。因此，柏拉图在医疗科学中找到了他在自然哲学中没有成功地找到的东西。

当然，十九世纪的科学和医学没有从这个角度看希腊医学。它们的偏见反过来又为最近的医学史学者们在与希腊人打交道时所使用的假设推波助澜。① 毫无疑问，他们知道针对自然现象的目的论态度在后来的医生的工作中，首先是在盖伦的工作中至为关键。但是，在他们那里，只要看一眼，就知道哲学的恶劣影响已经扭曲了当时的医学思想。他们将希波克拉底视为盖伦的对立面，认为希波克拉底是地道的经验主义者——这相当于说他根本不可能有任何目的论的态度。他们认为他是古代“自然领域纯粹机械因果论”的主要代表之一。② 可是，当我们想到希波克拉底的比例概念时，就忍不住要怀疑这一切都是错误的。如我们所见，比例观念是《古代医学论》的主导思想，总的来说，它对希腊医生的行医实践有深远的影响；与此同时，它也给了我们在此情境下用以谈论目的论的正确感觉。医生的责任，就是当疾病扰乱了身体的正确比例时，恢复这种外人不得而知的隐秘比例。在人处于健康状态时，自然本身产生这种比例，③ 或者说自然本身"就

① 这不仅对有关希腊医学的研究著作而言是真的，甚至对泰勒（W. Theiler）的宝贵而富于启发的《亚里士多德及其之前有关自然的目的论研究史》（*Geschichte der teleologischen Naturbetrachtung bis auf Aristoteles*, Zurish, 1925）而言也是真的。泰勒几乎只讨论哲学家，他从希波克拉底的文集中只给出了少数几个类似的人物，而且这些人物和对埃拉西斯特拉图斯（Erasistratus）的提及（附录第 102 页）都是对医学的暗示。他的主要兴趣在于自然和有意识的技艺之间的对比；不过，他应该对希波克拉底的学说，即自然有一种无意识的目的性，给予深切的关注。这就是对现代科学最为重要的那种目的论，尽管现代科学还没有使用"目的（telos）"这个词。比尔（A. Bier）对希波克拉底医学的这个方面显示出一种更为公正的评价倾向，参见其《（目的论）对医学的贡献》（Beiträge zür Heilkunde），载《慕尼黑医学周刊》（*Münchener Medizinische Wochenschrift*），1931, No. 9 f. 。

② 冈伯茨，《希腊思想家》（*Griechische Denker*），第一卷，第四版，第 261 页；冈伯茨是第一个在希腊哲学的发展中予以希腊医师正当地位的学者，可是，他在对待他们的态度上，仍然是一个典型的实证主义者。他将希波克拉底和德谟克利特紧密联系在一起处理，这一事实表明了这一点；为支持这一点，他诉诸于这些人之间虚构的书信联系，这些书信是后来为了将他们联系在一起而伪造的。

③ 参见《古代医学论》，第 5 节结尾，第 9 节；《饮食论》3. 69。

是"这种恰当比例。与比例和对称密切相关的是化合（mixture）的概念，它实际上意味着支配有机体的各种力量之间的某种均衡。① 自然努力达到那个可理解的标准（因为那是我们描述它时必须采用的方式）；从这个角度看，很容易理解柏拉图为何能把力量、健康和俊美视为身体的"德性（ἀρεταί）"，并将它们与灵魂的伦理德性相提并论。柏拉图以"德性"一词意指各个部分和各种力量之间的对称和均衡——根据希腊的医学思想，正常的健康状态就在于这种对称和均衡。② 因此，我们不必惊讶于在早期的医学著作中发现"德性"一词。③ ［28］它不是在柏拉图的影响下而被首次引进的。这种看待自然的方式是作为整体的古代希腊医学的典型特征：自然规律背后的目的性在人处于疾病中时表现得尤为明显。医生不是通过干预自然来治疗病人。疾病的症状——尤其是发烧——实际上是人的正常状态得到恢复这一进程的开端。这一进程是由身体自身发动的，医生要做的就是注意他可以介入的那个点，以便促进自然的自愈动力；然后自然就会自救。④ 这就是希波克拉底疾病学说的主要原理；同时也是对其学说的目的论基础的最简洁的表达。

两代人之后，亚里士多德说技艺模仿自然，为弥补自然之不足而发明，从而界定了技艺与自然的关系。⑤ 亚氏的这一看法以自然的一种无处不在的目的性为前提，它在自然中看到了技艺的原型。不过，在智术师时代，一些内科医师通过将身体的几个部分与技术的工具和发明

---

① 参见《古代医学论》，第14节，第二部分；《气候水土论》，第12节；《人之自然论》，第4节。
"ἀκρασίη［虚弱、不能自制］"一词出现于《人体部位论》（*On the Parts of Man*）第26节和其他地方；《饮食论》1.8—9提到了和谐的概念。关于"ἁρμόττον［控制、适宜］"，"μέτριον［适度、适中］"，"σύμμετρον［相称、成比例］"，参见拙著《卡里斯托斯的狄奥克勒斯：医学史和亚里士多德学派》，第47页及以下。

② 柏拉图，《斐多》93e，《法义》773a，《高尔吉亚》504c通过将健康界定为身体的适当秩序（τάξις）意指相同的东西。另可参见亚里士多德残篇7，瓦尔泽（Walzer）编，第16页（罗斯编，第45页），论身体中作为健康、力量和俊美的原因的均衡。

③ 例如，参见《急性病摄生论》，第15、17节。

④ 当赫拉克利特将急忙赶赴受伤部位的心灵，与急忙赶往蛛网被苍蝇破坏的部位的蜘蛛相比时（残篇67a），他使我们想起了希波克拉底的思想：自然急于帮助（βοηθεῖ）对抗疾病。这段话听起来更像是一种医学思想，而非一条赫拉克利特的箴言。

⑤ 参见拙著《亚里士多德：发展史纲要》，第74页。

之间进行对比，并指明二者的相似之处，已经证实了人的有机体为目的所支配。在阿波罗尼亚的第欧根尼那里有这种类型的目的论的一个很好的例子。这个人既是自然哲学家，也是医生，因而被认为是这一理论的创始人。① 这一理论无疑是从医学界开始的。在希波克拉底的文集中，我们在《心脏论》(*On the Heart*)中发现了这一理论。②《饮食论》卷一包含着一种不同的、更神秘的目的论，根据这种目的论，一切技艺都是对人的自然的模仿，一切技艺都通过与目的论的一种神秘类比得到理解——作者还添加了许多牵强附会的例子作为证据。③ 这种目的论与亚里士多德的目的论、第欧根尼的目的论毫无共同之处，但至少表明了目的论观念在当时的医学思想中如何广泛流行，又有多少种表现形式。"医师的技艺是切除病人患病的部位使机体恢复健康，清除折磨病人的病灶使人痊愈。'自然'无需帮助就能独立做到这一点；如果有人因久坐而酸痛，他应该站起来，走动走动；如果有人因频繁走动而生疼，他应该坐下来，歇一歇：这，以及医学技艺的许多其他因素，早已存在于自然之中。"④这些都是《饮食论》作者的个人推测，但希波克拉底学派也认为医师的义务只是对自然的服务和补充。[29]因此，我们在《访问记》中读到：

病人的自然即治病之良医。⑤

这意味着个体的自然(physis)是一个有目的地工作的实体；但接下来的这个句子(或者毋宁说格言)提到了普遍的自然(physis)。"自然"不需要有意识的才智就能找到其自身的方式和方法——例如，在眨眼睛，动舌头和类似的现象中。后来的自然哲学家(如我们所指出的，受到医

---

① 参见泰勒，《亚里士多德及其之前有关自然的目的论研究史》，第 13 页及以下；他试图把此种类型的所有观念都追溯至第欧根尼。

② 参见泰勒，《亚里士多德及其之前有关自然的目的论研究史》，第 52 页，从《心脏论》中引用了一个例子；其整个语调和内容都表明它受目的论思维方式的启发。

③ 《饮食论》1.11。

④ 《饮食论》1.15。

⑤ 《访问记》6.5.1：*νούσων φύσιες ἰητροί*。

学思想的影响）通过设定内在于世界整体的神圣理性有目的地安排万物来解决自然的目的性问题。① 希波克拉底派的医学理念避免一切诸如此类的形而上学假设；但他们仍对自然的无意识目的性行为钦佩不已。现代活力论通过使用一个生理学概念，并断言生物体中的目的性过程是对刺激的反应，从而填平了有意识的目的和无意识的目的之间的鸿沟。希波克拉底还没有这样的观念。古代医学从未彻底下定决心搞清楚此类过程"怎样"开始，但对这样的过程确实出现了这一事实完全确信不疑。古代医学坚持认为，自然的目的总是与有活力的生命有关，而有活力的生命则是医疗科学的唯一对象。

在上面提到的来自《访问记》的那段文字中，作者提出了一种无意识教育的理念，这种无意识的教育会引导自然去做必要的事情：*εὐπαίδευτος ἡ φύσις ἑκοῦσα, οὐ μαθοῦσα, τὰ δέοντα ποιεῖ*［自然自愿接受良好的教育，即使她没有学过，也能做合适的事情］。在利特雷（Littré）版的希波克拉底文集中（考虑到它的出版日期，它还是一个有价值的版本，不过，尽管它的文本对大多数希波克拉底文集来说是最好的，但从校勘的角度来说，仍有不足之处），这句话被逆转了，读作："自然没有受过教育，她什么也没学到，但仍能做正确的事情。"后来的《食物论》(On Food)是一篇充满格言警句的小论文，相同的否定性观点出现在《食物论》的撰写者那里："万物之自然皆无教师。"②看起来他好像读过《访问记》的这段文章，而且是在模仿它。果真如此，那么他就走错了路，因为其同时代人会认为，说不需要教育就可以做对任何事情是一个疯狂的悖论。因此，既然自然本身可以不学而行正确之事，那她必然拥有自我-教育（*εὐπαίδευτος*）的天赋。她通过将这种天赋直接应用于她所关心的任务而发展出了高超的技艺。出现在最好的手稿本中的这种读法，[30]是归诸埃庇卡摩斯（Epicharmus）的格言的撰写者使用的；因为他说自然是自己教育自己，从而用几乎同样的方式来解释自然的智慧。自然的无意识的理解力被认为是人的有意识

---

① 阿波罗尼亚的第欧根尼残篇5（第尔斯本）。另可参见残篇7和8。

② 《食物论》39：*φύσιες πάντων ἀδίδακτοι*。

的"文化"的对应物。① 这种思想比偶尔出现在医学著作中的智术师们的观念更加深刻——即教育对人的自然的塑造与农艺和动物的驯养相似。② 因为，以智术师们的那种方式看来，教育无非就是外在强加的训练和纪律；而根据希波克拉底的观点，在自然本身的目的性行为中，教育有一个无意识的自发的初级阶段。这种观点让自然更合理，让理性更自然。同样的理智态度也造就了以精神类比来解释物理事件（反之亦然）的杰出使用。通过这种方法，《访问记》的作者灵光闪现，敲击出如此生动的文字："身体运动滋养四肢血肉，睡眠则是肠胃的安养"，"思想是灵魂的外出散步"。③

当我们考虑到"自然是一种无意识的自发的有目的地行动的力量"的观念时，我们就更容易理解《食物论》中的这句话了："自然对每个人都略无欠缺。"④但是，正如在自然的平衡被打破时，医生及其技艺促进了自然的恢复活动，由此推断，医生的责任在于阻止即将发生的扰乱，关注身体正常状态的保持。与直到数十年前的任何其他时代相比，古典时代的医生对健康人的关注远比他们对病弱者的关注要多。医学的

---

① 埃庇卡摩斯残篇 4（第尔斯本）：

    τὸ δὲ σοφὸν ἁ φύσις τόδ᾽οἶδεν ὡς ἔχει     [唯独自然如其所拥有的那般知道

    μόνα· πεπαίδευται γὰρ αἰταύτας ὑπο.     那一智慧：因为母鸡自己教自己]

作者是在谈论母鸡孵蛋的方式，他说这是一切有机物的自然理解力的例子。如果这段文字真实无疑，那么，这即使不是"παιδεία[教育]"一词的最早现身，也几乎不可能晚于埃斯库罗斯，《乞援人》，第 18 行（参见本书第一卷，第 356 页）。不过，在埃斯库罗斯那里，这个词只意味着παίδων τροφή[幼儿的养育]；在埃庇卡摩斯那里，它有通过智术师的教育而获得的"高级文化"的意思，尤其是在公元前四世纪的时候。第尔斯将这条残篇列在少数几条不被怀疑的残篇之中——学者们怀疑大多数残篇属于伪造的格言集，被归诸埃庇卡摩斯而已。不过，就我们从已经得到的"παιδεία[教育]"这个词的历史来判断，这条残篇完全与其余残篇一样属于伪造。

② 参见本书第一卷，第 384 页及以下。我们可以在希波克拉底文集《法则论》（Laws）3 中发现智术师将教育比作农艺的一个早期回声，其中，教育与农艺之比特别被转化成医学教育与农艺的比较；在柏拉图的《蒂迈欧》77a 中还有另一个例子——柏拉图机智地颠倒了这个比喻，把农艺描述成自然的教育。

③ 《访问记》6.5.5。戴希格雷贝尔的《〈流行病论〉和〈希波克拉底文集〉》把这个句子的意思解释为 The soul's wandering（within the body appears）to men（to be）thought，即"灵魂（在身体内）的漫游在人看来就是思想"，但"ψυχῆς περίπατος φροντὶς ἀνθρώποισι[思想是灵魂的外出散步]"不可能指这个意思。在《饮食论》2.61 中，思想（μέριμνα）也被看作是一次"锻炼"。这里的新颖之处是锻炼的观念从身体扩大到了灵魂。

④ 《食物论》15。

保健分支统称为卫生，即τà ύγιεινά[保健法、养生之道]，其主要关注点在"饮食"——于希腊人而言，这个词不只包含病人饮食管控的意思，而且还指一个人的全部日常生活方式，尤其是指饮食的规则和他所需要的锻炼和活动。因此，对致力于人类有机体的目的论构想的医师来说，承担一项伟大的教育任务是无可避免的。在古代，身体保健几乎完全是一项私人事务。在很大程度上，它取决于个人的文化水准，此外，也取决于他的实践智慧、他的需要和他的财富。[31]它当然还经常与体育训练联系在一起，体育占据了普通人一天的一个重要部分。体育锻炼本身是长年累月的保健经验的产物，必须用体育来不断地控制身体及其活动。作为建议病人如何关心身体的专家，体育教练优先于医师。当医师阐述了新的"饮食"理论之后，体育教练也没有被取代——他总是在医师的旁边守候着自己的位置。尽管医学发端于它对体育领域的侵蚀，幸存的饮食养生类著作表明，这两个领域的界限很快得到了划分，在有些事情上，医生最终接受体育教练的权威。

我们现在还保留着一些希腊文化各个时期的丰富医学文献，这些文献讨论了日常生活中的正确饮食之道；通过重建其发展过程，我们可以对希腊社会生活在不同时期发生的变化提供有价值的见解。不过，在这里，我们只关注其开端。最早的卫生保健著作已经遗失。至于公元前五世纪末和前四世纪初这段时期——正是在这一时期，希腊身体文化（physical culture）的分支首次得到了发展——我们有一篇题为《健康人摄生论》（On regimen in health）的短文。如果可以接受通常的年代学排序，我们还会多两条证据：一部叫作《饮食论》的四卷作品，它在古代世界非常著名；还有杰出的内科医师卡里斯托斯的狄奥克勒斯的一本已轶著作的残篇，保存于后来的著作中。无论如何，（正如我们将要表明的）我们必须把这两个资料的写作日期定在通常所定的日期之后。确实，我们可以把它们作为单个时代的代表作品放在一起研究，因为它们表现出某种典型的特征。不过，它们对待问题的不同方法表明，当它们被写就时，卫生保健学已经得到了相当高度的发展，而它们的作者都具有鲜明的个性。因此，它们必须分别加以描述。此外，那个时期的一部完整的饮食科学史，必须给健康人的养生之道引入这些到处散落于希波克拉底文集的其他著作中的生活规则。

《健康人摄生论》的写作目的是指导外行为他们的日常"饮食"选择适当的方法。① 另一部小书《疾病论》（*On Affections*）也一样，[32]因此，在手稿中，这本小书常常被置于《健康人摄生论》之后。《疾病论》一开始，就讨论教育外行们的困难，探讨为了照顾好他们自己和防止他们的疾病变得更加糟糕，他们需要多少医学知识；或者，如果这根本就是不可能的，那么，为更多地理解和协助医生的治疗，他们需要多少医学知识。作者以对病人饮食的描述结尾，用普通读者可以理解的语言来写作。因此，在结构上，《疾病论》完全类似于《健康人摄生论》，这也表明了为什么古代人把它们都归于同一位作者的原因。

《疾病论》为健康人的养生之道提供的生活规则包括吃什么、喝什么，以及适合于不同季节、地方、体格、年龄和性别的体育锻炼；不过，这些都是非常笼统的说法。作者的主要思想是保持某种医学上的力量平衡：在寒冷的季节，他开出的处方是多吃固体食物，少吃流质食物，炎热的季节则反之，通过增加温暖和干燥来抵消冬季的影响，用湿润和凉爽抵消夏天的影响。如此这般，他总是试图强调任何有可能支配身体的性质的对立面。因为（与《人之自然论》的作者一样）他相信疾病是由这一事实引起的，即我们的身体不是由一种元素而是由几种元素组成的，这些元素之间的恰当比例很容易因冷、热、干、湿四种性质中任何一种的过度增加而打破。《古代医学论》的作者认为这种理论过于系统，因而正确地予以拒绝，但不难看出其十分模式化，非常方便、实用，可以使饮食成为运用于身体的一种"简单外交手段"：一种只有几个不同因素需要考虑的技巧。这种理论还没有像一百年之后在狄奥克勒斯的著作中那样得到高度发展。实际上，狄奥克勒斯调节的是从早到晚一整天的饮食，而这部较早的著作，则只对适合于冬夏两个极端季节，以及春秋两个过渡时期的气候变化的饮食进行了描述。按照他的规则去生活的主要困难，不是这些规

---

① 《希波克拉底文集》（*Oeuvres d'Hippocrate*），利特雷版，第六卷，第72页。

则太过繁琐,而是太过笼统。由于医生和体育教练的关系尚未确定,《疾病论》的作者遵循其理论,[33]没有征求体育教练的建议,就明示体育锻炼可以根据季节变化而随时增减。①

《饮食论》四卷本大作是一种不同类型的著作。它是一部真正的百科全书,作者说它是一种尝试,一种收集这一特定领域已有的丰富文献,以及需要增补的文献的一种尝试。② 他是一位哲学家,喜爱系统的理论,但将其称作一位编纂者并不合适。那些迄今为止一直在努力分析这部著作的人是否更接近对这个问题的解决,这尚有疑问。他们把他切割成一小块一小块,给这些小块分别贴上标签,说它们是从不同原件复制的:这块来自模仿赫拉克利特的一个智术师,这块来自阿那克萨哥拉的一个学生,这块来自营养学家希罗迪库斯(Herodicus),如此等等,不一而足。③ 例如,他们明确断言,著作的某些部分听起来像赫拉克利特的风格,所以我们可以将它们与那些可以追溯到某个自然哲学家的作品分开;可是,这位自然哲学家又不完全是阿那克萨哥拉的追随者:他的一些思想在很大程度上是恩培多克勒的,其他的思想则使人联想到阿波罗尼亚的第欧根尼。我们真的应该下定决心接受作者本人的说法,即他受到了许多不同的影响,但作为一名哲学家,他打算和作为一名医生一样,兼收并蓄,博采众长,而不局于一隅。所有这些都证明他属于一个比希波克拉底要晚的时代,如此,一开始,他就不可能是那个被抨击为哲学式的医生的人——公元前五世纪最后三十年写作《古代医学论》的作者曾将一些推崇自然哲学理论而忽视经验观察的医生称作哲学式的医生。相反,那本书出现之后,他好像还在写,因为他似乎读过那本书。他不遗余力地遵从书中的指示,不止步于笼统的泛泛而谈;实际上,他一次又一次地明确指出,在医学上,几乎所有事情都取决于个体因素。他同样为精确

① 参见《健康人摄生论》7 为体育锻炼开的良方。

② 《饮食论》1(利特雷版,第六卷,第 466 页)。

③ 这个领域最重要的著作是腓德烈(C. Fredrich)的《希波克拉底研究》(*Hippokratische Untersuchungen*)(《语文学研究》[*Philologische Untersuchungen*],克斯林[Kissling]和维拉莫维茨编,15,Berlin,1899),关于这一问题的早期工作,参见该书第 81 页及以下,第 90 页。腓德烈的著作提供了许多新线索,但在资料分析的方法上太过机械。

性问题所困扰。他声称，(如《健康人摄生论》这本较早的著作所做的那样)，制定一些说明什么冷热供应有利于身体健康的普遍规则根本无济于事。相反，他迫切想要对各类食物的影响做出准确的描述。在古代，他的著作被誉为取之不尽的详细信息宝藏。① 盖伦认为，尽管第一卷包含了五花八门的哲学和其他杂乱无章的无关材料，但其第二卷绝对配得上希波克拉底。[34]而且，即使其中很多部分并非原创，而是由作者从其资料中抄录的，但要想不承认以下这一点仍是不可能的：即他已经超越了哲学和以经验为依据的医学之间的理论争议，并有意识地尝试综合这些因素。

希波克拉底学派教导说，医生必须注意病人的个人体质、他生活的地方的气候和地理环境，以及那些影响他病情的重要原因的变化；而这位作者则认为，这必然意味着对普遍自然的一种哲学兴趣。《古代医学论》的作者认为，在任何一个时间段，熟知有机体的哪个部分支配其余部分极其重要。《饮食论》的作者也认为这个问题极其重要，但他认为，在不知道人体由什么部分组成的情况下，这个问题根本无从解决。诊断(diagnosis)无法与真知(gnosis)——对普遍的自然的理解——相分离。② 这种理解带来了对正确生活规律的细节的知识——主要是关于食物及其对不同体质的影响的知识，当然，还有关于体育锻炼和体操健身的知识。这些知识与关于正确的营养品的知识同样重要；然而，《古代医学论》的作者与许多其他早期的内科医师一样，对此未置一词。③《饮食论》的撰写者教导说，应该认真且系统地维护"营养"和"锻炼"这两个相反因素之间的平衡。这是对均衡

---

① 他开始描述所有饮品、食物以及锻炼方式对身体的影响，以便医生的处方能适用于各种特殊情况。普遍的东西($\varkappa\alpha\tau\grave{\alpha}\ \pi\alpha\nu\tau\acute{o}\varsigma$)与特殊的东西($\varkappa\alpha\vartheta\ \ddot{\epsilon}\varkappa\alpha\sigma\tau o\nu$)之间的明确区分是作者方法的典型特征：参见作者在 2.37 和 2.39 中对原则的评论。《古代医学论》的作者不可能把一个下定决心不作笼统之论且将其注意力集中于具体细节的医生指控为泛泛之谈。亚里士多德在逻辑上更详尽地解决了$\varkappa\alpha\tau\grave{\alpha}\ \pi\alpha\nu\tau\acute{o}\varsigma$[普遍]和$\varkappa\alpha\vartheta\acute{o}\lambda o\upsilon$[一般]的问题：这是判断《饮食论》可能的写作日期的一个重要事实。

② 《饮食论》1.2(开头)。这句话似乎是对《古代医学论》20 的回应，《古代医学论》20 明确拒绝哲学形式的研究($i\sigma\tau o\rho\acute{\iota}\eta$)方法。译注：diagnosis，即(对问题原因的)判断，在医学中即指"诊断"。Gnosis，即直觉，真知。

③ 《古代医学论》的作者说，医学一向起源于病弱者饮食的发展。

与对称理想的一种适应,早期的作者们主要将其运用在食物的摄取上。他的意思是说,均衡的理想必须延伸到体育锻炼及其与营养补给的关系之上。① 这里,他遵循的可能是运动医学家塞林布里亚的西罗迪库斯(Herodicus of Selymbria)的理论,西罗迪库斯是第一个使体育运动在养生中占据主导地位,并系统地搞清这一问题的人。他本人就是一个体操教练,他将体操训练用于医治自己的疾病,并使之成为针对自己和他人的一种治疗体系。他必定使这一体系达到了某种程度的不同凡响,不然的话,他不可能广为人知。《访问记》第六卷的作者以嘲讽的口吻说,他让他的发烧病人做过多的运动、洗蒸气浴,结果害死了他们。而柏拉图则半开玩笑地说,他治不好自己的病,但他通过长年累月地"折磨"自己,人为地延迟了自己的死亡。亚里士多德提到了柏拉图的话,即许多人不能因其良好的健康而得到应有的赞扬,因为他们维持健康的唯一方法是戒绝一切赏心乐事。根据柏拉图的说法,[35]这话对西罗迪库斯本人最为合适。② 也许,《饮食论》的作者这么注意维持营养补给和体育锻炼上的适当比例,是因为他在回应这些批评,这样的批评在公元前四世纪显然非常普遍。其他医师曾经激烈地维护医学技艺的"独立性",但我们的作者却有一种更为广泛的医学思想,他不想把这种独立性理想运用于自己的医学观念,因为他说,要想发现适合于每个个体的营养和锻炼的精确比例是不可能的。我认为,要想不在这里看到一种针对《古代医学论》作者的论战是不可能的,作者在此复述了《古代医学论》所有的主导思想并进行了明确的反驳。这位作者坚持认为,医学技艺无法达到真正的完美,因为我们不可能完全解决个体及其需要的问题。③ 如果内科医师能像体育教练一样,让他所治疗的病人一直在他眼皮底下,那么,他愿意承认医师可以更紧密地接近其理想。然而,这是不可能的。④

① 《饮食论》1.2(利特雷版,第六卷,第470页)。

② 关于西罗迪库斯,参见柏拉图,《王制》406—a—b;亚里士多德,《修辞学》1.5.1361b5;希波克拉底,《访问记》6.3.18。

③ 比较《饮食论》1.2(利特雷版,第六卷,第470页)。

④ 比较《饮食论》1.2(利特雷版,第六卷,第470页)。

他不想像大多数内科医师那样，在疾病发作之后才开始治疗。因此，他写出了详细的养生之法，如果人们谨守遵行，就能防止疾病的出现。这既是治未病，也是预防——这是他自己的创造发明。它来源于他的观察，即除非一个人能比目前更多地帮助医生履行其职责，并在其自身的治疗中有意识地做医生的助手，否则他就不可能得到正确的治疗。① 在第一卷中确定了作为自己的一般假设的自然哲学理论之后，作者在第二卷中继续描述各种气候和地域对健康的影响，然后是各类蔬菜和动物食品对健康的影响，直到最微不足道的细枝末节。这使我们有机会欣赏文明的希腊人丰富多样的饮食。医生的清单甚至比在许多多利安和阿提卡谐剧中脱口而出的长菜单还要丰富多彩，它和他的论文一样系统，从把地球上各种可能的植物类食物分为谷类食物和蔬菜类食物开始，只有药草和水果被省略了，它们出现在肉类之后，因为（从食疗的角度看）它们被归入"美味佳肴"或"风味佐料（ὄψον）"一类。动物类食物被划分哺乳动物（哺乳动物又分为成年哺乳动物和幼年哺乳动物），鱼类、鸟类和贝壳类。[36]作者还讨论了野生动物和家养动物作为食物的不同功效。之后是动物产出的食物：蛋、奶、奶酪；蜂蜜被当作饮品一类对待，因为它常常与上面提到的这些食物混合饮用。

即便是关于奶酪制品的短文，也足以反驳流行的观点，即作者是《古代医学论》所激烈抨击的那种泛泛而论之人。《古代医学论》的确引用了奶酪的例子来证明其论点，说沉溺于泛泛而论的内科医师断言"所有"奶酪都不利于健康，而这篇短文的作者，却（相当正确地）说，奶酪是油腻且不易消化的食物，但他补充说，它也很有营养。② 因此，这两个作品公认的写作日期应该倒过来，因为很明显，这位营养学家不仅读过并参考了《古代医学论》，而且还读过并参考了希波克拉底文集中的其他作品。例如，他逐字逐句地抄录了气候因素表——在《气候水土论》

---

① 《饮食论》1.2（利特雷版，第六卷，第 470 页）；这段文字也包含了"预后诊断（prodiagnosis）"的新观念，预防（prophylaxis）是一个后来才有的词。不过，它是对这位作者想要达到的目标的一个很好的形容。他想把治未病和预防结合起来。

② 参见本卷第 21 页。《饮食论》2.51 暗指《古代医学论》20。

的导论中,这些气候因素从医学的角度被列为重要的影响因素,①他还规定了体育锻炼应视其与气候因素的关系而定。而且,我们也不能否定他知道《访问记》中表达的观点,不能否认柯安学派有他的作品的抄本。(如我们所见)《访问记》把思想巧妙地叫作"灵魂的外出散步"。②这位作者(无论从什么资料来源)接受了这一观念,并以他自己的方式加以系统的利用:因为他不仅把思维,而且还有感官活动和语言活动,都归类于"锻炼"。无论如何,作者是把这些都置于"自然"运行('natural'exertions)的范畴之内了,从而与各种不同类型的步行运动和体育锻炼形成对比——后者被归类为人为的或"剧烈的"运动(exertions)。③ 与这一学说相联系的心灵运动理论听起来很像作者自己的创造,因为他说,当灵魂用力的时候(exerts itself),灵魂就会变得干而热,而排出体内的湿则有利于身体变瘦。

我们无法抗拒这样的结论,即《饮食论》不仅把我们带离了公元前五世纪,而且还把我们远远地带进了前四世纪。有几个证据可以证明这一点:语言、风格和主题。其实一个就足够了。作者提出,按摩应该用油水混合物来进行,水与油的混合物不会使身体剧烈发热(οὐ δεινῶς)。④ 现在,我们有一条专门研究这个问题的残篇,[37]这条长长的残篇是卡里斯托斯的狄奥克勒斯为纪念他的父亲、内科医师阿奇达姆斯(Archidamus)而写的,并以他命名。阿奇达姆斯曾批评过传统的油按摩法,因为它使身体过热。狄奥克勒斯驳斥了他给出的理由且提出了一种折中之道——夏天用油和水混合按摩,冬天只用油按摩。⑤油水混合按摩的提议以及为此提供的理由(避免身体发热)都非常个性化,因而狄奥克勒斯与《饮食论》作者的一致不可能只是一种巧合。没有必要争辩是谁先提出了这一想法。正如拙著所证明的那样,狄奥克

---

① 《饮食论》1.2(利特雷版,第六卷,第 470 页);参见《气候水土论》1—2。其中,与在《饮食论》的作者那里一样,我们依次发现以下因素:季节、风向、城市的位置。《饮食论》中唯一遗漏的是水源的特征。

② 《访问记》6.5.5。

③ 《饮食论》2.61。

④ 《饮食论》2.65(末尾)。

⑤ 狄奥克勒斯残篇 147 和 141(威尔曼编)。

勒斯在公元前 300 年之后仍在人世，在那一年之前不久达到其职业生涯的鼎盛时期。① 我们不可能将《饮食论》的日期定得那么晚。除了别的一切不说，《饮食论》里找不到亚里士多德和逍遥学派的影响的痕迹，而这种影响在狄奥克勒斯的作品中通篇一目了然。因此，《饮食论》的作者知晓狄奥克勒斯之父对油按摩法的批评，并将其视为一种夸大其词。他以油水混合按摩的方法达成了一种折中，不至于使身体过热。狄奥克勒斯接受了这种折中，但冬季仍只用油按摩法；还有别的一些理由可以让我们相信他阅读并参考了《饮食论》。如果这一论点可以接受，那么《饮食论》就是狄奥克勒斯之父阿奇达姆斯的一个同时代人所作。这部作品不拘一格、兼收并蓄的特点，其篇幅及其所引用的其他书籍之多，②也都有助于将其写作日期定于那一时期。

还有一点有助于我们将《饮食论》的作者定于公元前四世纪；那就是他将材料分成系统的类型和类别的显著倾向，因为这种方法盛行于前四世纪。确实，即使在前五世纪，我们在医学实践的所有领域都看到了一种分门别类(εἴδη)的倾向；但在这里，这一进程发展到了后期阶段。在对动物和植物的世界进行优美的系统化安排中——作者对各种可能的食物的详尽描述建立在这种安排之上——这一点尤其清楚。数年之前，他的动物学引起了一些动物学专家的注意，③他们觉得实在难以置信，一个医生仅仅因为一种营养学目的，居然已经阐述了一个如此复杂、如此接近亚里士多德的体系。其详尽无余看起来太过处心积虑，完全为一种对动物学理论的兴趣所主导。[38]另一方面，在公元前五世纪，在亚里士多德之前，我们从未听说过有人把动物学当作一门独立的科学来对待；那个时间段似乎是《饮食论》的正确写作日期。在这一困境中，学者们得出结论说，希波克拉底学派肯定对动物学的医疗用途做过一种综合性研究（尽管没有哪位古代作者说确实有过这种研究），而且从《饮食论》

---

① 参见拙著《卡里斯托斯的狄奥克勒斯：医学史和亚里士多德学派》，第 67 页及以下。
② 关于他对这一主题的评论，参见《饮食论》1.1。
③ 伯克哈特(R. Burckhardt)，《〈饮食论〉作者的动物体系：亚里士多德动物分类学的准备阶段》(Das koische Tiersystem, eine Vorstufe der Zoologischen Systematik des Aristotles)，载《巴塞尔自然研究学会会议》(Verhandlungen der Natur for schenden Gesellschaft in Basel)，15，1904，第 377 页及以下。

开始,他们重建了一个"柯安动物学体系"。然而,即使是以这种形式,我们要想相信一种与亚里士多德如此相像的系统性动物学理论确实存在于公元前五世纪也是不可能的。① 如果将这部作品的写作日期定于柏拉图的时代,我们就能更好地理解其结构之谜了。谐剧家爱比克拉底(Epicrates)在同一时期写过一段著名的文章,文中谈到柏拉图的学园所做的一个尝试,即将整个动物界和植物界进行分类,并说一个西西里的医生曾参与其中。② 确实,来访者令人厌烦,而且显得很粗鲁;但他的出现这一事实表明,这些研究吸引了远道而来的医学访问者,尽管他们可能会失望,因为学园的研究缺乏经验的特征。来自遥远国度的各类才智之士为柏拉图的学校所吸引,毫无疑问,这位西西里的医生是众多诸如此类的访问学者之一。③ 在这方面,由学园所完成的一些工作后来由斯彪西波(Speusippus)公布于世,并被亚里士多德采用。《饮食论》的动物学体系显示出与他们二人著作的相似性。④ 尽管如此,在对它与斯彪西波和亚里士多德之关系下最终的判断之前,分析一下它对植物的分类和它处理别的事物类型的方法会更保险一些。总的来说,我们在这里所能做的一切是描述《饮食论》的作者所属的那种智识环境。我们无需假定他所处的时代必然在柏拉图试图给动物和植物分类之后,柏拉图本人,在他对辩证法分类体系的充分解释中(《斐德若》265 及以下),说辩证法系统的分类应该模仿希波克拉底的方法。⑤ 确实,柏拉图没有说希波克拉底的方法曾被运用于除人之外的有机体,但我们不难相信,到柏拉图的时代,医学学校已经将这种分类方法扩展到了植物和动物领域,而哲学家和医生对类型的研究也已经有了一种共同的兴趣。

　　一个显著的事实是,《饮食论》比希波克拉底文集中的其他任何作

① 帕尔姆(A. Palm)是证明《饮食论》不属于柯安学派的最后一个作者,参见其《希波克拉底文集的〈饮食论〉研究》(*Studien zur Hippokcatischen Schrift Περ διαίτης*),Tübingen,1933,第 7 页。不管怎样,他仍然认为这部著作的起源相对较早。

② 爱比克拉底残篇 287(科克[Kock]编)。

③ 关于此人,参见威尔曼编,《西西里医师的残篇》,以及拙著《亚里士多德:发展史纲要》,第 17—20 页。

④ 参见帕尔姆,《希波克拉底文集的〈饮食论〉研究》,第 8 页及以下:他还没有研究《饮食论》的作者在这一点上所展示的植物学知识。

⑤ 参见本卷第 25 页。

品都更频繁地使用"灵魂"一词。[39]想要在其他任何作品中找到"灵魂"一词都是相当罕见的。① 这绝非偶然。说作者是从赫拉克利特派的资料来源中抄来了"灵魂"一词，以此解释这一现象是不够的，因为他不仅在处理自然哲学时谈到了灵魂，在讨论饮食问题时也谈到了这个词，而且整个第四卷都在谈论如梦中所示的生理过程的心理反应。他对各类梦境的随机解释，与印度和巴比伦的占梦书颇有共同之处，它们都比他的作品要早或晚。在这里，学者们裁定，至少希腊的医学受到了东方的直接影响。② 这种情况完全可能发生在早些时候；但最有可能的还是公元前四世纪，因为那时，伊奥尼亚医生克特西亚斯（Ctesias）和尼达斯的欧多克索斯（Eudoxus of Cnidus）对东方有了深入的了解，而欧多克索斯将其中一些知识传授给了柏拉图的学园。③ 在希腊的思想聚焦于"灵魂"之前，希腊人真的不愿意接受东方这种关于心灵的梦中生活的智慧或迷信——而直到公元前四世纪，希腊思想以这种特殊科学[医学]的和理论的形式[哲学]聚焦于"灵魂"的情况一直没有发生过。再者，是柏拉图的学园为这些新思想给出了最令人难忘的表达。柏拉图关于灵魂的学说是源泉，学园由此获得了其对灵魂的梦中生活及其真实意义的哲学兴趣。④ 亚里士多德在其职业生涯的早期，在好几篇对话中讨论了这个问题。尽管《饮食论》作者的思想相当个人化，但他在思考梦境问题时很可能受到了学园中已经完成的工作的影响。

与亚里士多德在其对话中一样，《饮食论》的作者也从俄耳甫斯教的思想开始，俄耳甫斯教认为当身体睡着时，灵魂是最自由的，因为此时灵魂完全聚而不散，整个地就是它自己；但他对这一教义做了特殊的医学解读，他说，即使在睡眠中，灵魂也最清晰地反映了它主人的身体状况，而不为外界的影响所迷惑。亚里士多德的《梦的解析》（*On the interpretation of dreams*）（仍然存世）表明，梦的意义在公元前四世纪

---

① 这些包含"灵魂"一词的段落收录于《希波克拉底文集》，利特雷版，第十卷，第479页。
② 帕尔姆，《希波克拉底文集的〈饮食论〉研究》，第43页及以下。
③ 关于欧多克索斯，参见拙著《亚里士多德：发展史纲要》，第17页，第131页及以下。克特西亚斯在公元前403年或之后是阿尔塔薛西斯（Artaxerxes）的宫廷医生（参见色诺芬，《远征记》1.8）：色诺芬的著作撰写于公元前四世纪。
④ 参见拙著《亚里士多德：发展史纲要》，第39、162页，尤其是第162页，注释1。

得到了科学的讨论。亚里士多德观察到梦是现实生活中的经验的结果，因而不相信它们真的是对未来的预示。同样，《饮食论》的作者也没有直接接受占梦术，[40]他试图将其从预言转变成预测，但他太过于追随原来的权威，无奈以迷信而告终。

《饮食论》的语言使人更多地想起公元前四世纪中叶，而不是前四世纪开端，或任何更早的时期。公元前四世纪自始至终仍在用伊奥尼亚方言写作，这些精心结撰有时又冗长乏味的句子，及其分句之间的对照与平衡，指向伊索克拉底修辞学的时代，而非高尔吉亚修辞学的时代，它们不可能与那些质朴素雅而不讲究修辞的专家论著写于同一个时期——我们可以（谨慎地）把这些专家的论著归诸希波克拉底或他的直接继承者。而老一辈人的那些专业性较弱但更受欢迎的著作，尽管更受智术师修辞范式的影响，但与《饮食论》的散文仍然相当不同。《饮食论》各章的文体风格相差甚大。大多数学者说《饮食论》的作者只是在抄录大量不同著作而已。不过，既然只要他愿意，他就能富有艺术性地进行写作，那么这些不同的文体风格也可能是作者显示其多才多艺的一种装腔作势：某种可与他在导论中声称的综合理想相比拟的东西。他说，他很可能会由于缺乏原创性而受鄙视，因为他是在把很多前辈的理论组合在一起；不过，他似乎确实对此颇为自得。① 我们首次在伊索克拉底那里见到这样的思想（尽管在他那里这种思想主要关注的是形式，而非内容）——"混合风格（mixture of styles）"是最高级的文学艺术，是对作者的目标的综合完成。最后，可以看出，与伊索克拉底一样，《饮食论》的作者对自身作品是否原创的名誉颇感焦虑，而这种焦虑也是公元前四世纪时的特征。

另一位出类拔萃的医师通常被置于公元前四世纪的第一阶段：他就是狄奥克勒斯，来自优卑亚岛（Euboea）的卡里斯托斯，他在雅典工作，其基本思想与希波克拉底学派和西西里学派极为相似。② 在他的

----

① 《饮食论》1.1。

② 这位重要医家的大量作品的残篇收集于威尔曼编，《西西里医师的残篇》，Berlin，1901，第117页及以下：这些残篇构成了威尔曼称之为西西里学派的主要部分。在拙著《卡里斯托斯的狄奥克勒斯：医学史和亚里士多德学派》中，本人已经表明，尽管狄奥克勒斯受到了西西里医学学说的影响，但他与西西里学派既无直接的联系，也不是同时代人。

作品中，有一本关于饮食养生的名著；在朱利安皇帝时期的医学家奥雷巴西(Oribasius)所编撰的一部医学选集中，保留有狄奥克勒斯著作的一大段残篇。无论如何，最近有人指出，这些残篇所使用的语言显示出伊索克拉底式修辞学训练的精良，有许多特征指向公元前四世纪的后半叶，而非其开端。这一推测受到了质疑。①[41]但其他的一些考虑使这一推测极为确定。狄奥克勒斯是亚里士多德同时代的年轻人。他是亚氏的学生，与逍遥学派的泰奥弗拉斯特斯(Theophrastus)和斯特拉托(Strato)属于同辈人；他们与他同窗共读，为他的生平和著作保存了第一手现存证据。② 与写作《饮食论》的希波克拉底派科学家一样，他的文体风格非常高雅，而且，尽管是一本专业书籍，但他的书却志在成为一部纯粹的文学作品——这是希腊医学在公元前四世纪的智识地位和教育目的的一个重大事实。尽管如此，这本书还谈不上词藻华丽，而是刻意简朴。在这方面，他也许受到了科技文体的新理想的影响——自从亚里士多德引进这种文体风格之后，它就颇为盛行。

在现存最大的残篇中，③他通过描述一天的日常生活来阐述他的饮食理论。他不像《健康人摄生论》的作者那样，通过指定一年四季反差极大的饮食来诠释最佳的生活方式，也不像《饮食论》的作者那样，对食物、饮品和健身运动的种类进行详尽无遗的系统描述。他把饮食作为涵盖人的全部生活的一个整体来对待。由于在一天之内就得到了完成，他的小戏剧获得了一种时间上的自然统一；但他总是小心翼翼地区分不同年龄的人群，并考虑到季节的变化。他先是详细介绍了夏日的一天，然后补充了在冬季和其他季节度过一天的方法。这就是做他想做的事情的唯一可能的方法。

我们已经看到早期自然哲学如何影响希腊医学，新的以经验为依据的医学又如何反过来作用于柏拉图和亚里士多德的哲学。狄奥克勒

① 参见拙著《卡里斯托斯的狄奥克勒斯：医学史和亚里士多德学派》，第14页。
② 在拙著《卡里斯托斯的狄奥克勒斯：医学史和亚里士多德学派》，第16—19页，有亚里士多德对狄奥克勒斯的语言学和科学影响的一个详细证据；另可参见拙文《逍遥学派卡里斯托斯的狄奥克勒斯被遗忘的残篇》（载《柏林科学院会议报告》，1938），该文第5页和第10页及以下相当详细地讨论了狄奥克勒斯与泰奥弗拉斯特和斯特拉托的关系。
③ 狄奥克勒斯残篇141（威尔曼编）。

斯显然受到伟大的雅典哲学学校的影响，在他那里，医学从哲学的获益
再次超过其贡献，尽管医学也为哲学贡献了一些东西。① 当他以描述
典型的一天的方法来解释合适的饮食时，他显然是在模仿柏拉图和亚
里士多德的思考方式——他们总是把人的生活看作一个整体，并使正
确的生活成为所有人遵循的标准。毫无疑问，其他讨论饮食问题的作
者也建立各种标准，但他们只是说，"他必须这样做或那样做"，要不然，
他们就描述某种类型的食物对身体的影响，让读者得出自己的实际结
论。狄奥克勒斯既非其中一种，亦非另一种。相反，他总是说出什么是
对人适宜的和有益的。[42]公元前四世纪的伦理学和技艺都受适宜性
观念的支配。人类的生活必须以某种标准来规范，而这一标准就是时
代精神最能接受的那种标准。生活的一切细节都被包含在"适宜"之
中，就像被笼罩在一张难以察觉的细网之中，而所谓"适宜"，就是世事
洞明之后的得体行为。狄奥克勒斯的饮食理论将这种观念贯彻到人的
自然生命之中。就像教师要把一堂课讲清楚一样，要想不注意到他在
每个新处方中如何使用"适宜的($\dot{\alpha}\varrho\mu\acute{o}\tau\tau o\nu$)"一词是不可能的，②而"比
例和适度($\sigma\acute{v}\mu\mu\varepsilon\tau\varrho o\nu,\mu\acute{\varepsilon}\tau\varrho\iota o\nu$)"的观念也经常出现。③ 在这方面，狄奥克
勒斯深受亚里士多德伦理学的影响；从另一个角度看，他依赖于亚里士
多德的逻辑学——他批评内科医师总是试图为各种健康状况寻找一个
原因，而不是认为我们必须把许多普遍现象视为自然存在，因而无需证
明或探究其起源。④ 有逻辑的头脑不禁对以下事实感到惊恐：即使是
一切科学中最为严格的数学，也必须假设数和量具有某些性质；亚里士

---

① 对狄奥克勒斯的著作所依据的原则的描述，参见(拙著《卡里斯托斯的狄奥克勒斯：医学
史和亚里士多德学派》)以下各章节："大方法论残篇(Das Grosse Methodenfragment)"
(第25页)，"无法证明的原则($\dot{\alpha}\varrho\chi\alpha\grave{\iota}\,\dot{\alpha}\nu\alpha\pi\acute{o}\delta\varepsilon\iota\kappa\tau o\iota$)"(第37页)，"狄奥克勒斯的饮食学和
亚里士多德的伦理学(Diokles'Diatlehre und aristotelische Ethik)"(第45页)，"狄奥克勒
斯和亚里士多德的目的论(Diokles und die aristotelische Teleologie)"(第51页)。

② 参见拙著《卡里斯托斯的狄奥克勒斯：医学史和亚里士多德学派》，第48页的引文。译
注：医师开方就像教师上课，教师上课必须让人明白，医师开方也必须让人明白，不能笼
而统之，所以必须说明怎样才"适宜"，"适宜的"做法是什么。

③ 参见拙著《卡里斯托斯的狄奥克勒斯：医学史和亚里士多德学派》，第50页。

④ 参见狄奥克勒斯残篇112(威尔曼编)，及拙著《卡里斯托斯的狄奥克勒斯：医学史和亚里
士多德学派》，第24—45页对讨论方法问题的段落的详尽论述。

多德对这些假设——公理，如它们在数学中被称呼的那样——所显示的问题做过仔细的研究。亚里士多德教导说，哲学和具体科学都建立在一些无法证明的直接假设之上。狄奥克勒斯把这一思想引入了医学领域，在希腊化时代，这一思想将成为经验论、独断论和怀疑论之间的方法论大战的主要战场。

狄奥克勒斯从早晨醒来那一刻开始他关于一天饮食的说明，①他将醒来的时间定在日出之前不久，因为希腊人的整个生活都符合一天的自然过程。正餐是在晚上吃，夏天在日落前不久，冬天自然稍晚一点。狄奥克勒斯告诉人们，晚饭之后，体质羸弱者应当及时就寝，体质强壮者可以在悠闲散步一会儿之后上床休息。如果只是这样，那他关于早晨起床那会儿的说法就完全没有什么奇特之处了，我们从其他的希腊文献中也能知道这一点。但狄奥克勒斯说，我们不应该一醒来就马上起床，要等到睡眠的重压离开我们的四肢，然后揉搓一下脖子和脑袋与枕头接触的部位。[43]接下来（甚至在清空肠胃之前）我们就应该用一点油，夏天就混合一点水，②轻柔而均匀地按摩全身，并伸展活动一下全身关节。他没有建议在做完这些之后洗个澡，只是建议要洗手，脸和眼睛要用干净的冷水清洗。然后，他为牙齿、鼻子、耳朵、头发和头皮的护理给出了详细的操作说明。（他说，头皮必须保持柔软和清洁以便排汗，但又必须变得结实。）此后，有活要干的人就应该吃点东西，然后开始他的工作。那些不需要干活的人，可以在早餐之前或之后散会儿步——时间的长短，根据他们的体质和健康状态而定。如果在早餐之后散步，就不应该太久和太快。结束之后，他们就要坐下来勤其所业，或者干些别的活，直到锻炼的时间。然后，年轻人就应该去体操馆，老年人和病弱者去沐浴，或者到其他阳光充足的地方晒晒太阳，用油抹一下身体以免晒伤。锻炼的强度和难度应该适合锻炼者的年龄。因为对老年人来说，轻柔地按摩一下，稍微走动走动，就足够了，可以去洗澡了。自己按摩要比别人按摩好，因为自己按摩相当于一种体育锻炼。

---

① 关于下文，参见狄奥克勒斯残篇141（威尔曼编）。

② 参见本卷第41页。

早上的锻炼结束之后就到了午餐时间，午餐要清淡，也不要吃太饱，以便在下午锻炼之前消化掉。一吃完午餐，要马上在一个阴凉但没有穿堂风的地方小睡一会儿；然后在家中处理更多的事务，散步，最后（在短暂的休息之后）是下午的锻炼。一天以晚餐落下帷幕。狄奥克勒斯对两次锻炼都未置一词，如果《饮食论》的作者未曾如此系统地——在对所有的食物和饮品进行分类之后——枚举了所有可能的心理运动和身体运动类型，其中包含各种体操训练，那么所有关于饮食的希腊文献对希腊身体文化的这一重要分支就不会传达给我们任何信息。狄奥克勒斯将它们排除在了养生法之外，也就是说，他把体操训练这一块留待教练指导。不过，他全天的计划都以两个固定的支点为依据：即上午的训练和下午的训练。他的生动描述让我们充分认识到，[44]希腊人的整个生活（与其他民族不同）是如何围绕其体操训练而旋转的。我们可以把他的饮食理论视为对一天中没有花费在锻炼上的所有时间按照准确的处方进行管理，并使其与人们的日常体操训练完全合拍的一个建议。

这一切的目的都旨在达到最佳的身体素质——为一般的健康和各类身体运动创造最好的永久条件。狄奥克勒斯好几次这样说。不过，狄奥克勒斯当然知道，世界不会按照他的医学理论来运转，他也没有好像人活着只是为照顾自己的健康那样来说话。《饮食论》的作者也承认，社会要完全这样做存在着一定的困难——必须在医生的理想和病人的实际生活状况之间找到某种折中之道。他得出了与狄奥克勒斯同样的结论。他为除了保持身体健康之外无事可做的人草拟了一套理想的身体管理机制，然后才考虑那些必须工作，因而没有多少时间照顾身体的人。① 我们切不可臆想希腊的医生只为富人写作。同时代的哲学家们也做同样的事情——他们描述了一种供完全闲暇的人过的生活方式（bios），然后让人们根据这种理想各自增减损益。

尽管如此，公元前四世纪一个希腊城市国家的公民过的生活，也许

---

① 关于希腊医学中的这些社会责任的承担，参见埃德尔斯坦发表于《古代文明》VII 的论文。参见《饮食论》3.69，以及 3.68 的开头。

让他比所有其他人的生活有更多的时间花费在精神文化和卫生保健上。卫生保健系统的例子表明，希腊城邦即使在其民主制形式中，也是一个贵族统治的国家；这一事实也是希腊城邦的文化平均水平很高的原因。我们现在的这种职业化生存——商人、政客、学者、劳工、或农夫——所创造的主要生活类型，没有一种适合希腊生活的框架。就希腊所发展出来的生活类型而论，在那个时候，它们就已经鹤立鸡群、与众不同了。因此，不难理解，苏格拉底的哲学和智术师的辩证法技巧是如何在希腊的体育学校中发展起来的。如果认为希腊的贵族们整天泡在体操馆里，上油，训练，按摩，放松，抹上沙子又洗干净，如此认真而急切，[45]甚至把本来是自愿参加的赛会都变成了一项艰苦的职业训练，那么这会是一种错误的认识。柏拉图将身体的三种德性——健康、力量和俊美，与灵魂的德性——虔敬、勇敢、节制和正义——一起作为一首合唱曲来谈论。它们都同等地象征着世界-秩序的均衡，象征着反映在个体的自然生命和个体的精神生命中的和谐。即使是希腊的医生和教练们所理解的身体运动，也是一种精神上的东西。它把一种至高无上的标准加诸于人——人有责任在其各种身体能力之间保持一种高贵而健康的平衡。因此，如果均衡与和谐是健康和其他一切身体完美的本质，那么"健康"就意味着某种更重要的东西，这种东西逐渐成为一种普遍的价值标准，适用于整个世界和人们的全部生活，因为其基础，即均衡与和谐，（根据这一学说背后的思想）是创造善[好]与正确之物的力量；而贪多务得和欲望膨胀则会扰乱这种状态。希腊的医学科学既是这一学说的根源，又是这一学说的果实，它从这一学说那里源源不断地汲取力量和养料，尽管有个体或种族特征所造成的差异，但这一学说是所有古典时代的希腊人的普遍观点。医学之所以能在希腊文化中达到这种代表性地位，是因为它清晰地和令人印象深刻地在最容易被直接体验到的领域，揭示了这一希腊基本理想不可剥夺的意义。在这种更高的意义上，我们可以说，希腊的文化理想就是"健康"的理想。

# 第二章　伊索克拉底的修辞学及其文化理想

[46]公元前四世纪的希腊文献反映了一场希腊人为确定真正的教化的性质而展开的广泛斗争；其中，修辞学［雄辩术］的主要代表人物伊索克拉底，是柏拉图及其学校在古典时代的典型竞争对手。从那时起，哲学与修辞学［雄辩术］的竞争，像一根主线一样贯穿了整个古代文明的历史，它们都声称自己是文化的更佳形式。要想描述这种竞争的各个阶段是不可能的：一来，这样做会不断地循环往复，而对立双方的领导者也并不总是有吸引力的人物。① 因此，更为重要的是柏拉图和伊索克拉底之间的冲突——这是哲学和修辞学［雄辩术］之间数百年争战的首场战役。后来，这种战争有时就堕落成了一种鸡毛蒜皮般的学院式争论，在这种争吵中，论战双方都没有任何真正的生机和活力；但在其开端之初，参战双方都代表着希腊人民的真正动力和需要。哲学和修辞学［雄辩术］的战场就放在政治舞台的正中心。这就是赋予这场较量一种真实历史事件的生动色彩的东西，它使我们能够对这场冲突保持经久不衰的兴趣。回想起来，我们意识到，这场冲突是整个希腊历史

---

① 关于这一冲突的历史的完整叙述，参见阿尔尼姆（H. von Arnim），《来自普鲁萨的狄翁的生平和著作》(*Leben und Werke des Dion von Prusa*)，Berlin，1898，第 4—144 页。

关键性问题的象征。

无论是在古代，还是今天，伊索克拉底和柏拉图一样，都有其赞赏者和支持者；毫无疑问，自文艺复兴以来，与任何希腊和罗马的教师相比，伊索克拉底对人文主义的教育方法发生了一种远为重大的影响。历史地看，（用一些现代书籍封面所使用的词语）将伊索克拉底描述为"人文文化"之父是非常正确的——因为智术师不能真正拥有这一称号，而我们现有的教学方法和教育理想却与伊索克拉底的一脉相承，就像它与昆体良（Quintilian）和普鲁塔克的教学方法及教育理想一脉相承一样。① 不过，由于这一称号受现代学院人文主义的支配，这种观点与本著的态度大相径庭——[47]因为我们此处的任务，是考察希腊教化的整个发展过程、研究其中的问题和意义的复杂性，以及它们之间相生相克的关系。② 注意到以下这一点非常重要，即经常被当代教育者视为人文主义本质的东西，主要是古典文化中的修辞学[雄辩术]血统在当今的一种延续；而人文主义的历史，是一种比修辞学[雄辩术]范围更广泛、涵义更丰富的东西，因为它包含着希腊教化各种各样的全部留存——包括希腊哲学和科学的世界范围的影响。③ 从这个角度看，很显然，对真正的希腊教化的理解，马上就会牵涉到对现代学院人文主义

---

① 例如，可参见德雷鲁普（Drerup）的学生伯克（Burk）的著作《作为人文教育理想之基础的伊索克拉底教育学》（*Die Pädagogik des Isokrates als Grundlegung des humanistischen Bildungsideals*，Würzburg，1923），尤其是其中"作为榜样长存于后代记忆中的伊索克拉底教育学"（Das Nachleben der Pädagogik des Isokrates，第 199 页及以下）和"伊索克拉底和人文主义"（Isokrates und der Humanismus，第 211 页及以下）两部分。最近，德雷鲁普的题为《历史中的人文主义，其文化评价及其在希腊教育中的准备》（*Der Humanismus in seiner Geschichte，seinnen Kulturwerten und seiner Vorberritung im Unterrichtewesen der Griechen*，Paderborn，1934）的四场演说稿出版。英国学者，如伯内特和巴克（Ernest Barker），经常称伊索克拉底为"人文主义之父"。

② 一些批评家制定了一条规则，即一个教育史家必须从他自己对"教育"的定义开始。这就好像他们期待一个哲学史家要么从柏拉图对哲学的定义，要么从伊壁鸠鲁对哲学的定义，或者从康德和休谟对哲学的定义开始一样——这四人对哲学的定义各不相同。一部教育史书应该尽可能精确地描述希腊教育的各种不同涵义、所采取的不同形式及其所在的不同精神层次，应该既说明其不同的个性特征，又说明其相互之间的历史联系。

③ 关于这一点，参见本人的讲座文稿《柏拉图在希腊教育重建中的地位》，最先发表于《古代文明》IV，1928。

的批判。① 另一方面,哲学和科学(二者内在于作为一个整体的希腊文明之中)的地位和品格,在我们看到它们为了被认可为文化的真正形式而与智力活动的其他类型奋力拼杀之前,不可能得到恰如其分的估价。最后,竞争双方(即哲学和修辞学[雄辩术])都发源于诗歌这种最古老的教化形式;不追溯它们的诗歌根源,我们就不能对它们做到真正的理解。② 不过,很清楚,就像文化主导权的原有竞争逐渐窄化为关于哲学和修辞学[雄辩术]的相对价值的争论一样,古代希腊体育训练和"音乐"文化之间的合作关系,最终沉降到了一个更低的层次。

对一个刚刚读过柏拉图的《普罗泰戈拉》和《高尔吉亚》的人来说,似乎不言而喻,智术师和修辞学[雄辩术]教师的教育体系根本就是一种已经过时的理想;而且,如果我们将其与哲学提出的高贵主张——从此以后,"一切"教育和"一切"文化,都"必须"建立在关于最高价值的知识的基础之上——相对比,那么,它确实就是明日黄花。然而(正如从我们第一眼看希腊历史的后几个世纪就可以看到的那样③)原有的教育类型、智术师和修辞学[雄辩术]教师的教学方法,仍然不可遏止地活跃在其竞争对手旁边、依旧生机勃勃,实际上,作为希腊精神生活最大的影响力之一,它们仍然保持着自己的主导地位。柏拉图感觉自己正在与这样一个敌人作战:只要他继续留在自己的边界内,他就是一个不可战胜的敌人,你就没办法奈何他,也许,这样一种胜利者的感觉可以部分地解释柏拉图的那种野蛮轻蔑——他用这种轻蔑来攻击和压迫智术师与修辞学[雄辩术]教师的教育理想。对我们来说,[48]如果我们认为柏拉图的攻击只针对苏格

---

① 从这个角度看,哲学,尤其是希腊哲学,对于现代人文主义的发展起到了一种决定性的作用,如果没有希腊哲学,现代人文主义就没有发展动力,甚至不能阐述其自身的目的。实际上,对古典文明的哲学方面的研究,不仅在现代哲学中变得越来越重要,而且在现代语文学中也变得越来越重要,并对古典学的目的和方法发生了深刻的影响。但是,从同一个角度看,人文主义本身的历史也呈现出一种新气象。历史学家们通常谈到两个尖锐对立的时期——中世纪和文艺复兴时期,经院哲学和人文主义。但是,一旦我们认识到希腊哲学在中世纪的复兴,其实是处于未曾中断的希腊教化笼罩下的另一个伟大时代,那么,这种简单的对比模式就会显得过于简化了。

② 不充分考虑到哲学与希腊内外历史的密切联系,想要在希腊文明的有机结构中评价哲学所起的作用是不可能的。

③ 参见本卷第51页,注释①。

拉底同时代的几个大智术师——普罗泰戈拉、高尔吉亚、希庇阿斯、普罗狄科，他们被认为是柏拉图极度厌恶的文化类型的化身——那么，我们就不可能理解柏拉图的那种憎恶的激烈程度。柏拉图撰写自己的对话时，这些人都已不在人世，而且，在那个快速变化的世纪，已经大半被忘却了。将这些著名智术师的鲜明个性从幽暗之中重新复活，需要柏拉图的全部艺术才华。当他以漫画手法对他们进行描述时（这种漫画描述以其自身的方式，与柏拉图对苏格拉底的理想化描述一样永恒不朽），新的一代已经成长起来；柏拉图既攻击他们（即他的同时代人），也批判他们的先辈。我们还不至于在他所描述的竞争者中只看到名人面孔的程度；而且，在他所呈现的智术师中，有许多同时代人的特征。一个绝对可靠的事实是：柏拉图从未与死人争辩，从未与历史的化石辩论。

当柏拉图开始针对智术和修辞学［雄辩术］的斗争之时，没有任何东西比伊索克拉底的人格——伊索克拉底开始他的职业生涯实际上是在柏拉图写就《普罗泰戈拉》和《高尔吉亚》之后——更清晰地表明智术和修辞学［雄辩术］有多么强大和充满活力。[1] 尤其有趣的是，伊索克拉底从一开始就对柏拉图和苏格拉底圈子的主张提出了异议，针对他们的攻击为智术师的教育辩护。这意味着他的写作是从诸如此类的批评不足以动摇自己的立场这一坚定信念出发的。他其实是一个名副其实的智术师；确实，是他把教育领域的智术师运动发展到了登峰造极的地步。传记传统把他描述为普罗泰戈拉和普罗狄科的学生，尤其是高尔吉亚的学生；希腊化时代的考古学家们在他的墓碑上发现了证据，证明了其中的第三个联系，即他与高尔吉亚的关系；墓碑上雕刻着一个人物，手指向一个星象仪，他们认为他就是高尔吉亚。[2] 另一个传闻声

---

[1] 柏拉图写作《普罗泰戈拉》和《高尔吉亚》的时间，早至公元前四世纪的第一个十年。伊索克拉底不可能在公元前390年之前建立他的学校，因为在其现存演说辞中，我们可以发现他作为一个法庭辩论词的雇佣写手写就的作品，这一工作至少持续到公元前390年之前。也许他的这一工作一直持续到公元前四世纪八十年代。

[2] 布拉斯（F. Blass）的《阿提卡的雄辩术》（*Die attische Beredsamkeit*，第二版，Leipzig，1892）第二部分，对伊索克拉底的生平事迹进行了详细的考察；关于他的老师的传说，参见此书第11页。关于他的墓碑，参见托名普鲁塔克，《十大演说家传》（*vit. X orat.*）838d；这些传记的作者从希腊化时期的碑铭研究专家狄奥多鲁斯（Diodorus）的一部著作获取了考古学和古文物研究材料。

称,伊索克拉底曾与色萨利(Thessaly)的大演说家一起学习——几乎可以肯定是在伯罗奔尼撒战争的最后时期。① 柏拉图在《美诺》中也提到,高尔吉亚作为教师的部分职业生涯是在色萨利度过的;②这是新文化甚至穿透了希腊国土的边界这一事实的一个有趣证据。伊索克拉底的第一篇大作《泛希腊集会辞》——它几乎让他一夜成名——与高尔吉亚的《奥林匹亚辞》非常相像;[49]在讨论"号召希腊人达成民族统一"这一相同主题时有意选择这样一位闻名已久的作者与之一较高下,这一事实根据希腊的习惯用法,就是他自认为是高尔吉亚的学生的一个证据,而最主要的证据则是他归之于修辞学[雄辩术]的主导地位——换句话说,他将文化的主导地位归之于智术师文化中最具体的、最没有纯粹理论色彩的类型。他一生的目标,与高尔吉亚一样,自始至终都在于传授说话的技艺或技巧(λόγων τέχνη);③他宁愿把"智术师"之名用在那些理论工作者身上,无论他们各自有什么特殊的兴趣和爱好。除了别人之外,他还把这个"智术师"的名称用在苏格拉底及其学生身上——他们做了那么多败坏"智术师"这一称号的事情。不过,他把他自己的理想叫作"哲学"。如此,他完全颠倒了柏拉图赋予这两个词的意义。今天,在人们普遍接受柏拉图的哲学定义数个世纪之后,伊索克拉底的程序变换看起来只是一时的心血来潮。其实不然。在伊索克拉底的时代,这些概念都还处在发展过程之中,还没有最后僵化成它们的最终样子。遵照习惯用语把苏格拉底及其学生与普罗泰戈拉或希庇阿斯一样叫作"智术师"的不是柏拉图,而是伊索克拉底;伊索克拉底用"哲学"来意指一般意义上的智识文化(intellectual cul-

① 要想断定伊索克拉底待在色萨利的确切日期是不可能的,不过,这必定是在公元前410年前后。

② 柏拉图,《美诺》70b;伊索克拉底,《论财产交换》(Antid.)155。

③ 他将其称作ή τῶν λόγων μελέτη[说话的练习],或者παιδεία[教育],或者ἐπιμέλεια[关心、经营]。布拉斯提出,伊索克拉底避免称其为一种τέχνη[技艺],也许是为了避免与那些匠人作家相混淆,或者与修辞学[雄辩术]手册相混淆(《阿识卡的雄辩术》,第107页)。但是,像《驳智术师》(Soph.)9—10和《论财产交换》178,这些段落足以表明,他将自己的φιλοσοφία[哲学]视为一种τέχνη[技艺]。

ture），①"哲学"作为智识文化的意义在修昔底德那里就有了。他很可能说过（就像伯利克里在修昔底德那里说过的一样②）整个雅典城邦的特有标志，是她对哲思之事（即$\varphi\iota\lambda o\sigma o\varphi\varepsilon\tilde{\iota}v$）的兴趣，而且他确实在《泛希腊集会辞》中说过类似的话。他写到，雅典创造了文化（$\varphi\iota\lambda o\sigma o\varphi\acute{\iota}\alpha$）——他显然是在思考整个共同体，而不是在思考聚集在柏拉图或苏格拉底周围的那些机智的辩证法家。③ 伊索克拉底志在普遍的文化，而不是如柏拉图主义者所宣扬的那样，志在某种特定的学说或者获致知识的某种特殊方法。因此，对立双方宣称自己是"哲学"这一名称的拥有者，以及敌对双方赋予这个词相当不同的意义，都象征着修辞学[雄辩术]和科学（哲学）在教育和文化领域中对领导权的争夺。④

因此，伊索克拉底是伯利克里时期曾经兴盛的智术文化和修辞学[雄辩术]文化的战后代表。不过，他比我们想象的要丰富得多。只把他看作智术文化和修辞学[雄辩术]文化的代表，会让我们忽略他人格中最优秀、最有特色的一面。[50]他分配重点的独特方式——夸大修辞学[雄辩术]和实际政治的重要性，让仅仅只是智术和理论的东西退居幕后——表明

---

① 没有必要一一枚举相关段落来证明这一论点。在《论财产交换》270 中，他主张将$\varphi\iota\lambda o\sigma o\varphi\acute{\iota}\alpha$[哲学]的名称只用于他自己的工作，还说其他教师（例如辩证法家、数学家和修辞学[雄辩术]的"技术书写者"）没有权力使用这一名称。在他的早期著作中，他还没有独占这一名称，他随意谈论职业辩士和诡辩家的$\varphi\iota\lambda o\sigma o\varphi\acute{\iota}\alpha$[哲学]（《海伦颂》[Hel. ]6），以及诸如波利克拉底（Polycrates）这样的修辞学[雄辩术]教师的$\varphi\iota\lambda o\sigma o\varphi\acute{\iota}\alpha$[哲学]（《布希里斯》[Bus. ]1）；在《驳术师》1 中，他将其作为对高级教育和文化的全部分支的一般描述来使用。

② 修昔底德，《伯罗奔尼撒战争史》2. 40. 1。

③ 《泛希腊集会辞》47："$\varkappa\alpha\tau\alpha\delta\varepsilon\tilde{\iota}\xi\alpha\iota$[指明]"一词描述的是对一种生活方式的崇拜的创立者的行为；在这里，"$\varphi\iota\lambda o\sigma o\varphi\acute{\iota}\alpha$"一词并不是指柏拉图意义上的"哲学"。译注：原文如下，"$\varphi\iota\lambda o\sigma o\varphi\acute{\iota}\alpha$使我们想起这一切，并且把它们建立起来；$\varphi\iota\lambda o\sigma o\varphi\acute{\iota}\alpha$教我们从事公共活动，教我们对人和蔼；$\varphi\iota\lambda o\sigma o\varphi\acute{\iota}\alpha$教我们辨别出于愚昧的不幸和出于必然的不幸，教我们小心防备前一种不幸，耐心忍受一种不幸。这种$\varphi\iota\lambda o\sigma o\varphi\acute{\iota}\alpha$也是由我们创造的。我们的城邦还重视演说，这种才能人人都想获得，人人都嫉羡那些能言善辩的人。"作者认为这里的$\varphi\iota\lambda o\sigma o\varphi\acute{\iota}\alpha$是"文化"的意思，不是柏拉图意义上的"哲学"。

④ 布拉斯《阿提卡的雄辩术》，第 28 页）指出，在伊索克拉底的时代，"哲学"一词的意思是"文化"，因此，伊索克拉底"教哲学"的说法全无糊涂之处；但不管怎样，布拉斯说伊索克拉底自谓是真正的哲学——也就是真正的文化——的唯一代表就是他的傲慢自大了。不过，柏拉图和所有其他的学派及教师都声称自己是唯一的代表，参见柏拉图，《书信》7. 326a，《王制》490a，等等。

了他关于雅典对待新文化的态度的良好洞察力。在其童年和青年时期，这种新文化在他的母邦雅典取得了令人吃惊的成就，但也遭到了激烈的反对。尽管他远不是第一个宣布自己是这种新文化的学生和捍卫者的雅典人，但直到他给它穿上一件真正的雅典人的衣服之前，它并未真正入籍雅典。在柏拉图那里，修辞学[雄辩术]教师和智术师们总是处于一种不利地位，因为他们都是异邦人，并不真正理解雅典和雅典人的问题。当他们随身带着知识，即某种程度上的"引进的现成品"，进入紧凑而封闭的雅典社会时，他们总好像是局外人。① 当然，他们都说着同一种国际语言，每一个受过教育的人都能听懂，但它从来没有雅典人的格调和韵味。他们缺乏那种漫不经心的优雅和自得，在雅典人的世界中，如果没有这些，他们就不能取得完满的成功。他们广泛的文化知识和神乎其神的技术能力深受钦佩和欢迎，但在更深层次的意义上，他们仍然是徒劳无益的无用之人——至少当时如此。在外来的新要素能起作用之前，它必须先与作为无与伦比的雅典城邦之普遍特征的特殊生活方式相结合；除了雅典人，除了一个像伊索克拉底这样的、对自己城市的本性及其面临的危机极其关心的雅典人，没有任何人能够导致这种结合。战争期间和战后数年的重大事件对修辞学[雄辩术]的性质造成了深刻的变化，在这些事件的影响下，修辞学[雄辩术]从第一次出现在雅典到实现本土化，经历了整整一代人。与此同时，它也受到了由苏格拉底肇始的道德革新和重大社会危机的深刻影响——战争造成的社会危机在伊索克拉底的青少年时期和成年早期深深地动摇了雅典国家的根基。② 新的一代，即伯利克里体制的

① 柏拉图，《普罗泰戈拉》313c 及以下。

② 柏拉图在《斐德若》的结尾部分(279a)提到了伊索克拉底，说他是苏格拉底的"同伴"，苏格拉底高度赞赏他的才智，说他的心灵中包含着一种内在的哲学气质；很难说这段文章有多少历史真实性。也许伊索克拉底曾在某个时间与苏格拉底相遇，但除此之外，不能说明什么更多的东西。很难说这段话意味着伊索克拉底是苏格拉底的朋友，更不用说他的学生了。不过，尽管如此，他的著作表明有很多地方受到苏格拉底的观念的影响。冈伯茨的《伊索克拉底与苏格拉底》(Isokrates und die Sokratik)（载《维也纳研究》[Wiener Studien]，第 27 期，1905 年，第 163 页；第 28 期，1906 年，第 1 页)对苏格拉底的影响做了最充分的考察。他正确地假定，伊索克拉底是从关于苏格拉底的书籍中获得苏格拉底的这些观念的；这一点也得到以下事实的支持：即在公元前 390 至前 380 年之间的那些年之前——他在此期间首次涉足教育理论领域——他一直没有谈到苏格拉底的那些观念。不过，本人还是觉得冈伯茨夸大了安提斯泰尼对伊索克拉底的影响。

继承人，遇到了无法回避的艰巨任务。对伊索克拉底而言，能够最好地表达他那个时代的政治和道德理想的智识形式，以及能够使它们成为当时所有雅典人的智识装备的一部分的，不是柏拉图意义上的哲学，而是他自己的修辞学［雄辩术］。带着这种对修辞学［雄辩术］的目的的新想法，[51]伊索克拉底的修辞学［雄辩术］教育，作为战后雅典伟大的教育运动的一部分应运而生——他那个时代为改革和恢复雅典青春活力的一切努力，都注定要汇入这一伟大的教育运动。

导致这一点的因素各不相同。尽管伊索克拉底精通语言文字和文体风格，但他并不是一个天生的演说家。然而，雅典民主制度凭其真实本性，仍然认为除非一个人精通演说，否则他不可能成为一种有影响力的政治力量。伊索克拉底谈到他自己在这方面先天不足。他的嗓音沙哑，不足以让大量听众都听到他说的话；他对现身于大庭广众之下有一种难以克服的恐惧。人群使他发怵。① 在谈到这种公共场所恐惧症的窘迫时，伊索克拉底不只是在为他完全缺席所有政治活动找一个借口；除此之外，他觉得他的异常表现是自身性格的一种个人特征，这一特征根深蒂固，难以消除。与苏格拉底一样，他拒绝进入政治领域并不表示他对政治缺乏兴趣，而是一种深刻的智识和精神冲突的结果，这种冲突既妨碍他参与政治活动，同时也扩大了他对自己在当时的政治危机中必须扮演的角色的理解。与柏拉图的苏格拉底一样，他深信，与作为一名演说家在议事会和法庭上从事一种积极进取的职业生涯相比，他必须以某种其他方式发动一场更为需要的改革。因此，他觉得使自己不适合参与正常政治生活的先天不足是在召唤他承担一项更高的使命。他的弱点就是他的命运。然而，苏格拉底以其无休止的诘问和考察成了道德领域的一名探险者，并最终发现自己站在了一个新的知识世界的大门口；而更为务实的伊索克拉底，尽管他暂时深受其伟大的同时代

---

① 关于伊索克拉底生平的一些事实，参见布拉斯，《阿提卡的雄辩术》，第 8 页及以下；杰布（Jebb），《阿提卡的演说家们》（*Attic Orators*），London，1876，第二卷，第 1 页及以下；以及芒舍（Münscher）撰写的详尽无遗的文章，收录于保利-维索瓦（Pauly-Wissowa）编，《古典学百科全书》（*Realenzyklopädie der Klass. Altertumswis*），9. 2150 f. ；关于他的虚弱的嗓音和胆怯，参见《致腓力辞》（ *Phil.* ）81 和《泛雅典娜节演说辞》（*Panath.* ）10。

人[柏拉图]的人格的影响,并不断地努力挑战他所建立的崇高标准,但他还是觉得自己的特殊禀赋和对群众的天然厌恶,预先注定了他要在一个小圈子范围内成为一种新的政治活动类型的教师。①

甚至伊索克拉底所生活的年代似乎也使这种修辞学[雄辩术]课程不可或缺。在他平静而专注的退隐生活中,他希望培养一批政治家,[52]他们可以给被误导的民众指引新的努力方向、给长期在一个封闭的圈子里打转的希腊城邦政治指引新的方向。对一种新目标的热情占据了他的头脑,他开始用它来激励每一位学生。他是一个有政治远见的人,他的思想与那些务实的政治家方向一致,而且与他们一样被诸如对"权力"、"荣誉"、"成功"、"进步"的渴望所引导。他的经验逐渐引导他修正自己的目标;但从一开始,他就认为,他的这些目标是不可能靠伯利克里时代的那些陈旧方法——即希腊各城邦之间的那种一味求胜的外交和你死我活的战争——来实现的。在这方面,他的思想整个就是战后雅典的虚弱的产物。他是梦想家,在对未来的展望中,他忽略了雅典的虚弱。他相信,雅典只能在与斯巴达及其他城邦和平相处时、在胜利者和被征服者完全平等时,才能在希腊事务中起领导作用,因为那样的话,雅典对那些粗野的竞争对手而言的智力优势就能确保她获得权力的平衡。② 只有在希腊各邦之间建立这样的平等关系时,只有在他们献身于民族的一个伟大目标时,才能阻止希腊世界的瓦解,从而阻止那些独立的小城邦的完全毁灭——迄今为止,这些小城邦都在竭力相互杀戮,尽管它们之中没有一个曾经用那种能够给全民族带来持久和平的至高力量对其他所有城邦获得过真正的优势。为了拯救希腊,必须设立一个全民族共同的目标。而且,在经历了伯罗奔尼撒战争的惨痛之后,伊索克拉底认为真正的政治家的根本职责就是找到这样的目标。确实有一件迫在眉睫的预备性工作:必须清洗希腊城邦政治生

---

① 在《致腓力辞》81—82 中,伊索克拉底承认了自己的生理和心理缺陷,尽管如此,他仍然声称自己在实践智慧(phronêsis)和教育方面并不低人一等,而是属于最优秀之列。

② 这是伊索克拉底在《泛希腊集会辞》中归之于雅典的角色。即使在第二次雅典海上同盟崩溃之后,他仍然坚持雅典的精神领导权——例如在《论财产交换》和《泛雅典娜节演说辞》中。不过,后来(如在《论和平》和《致腓力辞》中),他抛弃了雅典应该同样行使对希腊的政治霸权的主张。

活中的深层腐败和腐败的根源——各城邦之间致命的相互仇视和党派纷争。根据修昔底德的悲剧性描述，在伯罗奔尼撒战争期间，正是这种邻里间的相互仇视，充当了各种滔天罪行的理由，并摧毁了一切既有道德规范的基础。① 不过，伊索克拉底没有像柏拉图的苏格拉底那样，相信迫在眉睫的改革可以由创造一个新的道德世界(即每个人灵魂中的城邦)来达到。② 伊索克拉底认为，"民族"，即泛希腊共同体的观念，[53]才是希腊精神复兴中的新因素得以明确的关键点。柏拉图曾经指责修辞学[雄辩术]只会教人如何说服听众，没有指出任何可以追求的理想：因而只能是一种实用性工具，为达到永恒的目的提供智力手段而已。③ 修辞学[雄辩术]的狂妄自命中的这一弱点无可否认；而且，当希腊人中间最优秀的良心变得越来越敏感的时候，它对修辞学[雄辩术]技艺是一个真正的危险。在接受泛希腊共同体理想时，伊索克拉底也看到了解决这一问题的方法。道德冷漠是之前的修辞学[雄辩术]教育的普遍特征，而柏拉图则决心将一切政治道德化——从实际政治的角度看，这无疑是远离一切政治；在某种意义上，关键的是要在二者之间找到一条中庸之道。④ 新的修辞学[雄辩术]必须找到一种既可以得到道德的说明，又可以被转化为实际政治活动的理想。这一理想就是希腊人新的道德规范，它赋予了修辞学[雄辩术]一个永不枯竭的主题，一切高级的演说似乎都可以在这一理想中一劳永逸地找到自己的终极主题。在这样一个旧信念失去其凝聚力、城邦多年的体制结构正在破碎的时代中，民族成就的新梦想仿佛是一个鼓舞人心的巨大动力。它赋予生活一种新的意义。

因此，在这一关键时刻，为时代潮流所驱使，伊索克拉底选择修辞学[雄辩术]作为自己的职业，构建我们所描述的新理想。高尔吉亚的《奥林匹亚辞》阐明的主题是伊索克拉底毕生事业的核心，完全有可能是高尔吉亚直接促使他走向新的理想。这种事比比皆是：一位名家或大师在

---

① 修昔底德，《伯罗奔尼撒战争史》3.82。
② 《王制》591e；参见本书第二卷，第 408 页及以下。
③ 参见本书第二卷，第 145 页及以下。
④ 在《驳智术师》的演说中，伊索克拉底在这两个当代教育的极端类型之间进行了对比。

其人生的最后数年酝酿了一个理想,然后以之激励钦佩这一理想的学生,并且通过这一理想来塑造和引导学生的整个职业生涯。如果伊索克拉底想要在不是演说家的情况下成为一名政治家,如果他希望针对苏格拉底哲学和早期修辞学[雄辩术]的竞争,主张自己作为一个教育者和修辞学[雄辩术]教师的权利,并迎头痛击他们的批评,那么他就会在其对新理想的全神贯注中发现这样做的唯一可能的方法。这也说明了他遵循新理想并坚持到底的顽固劲头。[54]他的弱点使人们很容易对他说三道四;但要找到这样一个人却非常困难:他比伊索克拉底更彻底地实现了自愿承担的任务,比伊索克拉底更适合于他自己的使命观。这种使命观赋予了修辞学[雄辩术]现实的内容——长期以来,修辞学[雄辩术]一直因其缺乏现实内容而被诟病。① 由于这种使命观,修辞学[雄辩术]教师最终获得了应有的尊严,这种尊严使他与哲学家同列,使他独立于那些机器般冷漠的政客之外;实际上,就他代表了一种比任何个别城邦更高的利益而言,这种尊严给了他比那些道德冷漠的政客更高的地位。伊索克拉底本人个性中的缺陷——不仅是他的生理缺陷,还有他的智力和性格缺陷——甚至是修辞学[雄辩术]本身的缺陷,经由他的计划和安排,几乎都转化成了美德;或者看起来如此。演说家、政治小册子的撰写者、思想理论家,从来没有发现自己处于如此受人喜爱的处境,或者博得如此广泛的全民族影响力;如果他的影响力中缺乏某种类似于浓烈、力量、天赋之类的东西,那么伊索克拉底以坚定不移的勤奋、超乎寻常的长寿部分地弥补了不足。当然,他的决心并不影响其工作的质量;但这仍然是他成功完成使命的关键因素,与教师是否能够取得成功一样,伊索克拉底的使命取决于他与活生生的人的关系。

过去的几个世纪里,历史学家们除了看到伊索克拉底是一个道德说教者之外,没有在他身上看到别的;他们太过狭隘,把他设想为一个单一的作家和政治评论家,或一个教师。他们没有充分认识到他出版的全部著作,与柏拉图和亚里士多德的一样,只是其学校的教学计划的

---

① 参见柏拉图,《高尔吉亚》449d,4521a,453b—e,455d。后来,他又重申了《斐德若》中的指控。

辅助而已。不过，关于伊索克拉底职业生涯的现代观点对其著作中的政治内容进行了完全公正的探讨，并理解这些政治内容在公元前四世纪的希腊历史中的全部意义。这些著作的目的，当然是想要在自己学生的小圈子之外造成一种影响，伊索克拉底经常通过自己的学生影响那些从未听过他的教导的人。不过，与此同时，他的政治演说是他在学校中传授的新型雄辩术的典范。后来，在《论财产交换》中，他从他最著名的演说中选取了几段文字，用以向更多的公众举例说明其教学的独特品格。[55]这些演说志在成为内容和形式的双重典范，①因为这两个因素在他的教学中是不可分离的。无论我们什么时候想要从他的演说辞——这些演说辞是我们拥有的唯一证据——中重现他所教导的文化的真正品格，都必须永远牢记他的双重目标。幸运的是，他经常表达自己关于修辞学［雄辩术］技艺和教育理想的观点；他经常抓住机会打断自己的论辩线索，向公众解释他正在说什么，他又是怎么说的，为什么这么说。其实，在他的职业生涯开始时，他就发表了几个教学方案式的作品，根据他那个时代的其他教育权威，清晰地界定了自己的位置。如果我们想要理解其活动的全部范围、理解其教育的真正品格，我们必须从这些作品开始。

伊索克拉底曾经是一个法庭"演说辞写手（Logographer, speech-writer）"，这一职业在许多方面与我们现在的"辩护律师"差不多；但是，我们对他放弃这一职业去做一个修辞学［雄辩术］教师的时间以及导致他这样做的原因一无所知。与吕西阿斯、伊塞优斯（Isaeus）、德摩斯梯尼一样，他曾经为谋生而从事这一职业——因为他父亲的财产大部分已毁于战争。② 在后期，他甚至不愿提及这一时期的职业生涯，尽管（正如亚里士多德幽默地指出的）他撰写的法庭演说辞成堆成堆地在书店里躺着。③ 它们之中只有少部分保存了下来：在他死后承担编辑

---

① 伊索克拉底的"演说"从未如此发表过。这些演说辞的演说形式纯属虚构。

② 关于他作为一个演说辞写手的作品，参见哈利卡纳苏斯的狄奥尼修斯，《论伊索克拉底》(de Isocr.) 18；西塞罗，《布鲁图斯》(Brutus) 28（西塞罗的资料来源是亚里士多德的《技艺集》[συναγωγὴ τεχνῶν]）。他在《论财产交换》161 中提到了他父亲的财产损失。

③ 参见哈利卡纳苏斯的狄奥尼修斯，《论伊索克拉底》18。

其著作任务的学生们,并不比他本人更有兴趣保存它们。① 它们的日期,我们最晚只能追溯到公元前 390 年左右。② 因此,伊索克拉底的学校的建立大致上与柏拉图建立学园的时间相一致。③ 在他的导言性演说辞《驳智术师》中,很明显,他面前有柏拉图的《高尔吉亚》和《普罗泰戈拉》的"内容介绍",他有意反其道而行之,建立自己与他们截然不同的教育理想。④ 这篇演说辞将我们带回到了与柏拉图相同的时期。对我们来说,这篇演说辞的无与伦比的价值在于,它高潮迭起,生动地重现了两大教育学派之间持续一代人之久的文化争端的首次对决。对我

---

① 根据哈利卡纳苏斯的狄奥尼修斯,《论伊索克拉底》18,伊索克拉底的继子阿法雷乌斯(Aphareus)在其驳麦格克莱德斯(Megacleides)的演说中说,他的继父"从未"写过法庭辩论词之类的东西;但这只能说是自伊索克拉底成为一个学校的校长之后从未写过。他的学生凯菲索多斯(Cephisodorus)承认,伊索克拉底撰写的这类演说尚存一些,不过只有其中几篇是真实的。

② 《论银钱商》(*Trapeziticus*)和《关于遗产的纠纷》(*Aegineticus*)的写作日期大致可以确定为公元前 390 年。

③ 托名普鲁塔克的《十大演说家传》(*vit. X orat.*)837b 中的陈述——伊索克拉底起初在希俄斯岛主持一所学校(σχολῆς δὲ ἡγεῖτο, ὥς τινές φασιν πρῶτον ἐπὶ Χίου)——没有得到证实。ἐπὶ Χίου[在希俄斯岛]是ἐν Χίῳ[在希俄斯岛]的少见说法。在"ἐπὶ[在]"一词之后,我们应该期待的是伊索克拉底开始教学的时代的那个执政官的名字;但如果发生错讹的"Χίου"一词原本是那个执政官的名字,那么这个词就很难校订。没有一个九十年代和八十年代早期的执政官有一个像χίου这样的名字。如果他是⟨Μυστι⟩χίδου[密斯提奇得斯],那就会使我们把伊索克拉底创办学校的日期延至公元前 386/385 年。

④ 伊索克拉底本人在其《论财产交换》193 中说,《驳智术师》这篇演说辞属于他教学生涯开端之时的作品。在芒舍《古典学百科全书》(保利-维索瓦编)撰写的文章中(9.2171),罗列了一些作品,这些作品都讨论了他与柏拉图的关系。不幸的是,其中许多已经过时,因为它们赖以成立的假设——即柏拉图关于修辞学[雄辩术]的主要对话《斐德若》作于其青年或中年时期——是错误的。芒舍继续沿用了这一假设,若非如此,他的文章就是一篇令人钦佩的导论。现代学者已经修正了他们的观点。(关于《斐德若》的最晚写作日期,参见本卷第 222 页,注释①。)另一方面,我认为想要遵照维拉莫维茨(《柏拉图》,第二卷,第 108 页)的观点,又避免下述结论是不可能的:这个结论就是,就像《驳智术师》猛烈地攻击苏格拉底派的其他人一样,它同样猛烈地攻击柏拉图,并引用了柏拉图的《普罗泰戈拉》、《高尔吉亚》、也许还有《美诺》(本人关于这一问题的讨论,参见本卷第 64、76—77 页)。芒舍的信念——即当伊索克拉底写作《驳智术师》的演说辞时,他仍然"觉得自己在所有关键问题上与柏拉图相一致"——没有得到演说辞中任何内容的支撑,相反,每一行都与柏拉图相抵触。这一信念的唯一基础是将《斐德若》的写作时间定在早期,在《斐德若》中,柏拉图对伊索克拉底显然比对如吕西阿斯这样的演说家要友善。柏拉图的《斐德若》写于《驳智术师》之前或稍后的假设,会迫使我们作出一种穿凿附会的解释,即伊索克拉底的这篇演说辞是在表达他对柏拉图的友谊。

们而言，在其中追溯柏拉图首次现身时对许多同时代人的直接影响更为有趣。正如我们习惯于从柏拉图哲学对两千多年人类历史的影响来评价其重要性，[56]我们自然而然地设想他对他那个时代的人也发生了同样强大的影响。对于这种看法，伊索克拉底是一个有用的矫正器。

伊索克拉底一开始就说，教育的代表人物们名声不佳，追根溯源，原因在于教师的自我吹嘘在公众中激起了过度的希望。① 因此，他要挺身而出，反对夸大教育的力量——对教育力量的高估是他那个时代的惯例。确切地说，在从苏格拉底大声表达的怀疑——诸如教育之类的东西是否真的存在——到柏拉图早期对话的狂热教育信仰的革命性变化中，必定存在着某种异乎寻常的东西。和在他处一样，伊索克拉底在这里代表中庸之道。他本人当然也想成为一名教师；但他"非常理解"那些门外汉——他们宁可什么都不学，也不愿相信那些夸夸其谈地大肆许诺的哲学家。② 他问道：当这些哲学家营造出这么多虚假的希望时，怎么可能还有人相信他们对真理的渴望呢？伊索克拉底没有指名道姓，但其论战中的每一个词都直接针对苏格拉底派，和其他地方一样，他在这里也鄙夷地把他们称作"好辩者"。③ 在《普罗泰戈拉》和《高尔吉亚》中，柏拉图将辩证法呈现为一种远胜于修辞学家们的长篇大论的技艺。柏拉图的对手干净利落地解决掉了他的辩证法：他将其与争辩术——也就是为辩论而辩论——拴在了一起。尽管柏拉图的苏格拉底的方法常常看起来与争辩术有许多共同之处，但真正的哲学总是努

---

① 伊索克拉底，《驳智术师》1。

② 当然，"哲学家"一词在当时并不局限于指那些教育方面的代表人物，我们今天才专门把那些苏格拉底圈子的人称为哲学家。"哲学家"包括各种类型的文化的职业教师（《驳智术师》11,18），但它确实也包括严格意义上的哲学家，如我们可以在《驳智术师》2 中看到的那样，伊索克拉底嘲笑他们大言不惭地声称自己传授"真理"。这种嘲笑是针对整个苏格拉底派的，并非（如某些人所认为的那样）只针对安提斯泰尼的《论真理》(Truth)一书。

③ 《驳智术师》1：οἱ περὶ τὰς ἔριδας διατρίβοντες οἳ προσποιοῦνται τὴν ἀλήθειαν ζητεῖν［这些人致力于辩论，他们佯装探索真理］；《论财产交换》261：οἱ ἐν τοῖς ἐριστικοῖς λόγοις δυναστεύοντες［这些精于辩论的教师］。在后一段文字中，伊索克拉底将这些"辩士"与天文学教师和几何学教师同列——这两个科目在柏拉图的学园都有。芒舍不合逻辑的假设——即在后一篇演说辞《论财产交换》中，当伊索克拉底提到"辩士"时，他意在让读者主要思考柏拉图，但在《驳智术师》中并非如此——建立在将《斐德若》的写作日期定得过早，以及伊索克拉底和青年柏拉图关系友好的基础之上（参见上页注释④）。

力使自己远离争辩术。① 实际上，在柏拉图的早期对话（如《普罗泰戈拉》和《高尔吉亚》）中，确实有很多争辩术因素在内。② 因此，伊索克拉底不像苏格拉底派那样以同样欣赏的眼光来看待辩证法，也就不足为奇了，苏格拉底派认为辩证法是治疗一切精神疾病的万应灵药。作为教育之结果，他们向人许诺关于绝对可靠的价值的知识（φρόνησις），但这种知识在明白事理的普通人看来，必定是某种太过玄远以至于难以获得的东西。③ 荷马深知人神之分的界限，他声称只有神明才有正确预见未来的能力，他是对的。什么样的凡人胆敢如此狂妄自大，给他的学生许诺关于什么应该做、什么又不应该做的绝对可靠的知识（ἐπιστήμη），[57]并经由这种知识使他们获得最高的幸福（εὐδαιμονία）呢？④

在这一批评中，伊索克拉底在狭小的空间内集中了柏拉图主义让常识厌恶的全部特征：问和答的特有争辩技巧、赋予作为理性的一个特殊器官的 phronésis[智慧]（或作为关于真正的价值的知识）以近乎神秘的重要性、明显极度夸张的理性主义（这种理性主义把知识作为治疗一切的万应灵药），以及预示着哲学家的"蒙福"的那种近乎宗教般的热情。显然，伊索克拉底将最锋利的枪矛对准了新哲学所使用的术语的怪异性质：在受过教育的普通人眼里，苏格拉底和柏拉图的论证方法所使用的术语都是些稀奇古怪或滑稽可笑的东西，伊索克拉底以文体家的微妙本能将它们搜寻出来，作为攻击的目标；苏格拉底关于"善本身"

---

① 柏拉图之所以在《欧绪德谟》中将苏格拉底从论客或辩士中尖锐而清晰地分离出来，很可能是因为柏拉图发现他的辩证法被人与争辩术相混淆，正如在伊索克拉底对辩证法的攻击中那样。在《王制》499a 中，柏拉图重申了他的抱怨，没有人知道真正的哲学家，真正的哲学家与矫揉造作、吹毛求疵的"辩士"泾渭分明。其中，他将哲学家描述为这样的人：他在机智而无用的争辩中毫无乐趣可言，他"为知识自身之故"而寻求真理。

② 在好几个关键点上，普罗泰戈拉拒绝同意苏格拉底的逻辑结论，他显然认为他的对手是在给他下套。柏拉图以一种客观的方式来描述这些，从而表明了苏格拉底的辩证法多么容易被叫作"争辩术"。卡利克勒斯以同样的方式（柏拉图，《高尔吉亚》482e 及以下）反对苏格拉底的"把戏"，即在同一场争论中，对同一个概念给出不同的意义。关于这一点，参见本书第二卷，第 154 页。

③ 《驳智术师》2。

④ 《驳智术师》2—4。

的知识的公认目标是号称放诸四海而皆准的"普遍德性（πᾶσα ἀρετή）"，①但哲学家们却以微不足道的学费出售他们的智慧，两相对比，伊索克拉底使普通民众不得不怀疑，年轻人从哲学家那里学到的东西是否真的物有所值，他所得到的比他所支付的是否要多得多。

伊索克拉底补充说，哲学家们说他们希望从学生的灵魂中释放出完美的德性，但他们自身就对这种德性不甚相信，因为他们学校的招生规则就透露出对学生的一种普遍的不信任。他们要求学生在入学前提前支付学费，并把学费交给一个从未受过他们教导的雅典人。② 他们说这样做是为了保障财产安全，可实际上与他们的说教恰恰相反；当然，他们有理由在乎自己的利益；但他们的这种态度如何与他们的主张相一致呢？极力声称教人正义和自制的人，若在他人面前不信任自己的学生，不显得荒唐可笑吗？伊索克拉底的这一论证在我们看来似乎格调过低，但也不是全无道理。在《高尔吉亚》中，柏拉图曾经怀着同样的恶意驳斥修辞学［雄辩术］教师：他们抱怨自己的学生滥用了修辞学［雄辩术］技艺，而没有看到他们的抱怨正是在控告他们自己——因为如果修辞学［雄辩术］确实提高了学生的修养和水平，那么，那些真的从中获益的人，就不可能如他们所做的那样滥用修辞学［雄辩术］。③ 实际上，修辞学［雄辩术］遭受谴责的主要原因是它只论胜负利害、不问是非曲直的非道德特征。在不同的语境中，伊索克拉底都支持柏拉图对话中高尔吉亚所代表的观点：即修辞学［雄辩术］教师将技艺传授给学生，[58]是为了让他正确地使用修辞学［雄辩术］，如果学生滥用技艺，

---

① 柏拉图把"普遍德性（Universal Virtue）"与诸如正义、勇敢、自制这样的特殊德性相对比。有时，他也将前者称作"德性本身（αὐτὴ ἡ ἀρετή）"——对他的同时代人来说，这是一种新的奇怪的表达方式。在《驳智术师》20 中，伊索克拉底也强调了"好辩者"的教育中的道德因素；他们明确断言德性可教（21），而伊索克拉底和所有智术师都强烈否定这一点："那些渴望遵循我的哲学准则的人，如果他们愿意，我可以迅速帮助他们更快地拥有诚实的品质，而非演说的技能。但我不希望有人认为我是在宣称正义生活是可教的；一言以蔽之，我一直认为不存在一种能在天性已经腐化的人身上培养出节制和公正精神的技艺。"参见柏拉图的《普罗泰戈拉》。

② 《驳智术师》5。译注：为保证双方的财产安全，他们要求学生先将学费交给第三方保管，到课程结束，再支付给老师。伊索克拉底认为老师和学校这样做，明显就是教师自己对自己的承诺的不信任。

③ 柏拉图，《高尔吉亚》456e—457c，460d—461a。

教师不应该因此而受谴责。① 也就是说,他不接受柏拉图的批评,仍坚持认为高尔吉亚完全正确。而且,不仅如此,他还反过来批评哲学家不相信自己的学生。这使以下事实成为可能:即当他撰写作为其职业生涯之开端的《驳智术师》这篇演说辞时,他就已经知道了柏拉图的《高尔吉亚》,并有意对它作出回应。②

作为高尔吉亚的学生,柏拉图的对话对他而言必定尤其是一种冒犯,他必定觉得自己以老师的名义受到了指控:因为,正如我们在上文中所表明的,柏拉图置疑的不仅仅是高尔吉亚本人,还包括修辞学[雄辩术]的全部分支。在《高尔吉亚》中,"辩士们"的所有典型学说——这是伊索克拉底在其"就职演说"《驳智术师》中所取笑的——都已经得到了清晰的说明,柏拉图对他们进行了分析,并特别提到了它们对自己的新教育体系的意义。③ 在伊索克拉底所攻击的对手中,柏拉图和苏格拉底派首当其冲,既然他对他们发动了特别猛烈和彻底的攻击,那么很显然,他必定是充分意识到了来自他们的学说的危险,这种危险会威胁

① 《论财产交换》215 及以下,伊索克拉底试图为修辞学[雄辩术]教师辩护,反驳"他们的学生在他们那里学坏了"的指控。参见《尼科克勒斯或塞普路斯人》(*Nic.*)2 及以下。

② 关于《高尔吉亚》和《普罗泰戈拉》这两部著作的写作日期,这是最有可能的观点。在令人信服的理由的基础上,人们现在普遍相信《高尔吉亚》写就于公元前 395 至前 390 年之间;但伊索克拉底几乎不可能在这期间开办了他的学校,因为我们可以将他作为一个法庭辩护词写手的作品一直追溯到前 390 年。因此,《驳智术师》的演说辞——它提供了他的教学计划——写于八十年代。有些学者,试图根据柏拉图对话中看起来似乎是对伊索克拉底演说的暗示,来确定《驳智术师》和柏拉图《高尔吉亚》之间的时间关系,但即使柏拉图谈到了一种"善于猜测的悟性($ψυχή\ στοχαστική$)"(《高尔吉亚》463a),伊索克拉底也谈到了一种"猜想的天赋($ψυχή\ δοξαστική$)"(《驳智术师》17),这也不能证明柏拉图是在模仿伊索克拉底。再者,"$δοξαστική$[猜想]"是一个柏拉图式的词语。柏拉图鄙视仅仅是意见或猜想($δόξα$)的东西,但在这里,和其他地方一样,伊索克拉底坚持认为,人的有限天性不允许他从事超越"意见($δόξα$)"和"猜想($δοξάζειν$)"的事情。伊索克拉底正在回应柏拉图的事实表明,他依赖于柏拉图对问题的构想,但主要的理由是他给出的信息:包含在《驳智术师》中的关于柏拉图的基本概念及其相互之间逻辑关系的信息(例如,$πᾶσα\ ἀρετή$[普遍德性]—$εὐδαιμονία$[幸福],$ἐπιστήμη$[知识]—$δόξα$[意见],$ἀρετή$[德性]—$ἐπιστήμη$[知识])是如此充分,以至于除了《高尔吉亚》这部柏拉图年轻时对其思想作出相当系统的阐释的唯一作品,它不可能来自柏拉图的其他任何早期作品。

③ 无论如何,要在柏拉图的早期著作中,说出一部比《高尔吉亚》更令人信服、更完整地阐述了伊索克拉底提到的柏拉图哲学的全部特征,且使这些特征之间的潜在联系如此清晰的作品,是非常困难的。

到他自己的理想。他的谩骂是有现实目的的。他从不让自己的驳斥成为对对手地位的一种理论反驳，因为他知道那样做的话，他肯定会败诉。他选择普通人的常识作为战斗的地形地势。他诉诸于普通民众的本能和直觉——他们在不理解哲学家的技术秘密的情况下，观察到那些要把他们的追随者带向智慧和幸福的人，自己却一无所有、不名一文，也没有从他们的学生那里得到什么东西。① 他们的贫困状态与希腊传统的 eudaimonia（即完美幸福的观念）南辕北辙，而其他智术师——比如安提丰——早已因为苏格拉底对这种所谓的"幸福"的激赏而嘲笑过他了。② 平头百姓观察到，那些揭露别人演说中的矛盾的人，没有注意到他们自己行为中的矛盾；他们观察到，尽管他们承诺，在有关未来的问题上，会教导学生怎样做出正确的决断，却根本不能就现实问题发表任何中肯的意见，或给出正确的建议。③ 而且，当他进一步观察到，只根据"意见（δόξα）"而行动的民众发现，他们之间相互认同并选择正确的行动路线，要比自诩拥有完美的"知识（ἐπιστήμη）"的人更容易功成名就时，[59]他注定要以鄙视哲学研究而结束，他会得出这样的结论：哲学完全是空谈，吹毛求疵、误人误己，而绝非真正的"关怀灵魂（ψυχῆς ἐπιμέλεια）"。④

上述最后一点确然无疑地证明，伊索克拉底将攻击的矛头对准了柏拉图和苏格拉底派的其他人——尤其是安提斯泰尼（Antisthenes）。他有意以一种无可非议的方式，将他们的特征混合进了"苏格拉底的学生"这一笼统的形象中，因为他们全都声称自己是"苏格拉底的学生"。⑤ 不

---

① 《驳智术师》6。
② 色诺芬，《回忆苏格拉底》1.6.1 及以下。
③ 《驳智术师》7。
④ 《驳智术师》8。
⑤ 向学生卑劣地收取一点点学费的指控也许更适合于安提斯泰尼，而不是柏拉图，柏拉图可能根本不收取任何学费。不过，我们对这些事情知之甚少，不足以做出确切的判断。即使在学园中，学生们可能也必须支付小额钱财——例如，他们参加会饮时的自己那份费用。但这并不是说这部分钱财就是老师的薪水，但伊索克拉底可能故意选择将其说成是薪水，从而暗示柏拉图出价低于其竞争对手。在《海伦颂》1 中，他再次攻击柏拉图和安提斯泰尼，参见本卷第 79 页，注释③。关于苏格拉底的学费收取，参见第欧根尼·拉尔修，《著名哲学家的生平和学说》2.62,65,80 和 6.14。

过，他深知苏格拉底的学生们之间也充满敌意，他将他们之间的纷争转化为攻击职业哲学家的另一个理由，即每一个时代都有的常识，这是一个特别受人喜爱的理由。效仿其老师的贫困和自主的主要是安提斯泰尼；而伊索克拉底的哲学家形象的抽象和理论方面，主要来自柏拉图；将哲学描述为无休止的吹毛求疵显然是指柏拉图对辩证法的穷分缕析使之成了一种逻辑学技艺。① 正如伊索克拉底所看到的，那是使辩证法进入理论领域和纯粹形式的一个关键性步骤。因此，他以苏格拉底"关怀灵魂"②的原有目标来衡量这门发现矛盾的新技艺——试图用"知识"来征服"意见"的新技艺，③并对其达到目标的能力表示怀疑。他由此得出结论，他的批判切中肯綮，（如历史所表明的那样）抓住了真正的问题之所在。因此，柏拉图和伊索克拉底之间的争辩，只是一系列持久冲突的一个展开部分，文化的理想正是通过这种持久的冲突发展起来的；这是一种至今仍然具有深刻而永恒的价值的辩证进程，这种价值与争论双方个人的细枝末节无关。

　　伊索克拉底将他所攻击的第二组对手描述为传授政治演说的教师。④ 他们不像哲学家那样寻求真理，而只从事他们的技艺——"techné"一词原有意义上的"手艺"，⑤不包含任何道德责任的痕迹。在《高尔吉亚》中，柏拉图曾经断言，真正的修辞学[雄辩术]应该与医生的手艺一样，使这样的道德责任成为必需。⑥ 伊索克拉底无法拒绝柏拉图的要求；他在谈到第三组对手（即法庭演说的教师）时，道德因素尤其明显。[60]不过，他没有因为赞扬柏拉图而肯定柏拉图学说的有效性。

---

① 在《论财产交换》262 中，辩证法再次被指控为吹毛求疵，其中的指控无可否认是针对柏拉图的。这里的指控为什么不能也是针对柏拉图的呢？

② 参见本书第二卷，第 39—40 页，其中解释了苏格拉底的全部教育活动为何可以被描述为"关怀灵魂($ψυχῆς$ $ἐπιμέλεια$)"。

③ 将辩证法描述为发现矛盾的技艺，即"反驳论证（elenctic）"，针对的是苏格拉底和柏拉图。参见《海伦颂》4 的相似论述，其中，伊索克拉底特别嘲笑了苏格拉底的专业术语"$ἐλέγχειν$[盘问、反驳]"。

④ 《驳智术师》9：$οἱ$ $τοὺς$ $πολιτικοὺς$ $λόγους$ $ὑπισχνούμενοι$[那些声称能传授政治演说的人]。

⑤ 伊索克拉底的措辞清晰地表明了，他将"技艺（techné）"一词（如这些修辞学[雄辩术]教师所使用的那样）放置于可以说是引号的符号之内。这一点同样适用于他夸张地引申苏格拉底的专门用语的那些段落。

⑥ 参见本书第二卷，第 145 页，以及其他各处。

他对那些传授政治演说的人的批评，为我们介绍了一种与哲学教育完全对立的教育类型———一种即席演说的技艺。作为这方面专家的典型，我们必定会想到伊索克拉底本人在高尔吉亚的学校中的同学阿尔基达马（Alcidamas）①———他和伊索克拉底一样发表了几次示范性演说，但他的特长是即兴创作（αὐτοσχεδιάζειν）。他的一篇得以保存的演说，明显是针对伊索克拉底这样的修辞学家的：伊索克拉底能够把演说辞写得很好，但不能在关键时刻说出当下情境迫切需要的话语。② 毫无疑问，对一个想要成为活跃的公众演说者的学生来说，即使实际教学常常降格为例行指令，且忽略了这门技艺的高级要求［如道德责任］，持久的技巧练习也是极为有用的训练。对于这个阶层的对手，伊索克拉底指责他们缺乏趣味：他声称，他们没有任何审美感觉。③ 在实践中，他们那种类型的修辞学［雄辩术］变成了各种修辞手段和修辞技巧的堆砌，学生们将这些手段和技巧背得滚瓜烂熟，可以随时付诸使用。这种修辞学［雄辩术］既不会增加他们的才智，也不会丰富他们的经验，只传授他们一些公开演说的样板，作为抽象的形式死记硬背，就像小学教师教孩子们背诵字母表一样。④ 这种方法是当时将教育和生活本身尽可能机械化的趋势的一个好事例。伊索克拉底抓住机会将自己的艺术技巧与这种空洞的商业化技能相切割，使自己免于因为厌恶哲学教育的玄妙之处而很可能招致的那种指责———只知务实而目光短浅。在眼高于顶的理论和庸俗的、追腥逐臭的机敏技巧之间，伊索克拉底寻找的是中庸之道；他在艺术的严谨"形式"中找到了这种中庸之道。⑤ 他在这里提出了第三条原则。我们在此再次发现，他通过与另一种观点的对比来说明他自己和他的理想。不过，通过如此这般的两线作战，他表明了他与哲学教育之间的冲突，这一点尽管很重要，但只说明了他自己的

---

① 参见瓦伦（J. Vahlen），《著作集》（*Gesammelte Schriften*）1，第 117 页及以下；在他之前的，参见莱茵哈特，《论伊索克拉底的竞争对手》（*De Isocratis aemulis*），Bonn，1873。

② 对于这篇演说辞的最好解释是，它是阿尔基达马关于伊索克拉底在《驳智术师》中对他的攻击的回应。

③ 《驳智术师》9。

④ 《驳智术师》10。

⑤ 《驳智术师》12 及以下。

一半理想。他不仅与"哲学"道不同不相为谋,而且与公认的修辞学[雄辩术]也相去甚远。因为,无论是在修辞学[雄辩术]领域,还是在哲学领域,伊索克拉底的教育是某种全新的东西。

[61]与生活中的任何其他领域相比,演说技艺最能抵抗理性的系统性努力,它将一切个别情况都简化为许多既定的认知图式(schemata),即基本形式。在逻辑学领域中,柏拉图将这些基本形式称之为型(Ideas)。如我们所见,柏拉图从当代医学那里获取了描述它们的三维模式[影像-实物-型],并将其应用于对存在(Being)的分析。在修辞学[雄辩术]中,我们可以看到同时正在发生的相同进程,尽管我们不能确切地说,这是受柏拉图使用"型"这一术语的直接影响所致。医学和修辞学[雄辩术]凭其本性就是这样的领域:基本形式或"型"这样的概念可以在其中得到发展的领域——因为医学将许多明显不同的生理现象归结为一些基本的类型;而修辞学[雄辩术]则同样使看似孤立和截然不同的政治或法律情境分门别类。两种技艺都是分析个案使其归于一类,以便在实际操作中删繁就简、易于处理。这些普遍的模式与字母表($\sigma\tau o\iota\chi\epsilon\tilde{\iota}\alpha$)上的字母的对比非常明显——此处,我们是在伊索克拉底这里发现的这一比喻,后来是在柏拉图那里发现的。阅读行为与政治演说、法庭辩论或医疗诊断完全一样:大量不同组合的形状被简化为有限的基本"元素"[字母],从而识别出每个表面上多种多样的形状的意义。① 在科学中,构成事物之物理性质的"元素",也是在同一时期被首次冠以"元素"之名,此种命名背后有着相同的类比:取自语言和字母表的字母的相同类比。② 伊索克拉底当然不会拒绝一套修辞学[雄辩术]的"形式(Ideas)"体系,实际上,他的著作表明他在很大程度上采用了这种学说,他将演说术的基本形式的掌握作为自己教学的基础。不过,那些除了这些基本形式之外,别的一无所知的演说术,就会成为空洞的

---

① 在《克拉底鲁》、《泰阿泰德》、《政治家》、《法义》中,柏拉图将他的"型"比作字母表上的字母。

② 在《蒂迈欧》48b、56b、57c 中,柏拉图首次这样做,参见第尔斯(H. Diels),《元素》(Elementum)。译注:"我们还把它们(水火土气)当作始基和构成整体的字母或元素。"(《蒂迈欧》48b)

废话。字母表上的字母，不可移动且固定不变，与生活中千变万化的各种情境形成最鲜明的对比，没有任何僵化的规则可以禁锢生活的丰富性和复杂多样。① 完美的雄辩必然是某个关键时刻（kairos）随机应变的个性化表达，其最高法则就是一定要切合场景。只有遵守这两条法则[基本形式和切合场景]的演说才能在新颖和独创上成功。②

[62]简而言之，演说[修辞]是富有想象力的文学创作。尽管它不敢摒弃技术手段，但决不能止步于技术手段。③ 正如智术师相信他们自己是诗人的真正继承者一样——他们已经将诗人的特殊技艺转化为散文——伊索克拉底也觉得他自己是在继承诗人们的工作，是在接替直到片刻之前诗人们还在城邦生活中所起的作用。伊索克拉底在修辞学[雄辩术]和诗歌之间所进行的对比远非一句顺带说的话。他的演说从头至尾都深受这一看法的影响。对一个伟大人物的颂词改编自赞美诗，而激励演说则遵循劝勉哀歌和说教史诗的模式。在这些类型的演说中，伊索克拉底甚至从根深蒂固的传统秩序——这种秩序是每一种相应的诗歌类型的既定规则——那里复制自身观念的秩序。不仅如此，演说家与诗人的相提并论决定了演说者的地位和声望；新的职业必须以一种旧的业已稳固的职业为支撑，并且从中获取自己的标准。伊索克拉底越不希望作为一个实际政治家而成功，他就越需要诗人的声望来阐发他的精神目标；甚至在启发其修辞学[雄辩术]的教育精神方面，他也在有意模仿希腊人所设想的古代诗人的教育功能。后来，他确实（如品达之所为）把自己的工作与雕刻家的工作相比拟，并自豪地将自己与菲狄亚斯同列；④不过，说明这样一个事实更为重要：即还有这样一些人，尽管他们的技艺非常高超，但是他们认为修辞学[雄辩术]这一职业仍然是某种等而下之的东西。古典时代的希腊人总是倾向于对雕塑行业低看一眼，并将其与一个普通手艺人的工作相比拟——尽管

---

① 《驳智术师》12。

② 关于 χαιρός[合乎时宜的]和 πρέπον[切合的]，参见《驳智术师》13。

③ 《驳智术师》12。

④ 在《论财产交换》2 中，伊索克拉底将自己与雕刻家菲狄亚斯和画家宙克西斯（Zeuxis）、帕拉修斯（Parrhasis）这三位希腊最伟大的艺术家相比。柏拉图在《王制》中也如此，参见本书第二卷，第 296 页及以下。

"雕刻匠"一词可以用于每一个从事石刻工作的人,从普通的石匠到帕特农神庙的创造者。不过,后来,随着造型艺术以及这方面的大师的声望在后古典时期的上升,将演说与雕刻和绘画相比拟似乎司空见惯了。无论如何,修辞学[雄辩术]对诗歌的动态承续仍然保持着精神进程的真正形象,在这一进程中,修辞学[雄辩术]作为一种新的文化力量而崛起:后来所有的希腊诗歌都是修辞学[雄辩术]的产物。①

伊索克拉底关于修辞学[雄辩术]的教育价值的看法,[63]理所当然是由他对修辞学[雄辩术]的真正品质的认识所决定的。作为一种创造性行为,教师不可能像学校普通课程那样传授最高层次的演说术;尽管如此,由于他对教育三要素之间关系的独特看法——根据智术师的教学理论,天赋、研习、实践这三个要素是全部教育的基础——他仍然认为可以用修辞学[雄辩术]来教育年轻人。对教育和文化的普遍热情有助于传播修辞学[雄辩术]教育力量的夸张观点;②但随这种热情而来的是某种幻灭,这一部分是由于苏格拉底对教育的局限和自诩的影响深远的批评,③一部分是由于人们发现,许多受过智术师教育的年轻人并不比那些没有享受过这种好处的人更强。④ 伊索克拉底小心翼翼地解释教育的确切价值。他断言,天赋是首要因素,并承认未经训练的天才所获得的成就常常远胜于那些只有训练而缺乏才智的人——如果在没有任何天赋可资训练时也有可能谈论训练的话。第二重要的是经验,即实践。⑤ 这样看来,直到那时为止,职业的修辞学[雄辩术]教师理论上承认天赋、研习和实践的三位一体,但在他们自己的课程中却将学习和训练置于重要地位。伊索克拉底谨慎地将训练(paideusis)贬低到第三位。他说,如果有天赋的基础和实践的帮助,正式的训练能使人更有技巧、在寻找可能的主题方面有更广阔的资源、能教导人选取一个更易掌控的主题,而如果没有这种训练,他们只能乱碰运气。通过学习

---

① 柏拉图在《高尔吉亚》502c 中也暗示诗歌是某种类型的修辞学[雄辩术]。

② 《驳智术师》1。

③ 参见本书第二卷,第 63 页及以下。

④ 《驳智术师》1 和 8。

⑤ 《驳智术师》14。

和训练，即使一个资质平庸的学生，也能开发才智，得到提升，尽管他永远不可能被塑造成为一位杰出的演说家和作家。[1]

伊索克拉底说，所有演说都建立在几种"要素（ideas）"或基本模式之上，而修辞学［雄辩术］训练可以教人洞察演说的"要素"或基本模式。他似乎是说，修辞学［雄辩术］的这个阶段——迄今为止唯一受训练的阶段，能够得到更长足的发展；我们很高兴听到更多他关于要素的新思想，以便能够将其与原来的修辞学［雄辩术］教师的思想相比较。不过，真正的困难不在于修辞学［雄辩术］的训练方面，更不用说在于修辞学［雄辩术］的各个方面是否全部得到传授了。修辞之优劣，演说之成败，端在于正确的选择，将适用于各个主题的"要素"，[64]即正确的时机、高雅的品味、场景的切合恰如其分地组合在一起；论证可饰之以三段论省略推理，语言须节奏分明、音韵铿锵。[2] 要正确地做到所有这些，就需要一个强大而敏锐的头脑。修辞学［雄辩术］训练的这个最高阶段，以学生拥有演说各"要素"的丰富知识以及运用技巧为前提条件；它需要从教师的传授和训练中获得详解一切可以被理性地传授的东西的能力，除此之外的东西——也即一切不能被传授、不能通过训练而获得的东西——需要教师让自己成为学生的模范：从而那些能够通过模仿他而塑造他们自己的学生，马上达到了一种比其他人更丰富、更优雅的风格。[3]

在《王制》中，柏拉图后来宣称，最高级的文化只有在某些罕见的品质同时出现时才有可能获得。与此类似，伊索克拉底断言，除非我们提到的要素全部齐备，并同时发生作用，否则一名教师想要成功是不可能的。[4] 在此，伊索克拉底独立于柏拉图，清晰地阐明了希腊人的一般观念，即教育是整个人得以塑造的进程，他以对"模范或模式

---

① 《驳智术师》15。
② 《驳智术师》16。
③ 《驳智术师》17。
④ 《驳智术师》18。柏拉图在《王制》473d 和《法义》712a 中也谈到权力和智识的"遇合"。不过，即使不用这个词，他也确立了一种多方面天赋的理想（《王制》485b 及以下）——φιλόσοφος φύσις［哲人的天性］，一种可以共存但实际上罕见的各种品质的遇合。这种构思理想的方式是教育文学的特征。

(παράδεγμα)"、"印记(ἐκτυπούν)"、"模仿(μιμεῖσθαι)"这些形象的描述阐述
了希腊教育的一般观念。① 真正的问题在于,这一"塑造"进程怎样才
能从一种美好的设想转化为一种实际的现实,也就是说,什么是塑造人
的品格的方法? 归根结底,什么是人的理智的本性? 柏拉图通过作为
绝对标准的"善"、"正义"、"美"等型的知识,寻求灵魂的塑造,从而最终
将灵魂发展成为一个"万物皆备于我(contain all being within itself)"
的可知世界。对伊索克拉底而言,根本不存在这样一个世界。对他来
说,修辞学[雄辩术]训练只因为"意见",而不是因为"知识"而产生的。
不过,他经常宣称,才智之士拥有一种审美和实践的天赋,这种天赋不
要求绝对的知识,但仍能选择正确的方法和正确的目标。② 他的整个
文化观念建立在感性能力之上。柏拉图的辩证法引导年轻学生一步一
步地走向"型";但学生在生活和行为中怎样使用这些"型"仍然留待他
自己考虑,使用这些"型"的方式不能得到合理的说明。伊索克拉底以
同样的方式只能描述教育行为的各要素和各阶段。建构性的进程本身
仍是奥秘,既不能完全排除天性,又不能完全置天性于掌控之中。[65]
因此,教育中的一切都有赖于天性和技艺的恰当合作。一旦我们判定,
伊索克拉底的不彻底性(如柏拉图所言)及其对"意见"(柏拉图将全部
修辞学[雄辩术]的生命力都称为"意见")的依赖,是由他所从事的学科
施加给他的话,那么我们必然得出这样的结论:他的坚决的自我设限,
他对一切"高级"的东西、一切他觉得模糊和可疑的东西的有意摒弃,都
是[科学本身的]一种与生俱来的弱点,他将这些天生的弱点转化为了
力量。在文化[教育]领域中,这与确保伊索克拉底个人的成功是同一
回事:他已把必要当作美德假装心甘情愿地做了一件迫不得已的事。
他意识到了修辞学[雄辩术]的经验特征;无论将修辞学[雄辩术]称为
一种真正的技艺是否正确——柏拉图在《高尔吉亚》中宣称它不是一种
真正的技艺——伊索克拉底仍牢牢地坚持其经验论。此处,他紧紧地
抓住前辈们建立的"模仿"原则——将来在修辞学[雄辩术]和(随着文

---

① 《驳智术师》18。
② 关于ψυχή δοξαστική[善于猜测的天赋],参见《驳智术师》17。

学越来越受到修辞学[雄辩术]的影响)文学的各个分支中，这一原则都要起巨大的作用。在这里，我们对他的教学方法的了解，要多于我们对他的对修辞学[雄辩术]要素理论的态度的了解；因为他的所有伟大演说，都是用来做示范的，通过这些示范，他的学生们可以学习他的修辞学[雄辩术]技艺的规范。

他很少花时间在第三组教育者(即法庭演说辞的写作者)身上。显然，他认为他们是他最弱小的对手——尽管柏拉图后来在《斐德若》中攻击了他们很多年，因而，即使那时，他也认为他们相当重要。很清楚，伊索克拉底相信他们的竞争远没有新的哲学文化的竞争那么危险，他在新的哲学文化中感受到了对自己的理想的真正威胁。法庭辩论中的演说者出于赚钱的目的，他们的演说辞本来就是为了实际应用。我们可以从安提丰、吕西阿斯、伊塞优斯(Isaeus)、德摩斯梯尼、甚至伊索克拉底本人在其职业生涯的开端所发表的演说辞样品中了解他们的写作技巧。在希腊文学的园林中，此种文学类型是最著名的植物之一——它是阿提卡土生土长的一种植物。雅典的谐剧作家曾经令人开心地嘲笑过雅典人对打官司的热衷和疯狂，雅典公民对城邦的法律如此自豪，法律是雅典城邦合法性的牢固基础，但凡事都有对立面。对打官司的极端喜好产生了对斗争和冲突——诉讼和控告——的一种普遍兴趣。[66]由法庭演说辞写手撰写的模范演说辞，既可以作为其作者的行销广告，作为学生模仿的范本，又可以作为有趣的公众读物。① 这里，伊索克拉底也显示了年轻一代更好的艺术品味。具有讽刺意味的是，他建议写手们应该将展示其最不吸引人的一面的工作留给修辞学[雄辩术]的敌人(尽管已经够多了)来做，而不是自己得意洋洋地将其置于众目睽睽之下；他补充说，修辞学[雄辩术]中一切可以传授的东西，在司法争端中与在其他领域中的价值是一样的，这种可以传授和学习的能

---

① 伊索克拉底认为，如果这些模范演说辞旨在成为其写作者所传授的修辞技巧的范本，那么，它们就像他自己的政治演说修辞技巧及其作品一样，也可以纳入教育的范畴之内。归根结底，这种文学类型代表了一种正式的教育原则，它有其自身的价值，而且引人入胜。不过，由于其内容相对而言不是那么重要，伊索克拉底在此没有全力对其进行讨论。在这方面，我接受柏拉图和伊索克拉底的观点。当然，通史和法律史家们会有不同看法。

力对法庭辩论并没有更多的帮助。我们不必质疑伊索克拉底这种诚实的态度,它非常清楚地说明了伊索克拉底为什么放弃这一职业的原因。他深感法庭演说辞写手们在道德方面远在哲学家之下。[1] 很清楚,伊索克拉底不仅在思考那些写作法庭演说辞的人,而且还在思考其他各种类型的修辞学[雄辩术]教师,因为他将他们都包括在传授"政治演说的教师"这一名称之下。[2] 毫无疑问,哲学教育所研究的主题不值得他劳心费力,至于那些在争辩的泥坑里"打滚"的人,如果他们真的将他们的结论应用于实际生活(这里,伊索克拉底引用了柏拉图《高尔吉亚》中卡利克勒斯的话,并站在卡利克勒斯一边),那么他们马上就会寸步难行,危险重重,但至少修辞学家们谈论一个更高端的主题(即政治)这一事实,不应阻止我们认识到,他们经常在实际生活中滥用政治,并成为野心勃勃的好事之人。因此,在对政治演说家[修辞学家]的批评上,伊索克拉底遵循柏拉图的观点,尽管伊索克拉底不接受他的肯定性结论——伊索克拉底不相信在感性的意义之外还有什么德性可教。柏拉图拒绝给任何一种不传授德性的教育冠以"技艺"之名;而伊索克拉底则坦率地承认,要成就这样一种教育根本就是不可能的。尽管如此,伊索克拉底倾向于承认,如果这种政治演说术的教育是以他所推荐的方式,而不是以早期修辞学[雄辩术]教师所代表的那种是非不分的方式来进行的话,一种政治倾向的教育也会产生一些道德教化的结果。[3]

在伊索克拉底关于柏拉图的教育思想的思考中,一件值得注意的事情,正如他在《驳智术师》中所提出的,是他完全忽略了对手的理论的政治内容。伊索克拉底从柏拉图早期对话中得到的印象,必定与直到不久之前它们留给我们现代读者的印象完全一样,即这些对话的作者只关心人们内心的道德变革:一种不知为什么与辩证推理奇妙地结合在一起的理想。[67]按照伊索克拉底的设想,修辞学[雄辩术]的优越

---

① 《驳智术师》19—20。
② 《驳智术师》20。
③ 《驳智术师》21。译注:从"至于那些在争辩的泥坑里'打滚'的人",到"并成为野心勃勃的好事之人",伊索克拉底谈论的都是"早期修辞学[雄辩术]教师",他以对他们的批评来突出自己的政治演说术教育的独树一帜,参见下页注释②。

性在于它完全是一种政治文化。为了在城邦中获得精神上的领导权，修辞学［雄辩术］所要做的一切就是给希腊人的生活及其问题找到一种新的解决方案。传统的修辞学［雄辩术］错失了许多重要机会，因为它满足于作为一种工具为日常政治服务，而不是超越于日常政治的细枝末节。我们由此可以看出，伊索克拉底相信自己能够以一种更高的道德准则点燃自己国家的政治生活。不幸的是，伊索克拉底关于智术师的演说辞只有一条残篇得以保存下来，说明他的新理想的主要部分已经遗失。一旦伊索克拉底理解了柏拉图哲学的政治方面，他必定会改变自己对柏拉图的文化蓝图的态度。实际上，柏拉图的《高尔吉亚》已经警示过他：苏格拉底是他那个时代"唯一真正的政治家"，因为只有他试图让他的同胞们变得更好。① 这很可能被解释为纯粹的悖谬之论——尤其是被伊索克拉底，他认为，全部当代作家的最大动力，就是不惜代价、不择手段，为独创性而奋斗，在每一个主题中搜寻迄今为止还未曾听说过的悖谬之论，他害怕自己在这方面不是柏拉图和其他哲学家的对手。不过，后来，在柏拉图逝世后不久，他就在其《致腓力辞》中回顾了柏拉图的生平著作，并将其作为一名伟大的政治理论家来看待，只不过非常不幸，他的理论永远都不可能被付诸实践。② 他是在什么时候首次改变他关于柏拉图的品格和哲学的观点的呢？

我们可以在《海伦颂》中找到答案。《海伦颂》是颂词的范文，该文是写给一个神话人物的，尽管海伦遭到普遍的谩骂和指责，但伊索克拉底仍然选择了"矛盾的思考和命题"，对海伦大加赞扬，为海伦辩护。《海伦颂》的确切撰写日期难以确定，但明显是写于《驳智术师》这篇演说辞不久之后，也就是说，在伊索克拉底的学校新创不久之后。伊索克拉底所使用的单数形式限定了其写作日期的下限，他是在《海伦颂》临

---

① 参见本书第二卷，第 170 页。

② 《致腓力辞》12。译注：悖谬之论（paradoxologia, paradox）："矛盾的思考和命题"、"悖论"，即对一些不被接纳的、矛盾的、甚至荒谬的论点提出辩护，由"谬论之父"高尔吉亚提出。作者此处的意思是，伊索克拉底将柏拉图的话，即"苏格拉底是唯一的真正的政治家"，理解为柏拉图故作悖论；前文说过，在伊索克拉底眼中，苏格拉底-柏拉图的理论不仅迂腐无用，而且与那些为争辩而争辩的辩士或论客有很多共同之处；所以，他把他们称为"智术师"，而把自己称作"哲学家"。

近尾声、赞扬他的女英雄时使用的单数形式：他说，正是她，在她被诱拐所导致的特洛伊战争中，使希腊人第一次团结一致。① 如此，他使海伦成了希腊人政治诉求的神话象征，在不久之后的《泛希腊集会辞》（公元前380年）中，他更充分地表达了这一政治抱负：希腊各城邦联合一致，对东方蛮族展开伟大的民族战争。[68]在第一个十年中，伊索克拉底仍沿着高尔吉亚开辟的道路前进。他的《泛希腊集会辞》和高尔吉亚的《奥林匹亚辞》的关系就是他的《海伦颂》与高尔吉亚的《为海伦辩》（Defence of Helen）的关系。简短的演说是适合于一个修辞学［雄辩术］教师的（如他所言②）第一批果实。它非常有意思，因为它是针对苏格拉底派及其文化理想的新一轮争论。③ 在此，与在关于智术师的演说辞中一样，他将柏拉图和安提斯泰尼的特征混合成了同一个形象。攻击的矛头不是准对一个特定的人，而是针对新思想运动的整个倾向。伊索克拉底说，他们中的一些人（安提斯泰尼）教导说，我们不可能对一件事情做出虚假的陈述，或者不可能就同一个问题创作两篇互相矛盾的演说辞，而另外一些人（柏拉图）则试图证明勇敢、智慧和正义完全是同一个东西，它们都不是我们与生俱来的品质，而是我们通过同一种知识（ἐπιστήμη）所获得的东西，当此之时，除了说他们试图表现他们自相矛盾的机智，他没有办法将他们的表述解释为别的任何东西。④ 在这里，伊索克拉底确实将苏格拉底派与那些什么都教不了、只想给别人制造麻烦的争辩者区分了开来。他指出，他们所有人都想反驳别人（ἐλέγχειν），尽管他们自己长久以来都被他人所驳斥；⑤实际

---

① 《海伦颂》67。

② 《海伦颂》66。译注：伊索克拉底说，"哲学家应该尽心竭力称赞她美好的品质，农夫们则应该（向她）敬献第一批成熟的果实"。

③ 对"争辩者"的批评占据了整个《海伦颂》的导论部分，与演说辞的其余部分没有任何关系。因此，对我们只讨论导论部分的目的而言，它已经足够了。亚里士多德（《修辞学》3.14.1414b26）说，一篇赞颂性的演说辞的引言不需要与其主体部分有什么关系，并引用了伊索克拉底的《海伦颂》为证。他将一篇颂词的引言比作笛子独奏的松散前奏（pro-aulion）。

④ 《海伦颂》1。我们很容易确定伊索克拉底所批评的两个未披露姓名的对手的身份。关于安提斯泰尼，参见亚里士多德，《形而上学》Δ29.1024b33，以及亚历山大（Alexander of Aphrodisias）的评注；关于柏拉图，参见《智术师》251b。

⑤ 《海伦颂》4。

上，他们的前辈（即智术师们）的成就更为显赫，早已使他们的"悖谬之论"黯然失色：例如，高尔吉亚敢于声称"无物存在"；芝诺（Zeno）说，同一事物"既可能，又不可能"；麦里梭（Melissus）说，无限多样的事物其实是"一"。①

伊索克拉底将寻找真实的东西的努力——他将之设想成为获得现实经验和为政治行动而自我教育的努力——与上述他所谓的诡辩相对比。哲学家们总是在追逐纯粹知识的幻影，但没有人可以使用他们的结果。纵然我们不能获得关于事物的确切"知识"，只能获得关于它们的近似"意见"，但一个人将时间花在人们真正需要的事情之上，难道不比掌握精确而无用的知识更好吗？他把自己对柏拉图精确而彻底的知识的理想的态度简化为这样一个表达：在真正重要的事情上的最小进步，也远胜于在无关紧要的鸡毛蒜皮上取得最伟大的智力成就，后者与我们的生活毫不相干。② 作为一名良好的心理学家，伊索克拉底深知年轻人有多喜爱辩证法的论辩——因为在他们这个年龄段，[69]对严肃的私人事务和城邦公共事务毫无兴趣，一种游戏越是徒劳无益，越是惊世骇俗，他们就越是着迷。③ 作为年轻人，持有这种想法是可以理解的，但是那些训导他们的教师则理应受谴责，他们不应该让年轻人沉迷于此。因此，他们与他们所指责的法庭演说者犯了同样的罪过——他们给学生造成了最大的伤害。④ 除此之外，一些人看到这些人从这样的行为中名利双收，谬论因此越演越烈，他们恬不知耻地写到，被剥夺了全部政治权利和义务的乞丐和流亡者的生活比其他人——也即那些安宁地栖息于故土的、拥有完全公民权的公民——生活得更幸福。（这显然是在暗示苏格拉底派中的激进派，即安提斯泰尼、阿里斯提波[Aristippus]，及其追随者道德上的个人主义和世界主义。⑤）他发现还有一些哲学家更为荒唐可笑：他们居然相信他们的道德悖论真的对城邦的精神

---

① 《海伦颂》2—3。

② 《海伦颂》5。

③ 《海伦颂》6。

④ 《海伦颂》7。

⑤ 《海伦颂》8。

建构有所助益。这话只能是针对柏拉图的反戈一击,柏拉图认为苏格拉底的道德福音是真正的政治科学。① 如果我们在这一身份确定上是正确的,那么伊索克拉底改变他关于柏拉图的文化理想的看法,并承认柏拉图的文化理想也有其政治涵义,应早至八十年代,即他写下《驳智术师》这篇演说辞之后不久。只不过他觉得,柏拉图的文化理想太过注重个人道德和辩证法的吹毛求疵——在他看来,这些是柏拉图的教育体系的显著倾向——因而与其所承诺的普遍有用的目的水火不容。

如此,随着伊索克拉底和柏拉图在文化理论的实际目的方面相互之间似乎越来越接近,伊索克拉底对柏拉图抽象的"弯路"②的非难也越来越明显。伊索克拉底只知道直接路线。在他的文化体系中,不存在任何柏拉图头脑中的那种内在张力——行动的迫切意志和为行动做长期的哲学准备之间的内在张力。确实,伊索克拉底离他那个时代的政治和政治家们的活动足够遥远,因而能够理解柏拉图为何对他们非常不屑。但是,作为一个持守中庸之道的人,他不能理解苏格拉底思想体系的道德冒进主张,苏格拉底的思想在城邦共同体和个体之间造成了一条鸿沟。他不指望乌托邦来改善希腊的政治生活。他体现了有财产、有文化的资产者根深蒂固的仇视——对疯狂和反常的暴民统治的仇视和对个人专制的僭主政治的仇视,[70]他对体面和名望有一种强烈的渴望,但没有柏拉图那种对改革毫不妥协的热情,也没有任何将这种异乎寻常的张力引入日常生活的想法。因此,他认识不到潜在于柏拉图思想中的巨大教育力量:他完全以柏拉图思想对他感兴趣的特定政治问题的直接效用来判断其价值;这个政治问题就是大战之后希腊社会的内部状况,以及希腊各城邦之间的未来关系。伯罗奔尼撒战争清楚地证明,现存体制不可能持久,整个希腊世界必须得到重建。当他写作《海伦颂》时,伊索克拉底已经着手他的伟大宣言《泛希腊集会辞》了。其目的是要告诉世界,他的学校可以用一种新的语言来表达新的理想——不仅是个体的道德生活的新理想,而且是整个希腊民族共同体的新理想。

---

① 《海伦颂》9。
② 参见本书第二卷,第 320 页;第三卷,第 235—236 页。

# 第三章　政治文化与泛希腊理想

[71]修辞学[雄辩术]最初只是实际政治的一种工具。不过，一旦它能够提出政治家治国的理想，它就成了一种政治文化形式的代表。通过与哲学的竞争，伊索克拉底发现了这一点。因为柏拉图对修辞学[雄辩术]最有毁灭性的攻击，就是它在道德上的无动于衷而只孜孜于纯粹的形式，这使修辞学[雄辩术]在贪得无厌和无所顾忌的政客手里只能成为一种追名逐利的手段。这就是柏拉图相信只有哲学才是真正的修辞学[雄辩术]的原因。伊索克拉底看到了哲学作为一种教育力量的巨大优势就在于其拥有一个崇高的道德理想。尽管如此，他既不相信哲学的理想是唯一可以要求得到尊重的理想，也不相信哲学家们用以达到这种理想的方式能够奏效。因此之故，伊索克拉底决心让修辞学[雄辩术]成为一种真正的文化，让"最崇高的事情"成为修辞学[雄辩术]的内容。[①] 一切不只是针对特定职业的专业培训的文化，都必然是政治文化，伊索克拉底不比在他之前传授修辞学[雄辩术]的智术师、不比柏拉图和亚里士多德更怀疑这一点；不过，他仍然认为修辞学[雄辩术]缺乏一种伟大的使命、一种可以释放其潜在的建设性力量的重任。

---

① 伊索克拉底，《泛希腊集会辞》4；《海伦颂》12—13；《论财产交换》3。

之前的全部修辞学[雄辩术]看起来幼稚和做作的唯一原因是，它总是选择一个错误的起点。风格和语言的改进不仅仅是一件关乎技艺的事情；"为艺术而艺术"的理想在文学领域中都不可能，更何况别的什么地方。伊索克拉底三番五次地强调这一点：对演说者和演说辞的写作者来说，一切都有赖于他必须处理的主题是否足够重大。

因此，修辞学[雄辩术]的主题必须永远关乎"政治"，尽管就在伊索克拉底写下这个词时，它已经改变了其原本的含义。从字面上说，"政治"一词就是"与城邦有关"的意思，比方说，有利于或者有害于城邦共同体。[72]不过，尽管城邦仍然是希腊一切公共生活的基本框架，但公元前五世纪的重大事件产生了新的生活模式、展示出新的需求。伯利克里帝国的崩溃暴露出一切迫在眉睫的问题。雅典会逐渐重组其支离破碎的力量，然后再次踏上已经导致她濒临崩溃边缘的帝国扩张之路吗？或者，在斯巴达这个至少是当时希腊的唯一统治者和被征服的海上女王雅典之间，能达成某种形式的妥协（modus vivendi）吗？——即一种折中之道，既可以使两大城邦各有容身之地，又赋予它们一个超越各自私利的共同使命？职业政客们仍然沿着传统的路线思考问题。他们重新开始了马基雅维利式的争权夺利：早在九十年代的科林斯战争就表明，希腊城邦忙于组建一个新的权力集团，建立一个显然旨在遏制斯巴达的防御体系。不过，伊索克拉底竭力为希腊人的剩余精力寻找一个出口：某种形式的政治或经济扩张，这种扩张同时可以解决令希腊各邦恼火的内部冲突。当然，他还远未相信这样做就可以达成希腊内部的永久和平。但是，眼看战争对每一个希腊城市造成的毁灭性后果，征服者同时也是被征服者，没有一个有文化的希腊人能够袖手旁观，看着这个高贵的民族慢慢地、不停地同族操戈，互相残杀而死。仁人志士和才智之士都觉得他们有责任找到某种反制的咒语，让希腊人从压在他们自己身上的令人毛骨悚然的魔咒中解脱出来。既然扩张主义是无可避免的必由之路，那就让它针对其他的民族吧，针对天然仇视希腊的民族和处于文明的较低层次的民族吧！希腊人针对希腊人的战争不能再继续了——时代的道德感觉察到那是无法容忍的。归根结底，它不仅威胁到被征服的各城邦，而且还威胁到了全希腊的生死存亡，结局必然是彻底的同归于尽。

长久以来，诗人和智术师赞扬和谐是最高的善[好]之一；但自埃斯库罗斯在《欧墨尼得斯》(*The Eumenides*)中将一个城市的公民之间的和谐描述为全部政治生活的神赐理想以来，①问题已经变得越来越复杂，问题的范围也越来越广了。[73]现在，唯一有用的和谐只能是包括全体希腊人在内的那种和谐。这种共同体情感在希腊不断地增长，希腊各部族都说相同的语言（尽管是不同的方言），都是一个无形的政治共同体的成员，相互尊重、相互帮助。② 当然，也有一些先进的开明人士不知道为什么这种团结一致和同心同德要止步于希腊文化(Hellenism)的边界，这实在毫无理由；他们认为人性的纽带本身就无所不包，且天然就比民族的纽带更为强大。柏拉图让智术师希庇阿斯在《普罗泰戈拉》中提出了这一观点，安提丰在其《论真理》中也表达了同样的想法。③ 尽管如此，在这样一个时代，这种"四海之内皆兄弟"的思想看起来肯定太过抽象，其时，希腊人承受的相互之间的伤害远大于来自其他民族的痛苦，迫在眉睫的问题是如何调节邻居之间的战争并熄灭兄弟之间的仇恨。在伯罗奔尼撒大战期间，肃剧诗人和谐剧诗人不仅经常慷慨激昂地大声表达城邦间的积怨和仇恨，而且还明智地提醒希腊各邦有共同的起源和相同的民族特征。④ 战后，这种泛希腊思想必定得到了越来越广泛的传播。曾经有一段时间，希腊人几乎与这种观念完全格格不入，他们的思想局限在城邦各自的狭窄边界之内；但是，有意识的对抗比和平的隔离将邻居们更紧密地捆绑在一起。柏拉图本人在

---

① 埃斯库罗斯，《欧墨尼得斯》第 980—987 行。

② 关于伊索克拉底时代之前宣扬泛希腊理想的全部尝试，需要有一部专门的著作对其进行系统的考察。许多著作已经对这个问题的不同方面进行了研究。凯斯勒(J. Kessler)的《伊索克拉底及其泛希腊思想》("*Isokrates und die panhellenische Idee*"，载《古代历史和文化研究》[*Studien zur Geschichte und Kultur des Altertums*]，vol. 4，book 3，Paderborn，1911)只讨论了伊索克拉底本人的泛希腊思想；马蒂厄(G. Mathieu)的《伊索克拉底的政治思想》(*Les idées politiques d'Isocrate*，Paris，1925)对伊索克拉底的前辈们的泛希腊思想做了充分的讨论。

③ 参见本书第一卷，第 399 页及以下。

④ 参见邓克尔(H. Dunkel)，《希腊肃剧中的泛希腊主义》(*Panhellenism in Greek Tragedy*)，Chicago，1937。

《王制》中明显地受到了这种新观念的影响。在柏拉图为希腊各邦之间的战争制定基本原则时,这种影响在其道德原则中得到了充分显示。① 在他的书信中,他认为,只要僭主狄奥尼修斯同意为自己的城邦制定一部宪法,并放弃任意的专制独裁,西西里全体希腊人的共同利益就为将一切政治权利集中在他手里提供了理由。② 亚里士多德的政治理论没有超越原有的城邦界限,但他仍然认为,如果希腊人团结起来,他们就能统治整个世界。③ 因此,希腊人联合行动的想法,即便不是全体希腊人的一种永久联盟,但也真切地占据了公元前四世纪人们的头脑。在他们的政治思想中,很少有人能想到一个统一的民族国家;希腊人称之为"政治"的生活状态——即公民一起自由自愿地为城邦共同体服务的那种生活——与城邦狭窄的精神边界的联系太过紧密,[74]以至于不可能轻易地被转化为那种松散的公民身份而生活于广阔疆域的政治框架之中。不过,随着民族团结意识的不断增长,一种系统的道德制约也在希腊人中间不断成长,并远远超出了城邦的界线,从而制约各城邦自私地致力于自我中心的权力政治。如果我们要寻找这种新意识的诸根源,就会发现,它们深深地扎根于血缘、语言、宗教、习俗和历史的共同体之中。尽管如此,在早期阶段,这些超理性的力量不会产生与有意识的目的相同的效果。是教育和文化导致了希腊人的这种一体感的产生。反过来,由于希腊人的心中充满了这种新发酵的泛希腊理想,希腊的教化得到了极大的刺激和丰富。

文化和唤醒民族一体感之间的新伙伴关系永镌于伊索克拉底的《泛希腊集会辞》。在演说辞的开头,伊索克拉底就将流行的对理智文化的贬低与对传统的体育竞赛的高度颂扬相对比。④ 这本身就具有象征性。因为伊索克拉底选择将他的文章伪装成一篇修辞学[雄辩术]的范本,预备在一次大型的泛希腊集会上对公众慷慨陈词,与此同时,理智文化和体育竞赛的原有对比——塞诺芬尼首次在一个类似场合表达

① 参见本书第二卷,第 287 页,第 291 页及以下。
② 参见本卷第 242—243 页。
③ 亚里士多德,《政治学》7.7.1327b29—33。
④ 《泛希腊集会辞》1。

了这种对比①——也就水到渠成了。伊索克拉底的原则使他不能作为一个政治辩论者进入议事会的竞技舞台，所以对他来说，节日盛装般的华丽风格是一种天然的选择；因此，panegyris，即泛希腊的隆重集会，是他能够造成最大影响的天然场所。② 在奥林匹亚赛会和皮托赛会期间，天神的停战协定命令全体相互征战的希腊人都放下武器暂时休战。伊索克拉底还能找到一个更好的地方、一种更好的氛围来让他倡议全希腊的联合吗？ 从无可追忆的远古以来，体育竞赛就一直是整个希腊种族的理想联合的最好的有形表达；然而，理性的天赋难道不应该比一切体育技艺对希腊共同体有更大的贡献吗？ 这就是塞诺芬尼提出的问题——将哲学知识对城邦的服务与体育的卓越成就对城邦的贡献相对比。③ 伊索克拉底现在重申了前辈的问题；不过，他思考的不是单个的城邦，而是全希腊共同体。④ 对整个希腊民族来说，伊索克拉底展示其修辞风格的时机选择，比演说辞主题的潜在价值更为重要：[75]因为他是在建议希腊人互相联合、团结一致对抗东方蛮族。⑤ 作为一个真正的希腊人，他不想找借口为自己辩解，而是挑战所有认为自己比他更懂得他所提出的真理的人：他对自己充满信心，不是因为他的演说辞主题有什么新颖之处，而是因为他对这一主题的完整处理。⑥

　　伊索克拉底单刀直入，直击核心，即希腊世界的现实政治问题。在他说话的那一刻，他的提议似乎丝毫没有成功的机会。第一件必须做的事情是奠定基础。斯巴达和雅典必须和解；这两个希腊最强大的城邦必须分享希腊世界的霸权；这就是伊索克拉底希望通过他的演说所

---

① 塞诺芬尼将奥林匹亚赛会胜利者的德性与体现在他自己身上的那种理智力量的对比，参见本书第一卷，第221—223页。
② 伊索克拉底对于自己的使命观念，正如他选择泛希腊集会这一特定听众所表明的那样，当然受到高尔吉亚及其《奥林匹亚辞》的启发。理智德性的代表公开站出来与竞技体育这一身体德性的最高榜样竞争，并让全希腊人来做裁判和法官。伊索克拉底后来关于其使命的看法的深刻变化表现在《论财产交换》1和《致腓力辞》12中——他放弃了他早期的颂词风格，因为在当时的希腊，这种风格收效甚微。在《致腓力辞》中，他不是在对全民族的大型集会讲话，而是对一个人讲话，他在这个人身上看到了全希腊人的未来统治者。
③ 塞诺芬尼残篇 2.15—22。
④ 《泛希腊集会辞》2。
⑤ 《泛希腊集会辞》3。
⑥ 《泛希腊集会辞》10—14。

达到的东西。① 不过，即使这是不可能的，他也至少想让整个世界认识到到底是谁在与希腊人的幸福作梗，并一劳永逸地确立雅典对海上领导权的要求的合理性。② 因为这才是争议的关键。伊索克拉底追忆历史，认为雅典有权继承从前的领导权，因为没有人能指出另一个城邦在陆战方面的优势，比得上雅典的海上优势；他还预先阻止了可能的反对意见，因为如果有人认为世事变化无常，权力从来不停留在同一些人手上，从而认为领导权与别的特权一样，应当归于首先获得这一荣誉的人，或者归于对希腊最有贡献的人，那么这个权力也属于雅典。③ 雅典最早获得海上霸权，对希腊的贡献最大。④ 这是一个修昔底德才有资格谈论的话题，如果没有修昔底德的伟大榜样，伊索克拉底很难想出解决的办法。与修昔底德一样，他认为雅典的成就在波斯入侵期间达到了顶点，她是希腊世界的捍卫者。不过，修昔底德完全是根据当下来看待雅典的领导权，他认为雅典的领导权是在希腊政治发展的最后阶段——即自萨拉米斯海战以来的一个相对短暂的时期——建立起来的。⑤ 伊索克拉底则不然，他一直追溯至史前时代和神话传说时期，为我们提供了一幅雅典伟大历史的画卷。雅典是那些在自己的母邦遭受不公正迫害的政治犯的避难所，是希腊抗拒贪得无厌的蛮族人的攻击的堡垒，是被强大的僭主所威胁的弱小城邦的保护者，伊索克拉底在这里看到了雅典领导力的骄傲，并呼吁雅典再次肩负起领导希腊的责任。事实上，雅典人正是这样设想自己在希腊政治生活中的角色的；其思想比其他任何外交政策都更像英国的外交政策。或者，从另一个角度看，

---

① 《泛希腊集会辞》17。其中，他用"*ἰσομοιρῆσαι*[平分]"和"*τὰς ἡγεμονίας διελέσθαι*[共享领导权]"来描述雅典和斯巴达对霸权的分享。这就是我们必须理解的诸如"*ἀμφισβητεῖν τῆς ἡγεμονίας*[争论领导权]"和"*τὴν ἡγεμονίαν ἀπολαβεῖν*[归还领导权]"这类表达的语感；这类表达暗示了雅典海上霸权的恢复。凯斯勒（《伊索克拉底及其泛希腊思想》9）试图证明，在《泛希腊集会辞》中，伊索克拉底是在建议雅典应该成为希腊的最高领导，但他的这种证明没有成功。

② 《泛希腊集会辞》20。

③ 《泛希腊集会辞》22。

④ 这样说并不意味着雅典对希腊世界的唯一统治权，而是说，如果一个城邦的霸权要以历史的优先性或是对希腊世界带来的利益为基础的话，那么，显然，雅典比斯巴达更有资格拥有这种权力，参见《泛希腊集会辞》23及以下。

⑤ 修昔底德，《伯罗奔尼撒战争史》1.73—76。

伊索克拉底根据雅典的现代政治抱负对其早期历史作出的这种回顾性解释，[76]可以与特莱奇克（Treitschke）根据普鲁士后来在德意志帝国中的领导权对普鲁士早期历史的重新阐释进行最好的对比。不过，与后来更为人所知的历史时期相比，过往神话的虚假历史更容易"按照人们内心的愿望进行重新剪裁"。在任何时代，艺术家的双手都根据自己的理想和愿望来塑造神话传说的世界，以此反映他自己的思想观念；现在，当阿提卡古老的传奇故事被修辞学家重新熔铸，以证明雅典从史前时代开始就是希腊的捍卫者和解放者时，它只是希腊诗歌不间断地嬗变的最后阶段而已。这种政治传说首先在牺牲的英雄墓前进行的公众演说中成型，或者在公元前五世纪雅典统治权崛起期间的类似场合中成型。① 当伊索克拉底站出来宣扬雅典恢复对希腊世界的统治权时，他发现神话传说是一个可以信手拈来的佐证。

如此这般，通过将雅典以往的整个历史和传说解释为承担希腊世界领导权的一个逐渐培养过程，伊索克拉底肩负起了一个修昔底德才有资格讨论的主题，修昔底德确实使用过这一主题，但伊索克拉底将其投射到了过去，而这是修昔底德永远不会做的事情。对修昔底德的另一个伟大观念——一个他将其与雅典的霸权理想密切相连的观念，即雅典作为文化创建者的使命——他也做了同样的事情。在伯利克里的葬礼演说中，② 修昔底德描绘过处于文治武功鼎盛时期的雅典，她是全希腊的学校。这一观念将雅典对希腊事业的政治贡献与她对希腊的智识和精神贡献相结合。甚至在修昔底德那里，雅典在希腊世界的精神领导力也是其政治控制力延伸的真正证明，③ 但伊索克拉底超越了修昔底德的这一思想模式，他将雅典的智识使命从他自己的时代（雅典在

① 这是在 epitaphioi［墓志铭、碑文］或葬礼演说中采用的常规风格。甚至还有一个重新阐释民族的原初神话以支撑民族联合与民族权力的当代理想的更早事例。这就是雅典国王忒修斯（Theseus）联合阿提卡的传奇故事的重现，这些传奇故事最先出现在僭主庇西特拉图统治期间公元前六世纪的花瓶上，然后又进入了诗歌中。关于这一主题的充分讨论，参见赫尔特（H. Herter）的文章（《莱茵古典语文学杂志》，1939，第 244 页及以下，第 289 页及以下）。

② 修昔底德，《伯罗奔尼撒战争史》2.41.1。

③ 参见本书第一卷，第 497—499 页。

伊索克拉底的时代仍然强大并恢复了力量)和伯利克里的时代向前远推至雅典最初的传说时代。从雅典对希腊世界的领导权这一角度出发,伊索克拉底由此构想了一幅静态的历史画面。伊索克拉底从农业的出现开始他的文化史叙述,农业是一切文明的基础,人类在农耕活动中首次将游牧民族和未开化民族的野蛮和凶残抛在身后,他的这一叙述明显暗示了智术师在教育和农业之间所设立的对应关系。① 德墨忒尔四处漂泊的传说证实了它起源于厄琉西斯(Eleusis),与希腊秘仪(Mysteries)的创立相联系。② [77]由此,人类朝着一种定居的和平生活和一种更高的道德规范的进步,就与一种更高尚、更私人化的宗教形式联系在了一起——因为正是在私人生活方面,秘仪及其强烈的道德特征在公元前四世纪唤醒了希腊人的特殊兴趣。③ 与此同时,回归遥远的传说之旅也使伊索克拉底能够将一切文化追溯到阿提卡的土壤之上,在那里(如他所认为的那样),以教化的形式达到其发展和精神力量的最高阶段是后来的事情。每一个民族和文化的神话都是以同样的方式创造出来的——通过收缩视野,将某个特定民族的成就推崇至登峰造极的地步;这意味着人们要将它作为一种信条来接受,而不是作为一种客观的、对科学事实的正确判断来接受;因此它不能用历史事实来反驳;它可以很好地与关于别的民族和文化的知识相结合——认为伊索克拉底对埃及、腓尼基和巴比伦一无所知是一种误解。在伊索克拉底对哲学史的理解中,尤其是在他对往昔神话传说的阐释中,对雅典文化的独特使命的信念是压倒一切的东西。伊索克拉底的民族主义意识(雅典是一切文明的创立者),连同潜在于他的教化理想之中的全部其他观念,后来被人文主义所继承,并作为其一般历史观的一部分。

《泛希腊集会辞》中雅典文明的历史画卷,是伯利克里在葬礼演说中所描绘的画面的另一种呈现。在这里,修昔底德笔下的鲜明线条融化成了修辞学[雄辩术]修饰的绚丽曲线,透过覆盖层闪耀出优美的光

---

① 参见本书第一卷,第 384 页。
② 《泛希腊集会辞》28。德墨忒尔是古希腊神话中的农业、谷物和丰收女神,厄琉西斯在郊区,故伊索克拉底认为它是雅典领导权的远古证据之一。
③ 参见拙著《亚里士多德:发展史纲要》,第 160 页。

芒——不那么完整，但随处可见。伊索克拉底自由地发展出一些他认为重要的主题，再加上取自阿提卡诗人们的其他一些主题。因此，当他描述雅典为所有建立在法律基础上的城邦树立了典范、废除了私人复仇并代之以城邦法庭的司法判决时，他明显是在模仿埃斯库罗斯《欧墨尼得斯》中的描述。① 技艺（τέχναι）的兴起——从掌握生活所需技能的最低阶段，到促进舒适和享受的阶段（我们应该称之为从手工艺到精良技艺的进步）——是希腊人最喜欢的一个观念，它频繁现身于公元前四世纪的希腊。② 伊索克拉底将人类生活的整个精神发展历程都转移到雅典身上，[78]教育本身的起源就潜在于这种精神发展的进程之中。③ 雅典一直以来就是每一个不幸者的避难所，但伊索克拉底同时将其看作那些寻找甜蜜生活的人们的家园。雅典文化的本质，与斯巴达的排外态度截然不同，雅典没有拒绝异乡人，而是吸引和接纳他们。④ 雅典所从事的货物进出口贸易只不过是其精神原则的物质表达方式。伊索克拉底让雅典的比雷埃夫斯港成为希腊全部商业生活的焦点。与此类似，他让阿提卡的节日庆典成为希腊世界的社会中心。在异乡人的人来人往中，以及发生在那里的各种智识交往中，雅典和希腊的财富与艺术得到了展示，并和谐共存，各美其美。⑤ 除了比拼力量和敏捷的体育竞技（它在许多世纪之前就对全希腊产生了深刻的影响），才智和辩才的较量也在雅典蔚然成风。他们把奥林匹亚和皮托短暂的民族节日变成了一场不间断的泛希腊集会。⑥ 看到伊索克拉底如何一次又一次将文化的本质设想为一种没有功利目的的智力和精神活动——一种与体育竞赛相对应的理想——实在很有趣。修辞学[雄辩术]并不定义文化，而是通过对比和比较来代表文化。因此，尽管修辞学[雄辩术]教师们推崇修辞学[雄辩术]对城邦共同体的实际作用，但其真正的意义仍然是"展示（epideixis）"——演说者展示自己的才智力量：这是蛮族人

① 《泛希腊集会辞》40。
② 《泛希腊集会辞》40。参见亚里士多德，《形而上学》A 1.981b17。
③ 亚里士多德在《形而上学》A 1.981b17 中说，科学文化始于埃及。
④ 《泛希腊集会辞》42。
⑤ 《泛希腊集会辞》42—45。
⑥ 《泛希腊集会辞》46。

从未觉得自己需要的一种活动。

　　哲学——对文化和教育的热爱——是雅典真正最具特色的创造。①不过,这并不意味着一切精神工作都是在雅典这座城市里完成的,而是说那里是一个集中燃烧的中心,越来越强烈的光芒从那里散发出来。文化这株奇妙而精致的植物,只有在这种特殊的气氛中才能成活和生长,人们对这种特殊气氛的感情越来越强烈。我们已经在诗歌的描述中,在欧里庇得斯的《美狄亚》中见过它,在柏拉图《王制》的哲学分析也看到过它。② 在伊索克拉底所注目凝视的理想化画卷中,没有悲剧问题的空间——悲剧问题曾经使柏拉图敏锐地意识到他所处的社会环境的各种危机。使雅典人成为他们所是的样子,[79]并使他们与那种特别的作为文明之标志的高贵、节制与和谐相协调的,就是这种对智力财产的追求、对知识和智慧的追求。在人类所遭受的大量苦难中,理性的力量已经学会了区分出于无知的不幸和出于必然的不幸,已经使我们能够有尊严地承受必然的不幸。这也是雅典"揭示"给人类的,这里,伊索克拉底使用了"$κατέδειξε$[揭示、让看到]"这个词,该词通常是保留给秘仪的创建者的。③ 人因其能言善辩的能力而高于动物。④ 雅典还认识到,人们是否从小就接受高尚的教育,并不是看他们有没有勇气和财富,或者类似的其他民族特有的优秀品质,真正将知道和清醒的人从隐约知道和半梦半醒的人区分开来的是智力文化,一个人的良好教育和文化清清楚楚地从他的言辞中流露出来;长于辞令的人不仅在他们自己城邦里掌握权力,而且在别的城邦也广受尊敬。每一种提升人类生存条件的有益尝试,无论其内容如何,都必然从语言获得其形式;因而,逻各斯在其"言说"和"理性"的双重意义上,对伊索克拉底来说,都成了文化的"标志(symbolon)"。这是一个令人愉快的想法,它肯定了修辞学[雄辩术]的地位,使修辞学[雄辩术]教师成了文化的真正代表。⑤

---

① 《泛希腊集会辞》47。根据伊索克拉底所言,主要是"哲学"(=对文化的热爱)帮助人发明了各种技艺和人类生活的秩序。
② 参见本书第一卷,第429—431页;第二卷,第259—260页。
③ 《泛希腊集会辞》47;参见拙著《亚里士多德:发展史纲要》,第109页,注释1。
④ 《泛希腊集会辞》48。
⑤ 《泛希腊集会辞》49:$σύμβολον\ τῆς\ παιδεύσεως$[文化(教养)的标志]。

伊索克拉底的文化理想是一种民族的理想。他以真正希腊的方式将他的文化理想建立在这一事实之上：即人是一种自由的政治存在物和一个文明共同体的一部分。他还进一步推进了这种理想，并使其成为一种普遍的理想。雅典由于其智力文化而将别人远远抛在身后，使她的学子成了整个世界的教师。① 在这方面，伊索克拉底远远超出了榜样修昔底德的想法，修昔底德曾经将雅典称作希腊文化的学校，但伊索克拉底却大胆地断言，使"希腊"这一名称从此之后不再意味着一个种族，而是一个阶段、一个智力发展的最高阶段的，是产生这一文化理想的雅典的精神成就。"所谓'希腊人'，不只是与我们有相同血脉的人，而是接受过我们的教育（paideia）的人。"②伊索克拉底没有抛弃强有力的血缘纽带。对他来说，血缘联系比对大多数同胞要亲切，因为他是在种族联合的基础上构想一种泛希腊的道德，通过这种新的道德体系，他正全力为希腊各邦的那种利己主义的权力-政治设置界限。不过，他相信，这种智力文化的民族主义肯定要比种族的民族主义高贵，当他表达他的这些观点时，他深知这些观点对希腊文化在世界上的政治地位意味着什么。[80]当他呼吁所有希腊人帮助他实现征服蛮族人的计划时，他是在把希腊文化的地位更多地建立在希腊人对其他种族的巨大智力优越感之上，而不是建立在希腊各邦的实际权力和资源之上。伊索克拉底极尽铺陈，表达自己的民族自豪感，通过这种民族自豪感来宣告希腊超民族的使命，也即使世界文明化的使命，乍一看，这似乎是伊索克拉底的一个巨大悖论；不过，当我们将希腊的这种超民族的理想——其教育和文化的普遍价值——与征服亚细亚并由希腊殖民开拓者来安顿亚细亚的现实政治宏图相联系时，这种显而易见的自相矛盾就消失了。实际上，在将本来专属于希腊的东西与属于人类的普遍的东西相等同的意义上，这一理想本身就包含着对这种新的民族扩张主义的一种更高的合理性证明。这实际上不是伊索克拉底说的；有些人可能会反对我们的阐释。不过，希腊教育得

---

① 《泛希腊集会辞》50。
② 《泛希腊集会辞》51。

到了普遍的推崇,这种推崇充满了伊索克拉底的思想,我们有可能给予这种普遍推崇的唯一意义是:希腊人,经由逻各斯(他们对它有天然的把握),向其他民族揭示了一条原则:一条其他民族也必须承认和采用的原则,因为其价值不分种族,超越于种族之上,这就是教化的理想、文化的理想。有一种形式的民族主义,通过使自己远离其他种族而得到表达;这种表达是由于弱小和自我设限而产生的,因为它建立在这样一种情感之上,即只能通过人为的孤立来肯定这种民族主义。不过,在伊索克拉底这里,民族感情是那种文化上更胜一筹的民族的感情,这个民族已经认识到自己所做的努力——也即在其一切理智活动中都达到一种完美的普遍标准——就是在与其他种族的竞争中对胜利的最高要求,因为这些别的种族已经接受希腊的形式作为文明的明确表达。我们可以很容易地想到一些现代类比,谈论文化宣传,将修辞学[雄辩术]与现代的新闻宣传机构相比拟,文宣机构在经济和军事征服开始之前就开始了灌输行动。不过,伊索克拉底的信仰源于对希腊精神和希腊教化的真谛的深刻洞察,历史表明这更像是一种政治宣传。我们可以从他的所有话语中感觉到希腊文化活生生的那种气息。新的时代[希腊化时代]确实属于伊索克拉底在这个时代降临之前就构想出来的形式。如果没有他在这里首次表达的观念,即希腊的教化是某种具有普遍价值的东西,[81]就不会有马其顿的世界性希腊帝国,我们称之为希腊风格和希腊精神的普遍文化就永远不可能存在。

伊索克拉底没有像在阵亡将士墓前发表的颂词通常所做的那样,让雅典英雄们的丰功伟绩成为《泛希腊集会辞》的主要论题,而是将其隶属于雅典这座城市的精神成就,①无疑,为了在雅典外部生活和内部生活之间保持平衡,在穷尽了前述主题之后,他才描述雅典的先祖由于作战有功而应当享受的荣誉。② 不过,在葬礼演说传统方面,有大量的范例可资模仿,他显然依赖于这些范例:他对雅典的英雄业绩

---

① 在伯利克里的葬礼演说中,对雅典在战争中的英雄业绩的处理,修昔底德也比绝大多数演说者要粗略得多,他把强调的重点放在了雅典文化的意义上。

② 《泛希腊集会辞》51及以下。

的颂扬远没有他对雅典文化的赞颂来得得心应手，在赞颂雅典的文化时，通篇充满了他的个人感情和深刻信念。要想让伊索克拉底在这篇演说辞中省略雅典的军功是不可能的，因为否则的话，修昔底德的理想，即 $\varphi\iota\lambda o\sigma o\varphi\epsilon\tilde{\iota}\nu$ $\check{\alpha}\nu\epsilon\upsilon$ $\mu\alpha\lambda\alpha\kappa\acute{\iota}\alpha\varsigma$ [热爱文化而不流于柔弱]，就不可能实现。在这样一个时代——智力文化的兴趣呈现出被过分夸大的重要性，而尚武善战的德性正在消逝——伊索克拉底必须让他对雅典军功的颂扬在同时代人看来真实可信：因为这是对雅典的文治和武功之间的和谐的最令人难忘的表达，他们似乎正在忘却这种和谐。对这一事实[忘却]的承认就像一曲令人忧伤的固定低音变奏贯穿伊索克拉底的全部著作。因此，他不得不努力在雅典创造斯巴达人崇拜的那些品质。修昔底德本人认为，雅典的优势不仅在于她是斯巴达的对立面，而且在于她是斯巴达和伊奥尼亚品格的结合。① 不过，对伊索克拉底在《泛希腊集会辞》所预想的目标来说，雅典精神的英雄气质更加不可或缺，因为他正在提议，在主导针对东方蛮族的战争中，雅典应该成为斯巴达的平等合作者。

雅典在领头组织第一次海上同盟时的帝国主义政策和措施遭到了批评，对此的叙述②以伊索克拉底为雅典的辩护而告终：因为在雅典战败后，斯巴达曾经利用这一批评长久压制雅典，给雅典海上力量的恢复制造道德障碍。伊索克拉底用一个双关语说清楚了问题的关键：雅典海军对其他希腊人而言的首要性（$\dot{\alpha}\varrho\chi\acute{\eta}$ $\tau\tilde{\eta}\varsigma$ $\vartheta\alpha\lambda\acute{\alpha}\tau\tau\eta\varsigma$）是希腊人一切好处的最初根源（$\dot{\alpha}\varrho\chi\acute{\eta}$）。随着雅典海上霸权的崩溃，希腊的声望开始一落千丈，才有蛮族的入侵——伊索克拉底哭喊道：[82]蛮族现在竟然敢进入希腊充当和平的裁决者了，而且还派斯巴达人做希腊的警察。③ 最近几年来斯巴达的一系列暴力行为，大家都还记忆犹新，这表明斯巴达根本没有资格批评雅典。④ 因此，伊索克拉底的建议——希腊应该

----

① 参见本书第一卷，第498页，在修昔底德对雅典的描述中，有这种理想的综合。

② 《泛希腊集会辞》51—59论述雅典在战争中为希腊所做的贡献。在《泛希腊集会辞》100中，伊索克拉底再次为第一次雅典海上同盟辩护。

③ 《泛希腊集会辞》119。

④ 《泛希腊集会辞》122及以下。

回归其从前的状态,尽管这意味着雅典权力的重建——成了一个迫在眉睫的要求。《泛希腊集会辞》曾经被描述为第二次雅典海上同盟的方案。① 无论如何,这种说法夸大了它与希腊实际政治状况的紧密联系,但低估了它所包含的泛希腊思想理念的分量。② 然而,这种说法在有一点上是准确的——伊索克拉底宣布,雅典权力的恢复对他的目标的完成(即摧毁波斯帝国)来说是不可或缺的,因此,他竭力捍卫雅典领导第二次海上同盟的权力。根据民族的光荣和梦想,这个同盟从一开始就必须有一个伟大理想的某种崇高品质,尽管实际上它从未实现此处寄予它的希望。③

伊索克拉底的建议的实施,从现实政治的角度看,与其说来自伊索克拉底的泛希腊理想,还不如说来自希腊人对斯巴达的一致反对,但即使如此,这一事实也不会降低他在《泛希腊集会辞》中为修辞学[雄辩术]注入的新价值。作为对希腊人的政治立场和政治抱负的一种新批评,他在全希腊面前一举树立了一种新理想。他向他的国家发表演说所站立的讲台并不依赖于实际的权力,而是建立在一些标准之上,这些标准得到无数同胞的认可,它们会把希腊最明智、最优秀的务实理想主义者带进他的学校。当哲学的教育者宣布,人的每个行为都必须隶属于对永恒价值的追求时,在大多数人看来,这种理想实在太过崇高;但还有一种普遍的需求,即政治应该为一种更高的原则所激励,而年轻一代中的许多人必定感觉到了,伊索克拉底的民族主义道德是两个极端之间的一种愉快而及时的折中之道:一方面,是道德怀疑主义,另一方面,是哲学家们的绝对价值。极为重要的是,原有的城邦——苏格拉底甚至将自己全部奉献给了城邦——在接下来的一代中,[83]已经没有

---

① 这是维拉莫维茨和德雷鲁普的观点。另可参见马蒂厄,《伊索克拉底的政治思想》,Paris,1925。

② 后来,在《致腓力辞》中,伊索克拉底说,"赞颂演说(panegyric speeches)"并不比那些智术师们写下的"法律和制度"对实际政治(这是他此处所关切的)更有用处。这明显是影射柏拉图。

③ 甚至在伊索克拉底的《普拉提亚人》(*Plataicus*)中,雅典海上帝国也很少展现出泛希腊的思想,更多的是排他主义的思想和雅典的面貌。关于这本政治小册子的写作日期,参见拙著《德摩斯梯尼:其方针的起源和发展》(*Demosthenes, Origin and Growth of his Policy*),Berkeley,1938,第 199—203 页。

能量凭其自身创造这种新的政治道德了。① 因此，伊索克拉底所构想的修辞学［雄辩术］教育，与柏拉图的哲学教育有一个共同之处：它在理想的王国中确立自己的目标，超越了城邦传统形式的局限；在那里，它承认自己与当时的政治现实相龃龉；然而，它拒绝默认当时占支配地位的政治体系，并从这一拒绝中得出一种新的不为原有希腊教育所知的张力和能量。曾经从整个城邦共同体得到其力量的那种文化，现在被伟大的个体人格所代表的一种文化理想所取代。支持这种文化理想的既非占统治地位的贵族，亦非联合起来的民众，而是被选中的少数人，一场精神运动，一个深奥的学派。这样一个团体只能寄希望于通过塑造杰出领导人的品格——他要么真的能够，要么看上去能够改变这个社会——从而间接影响社会。

---

① 值得注意的是，城邦在德摩斯梯尼的领导下抵抗外敌的最后战斗中，泛希腊理想越来越清晰地成为一切努力的思想基础，参见拙著《德摩斯梯尼：其方针的起源和发展》，第170—173页。

# 第四章　君王的教育

[84]伊索克拉底的演说辞《致尼科克勒斯》(To Nicocles)写于《泛希腊集会辞》之后若干年,但是属于与后者联系紧密的一组作品。在内容和结构上,它看起来都与《泛希腊集会辞》这篇著名的演说辞截然不同;然而,二者是相互联系的,因为它们关心的显然都是伊索克拉底的学校及其教育方案的问题。《致尼科克勒斯》的写作日期和写作计划将其与《埃瓦戈拉斯》(Evagoras)和另一篇稍微有点长的演说辞《尼科克勒斯》(Nicocles)联系在一起。这三篇作品都与塞浦路斯岛的萨拉米斯国王埃瓦戈拉斯有关。《埃瓦戈拉斯》本身就是一篇在他去世之后发表的对他的颂词。他的儿子和继承人尼科克勒斯是伊索克拉底的一个学生,(用西塞罗的名言说)伊索克拉底的学校似乎是特洛伊的那匹木马,从里面出来的都是国王。① 在《尼科克勒斯》中,伊索克拉底让年轻的国王演说他的新主题,并解释他的统治原则。最后,《致尼科克勒斯》

---

① 杰布说,国王尼科克勒斯是伊索克拉底的学生是"可能的"(《阿提卡的演说家们》,第二卷,第 88 页);但伊索克拉底本人在《论财产交换》中的话明确无误地表明他与尼科克勒斯是师生关系。《埃瓦戈拉斯》的结尾同样如此,《埃瓦戈拉斯》的语气不是一名记者对他的上司说话的那种语气,而是一个导师对他信任的学生说话的那种语气。在《埃瓦戈拉斯》80 中,伊索克拉底谈到他自己的那些"激励"的话语和埃瓦戈拉斯的"其他朋友"的话语。

这篇演说辞将我们带进他的政治智慧的源泉之中：因为它是由伊索克拉底本人对这位国王说的，尽管这位国王刚刚登上王位，但他仍然觉得自己是伊索克拉底的学生。① 一个更有意思的方面是，伊索克拉底的虚荣促使他以自己的学生为傲。他三番五次地提到这一点，并且在《论财产交换》中以相当长的篇幅详尽说明了这一点；我们可能会非常好奇，如果没有这种温暖的情感的话，其散文的优雅外表会不会看起来不过是冷漠和肤浅的平顺光滑而已。

这三篇作品都是伊索克拉底学校中训练时用的修辞技艺的展示品。当《泛希腊集会辞》奠定其整个教育体系的基础（即泛希腊世界的联合）时，关于塞浦路斯人的这三篇演说辞更清楚地表明了这一要点：即他的教育有了关于这种联合的现实开端。在公元前四世纪多半已经民主化的希腊世界，一所远离日常统治事务的政治理论学校是怎么可能发挥其社会影响力的呢？ 如果我们一开始还觉得理解这一点比较困难，那么，这些演说辞会把我们直接引向一个问题——[85]在这种情况下，这个问题一定意义极为重大——那就是"通过对统治者的教育，从而使文化影响整个国家"的可能性问题。纵观公元前四世纪的全部文献，这个问题同时出现在各种品格和态度的作家和思想家身上——出现在柏拉图的哲学之中，出现在他指导僭主狄奥尼索斯的实际努力之中（在《书信》七中，他将这次努力的失败描述为教育的悲剧）；出现在伊索克拉底关于尼科克勒斯的作品中，出现在他写给叙拉古的狄奥尼索斯的书信中，出现在他的《阿基达摩斯》（*Archidamus*）和《致腓力辞》中，并且首先出现在了他与学生提谟修斯（Timotheus）的交往中；出现在色诺芬的《居鲁士的教育》（*The Education of Cyrus*）这部伟大的教

---

① 狄奥多罗斯（Diodorus）将埃瓦戈拉斯之死定于公元前 374 年（《史籍》[*Bibliotheca Historica*]，第十五卷，第四十七节）；不过，现代学者并不同意这一点。《致尼克克勒斯》的写作日期最好是定于尼科克勒斯统治时期的开始，埃瓦戈拉斯死后不久。不过，《尼科克勒斯》这篇演说辞假设的时间是当时尼科克勒斯继承王位已经若干年（c. 31），因为大家已经可以在财政情况的普遍好转中看到人们从他的统治中获益。在 c. 11 中，尼科克勒斯有一个向后的追溯，他提到他的听众已经听过伊索克拉底的《致尼科克勒斯》这篇演说辞，该篇演说辞被认为恰好在《尼科克勒斯》之前。《埃瓦戈拉斯》也不能被设定为离尼科克勒斯任期太久，因为它将尼科克勒斯看作年轻的不谙世事之人来对待，并鼓励他一旦开始，就要"坚持下去"，不过，c. 78 表明，它不是伊索克拉底为他所做的第一篇劝勉性讲话。

育小说中；出现在亚里士多德与阿塔纽斯的赫尔米亚僭主（Hermias of Atarneus）的友谊中，尤其是出现在了作为未来世界的统治者（即亚历山大大帝）的家庭教师的工作中。① 这些都只是一些最为人所知的事例：我们很容易添加更多的事例。

这不是什么新鲜事。在之前的几个世纪里，一直有许多贤哲之士作为顾问、劝诫者或者教师为大人物们服务。现在，正如哲学家先于学者一样，诗人在这方面也先于哲学家。公元前六世纪出没于僭主宫廷的诗人们，并不如柏拉图指责自己时代的诗人们所是的那样，都是贪婪的寄生虫和溜须拍马者，当机会出现时，他们也转而颂扬民主政治。② 在品达的最后一首伟大诗歌中③——这首诗是写给西西里的新君主的——他放弃了胜利颂歌中的通常模式，转而向国王们提出建议，而不是赞扬有产阶级或体育比赛获奖者的英勇无敌；这些颂歌都是伊索克拉底对同时代的君王们的劝告演说的先行者。我们还可以进一步追溯到"骑士的镜子"，即泰奥格尼斯的格言诗，其中充满了早期希腊贵族的道德规范。④ 伊索克拉底非常清楚他那个时代的智术师的散文作品，在风格和内容方面，都是原有的诗歌形式的继承者：在他的《致尼科克勒斯》中，⑤他明确地提到了赫西俄德斯、泰奥格尼斯和福西里德斯的格言诗，因而伊索克拉底作为他们的传统的继承人挺身而出。

这三篇塞浦路斯演说辞显示了一个君王的教育的不同方面。对埃瓦戈拉斯的颂词（eulogy），[86]正如伊索克拉底有意用原有的"颂辞（encomium）"之名所表明的，是一篇与品达的颂辞相似的散文作品；⑥

---

① 亚里士多德年轻时期的《劝勉篇》（Protrepticus）也是对一位名叫泰米顺（Themison）的塞浦路斯僭主的劝勉讲话。我已经在《亚里士多德：发展史纲要》中表明它不是一篇柏拉图式的对话，而是一篇模仿伊索克拉底的λόγος συμβουλευτικός［有关劝告的演说辞］。不过，亚里士多德将柏拉图的教育内容套上了伊索克拉底的形式。

② 柏拉图，《王制》，568b, c。

③ 参见本书第一卷，第 274 页及以下，尤其是第 280 页。

④ 参见本书第一卷，第 252 页及以下。

⑤ 《致尼科克勒斯》43。

⑥ 在《埃瓦戈拉斯》8—11 节中，伊索克拉底说，他用散文写作的颂辞是一种新的文学创作，意在与诗歌一较高下；因为到那时之前，称赞人的高贵德性一直是颂歌的职能。《埃瓦戈拉斯》11 中的"ῷδαι［诗歌、颂歌］"一词指的像品达和巴库利德斯那样的诗人。

但伊索克拉底的颂辞不仅是一首胜利的赞歌（hymn），还是对埃瓦戈拉斯整个一生的生活、工作和品格的德性的一种赞颂。伊索克拉底采用了颂辞这种形式，随着诗歌形式的颂辞的原初教育特征大大增强，颂辞这种形式盛行于伊索克拉底同时代人之中，并很快得到了全方位的模仿。① 这本质上属于一种古代的观念，建立在崇高榜样的基础之上。② 这里，伊索克拉底将埃瓦戈拉斯这个榜样展示给他的儿子和继承者。必须注意的是，伊索克拉底是如何将其政治教育的泛希腊理想融入他对塞浦路斯君王的描述中的。伊索克拉底不是将他表现为一个孤立的现象，而是将他呈现为希腊德性和希腊品格的捍卫者，在最东边的前哨阵地上，以希腊文化对抗波斯的亚洲权力。③ 伊索克拉底使历史人物成为真正德性的化身，而柏拉图在其苏格拉底形象中则将事实与理想奇妙地混合（柏拉图的苏格拉底形象同样旨在为人们提供一个伟大的榜样），我们可以将这两种策略相互比较——尽管伊索克拉底对埃瓦戈拉斯的赞美从未达到柏拉图的人物刻画所达到的那种真正的人物个性，而毋宁是根据其创作目的，使其表现对象成为一切政治德性的典范和标准，尤其是君王的全部德性的典范和标准。④

在《致尼科克勒斯》和《尼科克勒斯》这两篇演说辞中，通过为其理想的君王的描绘添加一种更为深刻和普遍的原则框架——一位君王应该按照这一原则框架得到政治训练——伊索克拉底完成了他的这幅政治教育图景。表面上，第一篇演说辞是伊索克拉底的一个劝告，他在其中就统治者这一职业的真正本质对他之前的学生尼科克勒斯讲话；而在第二篇（即这个系列的最后一篇）演说辞中，则是尼科克勒斯本人对

① 亚里士多德关于色诺芬的儿子格里卢斯（Gryllus）去世之后写就的无数颂辞和葬礼颂词的评论，参见第欧根尼·拉尔修，《著名哲学家的生平和学说》2.55。这种全方位的模仿发生在公元前 362 年，或者不久之后。

② 品达对于作为德性之榜样的胜利者的赞美，参见本书第一卷，第 269 页及以下。当伊索克拉底提出埃阿喀德斯（Aeacid）家族和泰乌塞尔（Teucer）这两个塞浦路斯的希腊文明创建者，作为埃瓦戈拉斯的神话先祖和德性模范（《埃瓦戈拉斯》12—18）时，他是在紧跟品达的脚步。

③ 伊索克拉底从泛希腊的角度对埃瓦戈拉斯的统治的评价，参见《埃瓦戈拉斯》47—64。

④ 参见本书第二卷，第 16 页。

萨拉米斯的人民讲话。① 第二篇演说词的前提是他们之前已经听过伊索克拉底对他本人的讲话[即《致尼科克勒斯》]——给人一种将政治哲学家和老师置于君王本身之上的感觉。伊索克拉底因而成了事物的更高秩序的代表，事物的更高秩序仅因其道德真理就值得尊重。《致尼科克勒斯》的读者肯定牢牢地记住了这一点，它使伊索克拉底成了一个理想化的立法者，而他的地位也因其与年轻国王的关系而得到了明确的认可。[87]希腊人通常认为僭主统治无非是个人意志的独断专行，但在这里，无论如何，它成了政治理想的一部分，从而被合法化了：僭主的意志被解释为根据既定的法律和一种更高的道德准则对其人民实施统治的意志。在公元前四世纪，人们一次又一次地试图将僭主制转化为"一种更温和的政体"。在伊索克拉底的这两篇演说辞中，这个问题占据了大量篇幅。② 我们几乎没有必要回想这样一个事实，即在公元前四世纪，人们常常将"温和"称赞为民主政体的真正特征。③ 如此这般，除了将僭主制作为权力-政治中的一个既定事实来接受之外，伊索克拉底还在其君王教育规划中做了更多的事情。他将僭主制置于一种理想标准的控制之下；从而他可以公平合理地解释这种君主政体是政治制度的最佳形式。通过向人们展示那些因其政治成就而被人羡慕的国家（比如，迦太基和斯巴达），在和平时期是寡头制，而在战时是君主制，伊

---

① 《尼科克勒斯》11：τὸν μὲν οὖν ἕτερον(λόγον)，ὡς χρὴ τυραννεῖν，Ἰσοκράτους ἠκούσατε，τὸν δ᾽ ἐχόμενον，ἃ δεῖ ποεῖν τοὺς ἀρχομένους，ἐγὼ πειράσομαι διελθεῖν[就第一个话题而言，即一位统治者应如何行动，你们已经听过伊索克拉底的演说了；接下来，我试图细说君王的人民应该怎样做的问题]。当伊索克拉底撰写《尼科克勒斯》时，他显然是想将其作为《致尼科克勒斯》的姊妹篇来写的。

② "温和"一词的希腊文单词为πραότης，其形容词形式为πρᾶος。参见《致尼科克勒斯》8，23；《尼科克勒斯》16—17，32，55。与此类似，狄迪莫斯（Didymus）（在其对德摩斯梯尼的《反腓力辞》的评论中，col. 5.52，第尔斯-舒巴特[Diels-Schubart]编）说，阿塔纽斯的僭主赫尔米亚在柏拉图派哲学家科林斯库（Coriscus）、埃拉斯图斯（Erastus）、亚里士多德、色诺克拉底的教育影响下，将其统治"转化"为"一种更温和的统治方式"。（这里的读法很大程度上建立在纸莎草纸文献的基础之上）。

③ 德摩斯梯尼，《诉安德洛提翁》（Androtion）51：πάντα πραότερ᾽ ἔστ᾽ ἐν δημοκρατίᾳ[所有的民主政治都很温和]。伊索克拉底，《论财产交换》300："没有哪一个民族比雅典人更温和"（也就是说，更开化，更有道德教养——"πρᾶος"这个词也可以用于描述"温顺"的动物）。参见柏拉图对一个力图显得温文有礼的年轻僭主的描写（《王制》566d）；埃斯库罗斯，《普罗米修斯》35。

索克拉底证明了这一点；而波斯帝国作为一种世界范围的权力，之所以能够长久存在，要归功于它的君主制度；即使是雅典的民主制度，在战时也总是保持一位将军的统一领导权；最后，即使是天庭中的诸神，也统一于君王宙斯的领导，众神也偏爱这种政体。① 这里，与别处一样，伊索克拉底努力设计和建立的标准，不只是建立在理想之上，而是同时建立在历史事实和历史经验之上。伊索克拉底提到雅典在战时由一位将军（strategos）实施绝对的领导权，而伊索克拉底的学生提谟修斯在第二次雅典海上同盟建立之后正领导雅典与斯巴达的战争，这使我有很大的把握将该演说辞的写作日期定于这次战争期间。我们在这里看到的希腊世界内部的政治问题——这是民主制度无法回避的问题——会在伊索克拉底后来的《战神山议事会辞》中再次遇到，他花了更大的篇幅来分析这个问题。② 不过，伊索克拉底并没有想用成文的法律和制度来限制僭主的权力。他的主题很明确，就是认为君主的话就是他们的法律。③ 除了正义和节制的德性，没有任何东西能制约他。正义和节制——而不是通常归之于伟大君王的尚武好战——才是尼科克勒斯的统治支柱，他郑重地声称自己拥有这些品质。④ 因此，它们的唯一来源就是君王接受的教育。尽善尽美的教育即德性，德性是一切美好事物之最美好者。⑤ [88]那些确信德性是善之善者的人（国王向他的臣民保证）会终生奉行德性的指导。⑥ 君王的德性是基础，只有在此基础上，他对服从和忠诚的要求才能得到保证。⑦ 我们没有必要进一步研究在演说的这个部分中发展出来的社会道德学说，即关于一个好君

① 《尼科克勒斯》24 及以下。我们可以从诸如此类的段落中看到，作为一个民主制城邦的公民的伊索克拉底为何不希望以他自己的名义发表这篇论君主制的散文作品，而是作为尼科克勒斯的一场"演说"将其公开发表。他以斯巴达国王阿基达摩斯的口吻发表的演说辞也是基于同样的虚构。

② 《战神山议事会辞》11—12；参见本卷第 135 页及以下。另可参见《论财产交换》101—139，以及本卷第 164 页及以下。

③ 《尼科克勒斯》62。

④ 关于"正义"，参见《尼科克勒斯》31 及以下；关于"自制"，参见《尼科克勒斯》36 及以下。

⑤ 《尼科克勒斯》47。

⑥ 《尼科克勒斯》43—47。

⑦ 《尼科克勒斯》48—62。

王的好臣民所应履行的政治义务。

不过,对我们来说,在我们求助于伊索克拉底就君王的职责同尼科克勒斯说的话之前,先看一眼尼科克勒斯自己的演说的开场白至关重要。在这里,伊索克拉底以其惯常的方式,抓住机会再次为修辞学[雄辩术]文化做了辩护和赞扬。尤为重要的是,他在这篇演说辞中应该这样做,因为这篇演说辞的目的,就在于将他对修辞学[雄辩术]教育的赞扬置于国王之口,国王尼科克勒斯是假托的演说者。伊索克拉底让他抨击人们对修辞学[雄辩术]教育的怀疑(当修辞学[雄辩术]与君主政体的联系如此紧密时,这是自然而然的事情):"哲学"和文化的真实目的不是使人完美,而是为攫取权力。[①]我们不知道这种怀疑和批评来自哪个方面。它几乎不可能来自柏拉图:因为柏拉图曾经严肃地思考过如何通过一个专制君主实现其政治理想和教育理想,在与叙拉古僭主的紧密联系方面,他从未畏缩不前。也许我们应该想到伊索克拉底身边的那些实际政客。针对那些[说修辞学教师是]贪权狂(pleonexia)的指控,针对那些反对他的修辞学[雄辩术]教育的批评,伊索克拉底回答说,将这样的批评和指控指向那些拒绝学习任何演说能力的人会更加真实,因为他们只做不说,除了采取恰当的行动,不关心任何别的东西。[②] 对德性的一切追求都是为了在我们有生之年最大限度地享受美好的事物,在道德原则的帮助下,我们通过这些事物达到我们的目标,责备这些事物是不公平的。[③] 财富、权力和勇气也经常被它们的拥有者滥用,对修辞学[雄辩术]文化的滥用不会比对它们的滥用更败坏其名声、失去其价值。世上没有比因为人们自身的缺点而责备这些事物的人更愚蠢的了。[④] 这种态度的唯一结果就是无差别地拒绝一切高

---

① 《尼科克勒斯》1。译注:此处所谓的"哲学"和文化即修辞学[雄辩术]教育。

② 《尼科克勒斯》1。

③ 《尼科克勒斯》2。显然,伊索克拉底在此描述为德性追求之结果的"美好事物"是(有产阶级意义上的)功成名就和兴旺发达。这使我们对伊索克拉底的"道德是最好的政策"和伊索克拉底认为的"美好事物"之间的对比有了更深的理解。参见本书第二卷,第167页及以下。

④ 《尼科克勒斯》3—4。

级文化。那些这样做的人意识到，他们正在剥夺任性的力量，而这种力量是生活中最崇高事物的源泉。①

尼科克勒斯的开场白以此结束，他恰如其分地表达了对雄辩术作为塑造一切文明的力量的赞扬。[89]这是《泛希腊集会辞》所表达的主旋律的再现，在《泛希腊集会辞》中，伊索克拉底赞扬雅典是一切文化的原初家园。②《泛希腊集会辞》中被称之为"哲学"的力量在此被呈现为人与动物相区别的功能，也被说成是主要基于逻各斯（即言辞）的天赋力量。③ 这篇伟大的颂辞将演说赞扬为真正赋予人以人性的一种品质，没有哪个地方像这篇颂辞那样生动逼真地展示了修辞学[雄辩术]和诗歌之间的竞争。我不知道是否有人注意到，它实际上是一篇用高雅的散文写就、又以严格正规的诗歌模式完成的一首"赞美诗"。如果我们仔细考察伊索克拉底关于演说术的本质和影响的各种表达，就能从其独特形式中看到，它们简直就是对一个被拟人化为神灵的实体的赞美。④ 这个实体的名字在颂辞中得到了部分显现，那就是"逻各斯"，一切文化的创造者：

> 因为我们拥有的其他能力，并不比别的生物优越多少。不仅如此，许多动物在迅捷、力量或者其他能力上远胜于我们。但是，因为我们被赋予了互相劝导以及解释自己的思想的能力，所以我们不仅摆脱了野兽般的生活，还团结在一起组建城邦、制定法律、进行艺术创作。并且，我们大致可以这么说，没有哪一种制度不是经由演说能力建立起来的。正因为如此，演说制定正确和错误、崇高和卑鄙的标准，使之成为社会秩序的基石，没有这些的话，我们

---

① 《尼科克勒斯》5。
② 《泛希腊集会辞》47—50。
③ 《泛希腊集会辞》48；《尼科克勒斯》6。
④ 参见诺顿（Norden）对赞美诗（hymn）的文体形式及其在希腊罗马文学中的各种影响的精辟研究（《未识之神》[*Agnostos theos*]，Leipzig，1913，尤其是第163页及以下）。我们对像逻各斯这样的一种抽象力量的赞美诗式的歌颂和神化的早期最佳例子，是梭伦对"欧诺弥亚"（Eunomia，即社会秩序）及其有益力量的赞美。本人曾解释过其赞美诗般的形式，参见《梭伦的〈欧诺弥亚〉》，载《柏林科学院会议报告》，1926，第82—84页。

就不可能与他人生活在一起。正是通过演说,我们得以惩恶扬善。借助演说的帮助,我们教育无知者,检验智慧者,因为善于表达的能力即是一种良好的理解力的最为明确的标志;而一场真实、守法、正义的演说正是一个善良可靠的灵魂的外在形象。借助于演说,我们探讨可疑事项、探索未知事物。基于同样的理由,在公开发言时,我们习惯于劝服他人,在我们商讨自己的意见时,也是如此;我们把能够在人群面前发言的人称为雄辩家,把那些善于与他们自己交谈的人称为明智之人。如果我们想要简要地概括这种能力的特征的话,就会发现,在这个世界的任何地方,没有一件需要运用心智处理的事情能离得开演说术的帮助;不管在实际行动中,还是在思考中,演说术一直指导着我们,它被那些最有智慧的人使用得最多。[90]因此,我们应该像痛恨那些亵渎神灵的人一样,痛恨那些鄙视教育和文化的人。①

为了领会伊索克拉底对他的学生的巨大影响——这里,尼科克勒斯代表他的学生,我们必须回想一下这首献给演说术和文化之力量的赞美诗的强烈感情。② 伊索克拉底如此这般构想的修辞学[雄辩术],其水准远在早期专家眼中的修辞学[雄辩术]之上。所有这些都没有为柏拉图在《高尔吉亚》中提出的问题——修辞学[雄辩术]与真理及道德的关系问题——提供一个令人满意的答复;但是这个缺陷目前暂时被隐藏在了新的光荣之中——修辞学[雄辩术]被假定为文化和人类社会的创造者。当然,实际操作中的修辞学[雄辩术]训练与伊索克拉底的美好话语形成了糟糕的对比。我们必须将它们主要解释为激励他的理想的表达,但同时它们也是修辞学[雄辩术]的一种自我批判的形式,通过构思一种比此前存在的修辞学[雄辩术]更为深刻的修辞学[雄辩术]教育的目的观,这种自我批判旨在回答柏

---

① 《尼科克勒斯》5—9。

② 由《尼科克勒斯》8 和 9 可知,这里被神化的言辞(logos),是伊索克拉底的 paideia(即"文化")的理想的化身;在《泛希腊集会辞》48 中,他确实是这样说的。关于作为"一种文化的标志(σύμβολον τῆς παιδεύσεως)"的言辞,参见本卷第 91 页。

拉图深探细究的攻击。人们心照不宣地认为，如果修辞学［雄辩术］不能提供比它的哲学对手所承认的——哲学家认为修辞学［雄辩术］纯粹是一种利用有说服力的谈话使无知民众着迷的技艺——更多东西的话，那么它就确实是一种可怜巴巴的东西。① 伊索克拉底努力使修辞学［雄辩术］从它与蛊惑民心的策略和手段的联系中摆脱出来。他认为，修辞学［雄辩术］的本质不是一系列对无知民众施加影响的手段，而是一种单纯的基本的理智行为，在日常生活中，当每个人与自己讨论自己的幸福时，都会在自己的灵魂中实施这种基本的理智行为。② 在这种行为中，想要在形式和内容之间进行人为的区分是不可能的：恰恰相反，灵魂内部争论（即"审慎"）的本质在于在每一种处境中采取正确决断的能力。③ 在这样说的时候，伊索克拉底有意将强调的重点从文体和形式转移到了演说者给予的"劝告"之上。④ 因为，正如伊索克拉底所设想的，文化是某种远比语言和修辞结构更为丰富的东西。在文化中，形式直接从内容中生长出来；而内容，即修辞学［雄辩术］的主题，则是政治和道德的世界。伊索克拉底的修辞学［雄辩术］文化的目的，是在人的生活中达到完美，产生他与哲学家一样称之为 eudaimonia（即幸福）的城邦。这是一种客观的善［好］，一切客观的美好事物之中的最高者，它不仅仅是为了自身主观的目的而产生对其他人的影响。⑤ 正如伊索克拉底所做的那样，[91]使这种文化理想在神化了的逻各斯（Logos）那里实体化，是一种使他的目的更加清晰的巧妙方法。因为逻各斯意味着言说，在理性的言说和交流的意义上，最终止步于对共同价值的承认。伊索克拉底突出地强调

---

① 柏拉图，《高尔吉亚》454b，462b—c。

② 《尼科克勒斯》8。

③ 在《尼科克勒斯》8 中，伊索克拉底说，我们把一个能够在民众集会上公开发言的人称为"演说者"；把能够就一个问题对自己说话的人称为"明智之人"。他的意思是，尽管我们以不同的名称为这些活动命名，但它们本质上是同一回事。

④ 对伊索克拉底来说，以"逻各斯"来说话或行动意味着"以明智的远见"——$\varphi\rho o\nu i\mu\omega\varsigma$——来说话或行动，参见《尼科克勒斯》9。

⑤ 幸福（eudaimonia）的理想永远是伊索克拉底的政治思想（他的$\varphi\iota\lambda o\sigma o\varphi i\alpha$［哲学］）的基础。比如，在《论和平》（On Peace）19 中，他坦率地说，幸福是他的政治活动的目标。关于对政治上的幸福的更确切的定义，参见本卷第 110 页，注释③。

逻各斯的这一方面，并使其成为全部社会生活的真正核心。①

　　伊索克拉底作为一个立法者和教育者的地位——当我们用"修辞学[雄辩术]"这个模糊而灵活的词来概括伊索克拉底的事业时，他的地位没有得到充分的重视——建立在这套言辞(logos)哲学之上。现在，我们必须根据《致尼科克勒斯》这篇演说辞所显示的那样，来分析修辞学[雄辩术]的结果。这篇演说辞以"什么是我们能为一个君王提供的最好礼物"这个问题开始。② 在伊索克拉底看来，[是否]能够使君主以最好的方式进行统治，将是对其教育行为的一种正确定义。（他接着说），对大多数普通公民而言，当他们处于私人生活中时，许多因素都有助于他们自身的教育。首先，也是最主要的是，如果他们必须日复一日地为生存而奔波，那么就不可能有钱纵情声色；其次，在他们的公民生活中，无论属于哪一个城邦，他们都必须遵守法律；再者，他们有朋友之间相互指责和敌人之间相互攻击的言论自由；此外，早期的许多诗人已经留下了许多指导人们如何生活的准则。所有这一切都能使他们变得更优秀。③ 然而，君主们却没有得到诸如此类的帮助，尽管他们比其他人更应该接受贯穿其一生的教育；从获得权力开始，他们就听不到任何逆耳的忠言了；因为大多数民众根本没有机会与君王们接触，而那些经常陪伴在君王们身边的人，都是一些阿谀奉承、趋炎附势的骑墙派。而君王们经常滥用他们拥有的权力和财富，以至于许多人都在怀疑，究竟是选择一种拥有适度财富的普通公民的生活好，还是选择做一个专制统治者的生活好。④ 当人们着眼于自己的财富、荣誉和权力时，他们一

----

① 伊索克拉底觉得他的φιλοσοφία[哲学]使他与那些以其法律修辞而著称的旧"修辞技术专家"相区别。柏拉图指责修辞学[雄辩术]没有客观的目的，[只有主观的私利]，通过使言辞(logos)成为智慧(phronésis)和幸福的观念的一部分，伊索克拉底意欲减少柏拉图的指责所引起的不快。

② 《致尼科克勒斯》1。

③ 《致尼科克勒斯》2—3。

④ 《致尼科克勒斯》4。这种怀疑早就出现在希腊文献中。阿基罗库斯笔下一个具有哲学气质的木匠，他一点也不羡慕僭主的王位(残篇22，参见本书第一卷，第160页)，梭伦拒绝拥有绝对的权力(残篇23)。不过，伊索克拉底显然是在攻击苏格拉底的信徒们。在《海伦颂》8中，他嘲笑说："一些人恬不知耻地写到，乞丐和流亡者的生活居然比其他人的生活更令人羡慕。"这种思想在《致尼科克勒斯》中得到了相近的阐述，旨在赋予专制君主的生活一种新的内容和意义。

致认为只有那些君王才像天神一样。但是，当他们想到君王们生活于其中的恐惧和危险时，以及回顾历史上的君王们时，他们看到有些君王被他们自己的骨肉至亲谋杀，有些则被迫伤害最好的朋友，甚至还有些君王曾经历过这两种情形，这时，他们就会想到，任何其他类型的生活都远胜于遭受如此不幸的灾难，哪怕是贵为亚细亚的君王。① 最后的对比显然是对苏格拉底在柏拉图的《高尔吉亚》中的言论的暗示：②苏格拉底说，他无法断定波斯的君王是否幸福，因为他不知道波斯君王接受了何种程度的教化，达到了何种程度的正义。[92]这是建立在正义之上的教育第一次成为判断一个伟大统治者的生活和行为的标准，从而规定了君王的教育的基本理念。也许，甚至在柏拉图本人在《王制》中将制定出来的这一原则设计成一个培养未来统治者的完整教育体系之前，伊索克拉底就已经根据他自己的方式，尝试将其运用于《致尼科克勒斯》之中了。

伊索克拉底当然知道，一个想法本身可能很棒，但真做起来可能远低于发明者最初的预期：正如有的诗文构思极佳，但落笔之后则成为败笔一样。③ 不过，即便只是开端，也不失高贵。在教育中探索陌生的新领域，为君王们制定法则，是一件好事。普通教师只能零散地帮助少数人，但如果有人能够成功地指导一个人口众多的国家的君王，使他向往最高的德性，那么个人和团体都会受益：因为这样会使国王的统治更加安全，同时也会给予民众一种更温和的统治。④ 因此，伊索克拉底的目的，（如我们上述所言）是通过迫使统治者的意志遵守更高的道德标准，来阻止当时的城邦从立宪政体堕落为绝对的专制政体。⑤ 在哲学推理的深度上，伊索克拉底的程序和步骤不能与柏拉图的型论相提并论——完美的统治者必须将"善"的"型"作为其行为的固定模型或范型在灵魂中随身携带；也不能与柏拉图对辩证法知识的有条不紊的描写

---

① 《致尼科克勒斯》5—6。
② 柏拉图，《高尔吉亚》470e（参见本书第二卷，第147—148 页）。也许，这一观念被苏格拉底的其他学生（比如，安提斯泰尼）所接受。
③ 《致尼科克勒斯》7。
④ 《致尼科克勒斯》8。
⑤ 参见本卷第101 页。

相比拟——在柏拉图看来,灵魂为了沉思[凝视]绝对的道德标准,必须沿着他所描述的辩证法道路长途行进。① 辩证法的迂回之路——(柏拉图说的"弯路")精英中的精英必须沿着这条路达到那个崇高目标——完全不为伊索克拉底所知。② 伊索克拉底将未来统治者的地位看作是由出生的机会决定的一个既成事实,③他只寻求通过自己的教育弥补统治者天性中的那些缺陷。既然他不像柏拉图那样认为,是一个人的智识优势或者可靠品格使他拥有统治资格,那么他的教育方案就注定更平常、更传统。然而,他还是清醒地意识到了缺乏一种普遍原则所潜藏的危险——高级的统治技艺会消解为管理的技术细节。[93]他说,在这些事务中,国王的官方顾问必须一点一点地逐条向他提出建议。④ 他的目的是描述君王行止的大致轮廓。

伊索克拉底以国王的职责(即他的"工作")是什么这一问题开始。⑤ 他不仅以这种提问的方法,而且以对君主应该完成的"目标"的描述⑥使我们想起了柏拉图,尤其是柏拉图的《高尔吉亚》,这篇对话必定给他留下了持久的印象。⑦ 与柏拉图一样,他认为弄清楚统治者的终极目标至关重要,因为"不谋全局者不足以谋一域"。与柏拉图一样,他从人们公认的事实开始——尽管他不想对统治者必须想方设法实现的好目标进行辩证的分析,而只是接受平民百姓的看法。⑧ 他将这种制定最高原则或行为目标的方法称作"假设(hypothesis)",一种"奠基"——因为一切进一步的讨论必须取决于它。⑨ 在他的演说辞的其他几个段落中,我们可以看到他的这种努力,即寻找一种被普遍接受的

---

① 参见本书第二卷,第357—358页。

② 参见本书第二卷,第320页;第三卷,第235页。

③ 关于塞浦路斯王朝建立在合法继承原则上的神话世系,参见《埃瓦戈拉斯》12—18。

④ 《致尼科克勒斯》6。

⑤ 《致尼科克勒斯》9。

⑥ 《致尼科克勒斯》6至结尾。

⑦ 关于好公民的"职责"(ἔργον),参见柏拉图,《高尔吉亚》517c,其中,"πολίτου[公民的]"应该校订为"πολιτικοῦ[政治家的]",因为这里的主语所指的不是个体公民的义务,而是政治家(statesman)的义务。使公民尽可能地变好是政治教育的目标,参见《高尔吉亚》502c;另可参见465a。

⑧ 《致尼科克勒斯》9;注意"οἶμαι δὲ πάντας ἂν ὁμολογῆσαι[所有人都会同意]"这一说法。

⑨ 《致尼科克勒斯》13:ὑπεθέμεθα[基础、假设]。

"假设"：在伊索克拉底的政治思想中，这是一个本质性的要素，它可以由柏拉图的智识方法的影响得到解释。归根结底，这是一种从数学那里借用的步骤。①

所以，这个假设是这样的：一个好的统治者必须挽救一个处于不幸中的国家，维持其繁荣，当国家的实力弱小时，要想方设法使其壮大。在处理日常事务时，要在内心想着这些目标。在这里，有一点相当清楚，那就是伊索克拉底不像柏拉图那样相信城邦的使命是"教育"其公民，并使他们每个人都尽可能地完美，而毋宁是城邦物质方面的繁荣和强盛——这种理想比其他任何东西都更符合务实的政治家风范，这是柏拉图在《高尔吉亚》中激烈反对的一种理想，也是雅典往昔的伟大政治家第米斯托克利、伯利克里以及其他人所遵循的理想。② 如此说来，伊索克拉底关于统治者的职责的观点并非君主制的专属特征。伊索克拉底相信，君主制只不过是一种统治者的职责在其中最容易得到实现的城邦形式。③ 希波战争之后的时代，在帝国主义［扩张主义］的道路上大胆行进的是雅典民主政体，现在，在对当代哲学的道德体系做出一些让步之后，伊索克拉底将雅典的这种物质幸福观转化成了一种开明专制的思想意识形态。

[94]他为尼科克勒斯树立的理想，是伯利克里务实政治传统——公元前四世纪向着独裁统治发展的趋势——和哲学家们的道德批判之间的一种折中之道。无论在何种意义上，我们都不能认为尼科克勒斯首先是一位雅典的政治家，他首先是遥远的、更殖民化的塞浦路斯的一位统治者。在那里，即使是雅典人都会觉得，将全部政治权力集于一人之手是正当的，因为只有这种方式才能保卫希腊的事业免于波斯的侵犯。在第二次雅典海上同盟时期，伊索克拉底喜爱的学生提谟修斯曾

---

① 伊索克拉底明确地从这种类型的假设开始他的政治推理，参见《论和平》18。这一点应该得到更细致的研究；参见拙著《德摩斯梯尼：其方针的起源和发展》，第 86 页。

② 柏拉图，《高尔吉亚》517b，称他们是"城邦的仆人（διάκονοι πόλεως）"。他的意思是，那是关于统治者的职责的最普通、也是最低级的看法。这使我们想起腓特烈大帝（Frederick the Great），他说，他对自己是国家的第一仆人感到非常自豪。

③ 在《论和平》19 中，伊索克拉底用类似的术语界定了政治上的幸福观，这种幸福观同样适用于雅典的民主制度，那就是(1)安全，(2)繁荣，(3)团结一致，(4)其他国家的尊重。

担任同盟全部舰队的海军统帅，我们提出这篇演说辞《致尼科克勒斯》和《尼科克勒斯》的撰写日期就在提谟修斯担任海军司令期间，如果我们的提议有什么可取之处的话，那么《尼科克勒斯》中对雅典将军在战时的准君主地位的暗示，就不只是一种历史巧合了，①而这两篇演说辞则是雅典的一种宣传手段。通过给君主制冠之以一种"更温和的统治形式"，②它们显然意在将塞浦路斯的萨拉米斯城邦与雅典紧密地捆绑在一起（公元前 390 年，尼科克勒斯的父亲埃瓦戈拉斯就曾与雅典结盟抗击波斯）。提谟修斯家族和尼科克勒斯家族，自其父辈科农（Conon）和埃瓦戈拉斯以来，就保持着亲密的友谊；这种私人交情和政治联系为埃瓦戈拉斯与雅典的结盟做好了准备。此事可追溯至科农作为波斯舰队的统帅，在尼达斯（Cnidus）大败斯巴达海军之后，返回雅典重修长墙工事和比雷埃夫斯港的那段时期。因为波斯国王是根据埃瓦戈拉斯的建议，任命科农为海军统帅的。③现在，他们的儿子重新恢复了这种联系。也许尼科克勒斯和提谟修斯确实曾在伊索克拉底的学校中相遇相识。因此，这两篇演说辞的日期也有可能是在提谟修斯首次担任雅典将军的时期；可能是在埃瓦戈拉斯去世（公元前 374 年）到提谟修斯被解职（公元前 373/372 年）之间。伊索克拉底在《尼科克勒斯》中说，当雅典派遣很多将军一起指挥作战时总是失败，而在一个最高的将军统一号令时则总能成功，④这一言论极有可能是对将要发生的争端的一个暗示，当提谟修斯的行为变得太过任意专断时，这一争端以提谟修斯的垮台而结束。提谟修斯永远是一位政治家式的将军：他以外交为国家取得的胜利不亚于以武功取得的胜利。他让塞浦路斯的国王们成为雅典的盟友，[95]他与他们的友谊众所周知；伊索克拉底的企图，即从政治上利用他对尼科克勒斯的影响力，从逻辑上看，似乎是这一链条上的另一个环节。有明确的证据表明，伊索克拉底在战争期间，曾以另一

① 《尼科克勒斯》24。
② 参见本卷第 102 页及注释②、③。
③ 参见贝洛赫（Beloch），《希腊史》（*Griechische Geschichte*），第三卷，第一章，第二版，第 38、89 页，论科农和埃瓦戈拉斯。
④ 《尼科克勒斯》24。同盟者战争（Social War）中，提谟修斯在作为将军的第三个任期遇到了同样的难题，即如何与将军委员会打交道。

种方式支持提谟修斯；在国内政治领域，我们会看到《战神山议事会辞》证实了这一点。①

在了解了《致尼科克勒斯》这篇演说辞的历史背景之后，让我们回到对其主题的分析。如果统治者的使命真的如伊索克拉底说的那样伟大，那么君主制的成功肯定依赖于君王的理智能力。因此，可以说，没有任何一名竞技运动员训练他的身体，需要像一位未来的统治者训练他的心智那样持久和严苛；②因为与一位在生命中的每一天都必须努力奋斗的君王所得到的相比，并非世界上的所有节日竞技都能提供如此丰厚的奖赏。只有当他在心智和道德品质上超越了其他所有人时，才能证明他所享有的额外尊荣的正当性。③ 他接下来对尼科克勒斯的恳求几乎是苏格拉底的那种语气："千万不想相信这样的话，专心和注意(ἐπέμέλεια)对其他任何事情都有帮助，但在让我们变得更优秀、更聪明上却无能为力。"④在《驳智术师》这篇演说辞中，伊索克拉底曾大力批判柏拉图的教育理想，并且断言德性不可教。⑤ 然而，在这里，他显然不打算断定人有什么东西是不可教的。对伊索克拉底而言，这两个问题不像它们对柏拉图而言那样是两个相同的问题。在较早的那篇演说辞中，他急切地反对柏拉图对纯粹知识的价值的夸张估计，这导致他贬低学习的价值而推崇人的自然禀赋；⑥但在《致尼科克勒斯》中，我们发现了他对教育力量的一种更为积极的评价。不过，即使在这里，他也不至于发展到断言"德性可教"的地步。但是，他确实已经与早期智术理论家们的乐观主义信念步调一致了：这些理论家相信，自然给予人类的禀赋绝对不可能比野兽更差，毕竟，那些不会理性思考的野兽也能被驯服。⑦ 无论如何，这种强调重点的转移并不意味着伊索克拉底的观念发生了根本的改变：这种变化是由他正在与之作战的对手的改变造

---

① 参见本卷第 135—136 页。

② 《致尼科克勒斯》10—11。

③ 《致尼科克勒斯》11。这段文字介绍了君主的教育的问题。

④ 《致尼科克勒斯》12。12 的结尾，"ἐπιμέλεια[关心、注意]"被用作"παίδευσις[教育]"的同义词。

⑤ 《驳智术师》4，6，21；另可参见《海伦颂》1。

⑥ 《驳智术师》14—15。

⑦ 《致尼科克勒斯》12。

成的。从理论上说，关于德性可教的哲学悖论，他是一个悲观主义者；但从实践上说，他的教育意志从未间断过。[96]他以非凡的精力献身于教育君王的新使命。他的这种精力和教育乐观主义让他在这篇演说辞中将教育视为人性的最大赞助者之一。①

　　与泰奥格尼斯在培养贵族青年时的计划一样，伊索克拉底极为重视正确的友谊。（在这方面，他显然受到传统箴言诗人的直接影响。）国王必须只能与宫廷中最聪明的人来往。其他顾问，如果可能的话，一定要派人从国外请来。这显然是他所设想的自己在这位年轻学生的生活中的地位的一种暗示。只有在接到来自其朋友和国王本人的最热切的邀请和恳求之后，柏拉图才前往叙拉古；但伊索克拉底却自己邀请自己去塞浦路斯。在接下来的那句话中，伊索克拉底使他自己的忠告更具普遍性：他建议国王要与诗人和学者保持联系，要做其中一些人的旁听生，做另一些人的学生。伊索克拉底说，这是智慧的训练场和体操馆（gymnasion），在这里，国王很快就能培养出统治国家的能力，能最恰当地实现他的伟大使命赋予他的理想。② 无论是在这里，还是在《尼科克勒斯》中，伊索克拉底都将"好人不应该由坏人来统治，智者不应该由蠢货来治理"定为最高公理。与他人交往意味着国王必须严厉批评那些坏人，并与那些好人激烈竞争。关键是，想要统治别人的他必须将这一原则运用到自己身上，以他自己压倒其他所有人的优势来证明其地位的合理性。③ 因此，伊索克拉底不相信君主制通常赖以建立的合法性原则足以保证一个人继承王位并对其他人发号施令的权利。为绝大多数君主制国家的人民理所当然地接受的这种世袭制度和观念，从未得到希腊人的广泛认同。正如他们相信自然赋予的权利，他们要求一个统治者的权力建立在其真正的德性之上，建立在人格之上，而不是建立在必然的规则和制度之上。伊索克拉底本人非常鲜明地表明了，他的这种态度并不意味着无权利的权力崇拜。当然，缺乏对类似萨拉米

①　参见《致尼克克勒斯》12：*ὡς ... τῆς παιδεύσεως ... μάλιστα δυναμένης τὴν ἡμετέραν φύσιν εὐεργετεῖν*［教育…最能有效地改善我们的天性］。

②　《致尼克克勒斯》13。关于理想自身，参见《致尼克克勒斯》9，君主的"职责（*ἔργον*）"。

③　《致尼克克勒斯》14。

斯这样的国家的公民的自由权利的法律保障是一个严重缺陷，希腊人对教育力量的信念对此几乎毫无补救。不过，希腊教育对这个世界的伟大贡献之一是，在由权力而非法律主导的一种处境中，[97]它要求人的道德和权利应该得到其应得的一切。

伊索克拉底说，统治者必须既是爱国者，又是博爱主义者：他必须既爱人，又爱国。① 在某种程度上，他必须同时是科农和安提戈涅。统治技艺的首要问题就是要将这些截然不同的品质联合在一起。如果他不"喜欢"他的职责要求他照料的那些实实在在的众生，那么一个统治者献身于那个抽象的"国家"又有何用？在那个时代的文献中，博爱越来越成为一个重要的概念。② 碑刻铭文也告诉我们博爱在公共生活中得到何等奖赏：在城邦颁布的法令中——这些法令是为尊重杰出公众人物而通过的——一次又一次地提到这一点。除非是对人的普遍的爱激发他为城邦服务，否则，他不可能得到真正的钦佩。伊索克拉底没有忘记补充这一事实，即试图赢得民众的喜爱不只是因为自身的软弱。最好的民众领袖——在此意义上，即使是国王，也必须是一位民众领袖（$\delta\eta\mu\alpha\gamma\omega\gamma\acute{o}\varsigma$）——是这样一个人：他既不会让民众变得难以驾驭，也不会让他们遭受压迫。③ 如修昔底德所描述的那样，这正是伯利克里的伟大功绩：两个对立的极端之间的和谐可以追溯到修昔底德，伊索克拉底在这篇演说辞中让其成为了衡量政治才干的标准。④ 在伯利克里的阵亡将士演说中，修昔底德

① 《致尼科克勒斯》15：$\varphi\iota\lambda\acute{\alpha}\nu\vartheta\rho\omega\pi\sigma\nu$ $\delta\epsilon\tilde{\iota}$ $\epsilon\tilde{\iota}\nu\alpha\iota$ $\varkappa\alpha\iota$ $\varphi\iota\lambda\acute{o}\pi\lambda\iota\nu$ [（这个人必须）既爱人，又爱国]。在《埃瓦戈拉斯》43 和《泛希腊集会辞》29（关于希腊民主制度）中，伊索克拉底在描述理想的统治者时将两种同样的德性相结合。

② 参见洛伦茨（S. Lorenz），《博爱观念的进步》（*De progressu notionis φιλανθρωπίας*），Leipzig，1914。伯克（A. Burk）说，罗马的 humanitas[人性、人文]观念直接来自于希腊的博爱（philanthropy）观念（《伊索克拉底的教学法》[*Die Pädagogik des Isokrates*]，第 208 页）；不过，古罗马作家格留斯（Gellius）更为正确地将意指博爱的 humanitas 与意指教育的 humanitas 相区分（《阿提卡夜话》[*Noct. Att.*]13. 17）。在伊索克拉底那里，博爱不具有核心的意义；他的思想总是回到教育，教育才是他的"人文主义（humanism）"的真正基础。当然，这并不是说要将博爱排除在外。

③ 《致尼科克勒斯》16。

④ 修昔底德，《伯罗奔尼撒战争史》2. 65. 8—9。伊索克拉底用"$\dot{\upsilon}\beta\rho\acute{\iota}\zeta\epsilon\iota\nu$[放纵]"一词来描述民众的精神状态是对修昔底德的$\ddot{\upsilon}\beta\rho\epsilon\iota$ $\vartheta\alpha\rho\sigma\sigma\tilde{\upsilon}\nu\tau\alpha\varsigma$[太过自信]的模仿；不过，他对其他的对比进行了微调。

通过众多如此巧妙的和谐对立，构建了雅典文化和雅典制度的图景。① 伊索克拉底采用了伯利克里那篇演说中的这个想法，即只有最优秀的人，才有权得到尊重，但其余的公民也必须得到保护，免受不公正的对待。他称这两条原则——他将这二者的协调一致视为雅典民主政治的真正秘密——是每一种优良政体的"要素"。② 修昔底德夸耀说，雅典的政治制度不是借自别人，而是自己的原创。伊索克拉底现在建议尼科克勒斯尽可能创建适合自己国家的良好政策，在自己创造不了的地方，就模仿其他国家最好的东西。③ 当然，伊索克拉底要让自己的建议适合于客观环境；但调和对立面的原则是相同的。原创和模仿都是必须的。最重要的是创造一个稳定的系统，以及一个彼此之间协调一致的公正的法律体系。要尽可能地减少法律纠纷，如果有的话，也要尽快解决。[98]因为对法律来说，仅仅是自身好是不够的：正义的实施同样重要。④ 生意必须带来公平的利润；但好讼者必须让他们为自己爱管闲事遭受惩罚（这里，伊索克拉底想到的肯定是雅典的法庭，雅典法庭助长了雅典人的诉讼热情）。在宣告有争议的事情时，不要显示出偏好或前后不一致的态度，而要在同一个问题上坚持一贯的判断；因为这样做，人们就能认识到，国王在司法问题上有恒定不变的判断原则，就像那些已经颁布的良好法律一样。⑤

　　这篇关于君王教育的专题论文的其余部分，并不像我们所期望的那样体系严密：从其开头部分来看，从伊索克拉底本人的陈述（即他只打算为君主制制定一些普遍原则）来看，它应该是一篇系统的论文。由于他的论文建立在赫西俄德、泰奥格尼斯和福西里德斯的格言诗的基础之上（这是作者自己承认的），所以其形式也类似于格言诗，因为其主要是由一些各自独立的格言组成的，这些格言一条接一条鱼贯而出，相

---

① 参见本书第一卷，第 497 页及以下。
② 修昔底德，《伯罗奔尼撒战争史》2.37.1；《致尼科克勒斯》16。
③ 修昔底德，《伯罗奔尼撒战争史》2.37.1；《致尼科克勒斯》17 开头。
④ 《致尼科克勒斯》17 至结尾。
⑤ 《致尼科克勒斯》18。

互之间没有紧密的逻辑联系。不过,我们千万不要被文章明显的非正式性所误导,以为这篇演说辞只是一系列实用技巧的罗列。[①] 各自独立的格言之间存在着一种潜在的联系,它们加起来共同构成了一位理想的统治者的形象——它们的统一性在于道德的一贯性,因而是新时代完美的精神典范。在《斐德若》的结尾,柏拉图让苏格拉底谈到年轻的伊索克拉底,说他的天性中具有一种哲学的气质。将柏拉图的这一评论当作反讽,是一种彻头彻尾的误解。在看得见的范围内,这一评论绝对是公正的,每一个伊索克拉底的细心的读者,不可能不为其真理性所打动。伊索克拉底在这篇专门的演说辞中显示了自己的哲学品质:通过将人们心目中通常的君主观念,循序渐进逐个转变成一种新的理想,他将人格化的专断意志改变成了一种支配性人格,这种支配性人格的意志受更高法则的制约。

我们已经表明,每一则独立格言中的那种根基深厚的智识和精神文化是这篇演说辞的基础,这种文化显然是伊索克拉底的君主制理想的指导性原则。他保留了僭主[君主]这一名称,但完全改变了僭主制[君主制]的特征。他一个接一个地接受构成一个君主的传统理想的那些特征,并用整齐有序的格言警句将它们转变成适合自己的理想。可以用一系列例子来证明这一点,而且这样的例子很容易继续罗列。[99]他说:[②]

> 要像你的先祖那样敬畏神灵,是他们引进了这种宗教崇拜;要坚信最高贵的祭祀和最伟大的供奉就是在最高层面上展示出你是一个优秀和正义之人。因为较之于那些屠杀了大量牺牲的人来说,如你这般的人更有希望享受来自诸神的保佑。对于与你有亲属关系且最亲近的朋友,要给予他们公职以彰显他们的荣誉,但是

---

① 不管怎样,这也是学者们通常将此类演说辞解释为由一系列使用技巧组成的原因。参见布拉斯,《阿提卡的雄辩术》,第二卷,第 271、275 页。只有在考虑到这篇演说辞的内容时,我们才能理解其"缺乏专题论文的那种系统性形式"的真正意义。布拉斯认为其内容是一堆陈词滥调,但是他没有看到隐藏的辩证技巧,伊索克拉底正是用这种辩证的技巧构思转化出他的君主制理想的。

② 《致尼科克勒斯》20。

要把真正的荣誉给予那些对你最忠诚的人。要相信最坚定的护卫就在于朋友的美德、公民的善良意志以及你自己的道德洞察力。通过这些，一个人才有可能最大限度地获得并维持王权。要保护好臣民的财产，要相信那些浪费他们的钱财的人就是在花费你的钱财，而那些辛勤工作的人正在为你创造财富。因为所有生活在城邦里的人的财富，都属于那些能够很好地实现统治的君王。①

在你的一生中，都要显示出你珍视真理，以至于使你的言语比其他人的赌咒发誓更值得信任。要让你的人民免于长久的恐惧，同时，也不要试图让恐惧困扰那些遵纪守法的人：你怎样对待他们，他们也必怎样对待你。②

不要试图通过严厉和过分的惩罚来显示你君王的权威，你的权威来自于以你的智慧统治所有人，来自于别人认为在关乎他们切身利益的问题上，你为他们制定的计划比他们自己的计划还要好。在战争的知识和准备上，要表现出勇武敢战的气势，但也要表现出和平的意向，不要对别国提出不公正的要求。对待弱小的城邦，要想一想你是怎样渴望强大的城邦来对待自己的。③

你可以雄心勃勃，挑起战争，但只局限于那些首先能使你获益的事情。不要认为那些为了获益而让步之人是弱者，那些咄咄逼人而伤害自己的人才是真正的弱者。不要认为那些志大才疏、好高骛远之人就是拥有雄心壮志，只有那些渴望卓越，且能够实现他们的追求之人才是真正的雄心壮志。④ 你要仿效的，不是那些掌握至高无上的权力的人，而是那些能充分利用他们所获的权力的人。⑤

不要选择那些你希望和他们交朋友的人做朋友，而要选择那些值得交往的人做朋友；不要与那些他们的陪伴能使你过得最快

---

① 《致尼科克勒斯》21。
② 《致尼科克勒斯》22开头，23。
③ 《致尼科克勒斯》24。
④ 《致尼科克勒斯》25。
⑤ 《致尼科克勒斯》26。

活的人做朋友，而要与那些最能帮助你统治的人做朋友。仔细考察你的同伴，要知道所有见不着你的人都会通过他们来判断你。当你挑选别人来做你自己不能直接从事的城邦事务时，要记得你要为他们所做的一切负责。①

不要以为对你所说的一切和所做的一切都推崇备至的人就忠诚可靠，那些揭露你的错误的人才是真正的忠诚。要让那些判断力良好的人自由发表言论，以便他们能够帮你决断疑难问题。②

君主的教育在自制的规则中达到顶峰。做自己的欲望的奴隶不是一个国王该有的样子。通过控制自己的欲望，他可以学会如何统治其他人。③ 上述关于择友所说的一切，都建立在友谊对于自我教育的重要性之上。但是，即使是君主的工作和职责，也必须考虑到朋友对他的性格发展的影响。[100]判断人民对统治者的态度的真正标准（因而也是判断他的德性的真正标准），不是他们由于胁迫而尊重他，而是他们在心里想念他，发自内心地尊重他，无论他们更多地是羡慕他的智慧，还是羡慕他的财富。④ 国王的自律之所以重要，不仅是因为那是他的财富的一个证明，而且还因为那是其他人学习的模范：要知道整个城邦的品格都在仿效它的统治者。⑤ 在这里，与在柏拉图那里一样，我们从早期希腊贵族教育中得知的一个观念——伟大人物是其他人仿效的模范——再次出现在一个更高的平台上，它被转化成了教育城邦的全体人民的问题。但是，尽管柏拉图将模范性存在转换成了"绝对（Absolute）"，转换成了"善的型"，也就是说，转换成了神（God），也即万物的尺度，但伊索克拉底仍然坚信，人民仿效

---

① 《致尼科克勒斯》27。
② 《致尼科克勒斯》28。译注：以上译文参考《古希腊演说辞全集·伊索克拉底卷》，李永斌译，吉林：吉林出版集团有限责任公司，2015，第49—51页，略有改动。
③ 《致尼科克勒斯》29。君主的灵魂必须自由的主张——比如，他必须做到完全的自制——来自苏格拉底，参见本书第二卷，第58页。苏格拉底的用词"ἐγκρατής[有节制的]"出现在《尼科克勒斯》39。
④ 《致尼科克勒斯》30。
⑤ 《致尼科克勒斯》31。

的榜样必然是一个人。他使理想的君王成为其民族的文化的代表，成为其城邦品格的有形体现。通过使君主制服务于人类的教育（至少在一个国家和一个民族中是这样），他试图为其注入一种新的生命：因为在伊索克拉底的时代，教化的观念是唯一活的东西，是人生存的终极意义。每一样美好的事物，生活的每一个领域，宗教与崇拜，城邦与共同体，个人与家庭，每一个都要根据它对文化[教育]的伟大使命的贡献来证明其存在的理由。最后，伊索克拉底看到人格化的君主制理想浮现在他眼前。他认为，君王的教育的最难部分是将和蔼的性格与严肃的德性集于一身，他将理想的君主描述为这两种力量的和谐平衡。其中的任何一种品质单凭自身都不足以使君王成为君王。德性有王者的尊贵和威严，但会令人心生恐惧。优雅和魅力有助于君王与他人交往，但会将王者拉低到他们的水平。①

　　与在道德领域中一样，在智识的领域中，也存在着两种相互对立的因素，即经验和哲学；只有在这两种因素相互平衡时，才能在君主人格的塑造中充分显示其意义。② 二者相互平衡的方案显然是伊索克拉底对自己的政治教育的一种概括——正如他在另一篇演说辞中，关于此类教育的传授方法所作的评论显示的那样，当然，这首先是由他的行为和思想所显示的。他将经验界定为关于过去的知识，作为一种历史事例的源泉，经验不断地显示出自身的价值。③［101］（他继续说）尼科克勒斯必须从中了解普通人和统治者的幸与不幸的各种遭遇，也就是说，他必须找出那些支配他们的生活和行为的普遍而永久的条件。如果他留心过去并牢记过去，他就能更好地对未来作出判断。④ 伊索克拉底没有像柏拉图那样由此就认为，应该用数学和辩证法这种高大上的抽

---

① 《致尼科克勒斯》34。罗马诗人西利乌斯·伊塔利库斯(Silius Italicus)概括了同样的理想（《布匿战争》[*Punica*]8. 611）；laeta uiro grauitas ac mentis amabile pondus[君子身上令人愉悦的威严和在他人心中树立的令人喜爱的威望]。和蔼可亲是城市文化固有特征(urbanity)的要旨，《致尼科克勒斯》中表达的πεπαιδευμένος[受过教化的]理想就集中在举止文雅(τὸ ἀστεῖον)之上。统治者就是集τὸ ἀστεῖον[文雅]和σεμνότης[威严]于一身的人。
② 《致尼科克勒斯》35。
③ 《致尼科克勒斯》35(至结尾)：τὰ παρεληλυθότα μνημονεύειν[让过去活在记忆中]。
④ 《致尼科克勒斯》35。

象理论来训练统治者,而是认为,应该用关于历史事实的知识来教育统治者。① 这里,历史著作第一次开始对政治思想和整个时代的文化产生影响。在伊索克拉底的演说辞中,随处可见对修昔底德的借用;但是,即使不考虑这些较小的借用,我们也必须承认,伊索克拉底的观点受到了修昔底德的影响,因为正是修昔底德创建了政治史学。雅典在伯罗奔尼撒战争中的极度痛苦和崩溃对希腊心灵的冲击,孕育了政治史学;而且,通过在这种关系中来描述政治史学,②我们主要将其视为一种新的客观的政治思想的成就,因而在未来的教育中,它是一个重要的潜在因素。当然,修昔底德本人并没有将这种政治史学做任何实际的使用:他做的最多的就是笼统地将其视为理解未来政治的一种资源、一种"永恒的财富"。③ 现在,在伊索克拉底的教化中——尤其是在他教育未来君王的方案中——这种强有力的新智识工具首次得到了充分的使用,而且,正如它注定要成为的那样,变成了个人塑造其命运和性格的最有力的工具之一。

这里,我们可以简略地回顾一下历史在希腊教育中所起的作用。在由音乐和体育训练所组成的旧式教育体系中,不存在独立的历史知识和历史思想这样的东西。过去之所以为人们所知,当然是因为它是诗歌传统的一部分;但它只是作为一个民族或英雄事迹的叙述而为人所知,在真实的历史和神话故事之间还没有清晰的界线。④ 这些传统之所以被保存在鲜活的记忆中,正如智术师普罗泰戈拉在柏拉图的对话中描述伯利克里时代的雅典教育时所明确指出的那样,是为了给人们提供仿效的英雄模范。⑤ 不过,他没有在更深层的意义上进一步探讨历史,[102]因为那时还不存在从政治角度出发的历史

---

① "让过去活在记忆中",即"τὰ παρεληλυϑότα μνημονεύειν"这样的短语,是一切历史研究的本质。

② 参见本书第一卷,第464页及以下,"修昔底德:政治哲学家"一章。

③ 修昔底德,《伯罗奔尼撒战争史》1.22.4。

④ 当修昔底德大胆地另辟蹊径时,他知道,希腊早期的历史与发源于神话和传奇的诗歌混杂在一起(1.22.1和4),或者与散文的编年史混杂在一起,这些编年史与诗歌一样很少关心历史的真相。

⑤ 柏拉图,《普罗泰戈拉》325e—326a。

研究。哲学家从研究自然或道德的永恒法则中接受教育,历史在哲学家的训练中还没有一席之地。即使在修昔底德的著作问世之后,在公元前四世纪的第一个十年,这种情况也没有立刻得到改变。在柏拉图为科学教育的综合体系制定的计划中,包括最新式的数学、医学和天文学,但杰出的政治史学完全被忽略不计。从这个角度出发,我们可以认为,只有在那些专家中,也就是说,只有在少量直接模仿修昔底德的历史学家中间,才能发现修昔底德著作的真正影响。问题还没有得到足够的研究,尽管这一问题非常重要。但是,在考量政治史对教育的影响时,我们千万不可忽略当时教育的另一个杰出代表——修辞学[雄辩术]。正如只有在哲学的文化[教育]中,数学的教育价值才能得到充分的认可,由修昔底德所揭示的历史科学的这种新教育力量,也只有在教育的修辞学[雄辩术]体系之内才能找到其真正的位置。这一事实在历史写作的发展过程中具有极其重要的意义,因为它意味着历史学开始受修辞学[雄辩术]的影响。[①] 不过,我们也必须牢记,看问题的视角可以被颠倒。我们此处的重点是历史思想对伊索克拉底的修辞学[雄辩术]的影响。实际上,这种影响肯定会更加有力,因为修辞学[雄辩术]不再是法庭演说中的专业教育问题,它现在旨在训练人在公共生活中占据最高位置,成为政治家和一国之君。政治经验是这种训练的一个不可或缺的部分,[②]修昔底德尤其是人们汲取政治经验的一个良好源泉,因为他的著作包含许多歌功颂德的演说和审慎持重的演说的不同典范,这些不同类型的演说的风格在伊索克拉底的修辞学[雄辩术]中正在变得越来越重要。在伊索克拉底的后期修辞学[雄辩术]中,对历史的这种兴趣只

---

① 显然,修辞学[雄辩术]对历史的影响注定不可能局限于其形式之内,而是注定会将其从属于修辞学[雄辩术]教育之中潜在的理想,也就是说,将其从属于修辞学[雄辩术]的政治理想及其对人的德性的特殊兴趣。

② 历史的这个方面是伊索克拉底着重强调的;他认为它是一切政治经验($\dot{\epsilon}\mu\pi\epsilon\iota\rho\iota\alpha$)的来源:《致尼科克勒斯》35。参见拙文《伊索克拉底〈战神山议事会辞〉的写作日期和雅典人的反对意见》(The Date of Isocrates' Areopagiticus and the Athenian Opposition),载《哈佛古典学研究》(*Harvard Classical Studies*),Cambridge,1941,第 432 页。在《驳智术师》14—15、《海伦颂》5、《论财产交换》187、188、189 和 192 中,伊索克拉底强调了其政治哲学的经验主义特征。

存在于他对历史"范例（paradeigmata）"的频繁暗示中——它是一种写作的技巧，它提醒我们历史学和修辞学［雄辩术］这两种技艺首次相遇于教育领域之中。不过，真正的政治演说在那时已经消亡：希腊城邦生活孕育了政治演说，城邦生活终结时，它也就寿终正寝了。在那之后，保存在修辞学［雄辩术］中的历史范例不过是没有生气的装饰品而已。[103]无论如何，伊索克拉底的修辞学［雄辩术］教育体系是由当时希腊世界伟大而鲜活的政治争论的能量所孕育的；严肃的历史研究能在其中找到自己的正当位置。①

我们没有时间对历史范例在政治争论中的运用进行更仔细的研究。② 为支持自己的政治预想，伊索克拉底经常改变他关于历史事实的观点，但我们也不能追溯其中的曲折了，尽管看一看以下事实的原因会非常有趣：为什么当他的历史知识与政治兴趣相遇时，为了适合他自己的企望，被改变的总是历史。将历史整合进他的教育体系意味着，除了别的之外，历史现在还受到一种新的辩论热情、一种新的赞扬和谴责的热情的影响，这种赞扬和谴责一直与早期历史学家无关。伊索克拉底的学生们不仅研究现存的历史，而且编写新的历史，因而伊索克拉底的观点遍布于当时的历史编撰之中。埃福鲁斯（Ephorus）和泰奥彭波斯（Theopompus）的著作明显反映了这一点，作为来自伊索克拉底的小圈子，或至少受其教导影响的历史学家，他们的著作代表了伊索克拉底的优良传统。伊索克拉底还改变了阿提卡历史的面貌。他的学生、雅典政治家安德罗提翁（Androtion），根据伊索克拉底的政治理想重写了阿提卡的历史。要么是伊索克拉底本人，要么是安德罗提翁，对逍遥学派关于雅典政制历史的观点产生了决定性的影响，逍遥学派关于雅典政制的

---

① 在罗马，我们可以将其与西塞罗，及其在演说中不断运用的历史范例相比较。

② 参见施密茨-凯曼（G. Schmitz-Kahlmann）的论文《伊索克拉底的政治思考中的历史范例》(Das Beispiel der Geschichte im politischen Denken des Isokrates)，载《语文学》[*Philologus*]，增刊31.4）（这是本人建议作者撰写的）。在伊索克拉底所揭示的历史资料中，从他保守的政治观点来看，有一个部分（即雅典的早期历史）尤其重要。他经常用雅典的早期历史来讲述"先祖们(πρόγονοι)"树立的伟大榜样。参见约斯特（K. Jost），《至德摩斯梯尼的阿提卡演说家和历史学家中的"先祖"的范例和典范》(*Das Beispiel und Vorbild der 'Vorfahren' bei den attischen Rednern und Geschichtschreibern bis Demosthenes*)，收录于《修辞学研究》(*Rhetorische Studien*)，德雷鲁普编，vol. 19，Paderborn，1936。

观点现在是我们关于这一主题的全部知识的主要来源。① 伊索克拉底对雅典历史的改造是他的教育方案的组成部分：我们会在讨论《战神山议事会辞》时用更长的篇幅来探讨这个问题。

在《致尼科克勒斯》这篇演说辞的最后部分，伊索克拉底以其特有的真诚问道：这种新的文学类型，这种理想化的"君王的镜子"，会产生什么样的效果呢？这里，我们可以看到，修辞学家以其对修辞学[雄辩术]艺术效果的热情，与一心想取得积极而持久的效果的[其他]教育者们的搏斗。伊索克拉底将自己与撰写教谕诗(ὑποθῆκαι)的古代诗人相比拟，②每一个人都赞扬这些作品充满了最好的建议，但没有人阅读这些作品，不选择按照这些原则来生活：他们宁愿听信那些最廉价的谐剧，也不喜欢那些思想深邃的诗人精心撰写的"格言"。③ 书籍就像食物，我们绝大多数人喜欢好吃的东西甚于对我们有益的东西。那些想写点什么来取悦大众的人，最好是模仿荷马和早期的肃剧诗人，因为他们洞察人性，[104]将智慧的言辞与神话和故事相结合，以此使自己的作品喜闻乐见。④ 伊索克拉底这样说，很明显是在表达新的修辞学[雄辩术]技艺作为一种教育工具，在其取代诗歌的努力过程中所具有的巨大优势。"心理教育(psychagogia)"的真正大师，"引导心灵"的艺术，是像荷马这样的诗人，我们在聆听了新教师们的训诫之后，总是要回到这样的诗人那里——只因为他们更加使人愉快。他们用美的享受来引导我们的心灵。然而，[修辞学的]劝勉演说却没有矛盾的人物和情景，没有令人激动的新奇事物，没有任何未知的与众不同之物；最好的演说者是那些能够把大量分散于他人作品中的历史范例收集起来，并以最整齐的形式将其说出来的人，就像赫西俄德、泰奥格尼斯和福西里德斯那样。⑤（伊索克拉

---

① 维拉莫维茨（在《亚里士多德和雅典》中）和另外一些人追溯了《阿提卡史》(*Atthis*)对雅典政制史的影响；但这种影响的政治背景问题可以得到更详尽的解决（参见本卷下一章）。译注：埃福鲁斯和泰奥彭波斯，前者著有《通史》(*Universal History*)，后者著有《希腊史》(*Hellenica*)，安德罗提翁著有《阿提卡史》。

② 《致尼科克勒斯》42—43。

③ 《致尼科克勒斯》44。

④ 《致尼科克勒斯》45,48—49。

⑤ 《致尼科克勒斯》40—41,43。

底相信)形式是教育的最大问题之一。无论其教育目的是什么，或教育效果如何，古代诗歌总是从形式获得其真正的力量。尽管柏拉图和伊索克拉底的教育理想在许多方面根本上相互矛盾，但他们都清醒地意识到了这一事实；发现一种新的形式是他们的主要教育兴趣之一。在后来的时代，当修辞学[雄辩术]教育(至少在更广泛的文化圈子里)战胜哲学的教育时，其胜利归功于其形式上的优势。柏拉图和亚里士多德在他们自己的时代为哲学确保了文体风格上的优势；但是，此后，哲学和科学放弃了竞争，它们有意向无形式投降——实际上，没有风格成了科学方法的同义词。在雅典大思想家风起云涌的时代，情况全然不同。在《致尼科克勒斯》的字里行间，我们很容易读出作者对哲学的教育影响力的恐惧，但他并没有以争论的口吻来结束他的演说。尽管(如他所说①)他那个时代的伟大教育者对文化[教育]的真正方法有极为不同的看法，但他们都一致同意，教育应该培养人的判断力，并使人做出正确的决断。因此，修辞学[雄辩术]应该抛弃那些空洞的理论争论。观察实际发生的事实会更好，看看谁的教育能经受得起紧急情况的考验——因为即使那些哲学家也同意，他们的工作的最终目标也是为了有用。② 这是伊索克拉底对年轻的国王的强烈呼吁，让他证明自己确实配得上老师的教导，让他记住其教导的价值将由他的行为来衡量。所有的目光都聚集在他身上：最锐利的是伊索克拉底的那些批评者的目光。[105]在结束语中，当伊索克拉底劝告尼科克勒斯要尊敬和结交有远见卓识之人时，他心里想的是他自己，"因为一个好的顾问是所有财富中最有用的财富，最适合于君王的财富"。③ 因此，伊索克拉底再次重申了他的要求：君王要比其他人——包括那些普通政客——更深入地了解事物的本性。这才是君王权威的真正基础。

---

① 《致尼科克勒斯》51。这里区分的三种代表性的教育，与《驳智术师》中提到的那些相对应。两种主要的类型是哲学家(或诡辩家)和政治演说术的教师；第三种类型似乎是那些撰写法庭演说辞的修辞学[雄辩术]教师，参见《驳智术师》19—20。

② 《致尼科克勒斯》52。

③ 《致尼科克勒斯》53。

# 第五章 自由和权威:激进民主制内部的冲突

[106]自从伊索克拉底的政治著作被重新发现以来,他关于对外政策的文章引起了所有人的极大兴趣:因为从历史的角度看,这些文章所阐述的泛希腊理想,被正确地认为是他为解决希腊的生存问题所做出的最大贡献。但是,其政治思想的另一个方面——他对同时代城邦的内部政治结构的态度,于他而言,当然首先意味着对雅典的态度——常常被忽视或低估。伯罗奔尼撒战争之后的几十年间公开的所有关于政治的讨论,几乎都是直接从雅典问题开始的。然而,尽管柏拉图很快对同时代的城邦感到了彻底的厌烦,①但伊索克拉底却一直对他的母邦雅典保持着敏锐的兴趣。《战神山议事会辞》(Areopagiticus)是他关于雅典内部政治的主要著作。②

即使在他全部作品的最后一篇——《泛雅典娜节演说辞》(Panathenaicus)——中,我们也可以看到,他的生命是如何紧密且不可分离地与雅典的命运联系在一起;在这篇演说辞中,他关注的也是雅典政制

---

① 参见柏拉图本人在《书信》(7.326a)中提到苏格拉底死后数年雅典的情境时,关于这一主题所说的话。

② 本章关于《战神山议事会辞》的分析,基于本人对其写作日期、历史背景和政治目的的研究:《伊索克拉底〈战神山议事会辞〉的写作日期和雅典人的反对意见》,载《哈佛古典学研究》,Cambridge 1941。

的内部结构。在他的早期文章《泛希腊集会辞》中，他的兴趣自然不同：雅典战败并失去其海上帝国之后，在漫长而艰辛的恢复期间，伊索克拉底关注的主要是雅典与其他希腊城邦的关系问题。不过，雅典国内的政治问题和外部政治问题的关联是如此密切，以至于我们无法相信伊索克拉底是在其职业生涯的后期才开始思考雅典的内部事务。我们宁愿说，《泛希腊集会辞》只是他对国家治理问题的态度的一种片面表达。它是伊索克拉底阐述其泛希腊民族理想的一篇演说辞；[107]因而他必须将其强调的重点（解释其光荣历史，并赞扬其未来使命）放在雅典对希腊的事业所做的贡献上。即使是他处理雅典内部政治问题的方法也证明，对外政策在其政治思想中占据着最重要的地位：因为在《战神山议事会辞》中，他考察当时雅典民主制度的标准，也是这种制度对雅典与其他国家之间关系的影响。甚至他的演说辞所选择的起点就表明了这一点；演说辞一开始，他就对雅典作为希腊世界的一种主导力量在他写作这篇演说辞时的实际地位进行了全面评述。这对我们理解这一点尤其重要：即当这篇演说辞出现时，当时雅典公众的情感处于一种什么样的状态？为了让自己的作品看起来像一次实际的演说，①伊索克拉底悬想自己正在对雅典人民说话，并告诫他们雅典正处在一个历史性的关键时刻，城邦的事业正处于风雨飘摇之中。（因为他可以在梭伦的政治诗和修昔底德《伯罗奔尼撒战争史》的演说中，找到这些悬想性演说的著名原型。）演说一开始他就承认，雅典的绝大多数公民和国事顾问都对雅典充满信心；他们无法理解他的忧思和焦虑，各种可资利用的资源和环境都使他们有理由感到安全，危险离他们还很遥远。伊索克拉底描述的乐观主义图景的各种要素，似乎属于第二次雅典海上同盟（在他写作《泛希腊集会辞》时所创立）还很强大的时期。她拥有一支庞大的海军舰队，她是海上的女主人，有许多盟友，一旦有需要，他们随时准备赴汤蹈火；还有更多的外邦人则愿意奉献出他们的盟金，并服从她的命令。雅典四海升平，国泰民安，与其担心遭到敌人的攻击，他们似乎更有理由相信，反倒是他们的敌人应该感到焦虑和恐惧，并仔细考虑

---

① 伊索克拉底演说辞中关于此类虚构的其他例子，参见本卷第102页，注释①。

他们自身的安危。①

　　与雅典民众这种兴高采烈的乐观情绪相反，伊索克拉底抱着一种悲观的心情，忧心忡忡。他预见到乐观的人们会对他的想法不屑一顾。他们迷恋着那种看似能让他们掌控希腊的权力，但在他看来，正是这些想法才令人担忧；名为治平无事，而其实有不测之忧：那些自认为处于最佳状态的城邦，最后往往采取最糟糕的政策，那些自认为最安全的城邦，却最有可能卷入危险之中。权力就像不可捉摸的命运之幻影，会将雅典带向深渊的边缘。②［108］这种观念起源于希腊的肃剧。伊索克拉底相信，政治的世界遵循肃剧的基本规律：执迷和放荡总是与财富和权力相伴而生，人们的财富和权力时刻受到这些内部生长的癌细胞的致命威胁。真正教育人的是贫困和卑微，因为它们不断教诲人要节制和适度。因此，历史经验告诉我们，低贱者变得高贵，而高贵者跌落尘埃，是常有之事，因为谦卑使人进步，愚妄之人则因虚骄而肆意妄为。③ 伊索克拉底断言，这一规律不仅在个人生活领域真实不虚，在国家政治生活中同样如此。他只在无数任由他支配的事例中选取了两个例子：雅典的历史和斯巴达的历史。首先是雅典，当他们的城邦被蛮族毁坏后，他们因为对未来的焦虑以及对自身事务的高度关注而成为杰出的希腊城邦；但是，当他们居高临下，俯视万邦，认为自己战无不胜的时候，就难免在伯罗奔尼撒战争中跌落云端，一头栽倒了，没有被彻底奴役已属万幸。斯巴达也一样，由于生活节制且执行严格的军事管理制度，由一个远古时期名不见经传的卑微城邦脱颖而出，使自己成为伯罗奔尼撒半岛的主人；可当他们由于其权力而变得过于傲慢，在陆地和海上都获取支配权之后，就和雅典一样，陷入了危机之中。④ 伊索克拉底此处暗示的是斯巴达在留克特拉（Leuctra）会战中的失败，这次战役给希腊人留下了深刻的印象，而不只是在那些对斯巴达全心全意的羡慕者心目中是如此——这一点，我们可以从公元前四世纪

---

① 《战神山议事会辞》1—2。译注：关于"第二次雅典海上同盟"的性质和前因后果，以及雅典当时的形势，可参见徐岩松，《第二次雅典海上同盟述论》，载《北京师范大学学报》2017年，第 4 期。

② 《战神山议事会辞》3。

③ 《战神山议事会辞》4—5。

④ 《战神山议事会辞》6—7。

的政治作品对斯巴达的品格和政制的评价的变化中看出来。不只是柏拉图、色诺芬和亚里士多德，伊索克拉底本人也再三提到斯巴达霸权的颠覆；他们一致用斯巴达已经没有能力理智地运用其权力这一事实来解释这一点。① 这些就是伊索克拉底用来支持其历史兴衰($\mu\varepsilon\tau\alpha\beta o\lambda\acute{\eta}$)理论的事例。② 我们可以公正地设想，在伊索克拉底这所培养政治家的学校里，他们对这个问题的考察，远比《战神山议事会辞》中几段简短的文字更为详备。过去两三个世纪的剧烈变迁和兴衰荣枯，迫使希腊人比以前更急切、更彻底地思考这个问题。所以，伊索克拉底没有任意选取几个历史事例以资佐证，他的观念赖以建立的历史事件其实就是那些使他那一代人陷入深思的历史事件。与他一样，柏拉图和亚里士多德也认为，[109]政治的兴衰和变迁问题具有头等重要性，随着时间的流逝，希腊思想家们对这个问题的关注越来越深沉。鉴于他那个时代的历史经验，伊索克拉底认为，任何对自身安全的过度自信都不过是自欺而已。他所引证的两个历史事例，雅典的灾难在时间上显然更为久远；他明确地将斯巴达的崩溃描述为雅典所遭受的不幸的对等物。③ 基于这个理由，他所提到的雅典的灾难，无非是指雅典帝国在伯罗奔尼撒战争末期的衰落，除此之外，不可能有别的解释。伊索克拉底是在提醒听众：国家权力的这种颠覆是何等猛烈，雅典在被颠覆之前所拥有的权力远大于她现在所有的权力。

人们通常把伊索克拉底《战神山议事会辞》的写作日期定于同盟战争（公元前355年）失败之后的时期，与第一次雅典海上同盟一样，第二次雅典海上同盟因此战而崩溃；正如同盟被迅速地废除那样，它在《战神山议事会辞》之后又出乎意料地迅速得到了恢复。④ 如果这

① 伊索克拉底，《致腓力辞》47，《论和平》100，《泛雅典娜节演说辞》56及以下。译注：留克特拉战役，斯巴达与底比斯之间的一次会战，发生于公元前371年，标志着斯巴达的衰落，古代希腊进入底比斯主导的末代霸权时期。
② 《战神山议事会辞》5，8。
③ 《战神山议事会辞》7至结尾。
④ 关于该演说辞的写作日期的文献资料，参见克莱恩-皮宁（F. Kleine-Piening）的明斯特（Münster）大学学位论文《伊索克拉底演说辞〈论和平〉与〈战神山议事会辞〉的写作日期》（*Quo tempore Isocratis orationes Περὶ εἰρήνης et Ἀρεοπαγιτικός compositae sint*），Paderborn，1930；另可参见拙文《伊索克拉底〈战神山议事会辞〉的写作日期和雅典人的反对意见》，前揭，第411页。

是伊索克拉底在其演说辞中假定的当时情景的正确想法，那么对伊索克拉底来说，站在雅典的立场上详述雅典的隐患就是无谓之事了，他也没有必要举例证明强大的权力常常孕育自身毁灭的种子这一道理了。他会不得不分析刚刚发生的灾难，而不是提醒同胞注意未来可能发生的危险；他不会用以往的可怕事例来教导他们，而是会通过提醒他们总结眼前的经验来教育他们。他不会引用雅典第一帝国在伯罗奔尼撒战争中的毁灭来证明自己的论点，他必然会提到雅典第二帝国的毁灭来证明自己的论点。在描述雅典的那些乐观主义者时，他几乎不可能说他们相信雅典仍然拥有强大的财政和军事力量，指挥一支强大的海军舰队，还有大量心甘情愿的盟邦，而且是无可争议的海上女王。将演说辞的写作日期往后推的主要证据，可见于该演说辞对几个同时代事件的暗示，学者们觉得这几个事件必定发生在同盟战争期间或不久之后。[110]他们急切地将伊索克拉底暗示的这几个事件与已知的历史事实相等同，读者们忽略了演说辞设置的历史大势，因而在解释个别事件时误入歧途了。①

伊索克拉底挑选出应该被当作警告信号的几个不同症状。他谈到其他希腊城邦对雅典及其海上同盟日益增长的仇恨和猜疑，谈到雅典与波斯国王之间新生的敌意。他总结说，正是这两个因素颠覆了第一次海上同盟时期的雅典。② 现在，学者们通常将这一描述运用于同盟战争之后的历史情境。它当然适合于当时的历史情境。不过，那样的话，伊索克拉底预示第一次灾难的重演就毫无意义了，因为它已经重演了。而且，根据伊索克拉底的看法，其演说辞的政治家品质在于这样的事实：甚至在灾难发生之前，在他的指导下，一个警惕的观察者就能洞察到他所描述的病症——希腊人日益增长的仇恨（他首先指的是海上同盟的成员对雅典的仇恨）和波斯对雅典日益增长的敌意。伊索克拉底的大多数暗示是一种普遍和典型的暗示，而非影射某个特定的历史事件，它们适合于公元前370至前350年间的不同情境——例如，雅典盟邦的逐渐疏

---

① 参见拙文《伊索克拉底〈战神山议事会辞〉的写作日期和雅典人的反对意见》，前揭，第412页及以下，第421页。
② 《战神山议事会辞》8—10，80—81。

离，波斯国王对雅典的新威胁。① 伊索克拉底提到的一些更具体的历史事件指向同盟战争爆发（公元前 357 年）②之前的时代，而不是第二次海上同盟最终崩溃、雅典的海上霸权被摧毁之后的那个时期。

如果这些论据是有说服力的，那么，伊索克拉底关于战神山议事会的演说辞就不是对第二次海上同盟瓦解的事后反思，而是阻止其瓦解的最后努力。我们必须从这个角度出发来考虑他提出的改革雅典民主制度的建议。他所看到的威胁雅典安全的一切危险（他相信）都来自雅典城邦的内部政治结构。他说，凭借好运或者某个人的天才，我们有时候赢得了巨大成功；但我们不能因此一直保持我们的胜利成果。[111]在科农（Conon）及其儿子提谟修斯（Timotheus）的领导下，我们获得了全希腊的领导权，但很快便将其挥霍殆尽，因为我们缺乏能够让自己长期保持这种领导权的政治制度。③ 政制是一个国家的灵魂。政制之于国家就像理性之于个人。公民个体和政治领袖的品格是对政制的仿效，他们的行为也是制度的产物。④ 我们在《致尼科克勒斯》中已经遇到过这种思想；⑤在这里，伊索克拉底从其否定方面重申了这一观念。伊索克拉底断言，所有雅典人都相信，在民主政体的统治之下，他们从来没有比现在更糟糕过；人们只会坐在市政广场周围的商店里蜚短流长、抱怨谩骂，没有一个人愿意做任何改变，较之于他们的先祖创造的政制，他们对堕落的现行政体更加满意。⑥

---

① 《战神山议事会辞》9—10，81。参见拙文《伊索克拉底〈战神山议事会辞〉的写作日期和雅典人的反对意见》，前揭，第 416 页及以下。在 81 中，伊索克拉底说，将军们已经向雅典人报告了其他希腊人对雅典的仇视，而波斯国王也已经送来了威胁的信件。演说者在某个给定的时刻要站出来说话时先解释自己说话的动机，这是一个演说者惯用的方法；但在这里，伊索克拉底是在虚拟演说的场景，为的是证明伊索克拉底将其政治思想注入演说辞的形式之中的合理性，当他说他是在公民大会上向他们说话，呼吁他们讨论面对的危机时，纯粹是一种虚拟；《论和平》和《论财产交换》也同样如此。

② 参见拙文《伊索克拉底〈战神山议事会辞〉的写作日期和雅典人的反对意见》，前揭，第 432 页及以下。

③ 《战神山议事会辞》12。

④ 《战神山议事会辞》14。在他后来的《泛雅典娜节演说辞》中，伊索克拉底再次讨论了雅典政制的核心问题，而且是从同一个观念（即"政制是一个城邦的灵魂"）出发来考虑问题。

⑤ 参见本卷第 118 页。

⑥ 《战神山议事会辞》15。

　　伊索克拉底的尖锐批评促使我们发问,雅典人思想和行为中的这些自相矛盾[既抱怨现行政体,又不愿做任何改变]根源何在? 显然,雅典城邦对绝大多数人来说——甚至是对那些觉得有必要改革城邦政制的人来说——是谋取私利的有效工具。城邦迫使每一个人在一定程度上约束自己的欲望,但同时也制约其他人,使其免遭他人的侵犯。实际上,城邦是在众多自私自利的个体中间建立了一种平衡和均势,这种平衡和均势最终允许每个人满足自身的大多数愿望,所以对每个人而言是一种不可或缺的体制。显而易见,各种类型的政治思想家们也都承认,在这样一个时代,真正塑造人的生活和人的灵魂的因素是各种各样的欲望(主要是物质欲望),使人们深感焦虑的,正是这种经由城邦共同体生活得到满足的欲望。因此,教化也就沦落为了单纯的教育。这种教育所从事的就是努力从外部改变其条件,却不能建立一种内在的相反的平衡力量。如果想要有所作为,就必须放弃将民族作为一个整体来塑造的努力,回到学校和宗派的隐居生活之中:国无道,其默足以容,这几乎是所有哲学家的一致选择;否则的话,就只能努力影响占主导地位的个人——或者,在民主制度的城邦共同体中,通过改造民主政体的部分组织机构来影响整个国家。后一个选择正是伊索克拉底的理想。在其《致尼科克勒斯》关于君主职责的讲话中,他追求的是第一种选择。在《战神山议事会辞》中,他承担的是第二个任务。

　　[112]由于深信政治的核心问题是找到如何改造人的方法,伊索克拉底做了一次真正的尝试:通过改变他们生活于其中的城邦的政治结构来达到改造人的目的。他断定,梭伦或克里斯提尼时代的人与当今不同。因此,将他们从过度的个人主义中解放出来、同时规避未来风险的唯一方法,就是恢复数个世纪之前的雅典政制。① 城邦的"灵魂"改变了,个体的公民也就改变了。不过,他的精辟警句"政制是国家的灵魂"②隐藏着一个严重的困难。就算在公元前六世纪,对伊索克拉底同时代人的先祖们来说,他们的政制真的就是城邦的灵魂,或者换句话说,是人

---

① 《战神山议事会辞》16。
② 《战神山议事会辞》14;《泛雅典娜节演说辞》138。

的真实生活的精神表达，是那种不是从外部强加而是从内部自本自根地生长出来的共同体生活形式，它在伊索克拉底的时代也还是这样吗？他不认为它只是一种达到目的的工具，只是一种他借此可以重塑被有害力量摧毁的社会范式的法律安排吗？根据这种被改造过的政体观念，塑造雅典公民品格的不再是城邦共同体的生活，而毋宁是教育；因此，城邦要接手教育其共同体成员的使命。教化现在成了某种机械性的东西；在伊索克拉底实现其教化理想的高度技术化方式和他希望由此得到恢复的昔日浪漫画面之间，存在着强烈的对比，正是由于这种对比，教化的这种缺陷尤其显得引人注目。在这方面，他和柏拉图之间的反差显而易见。在柏拉图的理想城邦中，人的生活似乎也受到浪漫主义的简化和局限；但它的出发点是一种彻底的现实主义观点，因为它将全部重点放置在塑造人的灵魂这一使命上。《王制》中的一切都旨在塑造人的灵魂。另一方面，伊索克拉底相信，只要恢复战神山议事会的权力和权威，他就能够在他自己那个时代的雅典塑造同时代人的灵魂。因此，根据他的教化观念，他将城邦变成了一种单纯的监督机关。

通过往昔的理想主义画面，伊索克拉底刻画了他想要雅典追求的那种教育精神的特征；看一看这幅画面是如何变成一种幻想的——在这种幻想中，[113]当前的一切难题都烟消云散，一切悲伤得以了结——极富启发意义。如果我们意识到，他对雅典往昔德性的一切赞美，都是对当前一种相应罪恶的否定，那么我们就能最好地理解他对历史的这种奇怪态度了。对于大多数持批评态度的观察者来说，雅典民主制度在公元前四世纪达到的激进形式显示出一个无法解决的难题：即大众统治的问题，《战神山议事会辞》和伊索克拉底的其他一些演说辞生动地描述了这一点以及全部附带现象——蛊惑民心的政客、告密者、多数人对有文化的少数人随心所欲地行使专制暴力，如此等等。在民主之父梭伦和克里斯提尼的时代，雅典人不相信民主意味着放纵，自由意味着无法无天，法律面前的平等意味着想说什么就说什么的自由，最高的幸福就是肆无忌惮地想做什么就做什么的权力；恰恰相反，通过惩罚上述类型的人，城邦努力使她的公民变得更优秀、更有智慧。① 他们努力追求的平等，不是那种对所有人都一视同仁的机械平等，而是让每个人都各得其所的相称平等。② 选举也不是那种系统性的机械选举——那种选举以纯粹的运气代替了对价值的清醒判断。政府官员也不是直接从全体公民中抽签决定，而是从已经选出的真正合格的公民中选拔。③ 城邦的口号仍然是"勤劳和节俭"，没有人去谋取他人的财产却让自己的财产自生自灭。那时的公民还不习惯于仰赖城邦的公共基金为生；相反，当城邦有需求时，他们会将自己的财产贡献给城邦的公共福祉。④ 那时，担任公职和参与公共事务还不是一桩划算的生意，而毋宁是一种义务和奉献。⑤ 为了让这些对往昔的全部赞美听起来不像是在反对民主制度，伊索克拉底补充说，那时，民众仍然是城邦的君王和主人：他们任命政府官员，问责失职者，审理有争议的案件，从那些拥有必要的闲暇时光和财产的人中选择为城邦服务的公仆。⑥ 与一个人精明的党派观念相比，他对生意的正确理解更有可能使他当选。⑦

---

① 根据《战神山议事会辞》20，是城邦（也即共同体）及其政体（也即其组织制度，其形式）通过败坏一切价值标准而破坏了公民的思想和言辞。为了描述城邦的塑造性，或毋宁说毁灭性影响，伊索克拉底使用了"παιδεύειν[管教]"这个词！这证明他知道真正的塑造性力量不可能是由某个改革者的个人教育方案所创造的，这种塑造性力量必定是从社会和时代的品格特征中流溢出来的。当城邦的文化崩溃之时，那种客观的、非个人的教化，就只能作为一种从整体向各个部分传播的"腐败"力量，在消极的意义上存在。与此类似，伊索克拉底描述了消极意义上的"教化"，它起源于城邦对权力的贪欲和对公民精神的腐蚀性改变《论和平》77）。由于认识到了这一点，伊索克拉底肯定感觉到了，想要力挽狂澜，单凭教育本身实际上是无能为力的；不过，除非一些人挺身而出，有意识地反抗时代的普遍潮流，否则"积极的"教化已经不可能在他那个时代存在，这是他那个时代的显著特征。
② 《战神山议事会辞》21。
③ 《战神山议事会辞》22。这种类型的选举叫作"προκρίνειν[优先选择]"或者"αἱρεῖσθαι ἐκ προκρίτων[挑选出最优秀的]"。
④ 《战神山议事会辞》24。这是一个有趣的事实：柏拉图在描述寡头制的人的时候（《王制》553c），也用了"勤劳和节俭"这个短语，这显然是一句在政治争论中使用的老掉牙的口号，公元前四世纪的雅典饱受这种政治争论的折磨。伊索克拉底几乎不可能是在模仿柏拉图的这种夸张式表达，并特意在他关于雅典理想画面的描述中使用这一短语。因此，更富启发意义的是他与柏拉图的无意识的不约而同。关于伊索克拉底对有产阶级的更多同情政策，参见本章的其余部分。
⑤ 《战神山议事会辞》25。
⑥ 《战神山议事会辞》26。
⑦ 《战神山议事会辞》27，参见"τοὺς ... δυνατωτάτους ἐπὶ τὰς πράξεις καθιστάσης[任命（转下页注）

伊索克拉底的这些话，读起来像是第二次雅典海上同盟解体时，雅典少数有钱的保守派所青睐的方针。[114]我们知道，他们对当时雅典政治的批评主要来自反对派的言论，反对派在以失败告终的同盟战争之后开始掌权。那时，富裕的理财家厄布鲁斯（Eubulus）通过引入他的新财政体系，纠正了蛊惑民心的政客们在此前数十年造成的失误，赢得了此后很多年大多数人的信任。"勤劳和节俭"的原则与这种政治态度正相适应；那些针对大众统治和蛊惑民心的反常现象的谴责，必定出自有产阶级之口，他们不得不承受激进分子的战时政策所造成的损失，却对城邦的衰落无能为力。① 有好几次，尤其是在第二次雅典海上同盟解体时创作的演说辞中，伊索克拉底暗示他非常关心雅典少数有产者的事业。② 当然，他在表达这一想法时非常小心翼翼；不过，针对煽动民心的政客们的攻击，他确实一次又一次地为有产阶级辩护。他说，怀疑他们反对民主制度是错误的，他们为城邦的安全所做的贡献比绝大多数高谈阔论的演说家们要多得多。③ 他相信，针对他人对他的反民主倾向的怀疑，他同样有必要为自己进行辩护。尤其是在他提出恢复战神山议事会的更大权力这个不受欢迎的建议时，这种辩护有了双重的需要。④ 上无道揆，下无法守，重建最高法院的权威，尤其是在触及到公共道德的监督方面，长期以来一直是保守派纲领的一个核心要点；而在伊索克拉底关于古典时代的雅典民主制的描绘中，它是支配性的风格和点睛之笔。⑤

"回归先祖的政制（πάτριος πολιτεία）"这句口号，在伯罗奔尼撒战争后期的雅典政争中曾经如此重要，但伊索克拉底没有明确地使用这句口号。不过，总的说来，他对梭伦和克里斯提尼时代的雅典民主制的回顾

---

（接上页注）最有能力者经营公共事务]"这句话，它提到雅典民主制度的最佳时期，并将其与目前的坏习惯相比较。

① 参见拙著《德摩斯梯尼：其方针的起源和发展》，第 50 页及以下，第 68 页及以下。

② 拙文《伊索克拉底〈战神山议事会辞〉的写作日期和雅典人的反对意见》第 449 页引用了相关段落。

③ 《论和平》13,133。

④ 《战神山议事会辞》56—59。

⑤ 参见拙文《伊索克拉底〈战神山议事会辞〉的写作日期和雅典人的反对意见》，前揭，第442 页及以下。

性赞颂，与持这一理想["回归先祖的政制"]的党派的方针最相符合；在伯罗奔尼撒战争期间和三十"僭主"的寡头统治时期，其主要代表人物是温和民主派的领袖特拉门尼（Theramenes）。亚里士多德在《雅典政制》中告诉我们，当三十僭主在公元前 403 年掌权执政时，他们采取的首要步骤之一，就是废除那些法律条文——在梭伦治下，通过这些法律，战神山议事会的权力和地位受到了决定性的削弱，它对城邦国家的主导性影响被明确废除。① [115]对战神山议事会的权威的恢复发生在三十僭主统治的早期，其时，特拉门尼和温和的保守派仍然对他们的政策具有举足轻重的影响。当民主派在三十僭主被推翻之后重回政坛时，他们显然撤销了这些措施[即"废除那些法律条文"，恢复战神山议事会的权威]。特拉门尼是"回归先祖的政制"这一口号的提出者，即使他被克里提亚和激进的寡头们处死，也没有使温和民主派及其精神传人在接下来的数十年间再次得到重新确立的民主制度的喜爱。因此，我们很容易理解，为什么伊索克拉底故意漏掉或选择意译"先祖的政制"这一声名狼藉的短语，为的是避免冒犯和挑衅。尽管如此，非常清楚的是，伊索克拉底是特拉门尼的方针的支持者，即使在雅典恢复民主政制之后，必定还有特拉门尼的追随者。这一假设建立在伊索克拉底的《战神山议事会辞》和特拉门尼的理想的相似性之上，它在以下事实中有令人愉快的佐证——在伊索克拉底曾经师从的老师们中间，传记传统不仅提到了智术师和高尔吉亚的名字，还提到了政治家特拉门尼的名字。②

　　因此，想要否定两位政治家的政治思想之间的连续性是不可能的。一旦承认这一点，那么，在远远超出《战神山议事会辞》的政治哲学文献和雅典政制史中追溯这一政治思想就变得简单了。因此，伊索克拉底在这篇演说辞中的建议不太可能只是某个人的思想表达：即在某个危急时刻惋惜地怀恋伯罗奔尼撒战争期间提出的政制改革。相反，伊索克拉底对他那个时代蛊惑民心的政客和激进主义的整个态度，使得他

---

① 亚里士多德，《雅典政制》35.2。参见 25.1—2，以及维拉莫维茨，《亚里士多德和雅典》，第一卷，第 68、40 页。

② 哈利卡纳苏斯的狄奥尼修斯，《伊索克拉底》1；托名普鲁塔克，《十大演说家传》836 及以下；《苏达辞书》，"伊索克拉底"词条。

无论是在内政问题还是外交政策问题上，都与他所支持的政治团体密切相关。正如我们所见到的，伊索克拉底的演说辞宣称，雅典的权力和命运与提谟修斯的人格，以及他作为第二次雅典海上同盟的军事统帅的工作密切相连。① 伊索克拉底认为，雅典人遭遇的每一次挫折和失败都是在这位伟大人物被解职之后开始的。② 他不知疲倦地为提谟修斯唱赞歌：即使在提谟修斯死后，尽管他最终被打倒并受到谴责，但伊索克拉底仍然大胆地为他辩护。③ 如果我们将《战神山议事会辞》的写作日期定于同盟战争爆发之前的关键时刻是正确无误的话，[116]那么，它肯定是在这样一种处境中写就的——这种处境使这样一种假设几乎成为不可能，这种假设就是，在这样一个至关重要的问题上，伊索克拉底在雅典的内政问题上是一个孤独的先驱，他没有采取什么措施以确保与他那位伟大的学生步调一致——他的这位学生提谟修斯在雅典过着闲居生活，而且必定以日益增加的关切看着他那些不称职的继承者们的事业。④ 毫无疑问，和伊索克拉底一样，提谟修斯认为新政府在短时间内摧毁了他辛辛苦苦建立起来的一切；⑤他在第二次雅典海上同盟事务陷入危机之后重返雅典政坛和进入战争委员会表明，他一直在等待自己东山再起的机会。通过指出提谟修斯重返政坛对雅典对外政策将要发生的影响，伊索克拉底讲清楚了政制改革的必然性：这也是提谟修斯赞同他的这些想法的最佳证据，提谟修斯的唯一目的，不是民众领袖们看得极重的那些内部利益，而是在全世界面前肯定雅典的权力和威望。

因此，我们不可避免地要得出这样的结论，即在《战神山议事会辞》以及其他地方，伊索克拉底是在以一个真实的政治团体的名义说话，[而

---

① 《战神山议事会辞》12。
② 托名普鲁塔克，《十大演说家传》837c。
③ 参见本卷第 164 页及以下。
④ 参见拙文《伊索克拉底〈战神山议事会辞〉的写作日期和雅典人的反对意见》，前揭，第442 页。
⑤ 一个更为具体地揭示作为老师的伊索克拉底和作为学生的提谟修斯之关系的事实是：数年之后，针对"反对民主制度图谋寡头政变"的指控，伊索克拉底觉得有责任为死去的提谟修斯辩护(《论财产交换》131)。《战神山议事会辞》57 中的辩护，正是他针对这一指控，为捍卫自己及其政制改革的建议所做的辩护。

不是以他个人的名义说话］，面对迫在眉睫的危险，这个政治团体在做最后一搏，以期在雅典的敌人将其带至濒临毁灭的边缘之后获得重塑雅典命运的能力。我们知道这一尝试最终失败了：它无法阻止第二次雅典海上同盟的灾难性崩溃。这一政治团体与其左翼反对派之间的鸿沟——这一点在伊索克拉底的演说辞中昭然若揭——不可能因为任命提谟修斯参与舰队的指挥而被填平。从雅典接下来几年的行动策略中可以看出，这道鸿沟宽得难以逾越。伊索克拉底本人告诉我们，当他下定决心公开提出自己的建议时，他关于改革雅典政制的想法绝不是什么新鲜玩意。他曾经多次向朋友们解释过这些想法，但他们总是警告他不要将之形诸笔端，公诸大众，因为这样会使他有被指控为反对民主制度、图谋寡头政变的人民公敌之虞。① 我们可以做这样的推论，伊索克拉底不是在随意的即兴交谈中来阐释他的观点，而是把其当作学校政治教育的一个正规部分来对待。这也使他与提谟修斯的关系更加清楚，与他的这些想法起源于特拉门尼的政治圈子这一事实也非常吻合：也就是说，他的这些想法明显起源于一个更早的时期。② [117]伯罗奔尼撒战争最后数年（其时他已经成年）的思想交锋必定深深地打动了伊索克拉底，尽管他克制自己，避免参与任何公开的政治活动。伊索克拉底和柏拉图在这一时期的政治态度的相似性，使我们的这种解释更为可能。③

　　既然我们理解了《战神山议事会辞》的政治背景，我们就不仅能够说明这一政治背景对现实的显著影响——这是由伊索克拉底对雅典民主制度最佳时期的描述传递给我们的——而且还可以在其关于往昔的

---

① 关于这一政治团体在伊索克拉底的演说辞发表之前所进行的内部讨论，《战神山议事会辞》56—59 为我们提供了的一个令人愉快的旁证。那些人认为伊索克拉底不应该公开发表政制改革的建议，因为他们相信雅典已经病入膏肓，无药可救，他们害怕那些激进的民众领袖对温和派的敌意；他们必定遭到过那些支持伊索克拉底仍然公开发表其建议的人的反对。没有这样的支持，小心谨慎的伊索克拉底永远不会下定决心这样做。伊索克拉底习惯于在其著作公开发表之前在自己的小圈子里先对其进行一些解释，参见本卷第 168 页，注释⑥。

② 与此类似，柏拉图在《书信》七中告诉我们，他后来在《王制》（326a）中发表的这些想法，早就在心中酝酿了很久，而且早就谈论过了——甚至在第一次西西里之行之前，参见本书第二卷，第 107—108 页；《日晷》（*Gnomon*）4，第 9 页。

③ 柏拉图，《书信》7.325a 及以下。

生动描绘中看出许多对当时历史的直接影射。伊索克拉底关于昔日雅典的描绘旨在产生一种教育效果：它是一个学习的榜样。从这个角度看，仔细阅读伊索克拉底关于宗教节日和祭祀事务的段落(以及前述关于公共事务的那些段落)，看看这些事情以前是什么样的，在他自己的时代又是什么样的，你就会发现，他的每句话都是对当时雅典文化缺失的猛烈抨击。他指责他的同时代人在宗教祭祀实践中，在两个恶劣的极端之间游移不定，毫无秩序和规则可言。他说，雅典人一度狂妄自大地向诸神献祭三百头公牛，而在另一次，则又将先祖流传下来的祭祀仪式废弃不用。如果新引进的节日能带来一种公共娱乐，他们就以盛大的筵席豪华地庆祝一些外来节日；他们现在不得不付钱给承包商以完成最神圣的节日庆典。① 他接着说，早期的雅典人完全没有如今的浮夸——因为这种浮夸，人们现在抛弃了传承已久的祭祀仪式——他们相信对神灵的虔敬不在于竭尽铺张，而在于谨守传统，不改先祖之道。②

在这一点上，我们会想到一种新的历史类型，即雅典编年史(Athenian Chronicle)或《阿提卡史》(Atthis)——它就是在那时臻于完善的——是如何小心翼翼地(根据现存残篇来判断)研究和记录那些宗教崇拜的对象、所有神圣节日的起源和祭祀仪式，以及举办的虔诚庆典的。在罗马的历史上，也有这种类似的回顾态度：它就是瓦罗(Varro)的《圣俗事物古迹》(*Antiquitates rerum humanarum et divinarum*)，一部文化史和神学研究的庞大汇编。这部著作是在一种与伊索克拉底所处的时期内在地相似的处境中编撰的。在伊索克拉底的学校中，也必定存在着对雅典这个特定阶段的历史的一种新理解。[118]为了写下以上引述的句子[《战神山议事会辞》29、30]，他必定对雅典传统的献祭仪式和节日庆典做过详细的调查研究——即使我们考虑到他倾向于快速概括[的写作方式]，这也是事实。当他写下这些句子时，他已经看到了编撰阿提卡编年史的首次尝试。另一方

---

① 《战神山议事会辞》29。
② 《战神山议事会辞》30。

面,我们千万不要错误地假定,他对这些事务的兴趣和他对雅典政治史的研究,是推动其学生安德罗提翁写下《阿提卡史》的因素。伊索克拉底对同时代人堕落的诸神崇拜和节日庆典的批评,清晰地表明了其宗教保守主义态度,我们不能将在《战神山议事会辞》中发出如此清晰的声音的宗教保守主义与政治保守主义截然分离——政治保守主义有志于回归理想的"先祖的政制"。

为了驳斥可能的反对,伊索克拉底尤其致力于早期雅典历史中的社会问题研究。可以这么说,他所描画的昔日雅典,在富人和穷人、贵族和平民之间的关系上,确曾有其阴暗的一面;但他坚持认为根本不存在这种情况:那时的社会肌体处于完全健康的状态。他说,他们不仅在处理公共事务上有着相同的思维,而且在私人生活中也表现出某种程度的相互体谅;相对贫穷的公民并不嫉妒那些拥有巨大财富的人,他们像关切自己的财产一样关切那些庞大的财产,认为富人们的发达也是他们自身取得良好生活的保障。另一方面,拥有财产的人也没有鄙视那些生活没那么幸运的人,而是将他们的困厄视作自己的耻辱,在他们需要时常常伸出援助之手,通过给予他们工作,想方设法解决他们的苦恼。[1] 与梭伦对他那个时代的雅典城邦的描述相比,[2]伊索克拉底的上述想法似乎非常乐观——尽管在雅典历史上可能曾经有过这样的一个时期,那时,富人和穷人之间的这样一种融洽关系比伊索克拉底的时代更加普遍。例如,我们可以回想一下西蒙(Cimon)的社会态度,他的社会态度建立在家族宗法观念之上。[3] 只要雅典还存在西蒙这种类型的土地贵族,穷富贵贱之间的这种相互体谅关系就比在一个工业、资本和贫困日益增长的时期更有可能。在那样的时代,人们并不是孜孜不倦地积累财富:他们将钱借贷出去用于生产性投资,并不认为每一次商业冒险都必然充满危险。在商业活动中,他们互相信任。富人对借贷出去的钱就像放在自家金库一样感到安全,因为他们看到法官在处理合同纠纷时,并不肆意纵容所谓的平等,而是严格遵循法律;而穷人则

---

① 《战神山议事会辞》31—32。

② 尤其可参见他的抑扬格诗,残篇 24。

③ 普鲁塔克,《希腊罗马名人传》(*The Parallel Lives of Greeks and Romans*),《西蒙》10。

和富人一样重视经济环境的安全，因为破坏合同信用造成的伤害对穷人而言比富人更大。正因为如此，没有人试图隐瞒其财富，或对借贷之事犹豫不决，相反，富人们更乐意借钱，而非看到别人还钱，因为这能使他们体验到双重的满足，既能体现一个正直者的风度，在与其他公民的交往中受到尊敬，又能帮助同胞自力更生；[119]他相信这样不仅有助于城邦的繁荣，同时也能增加自己的财富。①

伊索克拉底不相信早期雅典城邦的这种健康状态是由于某个或者某些外在的原因所致；他认为是公民所接受的教育方式导致了这种结果。② 由此，他自然而然地将话题转移到了他的主题之上，即对一个强有力的战神山议事会[最高法院]的需要——因为他本质上是从教育的角度而非法律治理的角度来看待战神山议事会的。伊索克拉底时代的教育体系的错误在于，雅典人只将教育局限于 paides（即孩子）：③有许多人让孩子们遵纪守法，而一旦他们长大成人，每个人想做什么就做什么。在昔日的雅典，孩子们在童年时期并未受到众多教师的监管，而一旦成人，他们就不能随心所欲了，这时受到的约束要比年少时更多。这就是为什么他们的先祖将监管公民的有序行为（εὐκοσμία）的权力赋予战神山议事会的原因。除了拥有卓越美德、过着值得称赞的生活的贵族，没有人可以成为战神山议事会的一员；这一选择原则自然而然地使它成为希腊最优秀的特别法庭。④ 尽管从那时起，它已经失去许多权力，但仍然拥有巨大的道德权威，以至于任何人——即使是最糟糕的流亡无赖——只要一踏进战神山议事会，便会不由自主地肃然起敬，不再放纵自己的邪恶本性。⑤ 伊索克拉底所希望的，正是在这种道德权威的基础上重建雅典的教育。

———————

① 《战神山议事会辞》33—35。译注：此处译文参考了李永斌译注的《古希腊演说辞全集—伊索克拉底卷》。
② 《战神山议事会辞》36—37。
③ 《战神山议事会辞》37。从智术师时代开始，希腊教化的所有领导者，首先是柏拉图和伊索克拉底，一致同意教化不应只局限于学校教学方面。教育应该是文化，是人的灵魂的塑造。这就是希腊的教化区别于其他民族的教育体系的地方。它是一种绝对的理想。
④ 《战神山议事会辞》37。
⑤ 《战神山议事会辞》38。

伊索克拉底强调的最大重点在于这样的事实，即单靠良好的法律不足以造就良好的公民和良好的城邦。① 如果可以，那么所有希腊城邦都很容易互相借用法律条文，以及随之而来的道德精神。一个希腊城邦模仿另一个国家的法律条文非常普遍；哲学家们为一个特定的城邦或者为所有城邦的改善而制定出法律规范，他们同样赞赏良好的法律，为良好的立法所感动。但是，正如我们已经见到的那样，柏拉图的思想贯穿着这样一种认识，即当城邦的精神（也就是它的风尚[ethos]）不好时，诸如此类的良好法律就根本不管用。因为每个城邦共同体的特殊风尚——这一风尚决定其公民的教育——根据其自身的模范塑造每一个公民的品性。因此，最重要的是激发城邦的良好精神风尚，而不是不断地制定各种数不清的专门法律来覆盖生活的方方面面。② [120]因为管理良好的人们不需要国家将成文法刻写在市政广场的廊柱上，只需遵从他们内心的公正标尺即可。城邦的良好运作不是依靠法律，而是通过道德教化。许多人指出，在斯巴达，几乎没有什么成文的法规，但公民的行为极其优秀。在柏拉图的理想城邦中，他认为不需要任何专门的法律，因为他假定，在这样的城邦中，通过公民的自由意愿，教育会产生其他城邦试图通过徒劳无益的法律强制而产生的效果。③ 那个时候的人们所想象的，以及柏拉图的同时代人（尤其是色诺芬）所描述的斯巴达生活正是如此，柏拉图的这种观念来自斯巴达的生活。不过，伊索克拉底并没有将斯巴达作为一个学习的典范。他毋宁是在古代雅典看到了这种理想的生活，在那里，一个强有力的战神山议事会仍然监管着全体公民的行为，尤其是年轻人的行为。④

他认为他那个时代的年轻人处于亟须教育的状态。⑤ 年轻人充满

---

① 《战神山议事会辞》39。
② 《战神山议事会辞》39—40。
③ 柏拉图，《王制》426e—427a。
④ 《战神山议事会辞》41—42。
⑤ 所有的年轻人都需要教育，但伊索克拉底觉得他那个时代的年轻人尤其需要教育。伊索克拉底将他关于早期雅典的理想化画面设想成自己时代的一种对比，这一事实就证明了这一点。另可参见《战神山议事会辞》48、49、50。

各种欲望，正处于精神迷茫的时期。年轻人应该接受那些"既辛苦又愉快的好职业"的教育——因为没有别的东西可以使他们保持长久的兴趣。① 同样，他们的活动不应该千篇一律，而应该因人而异，以适应不同的生活环境之间的差异：每个人必须从事适合于其社会阶层的事情，既然年轻人分属于不同的社会阶层，那么要想让他们所有人都接受相同类型的教育就是不可能的。伊索克拉底认为，使教育与每个个体的经济状况相适应是绝对有必要的。② 只要希腊社会存在对高级教育的任何需求，这种观念在希腊教育史上就拥有相当重要的地位。我们早在普罗泰戈拉那里就见识过这一观点——在柏拉图的对话中，普罗泰戈拉认为年轻人接受教育的时间取决于其父母的财富。③ 这一思想仍活跃于"普鲁塔克"的教育论文中，他的思想建立在已轶的古老著作之上。④ 只有在柏拉图的《王制》中才排除了这种观念，因为在那里，全部高级教育都是国家关注的问题，由特别选拔出来的学生所共享；当然，伊索克拉底不可能持此观点，他自己特殊的政治态度也不允许他持此观点；他必然会认为，国家对教育的控制只不过是极端激进的政治理论的荒诞梦想，这一梦想在实践中不可能造就一个智识精英的阶层，只会机械地拉平一切社会差别。伊索克拉底认为，不同阶层之间的社会差别是一种不可避免且不可消除的天然事实。因此，他想消除一切不必要的拮据和困难，但不想消灭财产差别本身。对他来说，全部教育的目标在它们之外。[121]他写道："我们的先祖给每一个人分派一种适合其财富水平的训练。他们让经济拮据的人去务农和经商，让他们认识到贫穷缘于懒惰，而贫困会导致犯罪；如此，通过消除罪恶的根源，他们认为自己就能摆脱因贫困而产生的一切罪错。我们的先祖迫使财产充足的年轻人致力于赛马、田

---

① 《战神山议事会辞》43。

② 《战神山议事会辞》44。

③ 柏拉图，《普罗泰戈拉》326c。

④ 托名普鲁塔克，《论自由教育》（*De Liberis Educandis*）8e。这一著作的作者旨在以其教育建议帮助各个社会阶层；不过，如果贫困使得他们当中的很多人不能听取他的意见，他说，他的教育理论当然不会因此而受责备。在关于饮食和养生的医学文献中，我们发现了同样的内容，饮食和养生之道通常是为富人而写的，作者假定其他人也会采用适合他们自己的方式。参见本卷第49页。

径、狩猎和智力活动(φιλοσοφία)，因为这些追求能让他们中的一些人变得卓越非凡，让其他人远离绝大多数作奸犯科之事。"①请注意他是怎样将智力文化与不同类型的体育运动置于同一层次的。这就是他的特征：与柏拉图《高尔吉亚》中的贵族卡利克勒斯一样，伊索克拉底将教化设想为一种贵族的游戏。正是从这个角度出发来看，一个特定的社会阶层最有可能养成对新时代的智力文化的良好品味。他一点也不惮于向一个广泛的读者圈子承认这一点。他认定，各个阶层的希腊人和雅典人都能欣赏他的这种描述智识教育的方式，如果他也以一种过于认真的、聚焦于心智和精神问题的方式来呈现教育(如柏拉图所做的那样，与他的智识理想相一致)，那么也许他自己的这种方式会更胜一筹。

　　伊索克拉底相信，在当代民主制度中，教育的真正缺陷在于没有任何类型的官方监管。在比较健康的早期，这种监管一直存在于雅典的生活中；他们将城市分区，将农村并入乡镇，正是由于这种较小的地域单位：农村的行政小区和城市的选区(δῆμοι和κῶμαι)才便于对每个人的生活方式保持监督，破坏公共秩序(ἀκοσμία)的不法行为交由战神山议事会讨论处置，议事会有一整套不同等级的训导体系。其中最温和的是警告，其次是恐吓，当这二者都无效时，就是最严重的实际惩罚。②如此，以惩罚和监督相互补充、协同工作的原则，战神山议事会"掌控(κατεῖχον)"着雅典公民。("掌控"一词早在伊索克拉底之前，在梭伦那时就出现了，后来又经常出现在惩戒公民的法律方法的讨论当中。③)伊索克拉底说，如此这般，年轻人就不会像现在这样，再将时间浪费于赌场，或者在吹笛女郎中间流连忘返。每个人都热衷于自己的职业，欣赏并仿效行业内的顶尖高手。他们很严格地避开市井之地，在不得不

---

① 《战神山议事会辞》44—45。在所有伊索克拉底的同时代人当中，最可能赞同这种教育理想的是色诺芬。色诺芬同样将赛马、田径、狩猎和智力文化相结合，参见本卷第192页及以下。

② 《战神山议事会辞》46。

③ 《战神山议事会辞》47。参见梭伦残篇24.22，残篇25.6；修昔底德，《伯罗奔尼撒战争史》2.65.8在赞扬伯利克里时也使用了同样的表达："之所以如此，是因为伯利克里无论就其地位、才能，还是众所周知的正直而言，都确实是一位能够独立掌控民众的人物——简言之，是他领导民众，而不是民众领导他"；在《伯罗奔尼撒战争史》8.86.5谈到阿尔西比亚德时，也使用了同样的表达。

穿越此类场所时，也会遵循谦逊和节制的礼节；[122]对待长辈，年轻人也遵守尊敬和礼貌的规则；他们举止端庄，不把成为机智诙谐者和滑稽可笑者作为自己的目标。一个年轻人的天赋不是根据他在社会中的多才多艺来衡量。①

在往昔，雅典青年的全部生活都充满羞耻感（aidos）：这是一种令人尊敬的神圣的羞耻感，自赫西俄德以来，没有哪个时代比伊索克拉底的时代更大声地悲悼过它的消逝。② 伊索克拉底对旧式训导方式的描述的核心要素，使我们想起阿里斯托芬在《云》中关于新旧两种教化的对比。③ 不过，在细节上，它们也与柏拉图在《王制》中所确立的理想惊人地一致，《王制》中的理想可能是它们的另一个灵感来源。羞耻观念是贵族道德标准的遗产，是早期希腊贵族教育的理想；尽管数个世纪以来，它已经失去了越来越多的含义，但它仍然在荷马式和品达式的希腊人的思想中起着极其重要的作用。④ 羞耻或敬畏之义，极难界定。它是一种复杂的精神抑制，由各种不同的社会、道德和审美动机所催生——或者说，它就是导致那种精神抑制的心理情感。民主制度的潮流竭力将一切道德准则体现于法律的理性形式之中，在民主潮流的影响下，这种精神情感一度退却到希腊情感的模糊背景之中。但是，如果我们想到伊索克拉底的保守观点，就很容易理解，他的教育为何要回归旧的贵族道德规范了，这不仅是因为贵族道德规范的独立规则和仿效伟大典范的原则，也因为作为道德行为之基础的那种令人尊敬的羞耻感：即 aidôs。⑤ 无论是在《致尼科克勒斯》这篇被称为"国王的镜子"的演说辞中，还是在《战神山议事会辞》所勾勒的理想教育体系中，伊索克拉底都有意努力恢复传统希腊贵

---

① 《战神山议事会辞》48—49。

② 《战神山议事会辞》48 至结束。参见赫西俄德，《劳作和时日》199："羞耻和敬畏两女神以白色长袍裹着绰约的身姿，离开道路宽广的大地，去往奥林匹斯山，抛弃人类，加入永生神灵的行列。人类将陷入深重的悲哀之中，面对罪恶而无处求助。"

③ 参见本书第一卷，第 372 页及以下。

④ 参见本书第一卷，第 7 页。关于这一观念在希腊伦理学中的发展，参见埃尔法的专论《荷马以迄德谟克利特的羞耻观念及其同源概念》，载《语文学》副刊，增刊，第 30 卷，第 2 页。

⑤ 埃尔法简短地提到了羞耻观念在柏拉图和伊索克拉底的教育和哲学理论中的复活（参见上一注释）。

族阶层的道德准则和训导方式。在他如此钦羡的那个历史时期，也即雅典民主制度的春天，这种训导方式仍然充满活力，为社会结构增添了许多力量，并使其更加坚固和稳定。伊索克拉底充分意识到了这一要素的重大意义，他坚信它甚至比法律更重要——法律是民主生活方式的真正拱顶石。[123]他对立法本身（*per se*）的教育价值的怀疑态度，以及他对那种羞怯的敬畏的道德力量的赞赏，相互影响，彼此成就。

在对民主制度的现存形式——激进的暴民统治——做了入木三分的批判之后，伊索克拉底感到，他必须对自己被指控为人民公敌有所准备。他能预料到来自民众领袖的这种控告，所以现在就想对此做出很好的回答；因为他要在反对者开口之前抢占先机，消除显见的误解：即他加入了寡头派一边——寡头派原则上与民主政制背道而驰。① 演说家们在雅典公民大会上随意挥舞"寡头政治同情者"的帽子，使人们对他们的政治对手产生怀疑。现在，他自己利用这一习惯来表明，在所有可能的指控中，他至少乐于接受与三十僭主交流政治观点的指控，在每一个雅典民主派的眼中，三十僭主永远体现寡头政治的全部邪恶。人们怎么能怀疑一个将雅典民主制度之父梭伦和克里斯提尼视为理想的人，说他想要质疑作为雅典城邦之基石的公民自由？② 他可以指出这样的事实，在他的每一篇文字作品中，他都在谴责寡头政治和特权者，赞扬真正的平等和民主。③ 他用以示范真正的自由所选择的事例表明，他在此处使民主概念本质上成了一种比他那个时代的绝大多数民主派所理解的要宽泛得多的东西。他认为，民主在古代的雅典和斯巴达得到了最为彻底的体现，在那里，真正受欢迎的平等在高级官员的选举和日常生活与行为的管理中一直占据主导地位。④ 尽管他认为他那个时代激进的暴民统治需要改革之处比比皆是，但与僭主们的寡头统

---

① 《战神山议事会辞》57。译注：在这里，"民众领袖"、"演说家"与"蛊惑民心的政客"基本上是同义词。
② 《战神山议事会辞》58—59。
③ 《战神山议事会辞》60。
④ 《战神山议事会辞》61。

治相比——雅典人已经在"三十僭主"那里品尝过了这种统治——现今的民主制度毋宁是一种神赐的恩惠，它远比僭主政治更为优越。① 他以令人印象深刻的篇幅详细阐述了这种比较，部分原因是为了从他自己对民主政治的态度中消除一切怀疑的阴影，同时也是为了表明，他持之以判定每一种政治理论的终极标准到底是什么。② 伊索克拉底的演说辞从确定雅典的政治生活需要改革开始，其论证就一直建立在他对雅典地位（与希腊其他城邦相比较而言）的悲观批评之上。③ ［124］因此，从雅典在这两种政治制度统治之下所显示出来的对抗外敌和维护自己的能力对比中，得出与寡头统治相比，他更尊重激进的民主制度的结论，才是唯一合乎逻辑的论证。

在《战神山议事会辞》的这一部分中，就好像原来的那个伊索克拉底——撰写《泛希腊集会辞》的伊索克拉底——为了用他自己的衡量标准验证这两种政制的对外政策，再次开口说话了；不过，在这里，雅典的民族主义将泛希腊理想抛到了脑后。伊索克拉底急于表明，他不只是责备民众的缺点，也准备随时随地赞扬他们对国家的贡献。在《泛希腊集会辞》中，他曾经对自己恢复雅典海上霸权的希望做出强有力的表达，并用一个全体希腊人在斯巴达和雅典的双重领导下反对波斯的作战计划，来表明雅典的这种海上霸权的需要和合理性。与此相应，在《战神山议事会辞》中，他用民众统治和寡头统治各自为建立雅典海权的贡献多少来衡量它们的政治成就。在这种对比中，寡头们显得很不像样，因为他们是失败了的支离破碎的帝国的继承人：他们准备去拆毁城墙，并同意接受奴役，他们完全仰赖斯巴达征服者，全凭斯巴达的恩惠进行统治。他们赢得的唯一荣耀是在国内政治领域，他们得意洋洋地扑灭了自由，在被征服的雅典有效地为胜利者服务。④ 他们只会对自己的同胞实施专制统治，而获胜的民众在掌权的数十年间，曾经派兵驻守希腊其他城邦的要塞。⑤ 是民众让雅典成为全希腊的女王；而且，

① 《战神山议事会辞》62。
② 《战神山议事会辞》63 及以下。
③ 《战神山议事会辞》3—13。
④ 《战神山议事会辞》64。
⑤ 《战神山议事会辞》65。

尽管在注视未来时满怀焦虑，但伊索克拉底仍然深信，雅典必定会成为统治者，不仅是其他希腊人的统治者，而且还是全世界的统治者。① 在雅典历史上，这是伯利克里的帝国（在第二次雅典海上同盟中复活）最后一次以主张雅典霸权的名义，提高嗓门，大声要求对公民主体的政治教育进行改革（μεταβάλλειν）——一场使国家和人民能够成功地保持他们从先祖那里继承来的历史地位的改革。②

[125]通过这种恰如其分的责备和赞扬，伊索克拉底希望自己看起来是一个真正的教育者；③不过，他不想因为自己认可雅典民主制度的伟大业绩，而使他的读者误以为他的这种认可是如此全心全意、毫无折扣，以至于雅典人可以骄傲自满、裹步不前了。他们不应该将自己与少数异常堕落者相比，不应该为他们更好地遵守了法律而踌躇满志；而是应该步武前贤，与先祖们的伟大（德性）相比，在这方面，他们现在差得不是一星半点。④ 批评的目的是想让他们对自己感到羞愧，使他们百尺竿头更进一步，堪当大任。因此，最后，他在他们面前举出自然［天性］（φύσις）——自然［天性］是雅典人民的文化遗产——的理想状态作为赞扬的对象，自然［天性］必定充分发挥其潜在的可能性。他用一个简短的对比说明这一概念：不同的水果、树木和动物在不同的国家中处于其自然［天性］的最佳状态；同样（他继续说），与其他国家的土壤相比，阿提卡的土壤能培育出最有天赋之人——不仅仅在艺术、行动力和文学上，而且在刚毅勇武的品格上。⑤ 雅典的全部历史，就是一幅雅典人民的民族特性徐徐展开的历史。在使自然概念适用于智识和历史领域方面，伊索克拉底显然是在遵循修昔底德的传统。因为在修昔底德那里，除了共同的人性（ἀνθρωπίνη φύσις）之外，还有这样一种观念，即不同的种族和城邦各有其独特的天性：这与该词在医学上的运用是一致的，因为医学同样在人的普遍自然和个体的

---

① 《战神山议事会辞》66。关于伊索克拉底对雅典制海权的渴望的态度，参见拙文《伊索克拉底〈战神山议事会辞〉的写作日期和雅典人的反对意见》，前揭，第 426—429 页。

② 参见《战神山议事会辞》78："μεταβάλλειν τὴν πολιτεία[改革政制]"；《战神山议事会辞》15："ἐπανορθοῦν τὴν πολιτέιαν[纠正政制]"。

③ 《战神山议事会辞》71。

④ 《战神山议事会辞》72—73。

⑤ 《战神山议事会辞》74，76。

不同特质之间作出了区分。① 不过，伊索克拉底的论证的独特之处在于，他赋予了自然概念以特殊的规范意义。在医学上，衡量一个人健康与否的标准通常是人的普遍自然，而个体的自然只能表明人的普遍自然受到了某种形式的削弱和改变；但伊索克拉底关于雅典人的天性的观念，既体现一种普遍适用的标准，又包括一种独特的个性。他想要传递的教育信息是，雅典人民必须呈现出雅典人的真正自然［天性］，它的最佳自我；雅典人的真正自然[125]和最佳自我，在先祖们的丰功伟绩中得到了清晰的展示，但眼下已经隐而不彰、模糊难辨了。

后来，在与马其顿的腓力（Philip of Macedon）进行生死攸关的斗争期间，当雅典处于更加急迫的险境之中时，这一观念重新出现在德摩斯梯尼义愤填膺的谴责和慷慨激昂的劝诫演说中。[126]尽管关于马其顿问题，德摩斯梯尼在其他许多方面与伊索克拉底意见相左，但上述重现并非他对伊索克拉底的唯一一次致敬。② 第二次雅典海上同盟崩溃之后，献身于重塑雅典城邦生活之使命的新一代，深受伊索克拉底的批判的影响。德摩斯梯尼是反抗外来压迫、捍卫民主自由的斗士，没有人比他带着更坚定的信念重申伊索克拉底对政客的肆意煽动和民众的物质主义的批评；没有人比他更全身心地支持伊索克拉底：他强烈抗议民主政客们随意挥霍公共基金以取悦无产阶级，他严厉告诫有产阶级越来越衰朽无能和死气沉沉。最后，他实际上承继了《战神山议事会辞》结束时的想法——无论是为他们自己起见，还是为他们作为全希腊的捍卫者和斗争者的角色起见，雅典人都应该从处置不当和放任自流的迟钝和麻木中惊醒，服从一种更为严格的教育——这种教育会使他们有能力再次完成自己的历史使命。③

然而，事情的全部悲剧就在这里。正当伊索克拉底的思想在他的后继者心中生根发芽时，他本人已经改弦易辙，最终抛弃了他的信念，

---

① 关于医学上的自然概念，参见本卷第 32—33 页。任何关于修昔底德对这一概念的使用的研究，都必定不断地提到当时的医学文献。

② 关于这一点，参见文德兰（P. Wendland），《哥廷根学者通信》（*Göttinger Gelehrte Nach-richten*），1910。

③ 参见本卷第 343 页及以下。

即雅典可以东山再起,成为一个伟大联盟的独立力量和领导者。在《论和平》这篇演说辞中,我们可以看到,他是如何放弃自己为提谟修斯的伟大政治创举——以第二次雅典海上同盟为基础的新雅典帝国——的精神复兴而制定的全部计划的。如果不思考他在《论和平》中怎样向雅典战败之后退出同盟的盟邦告别,我们就不可能读懂他在《战神山议事会辞》中所勾勒的教育方针。《论和平》的基本思想就是他的这种信念(他以特别的强调表达了这种信念),即除了放弃雅典对制海权的要求,同时也放弃作为雅典扩张主义之基础的海上同盟的念头之外,雅典已经别无选择。现在,他建议雅典缔结和平——不仅与反叛她的盟邦缔结和平,而且还要与全世界"维持永久和平",包括她的敌人。① 只有在雅典根除了冲突的根本原因,也就是她的帝国梦,她想统治别人的野心之后,她才能这样做。②

[127]如果想要知道他的观点何以发生如此剧烈的变化,我们就必须认识到,第二次雅典海上同盟崩溃之后,雅典的处境发生了多么令人恐怖的变化。同盟宗主国的活动空间缩小到了提谟修斯领导期间它曾经达到过的最大范围的三分之一左右,同盟的成员也相应减少,因为同盟最重要的成员都已经弃之而去,其财政状况更是令人绝望。③ 为数众多的财务和政治诉讼及判决——这是我们从德摩斯梯尼的早期演说中得知的——使人们对这个时代骇人听闻的道德堕落,以及政治家们为挽救这一处境所采取的可疑措施有了深刻的认识。④ 带领第二次雅典海上同盟胜利前进的伟人卡里斯特拉图(Callistratus)和提谟修斯已经去世。雅典唯一可行的政策似乎只能是:她必须见风使舵随机应变,抛弃一切积极的对外政策,并逐步加强内部安全,尤其是在财政和经济领域。正是鉴于这种形势,伊索克拉底建议雅典回到"安塔基达斯和约(Peace of Antalcidas)",并在此基础

---

① 《论和平》16。
② 在《论和平》28—29,尤其是在64及以下中,他想让雅典人抛弃制海权的希望。关于他在这篇演说辞中提到的雅典制海权问题,参见拙文《伊索克拉底〈战神山议事会辞〉的写作日期和雅典人的反对意见》,前揭,第424页及以下。
③ 德摩斯梯尼,《金冠辩》234;色诺芬,《论税收》(Πόροι)。
④ 参见拙著《德摩斯梯尼:其方针的起源和发展》,第42页,第57页及以下。

上确立其对外政策：①也就是永远放弃雅典的帝国梦。色诺芬的小册子《论税收》(*On the Revenues*)出现于同一时期，旨在指出一种摆脱危机、实现财政平衡的方法，伊索克拉底的方针与色诺芬非常相似。②现在掌握指挥权的是由政府的财政专家厄布鲁斯(Eubulus)领导的保守集团，他们与伊索克拉底和色诺芬所见略同。

在为雅典民众提供一种政治教育这个问题上，《论和平》比《战神山议事会辞》更加深入。③ 学者们现在已经习惯于将它们的写作日期定在同盟战争末期或稍后。不过，如上所述，从伊索克拉底在《论和平》中的态度变化看，很清楚，它们不可能属于同一时期。显然，它们都是在以同样的方式批判当时雅典的民主制度，因而二者的论证非常相似。但是，它们对雅典海上霸权的看法截然不同。如果我们接受流行的观点，即在《论和平》这篇演说辞中，伊索克拉底是鉴于盟邦退出同盟的惨痛教训，万不得已才提出放弃雅典称霸海上的雄心的话，那么，这一点也可以证实我们的结论，即《战神山议事会辞》属于危机变得十分严重之前的时期：[128]因为他在其中表明，他之所以建议增强战神山议事会的教育影响力，本质上是为了维持雅典的海上霸权。

在关于战神山议事会的演说辞中，伊索克拉底从未对雅典的海上统治表示过丝毫怀疑，而是认为它对雅典乃至全希腊都大有裨益，是一件值得称道之事。在《战神山议事会辞》中，他仍然是原来《泛希腊集会辞》中的那个伊索克拉底，他宣称，为希腊世界考虑起见，恢复雅典在伯罗奔尼撒战争期间被摧毁的海上力量是必须的。④ 他将雅典海上力量的丧失称为"希腊人灾难的根源"。《论和平》中的悲观主义与此完全相反：他现在认为雅典建立海上帝国之时，就是一切罪恶

---

① 《论和平》16。

② 参见拙著《德摩斯梯尼：其方针的起源和发展》，第53页及以下。

③ 关于《论和平》与《战神山议事会辞》在雅典制海权问题上的关系及其二者与《泛希腊集会辞》中的对外政策之间的关系，参见拙文《伊索克拉底的〈战神山议事会辞〉的写作日期和雅典人的反对意见》，前揭，第424页及以下。

④ 《泛希腊集会辞》119：ἅμα γὰρ ἡμεῖς τε τῆς ἀρχῆς ἀπεστερούμεθα καὶ τοῖς Ἕλλησιν ἀρχὴ τῶν κακῶν ἐγίγνετο[因为我们领导权的丧失，是希腊人灾难的根源]。参见100及以下。

开始之时。① 伊索克拉底的政治观点从一个极端走向了另一个极端；而《战神山议事会辞》不是站在否定的一端（放弃海上帝国的一端），而是站在两个极端之间。② 伊索克拉底关于雅典帝国主义的观点完全逆转，与此相应，从《泛希腊集会辞》到《论和平》，我们可以从中看到他对"安塔基达斯和约"的两种截然不同的观点。在《泛希腊集会辞》中，和约遭到了猛烈的抨击，被当作希腊卖身投靠波斯的可耻象征——只有在雅典的海上力量崩溃之后才有可能的一种耻辱。③ 在《论和平》中，他抛弃了这种民族主义态度（连同对雅典海上领导权的希望）："安塔基达斯和约"被描述成一种理想的大政方针，为了整顿腐朽的政治生活，希腊人必须回归和约。④《泛希腊集会辞》的任何一个读者都能明白，摒弃自己早期的观点，对伊索克拉底而言必定意味着异乎寻常的痛苦；而且我们很容易理解，一旦一个希腊事业的新"捍卫者"以马其顿王的名义横空出世，他的反波斯情绪又是如何在《致腓力辞》中再次喷涌而出的。

不过，有一件事情使伊索克拉底放弃雅典海上帝国的梦想变得不那么困难。这就是他的道德观；他的道德观最初与他的帝国主义思想曾结成一个不稳定的联盟，最终又在《论和平》中战胜了这一思想。雅典帝国的合法性基础是它有益于全希腊人民。在《论和平》中，帝权（ἀρχή）与扩张（πλεονεξία）遭到了彻底的谴责，他明确宣称，私人生活中的道德规范在国与国的关系中同样有效。⑤ [129]伊索克拉底很慎重，（在《论和平》中）没有完全排除重新建立一个大型联盟组织的可能性，

---

① 《论和平》101 及以下：τότε τὴν ἀρχὴν αὐτοῖς (τοῖς Ἀ.) γεγενῆσθαι τῶν συμφορῶν, ὅτε τὴν ἀρχὴν τῆς θαλάττης παρελάμβανον[他们遭受的不幸，自他们获得海上霸权时就开始了]。

② 参见拙文《伊索克拉底的〈战神山议事会辞〉的写作日期和雅典人的反对意见》，前揭，第429页。

③ 《泛希腊集会辞》120—121。

④ 《论和平》16。我不会在此试图反驳那些学者——尽管在《泛希腊集会辞》和《论和平》之间存在着这些明显的矛盾，他们仍然断言伊索克拉底在这两篇演说辞中的立场是相同的。不过，我必须说，我发现要想理解他们的逻辑真的很难。事情似乎是，他们试图呈现一幅统一的画面的愿望远远大于他们使之符合事实的能力。

⑤ 个人的道德准则绝对不能和共同体的道德规范相冲突，参见《论和平》4,133，以及其他诸多段落。

但他反对基于武力的统治原则，基于武力的统治是霸权主义的特征，而在《战神山议事会辞》中，他则将霸权视为最有价值的领导品质。① 对他来说，霸权意味着其他国家对雅典的自愿依附；他认为这样一种国家间的关系不是不可能的。他将雅典的这种领导权与古代斯巴达国王的地位相比拟，斯巴达的国王们也拥有一种不是基于武力而是基于尊荣的权威；他认为应该在大国和小国之间建立这种类型的权威关系。（此时此刻，他忘记了在斯巴达，国王们的权威总是受到国家力量的保护。）他把帝国和对权力的渴望描述为希腊历史上的万恶之源；他宣称，霸权主义本质上与僭主统治如出一辙，因而与民主精神水火不容。② 正如他所说，他撰写《论和平》这篇演说辞，是为了改变同胞们关于权力的观念。③ 与在《战神山议事会辞》中一样，他再次表明，除非全盘改造雅典的道德准则，否则雅典的政治处境就不可能得到改善——尽管在此我们忍不住觉得，他的这种政治态度其实部分地是由于现实的压力和历史的必然使然。④ 与其说他放弃了对原有思想的忠诚，不如说他随时准备从经验中吸取教训。我们早已看到过他这样做：在《战神山议事会辞》中，他从雅典在伯罗奔尼撒战争中的崩溃和斯巴达在留克特拉会战的失败中吸取教训。现在，在他年已八旬，在第二次雅典海上同盟瓦解之后撰写的《论和平》中，我们再次看到了这一点。在《战神山议事会辞》中，他曾经用雅典和斯巴达的惨痛教训来警告自己的同胞，切忌那种悲剧性的傲慢自负；在《论和平》中，他用这些惨痛教训来证明放弃一切帝国主义企图的合理性，这种企图仅仅是为了获取权力。当然，在伊索克拉底眼中，帝国主义无非是指一个希腊国家对其他希腊国家的统治：因为，即使在现在，当他告别自己早期的帝国梦，转身离去并伤感不

---

① 统治和霸权在这一意义上的区别出现于《论和平》142 及以下。参见沃斯纳（W. Wössner）的学位论文——这是本人鼓励他撰写的——《修昔底德和希腊政治演说家中的同义词的区别》（*Die synonymische Unterscheidung bei Thukydides und den politischen rednern der Griechen*），Würzburg，1937；该文追溯了政治讨论中这类区分的不同情况。

② 《论和平》111 及以下，尤其是 115。

③ 《论和平》27。

④ 在《论和平》69—70 中，伊索克拉底说，雅典已经失去了其海上霸权，并且现在根本没有能力恢复这一霸权。

已时，他也没有放弃希腊人生来就注定要统治蛮族人的念头。从超民族的道德准则的角度看，他的这种局限性使《论和平》中的道德说教变得软弱无力，很难得到辩护。不过，即使希腊人的政治生活与伊索克拉底希望的理想状态相去甚远，他的道德准则也是希腊城邦之间态度变化的一个重要征兆。[130]在《王制》中，柏拉图为希腊城邦之间的战争制定了一种新的道德规范；在这方面，我们应该将伊索克拉底与柏拉图等量齐观。

伊索克拉底深信，这个问题归根结底是一个教育问题。对权力的强烈渴望深深植根于人性之中。想要将其连根拔起，需要一种强烈的精神努力。他设法表明，是权力（δύναμις）让人变得骄奢淫逸。他认为，应该对此负责的不是他的同时代人，而是他们的先辈——第一次雅典海上同盟的辉煌一代，眼前的黑暗给他们昔日的光辉投上了阴影。① 就像他在《战神山议事会辞》中坚持认为早期雅典人遵纪守法的品性和小心节制的生活教会了他们全部德性一样，在《论和平》中，他也将目前的一切邪恶和混乱归咎于民众及其领导者受到了权力的腐化教育这一事实。② 因为他很清楚是什么要素实际塑造了他那个时代的希腊人的生活。塑造人的品格的，不是那些数不胜数的教学计划和教学技巧——人们以教育的名义运用这些计划和技巧来消除和削弱道德败坏的影响——而是城邦共同体的整个精神。塑造了人的品格的，是贪婪，即对权力的贪得无厌（πλεονεξία）。只要这种贪婪支配城邦及其行为，它就会成为主导个人行为的最高法则。伊索克拉底号召民主精神起来反对这种权力冲动，这种权力冲动是真正的僭政，它在各种类型的城邦中都非常重要。③ 多少年来，民主制度对权力的忠诚超过了对其他任何事物的忠诚，全心全意，不遗余力，却全然看不到它因而不仅牺牲了别人，还牺牲了它自己。④

---

① 在《战神山议事会辞》50 及以下，伊索克拉底已经这样说了。

② 《论和平》77。在《论和平》63 中，他将导致和平与正义的教化同雅典为获得权力和统治的努力所创造的教化相比较——在这篇演说辞中，他将后一种教化视为一种腐化的力量。

③ 《论和平》95—115。

④ 《论和平》115。

如此这般，伊索克拉底将民主制度界定为对权力斗争的放弃。但是，这是不是意味着，仍然存在的唯一重要的民主政体应该自外于与其他政体的斗争呢（其他政体直截了当地追求权力，竭力达到相同的目标，而不受个体公民的宪政权利的制约）？这是一个令人不寒而栗的问题。不过，我们不得不承认，只是在实际发生的事件迫使雅典（不管她愿不愿意）放弃其帝国主义的专断权力之后，伊索克拉底才呼吁雅典这样做。① 他对自由意志的道德诉求只是起一种事后辩解的作用，[131]安慰一下那些爱国者的愧疚之心而已，他们仍然以传统的权力-政治的方式来思考雅典的现实处境。政治家们宵衣旰食，忙着收拾第二次雅典海上同盟的残局，伊索克拉底只想尽可能地减轻他们的重任。他有理由运用其智识声望教育同胞接受这种新的放弃，因为长久以来，他一直支持雅典的海权理想。他所经历的精神革命，是在他有生之年发生的历史进程的一种象征；几乎难以置信，雅典这个他努力指引、想要让其平静隐居的城邦，在德摩斯梯尼的领导下，能够再度奋起，尽其所能作最后一战。这一次，雅典为之奋战的不是权力的获取和掌控，而是为了在失去帝国之后，能够继续维护剩下的唯一东西——自由——而最后一搏。

---

① 参见本卷第 152 页，注释④。

# 第六章　伊索克拉底为他的教育辩护

[132]伊索克拉底经常在其演说辞中提到他自己；不过，在他最后撰写的其中一部作品中——其时，他已年过八旬①——他才尽情释放这种写作自传的冲动，整篇演说辞全在谈论他自己的性格和工作。这就是他的那篇关于财产交换的演说辞，按照阿提卡的法律，称为 antidosis，即"财产交换"。在雅典，一支舰队的装备和维护费用由少数最富有的公民来承担；为了确保这项义务分配公平，雅典通过了一项法律，根据这项法律，任何一个被选出来担任三列桨战船船长且为此支付费用的人，如果他觉得这对他不公平，他可以说出一个比他更富有的公民，让这个人来承担他的义务；他可以向这个更富有的人提出挑战，与他交换全部财产，作为他确实比他指出的那个人要贫穷的证明。伊索克拉底年迈时，遭到了这种方式的挑战；在案件审理期间，他的反对者们多次攻击他的人品和修辞学[雄辩术]教学。严格说来，这二者之间并无必然联系——除非人们认为他作为修辞学[雄辩术]教师和政治评论家的工作赚得盘满钵满。② 他在

---

① 在《论财产交换》9 中，他说他已经八十二岁高龄。这篇演说辞起初只有开头和结尾部分被保存下来，直到 1812 年希腊人米斯托克西德斯（Mystoxides）发现了演说辞的主体部分（72—309）。

② 《论财产交换》4—5。

政界普遍不受欢迎这一事实，即使在他的反对者们在演说中说出来之前，他也一定有所耳闻：因为，在《战神山议事会辞》和《论和平》中（也就是说，在他关于雅典内政的这两篇演说辞中），他都试图回答他是人民公敌的指控。① 从他三番五次地批评煽动民心的政客来看，我们很容易理解，针对他的这种不满和指控是如何产生的。现在，在《论财产交换》这篇演说辞中，他重整旗鼓，再次回应这种指控。

我们手上的这篇关于财产交换的演说辞其实并非伊索克拉底在诉讼中发表的演说。与绝大多数他的政治演说辞一样，这篇演说辞的内涵远比他自称的要丰富。② 表面上，为了反击公众的非难从而自证清白，他撰写了这部为自己的生活、性格和教育"辩护"的长篇大论——也就是说，他为自己的一生、自己的真正品质以及毕生所致力的教育事业作出了自认为是正确的解释。在这篇演说辞中，[133]他提请人们注意他的这种法庭演说、自我辩护以及自传写作的特殊混合，③希望人们理解，他将这种"多形式的混合"看作是其修辞技巧的一种特殊提炼。④对他而言，以法庭自辩的姿态发表演说，使他有可能说出所有对他有利的论点，如果以自吹自擂、自我美化的颂词来发表自己的论点，势必引起听众的不快和嫉妒。⑤ 柏拉图（凭借《申辩》）是第一个将辩护词转化为一种文学样式的人，一个伟大人物可以用这种文学样式为自己的"所作所为(πρᾶγμα)"辩护，并由此传达一种信仰的告白。⑥ 自我中心感极强的伊索克拉底必定深受这种新的自传体文学样式的影响，从而在《论财产交换》(Antidosis)这篇演说辞中，以自己的方式采用了这一文学样式。当然，他的一生没有任何奋勇拼搏的背景可以衬托苏格拉底在《申辩》中的那种高贵而坚定的形象；尽管如此，他还是清楚地觉得自己

---

① 《战神山议事会辞》57，《论和平》39。在《论和平》40 中，伊索克拉底（与柏拉图《高尔吉亚》中的苏格拉底一样）将自己比作为了治病救人必须烧灼和切除病灶的医生。不过，这个比喻并不怎么适合伊索克拉底，他只是从党派政治的角度来使用这个比喻。

② 伊索克拉底在《论财产交换》8 和 13 中这样说。托名普鲁塔克的《十大演说家传》837a 和 839c，错误地将这一虚拟的"控告"视为确有其事的控告。

③ 《论财产交换》6—8，10。

④ 《论财产交换》11—12；《驳智术师》16。

⑤ 《论财产交换》8。

⑥ 柏拉图，《申辩》20c。

的处境与苏格拉底非常相似,因为他抓住一切机会,通过模仿柏拉图的话语来提醒读者他们的相似处境,提醒读者自己遭受的就是人们针对苏格拉底的那种指控。① 他坦率地承认,他的挑战者和威胁他的所谓"危险"只是舞台道具而已;他本人也认为,他的这篇最冗长的演说辞也是气势最弱的一篇。② 尽管如此,作为自传的第一个真正范例,③或者作为一个伟人的生活和思想的自画像,④这篇演说辞仍然有诸多魅力;不过,除此之外,作为伊索克拉底的教育目的及其成功实现的最为详尽的呈现,它本身也非常有吸引力。⑤

伊索克拉底假装正在回答的指控,是他败坏青年,教授他们如何在法庭上使用不正当的手段谋利。⑥ 这显然是针对每一个修辞学[雄辩术]教师的指控,在为自己辩护时,伊索克拉底一开始就将自己与那些法庭演说辞的平庸写手区分开来——他们只知道训练学生从事法庭上的实际事务。在他最早的那篇教学方案-演说(即《驳智术师》)中,他曾明确地批评过这些被雇佣的廉价写手,⑦当人们将他的政治和道德教育与他们那种枯燥乏味的法庭工作相混淆时,他就火冒三丈。⑧ 他说,将他

---

① 自16世纪的人文主义者赫罗尼姆斯·沃尔夫(Hieronymus Wolf)以降,学者们就指出,伊索克拉底在《论财产交换》中的自我辩护是如何亦步亦趋地根据苏格拉底在《申辩》中的自辩来设计的。

② 《论财产交换》9。译注:参见上页注释②,"控告"是虚拟的,所以这里说他的挑战者和"危险"只是舞台道具而已。

③ 米施(G. Misch)关于《论财产交换》的评论,参见其《自传史》(Geschichte der Autobiographie)I,Leipzig,1907,第86页及以下;尽管他的这种评论对伊索克拉底有失公允。

④ 伊索克拉底在《论财产交换》7 中将这篇演说辞描述为"*εἰκὼν τῆς ἐμῆς διανοίας καὶ τῶν ἄλλων τῶν βεβωμένων*[我的思想和全部人生的真实写照]"。

⑤ 在《论财产交换》6 中,伊索克拉底说,他写这篇演说辞有三个目的:描述(1)他的性格和习惯(*τρόπος*),(2)他的一生(*βίος*),以及(3)他的教育,在《论财产交换》10 和其他一些地方,他将自己的教育称作"哲学"。

⑥ 《论财产交换》30。这种虚拟的指控与针对苏格拉底的那种实际指控的相似性是显而易见的。

⑦ 《驳智术师》19 及以下。

⑧ 哈利卡纳苏斯的狄奥尼修斯(《伊索克拉底》[*Isocr.*]18)说,针对伊索克拉底痛恨别人将他与那些法庭演说辞的写手相提并论,亚里士多德特别取笑了一番。(关于亚里士多德作为学园的一个修辞学[雄辩术]教师的工作,参见本卷第175页)亚里士多德告诉学生们,书店里有伊索克拉底撰写的成打成打的此类法庭演说辞——当然,这是他在开办学校之前为他的雇主们写的演说辞。在《论财产交换》中,伊索克拉底特别留心回答此类攻击,参见38 及以下。

与他们相提并论，他觉得就像把雅典娜雕像的创造者菲狄亚斯称为石匠，或者把宙克西斯（Zeuxis）和帕拉修斯（Parrhasius）的艺术品与画匠的廉价涂鸦相比一样。① 他三番五次地表达自己作为一个大艺术家的自豪感。这部分地要归功于这样一个事实，[134]即他的演说辞在内容上与他人不同，关乎的是整个希腊民族的利益，而非个人生活中的经济纠纷。② 但在形式上，与那些在普通法律纠纷中宣读的昙花一现的演说辞相比，伊索克拉底的演说辞与诗歌和音乐的关系也更为紧密，展示事实的风格更为形象，因而其效果也更可与诗性想象的韵律性创作相媲美。③ 这些演说辞的创作氛围不是日常生活的焦躁不安，而是一种高贵的闲暇。④ 这就是为什么（他接着说）他的修辞学［雄辩术］技艺会吸引那么多学生，而那些法庭演说辞写手们却没有一个能够真正组建一所学校的原因。⑤

伊索克拉底通过摘录一些精华的段落来解释其演说辞的内容和形式；这是为了使他的书面演说更有说服力。⑥ 他提供的入选段落，是可能的最清晰的证据，证明他的影响力建立在教导学生钦羡和仿效那些伟大典范之上，⑦正如他在此处所言，我们可以很安全地从中得出他实际上就是这样教导的结论。与这里一样，他在自己的学校中不只是讨论语言和写作技巧——最终的灵感来自于教师本人的技艺。关于这一点，他在最早的教学方案-演说《驳智术师》中就使用了"模仿"这个词，⑧而且模仿肯定已经成长为其教学方法的核心原则。他的教学方法意味着实际的完美是可以达到并获得认可的；那么，现在，在《论财产交换》这篇演说辞中，年迈的伊索克拉底就将他本人作为一个完美的典范、将他的作品作为人们模仿的范型呈现给了文学的世界。请注意，这就是全部古典

---

① 《论财产交换》2。

② 《论财产交换》46。

③ 《论财产交换》46—47。

④ 《论财产交换》48，39。

⑤ 《论财产交换》41。

⑥ 在《论财产交换》54 中，伊索克拉底把从他的演说辞中选择出来的那些段落比作水果的精选展示。

⑦ 《论财产交换》54 及以下。

⑧ 《驳智术师》18。

主义的根源。因为《泛希腊集会辞》在形式上的出类拔萃,同时因为它最好地显示了伊索克拉底的爱国主义情怀,他将它置于其他所有作品之上。① 在他对这篇演说辞的评论中,他更多地强调的是自己的雅典情怀,而非泛希腊理想,②显然是因为他的同胞曾对它提出过置疑。不过,既然早在两年前,他就已经公然把雅典海上帝国说成是万恶之源,③那么他就不可能原封不动摘引《泛希腊集会辞》了(他曾经在其中明确地支持雅典海上帝国)。因此,在对这篇演说辞的简要概括中,伊索克拉底用"支配权(hegemony)"这个中性词取代了他原来称之为制海权的东西。④ 在《论和平》中,作为一种荣誉性领导的温和类型,他给雅典推荐的是"支配权";如果希腊的海权国家有可能重归于好、团结一致的话,那么与基于武力的海上帝国相比,这种类型的领导更为可取。⑤

[135]伊索克拉底本人是一个爱国者,他确信他的《泛希腊集会辞》在雅典仍然会受到爱国主义情感的热烈欢呼;然而,重要的是,就在他节录了赞颂雅典的历史和权力的段落之后,他又从其最新作品《论和平》中摘引了一段文字,来抵消这种赞颂——而且是选择了他在其中呼吁永久和平、呼吁雅典放弃海上雄心的那个段落。⑥ 他很容易受到改变态度甚至彻底转变态度的指控;⑦因此,对他来说,最容易的辩护就是,将《泛希腊集会辞》和《论和平》介绍的两种理想,作为同一种教育方针的两种不同表达来展示。他本人,在引用了《泛希腊集会辞》之后,说

---

① 《论财产交换》57 及以下。

② 在《论财产交换》57 中,伊索克拉底以这样一种方式解释《泛希腊集会辞》的政治目的,以便给那些草率的读者留下这样的印象,即他坚持雅典统治希腊、希腊世界的领导权应归于雅典的主张。关于这一点,参见本卷第 87 页,注释①。

③ 参见本卷第 150—151 页。

④ 在《泛希腊集会辞》中,伊索克拉底不加区分地使用了"帝权($\dot{a}\varrho\chi\dot{\eta}$, empire)"和"支配权($\dot{\eta}\gamma\varepsilon\mu o\nu\dot{\iota}a$, hegemony)"这两个词。

⑤ 参见本卷第 151—152 页,并比较《论和平》64,其中,他建议雅典放弃海上帝国的梦想;《论和平》142 同样如此,它为雅典推荐了一种建立在其他国家自愿依附基础之上的"支配权"。

⑥ 《论财产交换》62 及以下。

⑦ 参见本卷第 150—151 页。显然,《泛希腊集会辞》中提出的帝国主义政策,与公元前 355 年雅典和平派(peace-party)的方案,不可能像《论和平》中解释的那样和平相处。在《论财产交换》中,伊索克拉底的目的之一就是取悦这个党派。

他的许多读者可能会认为,那时的雅典更需要对当下的错误进行谴责,而不是赞颂过去的成就,他从容不迫地将《论和平》这篇演说辞变成了他有意通过批评来教育雅典的一个例子。①

伊索克拉底的第三段节录取自《致尼科克勒斯》这篇演说辞。很清楚,在一些圈子里,他由于与塞浦路斯国王的友谊而受到特别的诟病,他们指控他从他的那个王室学生那里接受了大宗礼物。② 他回应说,他收受这些礼物当然不是因为他做了他的反对者们指控他做的事,即培养未来的君主在法庭上做一个辩护者的雄辩才能——他本来就是他自己土地上的最高裁决者。③ 他提醒公众,在《致尼科克勒斯》这篇演说辞中,通过坚持位高权重者的教育是一种特殊的必需品,他已经开创了一条新路线,而且他本人也提供了一个有价值的教育艺术典范。④ 至于国王对人民的敌意,他指出,他已经敦促国王要把为民众谋福利作为头等大事。他希望他的听众可以由此推断出,既然他在面对一个君主时都尽最大努力来维护其人民的利益,那么,他肯定认为,这更是雅典这样的民主政体的义务。⑤ 我们必须同意这是真的,伊索克拉底在此像《战神山议事会辞》描述的那样来解释"民主政体"。⑥ 不过,《论财产交换》没有引用《战神山议事会辞》,这可以说是伊索克拉底的灵活策略(尽管这篇演说辞尤其反映了其教育观的特征)。有人从这一遗漏中得出结论说,尽管所有的迹象都表明《战神山议事会辞》的撰写日期要更早一些,但那时它还没有写就;不过,笼罩整篇演说辞的自我辩护的动机使得这一结论根本站不住脚。⑦ 对伊索克拉底而言,[136]在此时此刻回想自己不成功的尝

---

① 《论财产交换》62。

② 在《论财产交换》40 中,伊索克拉底已经提到过这一点。

③ 《论财产交换》40。

④ 《论财产交换》67—70。

⑤ 《论财产交换》70。伊索克拉底强调他建议国王让他的统治尽可能地温和,因为温文有礼显示了一种真正的民主精神,参见本卷第 101 页。

⑥ 也就是说,平等是相称的平等,而不是机械的平等;原则是各正性命,各得其所(suum cuique)。参见《战神山议事会辞》21。

⑦ 关于这一主题的文献,参见克莱恩-皮宁,《伊索克拉底演说辞〈论和平〉与〈战神山议事会辞〉的写作日期》,Paderborn,1930;本人关于该书的评论,参见《伊索克拉底〈战神山议事会辞〉的写作日期和雅典人的反对意见》,前揭,第 412 页,注释 1。

试——通过将雅典置于一个小型的道德和教育权威的控制之下来限制雅典民主制度——会非常不合时宜。

他对自己作为一名政治教师所做工作的重要性做了一些评论,以此来结束自己的演说辞节录——这些演说辞已经证明了其工作的重要性。他说,这些工作比立法者的工作更为重要,因为立法者的影响局限于商业契约和城邦内部事务的领域。另一方面,如果大家听从他的建议,不只是考虑自己城邦的利益,那么,他的教育会使整个希腊民族受益。①在这方面,他用他自己的信念,即全希腊的利益是最高的道德法则,来证明他作为一个政治教育者的全部工作的正当性:因为,既然不存在一个泛希腊的国家通过立法来影响全希腊,从而实现他的某些目标,那么能够导致这样一种政治情境的唯一途径,就只能是教育和文化的力量。我们不能确定,在他所说的这些立法者中间,包不包括柏拉图在内。与此同时,年迈的柏拉图正在写作他的《法义》;雅典的所有智识人必定都知道这件事。柏拉图的这部著作在他行将就木之际,使人们对他的教育理想有了新的认识。不过,尽管柏拉图借此在众多的希腊立法者中占据了最后的一席之地,但伊索克拉底不会就因此而对他钦佩有加:因为,他说,"人们喜爱最古老的法律和最新的演说辞"。②而这正是他自己的目的所在——他不想去跟希腊历史上的那些伟大立法者一争高下,而是要成为全希腊的政治顾问,在眼下这个危急关头寻求解救之道。③不过,他作为一名教师的工作,(他继续说)也比那些劝诫人们要节制和正义的哲学家和智术师的工作更为重要:因为,他们对 phronésis(即道德知识以及与之相应的行为)的召唤,只对少数个人有效,而且只要能赢得少数人的共鸣,他们就心满意足了。④然而,伊索克拉底的教育则旨在整个城邦;他竭力敦促全体公民去承担既能使他们自己幸福,又能将其余希腊人从他们目前的困境中解救出来的伟大事业。⑤

---

① 《论财产交换》79。
② 《论财产交换》82。
③ 《论财产交换》81。他还指出,另有数目众多的立法者。
④ 《论财产交换》84。
⑤ 《论财产交换》85。

《论财产交换》这篇演说辞，是伊索克拉底竖立的一块用来纪念和颂扬其教育学说的纪念碑。他的学说在碑上具体体现为一组他本人的作品，与之相对的是他的一群最伟大的学生——从其职业生涯的开端直至其这篇演说辞发表之日。[137]现代读者对这座纪念碑的文学方面更感兴趣：当我们看着它时，如见其人，如闻其声；但对雅典人来说，尤其是对那些不知道这篇演说辞的人来说，一连串在伊索克拉底的学校里历练过的政治家和伟大公众人物，其意涵肯定比其字面意思要丰富得多。因为他们是伊索克拉底教育力量的活的见证，他把自己的一生献给了母邦的教育事业。任何人都可以在他们身上看到他说的教育是什么意思；在将他们培养成他们国家的领导者方面，伊索克拉底的工作几乎罕有其匹。后来，这种考察才扩大到他的竞争对手身上。亚历山大里亚的学者们，试图通过跟踪柏拉图的各种不同类型的学生的政治生涯，来衡量那些伟大的哲学学派（尤其是柏拉图的学园）的政治影响力。① 他们中的许多人曾经有过作为政治实验者和革命者的短暂而激烈的生活经历。在前面的章节中，我们解释过这一事实的原因：他们对理论问题的极端兴趣，常常导致他们成为思心玄微的遁世者；但从他们那个时代的现实国家的立场看，因其缺少权略机变而没有能力为其城邦做出现实的贡献、不能对城邦产生现实的影响，是他们中绝大多数人的典型特征。当伊索克拉底在《论财产交换》中写下其学校的历史时，他显然觉得，在雅典同胞的心目中，他的学生们为他们自己的城邦

---

① 卡里马库斯（Callimachus）的学生赫尔米普斯（Hermippus）撰写了《论那些成为专制统治者的哲学研究者》(On Students of Philosophy who have become absolute Rulers)一书。这是我们从重新发现的菲洛德穆（Philodemus）的斯多亚派和学园派的名单中得知的，我们对该书的内容知之甚少。僭主阿塔纽斯的赫尔米亚斯（Hermian of Atarneus）是亚里士多德的岳父和挚友，他连同其政治顾问——即柏拉图的学生埃拉斯图斯（Erastus）和克里斯库斯（Coriscus）——自然在其中扮演重要角色。（参见柏拉图，《书信》6，以及拙著《亚里士多德：发展史纲要》，第111页及以下。）迪翁也必定是其中之一，还有许多年轻的柏拉图主义者——诸如塞浦路斯的欧德谟斯（Eudemus）及其同伴，他们参加了反对叙拉古僭主的斗争；但迪翁的谋杀者卡里普斯（Callippus）——他夺取了他的牺牲品的权力（并以一种专制的方式运用这种权力）——也是柏拉图的学生；在本都的赫拉克利亚（Pontic Heraclea），柏拉图和伊索克拉底的一个学生说克利尔库斯（Clearchus）使自己变成了僭主，并被柏拉图的学生希翁（Chion）所刺杀和推翻，参见迈尔（E. Mayer），《古代史》(Geschichte der Altertums)，第五卷，第980页。

做了那么多,这一事实必定已经部分地证明了自己的清白和无辜。

不过,这再次引发了一个古老的问题:教育究竟在多大程度上要为自己培养的对象负责?在《高尔吉亚》中,柏拉图曾经指责旧式的法律修辞学[雄辩术],因为它为其行家里手传授颠倒黑白、混淆是非的妖术。伊索克拉底曾经在其职业生涯的开端就抗议过这一指控,并坚持认为,宵小之辈滥用这个世上的好东西,罪在人而不在物。[①] 但在其职业生涯行将结束之际,他准备为学生们负全责:假如他们现在功绩昭彰,那么无可否认,他们所做的一切他都有份。[②] 他将这一切留给读者自己判断;但他显然在思考自苏格拉底之死开始的、关于苏格拉底与他的学生阿尔西比亚德和克里提亚的关系的讨论。苏格拉底派费了九牛二虎之力,才免除老师对两人在雅典历史上最阴暗的时期所作所为的责任。[138]但正如伊索克拉底本人所言,他没有必要隐瞒任何一个曾经伤害过雅典的学生的罪行。[③] 这会让所有读者想起他的全部学生中最著名的那位,科农的儿子提谟修斯。就在这篇演说辞发表几年前,提谟修斯曾经两次在第二次海上同盟中担任雅典的舰队司令和首领,两次将雅典带至权力的顶峰。然而,由于他在同盟战争中的行为,他遭到了弹劾,被解除职务,并判处高额罚金,且死于不久之后的自愿流亡途中。人们自然而然地认为他败坏了伊索克拉底的名誉;因为大家都知道这二人的关系如何紧密。每个人都知道他们的关系不仅是友谊那么简单,而是一种众所周知的政治同情关系。伊索克拉底曾数次担任提谟修斯的政治宣传员,[④]而提谟修斯也将其政治原则归功于伊索克拉底的教导。因此,当现在伊索克拉底说,他准备为其全部学生的行为负全责时,他是在向公众的意见挑战——这对一个平日里小心翼翼、生怕冒犯大众敏感情绪的人来说,实在令人震惊。

促使伊索克拉底以这种方式对雅典公众讲话的动机相当复杂。他

---

① 参见《尼科克勒斯》4,以及这篇演说辞的全部导言。

② 《论财产交换》95—96,104。

③ 《论财产交换》98及以下。

④ 参见本卷第110—111页,第135页及以下,以及拙著《德摩斯梯尼:其方针的起源和发展》,第200页。

可能是因为那些不负责任的批评而深感忧虑，这些批评一直在流言蜚语中传播，指控他是体现在其学生提谟修斯身上的那种政治守旧的精神教父。既然他在第二次雅典海上同盟的失败和瓦解一事上全力支持提谟修斯，他必定会觉得确保其朋友的名声不受玷污非常重要——至少在那些他很尊敬的人的记忆中不受玷污。再者，这一事件似乎在很大程度上也关系到伊索克拉底自己的学校及其教学的声誉；①而且，他害怕他的教育和实际政治之间的紧密联系——伊索克拉底对这种联系深感自豪，从一开始就试图建立和保持这种联系——会危及其平生志业。所有这些事实紧密相连，伊索克拉底做出决断，必须用自己作为一个作家和道德家的全部声誉来支持这位伟大学生的事业。他对"反民主倾向"指控的恐惧，对这一事件真正事实的洞察，最重要的是对提谟修斯品格的认知，都给了他勇气做出这一反击——这在他的所有作品中都是独一无二的。[139]演说辞向我们展示了伊索克拉底职业生涯——它表面上如此成功——的全部悲剧：对他而言，这种悲剧也是雅典城邦的悲剧。归根结底，这还是那个老问题，即当一个伟大人物与民众在希腊民主制度的框架内互动时，他们之间的关系问题。

伊索克拉底绘制了一幅提谟修斯的伟大品格的画像，并将其置于他作为第二次雅典海上同盟的将军和领导者的光辉业绩的背景之下。不过，伊索克拉底对他的慷慨赞颂并非夸大其词，他功勋显赫，名至实归。伊索克拉底历数提谟修斯攻占过的城市，他发现，与早先雅典将军们的胜利成果相比，提谟修斯远远超过他们所有人。② 他的那些最重要的胜利的名称，就像聚集在纪念碑基座上的那些象征性人物：西海岸的科西拉（Corcyra）、伊奥尼亚的萨摩斯（Samos）、赫勒斯滂的塞斯托斯（Sestos）和克利托特（Crithoté）、色雷斯海岸的波提狄亚（Potidaea）和托罗涅（Toroné）；阿尔吉亚（Alyzia）之战；与斯巴达在海上交锋，并迫使斯巴达签订和平协议，确立雅典的海上领导权，导致斯巴达在与底

---

① 参见《驳智术师》21；《海伦颂》5。伊索克拉底的主张（《泛希腊集会辞》3—4），即修辞学［雄辩术］讨论这个世界上"最重大的问题"——比如，现实政治问题——可以追溯到他的老师高尔吉亚那里；参见柏拉图，《高尔吉亚》451d。

② 《论财产交换》107。

比斯的留克特拉决战中惨败，并最终推翻了卡尔西迪亚联盟（Chalcidian League）。① 尽管赢得这些胜利的提谟修斯声名卓著，但他是一个令人惊讶的人，全然没有早期将军们的那种英姿勃发。他不是体格强健、身经百战的勇士，而是一个纤弱而敏感的人。与满身战伤的霸气剑客卡莱斯（Chares）相比（卡莱斯是激进派的偶像，尽管伊索克拉底没有指名道姓，但这个人无疑曾浮现在他脑海中），他是现代将军的十足典范。提谟修斯任命卡莱斯这样的人为将领和副官，而他自己则处处展现一个优秀的统帅在军事和战略方面的素养。② 他把每一场战争看作是一个整体，首要的能力是要知道谁是自己的敌人，谁又是可以依靠的盟友，他在这方面的判断力无人能及。他永远把战争既看作军事问题，又看作政治问题。在所有军事行动中，他想方设法不受后方供给的影响，自己筹措绝大部分战争费用，不从城邦获取帮助，但他仍然取得了圆满的成功，让全希腊输得心服口服。③ 在打造一支军队以达成任何一个目标方面，他是一位大师，他知道怎样与士兵一起生活，忍受军旅生活的艰辛和困苦，又能寻找军需物资来保存自己。④ 他的力量不在于武力威胁；他是一个道德征服者。通过赢得友谊和信任，他获得了一切，而他的继承者们则因激起了希腊人对雅典的仇恨而失去了一切。与关心自己在军中的威望相比，他更在乎雅典在希腊人中的声望。⑤

[140]希腊其他城邦对雅典的猜疑和敌意造成了第二次雅典海上同盟的崩溃，⑥伊索克拉底对提谟修斯品格的全部刻画显然都着眼于这一点。伊索克拉底虽然没有明确这样说[提谟修斯的德性和智慧使雅典得到了其他城邦的信任和尊敬，反对派则收获了猜疑和敌视]，但他将雅典所有的不幸都归结为这样的事实：即他们不能辨别出谁才是他们的真正领袖。他将提谟修斯与另一位当时备受尊崇的领导者，即斯巴达的莱桑德（Lysander）相比较，认为前者才是最理想的将军，而

① 《论财产交换》108—113。

② 《论财产交换》114—117。

③ 《论财产交换》117—118,121。

④ 《论财产交换》119。

⑤ 《论财产交换》121—124。

⑥ 伊索克拉底预见到了这一灾难，参见《战神山议事会辞》8,17,81；《泛希腊集会辞》142。

后者只是凭偶然的机遇才一举成名。提谟修斯在处理各种困难时总能头脑清醒，妥善应对，而事情的结果也总是能证明他的英明。① （他说），雅典人肯定会觉得，他对这样一个被他们罢免了三次的将军的赞颂是对他们自己的严厉谴责，因为提谟修斯占领了如此众多的城邦，且从未失守任何一个城邦，却被处以叛国之罪。从绝对公正的立场看，伊索克拉底无法拒绝这样的结论：即雅典人对他们自己最伟大的公民的所作所为实在是残忍而可耻。然而，如果考虑到人性的愚昧和无知，我们就很容易理解那种忌妒心理（它主宰着人们的行为，使每一件伟大而光辉的事情都变得黯淡无光）、理解时代的混乱和困惑。② 不仅如此，在某种程度上，提谟修斯本人也促成了人们对他的这种误解。以承认这一点为前提，伊索克拉底自然而然地离开了政治辩论，走向自己的领地，即教育领域。（他指出）提谟修斯既不反对民主制度，也不是人类的敌人；他既不傲慢自大，也没有类似的恶劣品质；他的高贵灵魂对一个将军而言非常有益，但却使他在日常交往中寸步难行，使他在他人看来非常傲慢和严厉。③ 在这里，伊索克拉底认可了这样一个事实，这一事实对我们评估他与他的学生的关系极其重要，因为它表明了他对提谟修斯的教育影响力，在提谟修斯停止其"受监护人身份"[学生身份]（in statu pupillari）之后还在发挥作用，直至其职业生涯的顶峰：

> 他经常听我这样说：一个希望获得公众认可的政治家，必须选择最佳的、最有用的行动，他的言词必须最真实、最公正——但与此同时，他必须对自己的一言一行万分小心，以便赢得宅心仁善与和蔼可亲的令名。④

此处，伊索克拉底插入了一整段对提谟修斯的劝诫讲话。这段

---

① 《论财产交换》128。
② 《论财产交换》130。
③ 《论财产交换》131。
④ 《论财产交换》132。

话不是想要对实际上已经说过的话做大量的重复,而是作为他曾经给予提谟修斯的那种教导的一个显著例证。在直接生动的讲话中,伊索克拉底向读者表明了,[141]作为老师,他是如何以私人谈话的力量来掌控英雄的高傲灵魂的。没有人不会想到这件事在荷马那里的原型,当伊索克拉底撰写这一真实和幻想相混合的演说辞时,他必定想起了荷马的原型——《伊利亚特》第九章中菲尼克斯对阿喀琉斯的警告。此处面临的问题是一样的:怎么才能束缚住一个"巨大的灵魂(megalopsychos)",一个自尊自重、自视甚高的人的感情? 怎么才能让一个勇力非凡、超凡脱俗的英雄适应人类社会的框架——人类社会并不总是向他们表达他们应得的谢忱和感激之情? 这种努力的悲剧性失败——无论是在荷马那里,还是在实际生活中,都是因为英雄自身的高傲本性——在提谟修斯和伊索克拉底的这一幕中投下了冷酷而不详的阴影。①

　　伊索克拉底对提谟修斯解释说,大众的本性喜好喜眉笑脸,与为他们寻求实际利益的人相比,他们更喜欢投其所好的奉承者。他们宁愿被那些对每个人都笑脸相迎的人出卖,也不愿意接受那些随从众多、出行前呼后拥之人的帮助。而提谟修斯却从未对此稍加留意,因为他相信,如果他在城邦的对外事务中取得成功,国内的政客与民众也会对他以诚相待,与他和睦相处。然而,实际情况往往相反。② 他不明白,他们不是根据他的行为的真正性质来判断他,而是按照他们自己对他的感觉是否良好来判断他的。如果他取悦他们,如果他们喜欢他,那么无论他多么失策,他们都会忽略不计;一旦成功,他们就会说他功高盖世。③ 尽管在外部政治中,他运用各种方式为雅典寻求全希腊其他城邦的善意,因为他知道这种善意会带来巨大的好处,但他没有意识到他自己也需要来自雅典的善意,没有意识到这一因素在国内政治中的重

---

① 关于菲尼克斯对希腊的教化、对一切教育的局限性的悲剧意义的重要性,参见本书第一卷,第 35 页及以下。这是希腊人的典型特征;同样的问题会在遥远的后世再次出现,而眼前的危机(提谟修斯-伊索克拉底)会以某种方式融入由神话故事呈现的理想画面之中(阿喀琉斯-菲尼克斯)。

② 《论财产交换》133。

③ 《论财产交换》134。

要性。① 尽管他知道那些得到民众信任的人的权力，但他无法做到降志辱身，对那些煽动民心的政客妥协让步，与他们同流合污。② 在其他一些演说辞中，伊索克拉底完全同意提谟修斯对那些煽动民心的政客的评价；③但在这里，为雅典和提谟修斯计，伊索克拉底似乎倾向于稍稍收回自己的话；他批评提谟修斯毫不妥协的自重，因为他拒绝这些劝告：

> 当我这样劝告他时，他承认我所言不虚；但他不能改变自己的本性。他是一个君子，绝对配得上我们的城邦，配得上希腊——但他是一个与众不同的人，他无法与那些不能忍受卓越者的人为伍。④

除了上述具有深远历史意义的片段之外，《论财产交换》这篇演说辞的形式，[142]使伊索克拉底有可能插入一段关于其私人经济事务的讨论——关于自己的财产规模和演说费用的讨论：因为他的这篇演说辞假装是在回答另一个雅典人与他交换财产的挑战，因而他"不可避免地"要提到自身职业的相关收入问题。⑤ 他几乎是以闲聊的方式，漫不经心地将此一笔带过。⑥ 尽管他是以一种辩护的口吻来表达的，但我们不会不注意到他言谈中的那种沾沾自喜。他在导言中提到的人们对他的攻击——他从他的学生，即后来萨拉米斯的国王尼科克勒斯那里收受了大量昂贵的礼物——证明了这一点。⑦ 他的巨额财富注定要激起大众的嫉妒和贪欲；因为在早期，人们自豪

---

① 《论财产交换》135。
② 《论财产交换》136。
③ 《战神山议事会辞》15；《论和平》36，124。
④ 《论财产交换》138。
⑤ 《论财产交换》140 及以下。
⑥ 《论财产交换》141。参见他与那些警告他不要公开发表《战神山议事会辞》的朋友们的秘密讨论（《战神山议事会辞》56 及以下），以及他与他之前的一个学生的谈话（《泛雅典娜节演说辞》200 及以下）。这三种情况都证明，他非常习惯于在自己的学生听众面前发表演说，因为他对演说辞预先做了练习和"改进"（《泛雅典娜节演说辞》200）。
⑦ 《论财产交换》40。

地炫耀自己的财产，拥有财富是一件安全且令人赞赏的事情，而在伊索克拉底的时代，即使是光明正大获取的财富，几乎所有人都想隐匿，因为他们害怕失去。① 伊索克拉底没有把财产问题当作一个枝节问题来对待。这一问题显然是一个要点，他希望将读者的注意力引向这个核心问题——因为无论在他自己眼里，还是在绝大多数他的同时代人眼里，其教学工作的物质收益是判断他发财与否的最终标准。② 他告诉我们，将一个教师的薪水与演员的收入相比是错误的，我们应该在同一个行业、同等级别的人中间作比较。③ 他给出的第一个例子就是他的老师高尔吉亚，当色萨利人在希腊人中间最为富裕时，高尔吉亚在色萨利任教；他在任何城邦都没有固定居所，因此没有纳税义务，不需要为公共开支承担责任；而且他没有结婚，不用养育后代，他被认为是这一行中挣钱最多的人。即使如此，他在去世时也只留下了 1000 斯塔特。这是对伊索克拉底个人财产大致情况的一个谨慎暗示。④ 他补充说，他生活节制，在自己身上花的钱远远少于履行公共义务的开销。⑤ 他赚的不是雅典人的钱，而是那些慕名而来的外邦人的钱，因而他实际上促进了雅典的繁荣。⑥ 在这一点上，我们最容易看到伊索克拉底及其教学的那种有产者的务实品格。只要将其与柏拉图的那种高洁姿态一比较就知道了，柏拉图从未将哲学作为一桩生意来做！伊索克拉底的每一篇作品都极为坦率地表明，他是多么看重金钱本身。⑦ 在对他进行判断时，我们必须牢记，他遵循的是在他之前的智术师和演说家们开辟的道路。与医

---

① 《论财产交换》159 及以下；《战神山议事会辞》33—35。

② 我们很容易在《论财产交换》145 及以下中读出这一点。

③ 《论财产交换》157。

④ 《论财产交换》156,158。在这一点上，与其他方面一样，伊索克拉底显然很愿意别人将他与他的老师相比较；但他一点也不愿意别人将他与那些收入很少的智术师和教师相比较（《论财产交换》155）。

⑤ 《论财产交换》158。

⑥ 《论财产交换》164。

⑦ 伊索克拉底对这一事实颇感骄傲：尽管他曾经有过一个富裕的童年，但当他父亲的财富在伯罗奔尼撒战争中被摧毁时，他可以凭教授雄辩术而自谋财路。参见《论财产交换》161。

生一样，他们总是从自己的顾客那里收取他们看起来合适的费用。我们千万不要忘记，柏拉图对这件事的感觉纯粹是一个例外。①

[143]正如我们已经指出的那样，《论财产交换》这篇演说辞，是伊索克拉底以一种为其教育辩护的形式，对自己的生活和工作的自传性叙述。他先是列举了几篇典型的演说辞，然后列出学生的名单、历数他们的功绩，当然也谈到了公众对其教学的高度评价——求学者的迫切愿望以及他们为此支付的高额学费证明了这一点。最后，在演说的最后部分，他对自己的教学工作做了一个一般性的说明，解释了其教学的基本原则。② 一开始，他就说，公众关于哲学和高级教育之价值的意见是如此飘忽不定，以至于他很难让自己得到别人的理解。③ 从他早期对教育工作的规划——《驳智术师》和《海伦颂》的导言——我们知道，他总是小心翼翼地将自己与其他人相区别，从而表明自己的立场。因此，辩护的最后部分努力想让同时代人不要将他的那种教育与其他人的相混淆。在与他不赞成的那些理想断绝关系时，他抓住机会对它们进行评判和谴责。许多人依赖我们所选择的那种教育，因为谁拥有青年，谁就拥有城邦；④伊索克拉底的论点受到这一信念的启发，为了唤起大家的兴趣，甚至是那些公开承认不关心这些问题的人的兴趣，他有意将这一点作为最重要的问题提出来。他认为，教师对青年的影响与其说是在他们个人的发迹方面，还不如说是在城邦的安全和福祉方面。如果教育和文化腐蚀青年这一点确凿无疑，那么我们就应该将其连根拔起；但是，如果它们有利于城邦，那么我们就应该停止对它们的诽谤和中伤，并严惩那些以诉讼来威胁它们的谄媚者，我们应该鼓励年轻人花更多的时间在这上面，致力于这种最为重要的追求。⑤

---

① 伊索克拉底关于钱财所说的一切，令人想起公元前五世纪最后一代人的那种"维多利亚时代"的观点，他就属于这个时代。他在贫困中永远觉得不自在，他也永远感觉不到公元前四世纪中叶的那种"社会良心"。

② 演说辞的这个主体部分，始于《论财产交换》167。

③ 《论财产交换》168。

④ 《论财产交换》174。

⑤ 《论财产交换》175。

伊索克拉底认定，一切高级的智力教育依赖于我们相互理解的能力的培养。它不是任何一个领域的实际知识的积累；它与维系社会的力量密切相关。这些都可以用"言辞(logos)"一词来概括。① 这个意义上的高级教育意指运用演说艺术的教育，[144]事关社会生活的重大事务——希腊人将其称之为"城邦事务"，即τὰ πολιτικά或"政治"。人是由身体和灵魂两个部分构成的存在，身体和灵魂都需要照料，这就是为什么逝去的先祖创造体育和智育的双重体系的原因。② 这里，伊索克拉底没有将后者习惯性地称作"音乐教育"，而是称为"哲学"，即"爱智慧"——因为，作为一个希腊人，他自然知道诗歌以及其他"音乐"艺术与精神塑造的关系。③ 他继续说，在体育和哲学这两种形式的教育之间存在着一种深远的平行互补关系。它们二者天然都在于 gymnasiai，即练习。体育教练传授为身体对抗而设计出来的基本姿势，哲学[修辞学]教师则说明言辞所运用的基本模式。这里，与在《驳智术师》中一样，伊索克拉底是在谈论他关于演说辞的"类型(Ideas)"或形式的观点，尽管只是以一种含蓄的方式，就像他关于自己的方法的一般描述中那样。④ 正如我们已经表明的那样，当柏拉图在《王制》中阐述他的教化时，他以同样的方式对待"型"学说的技术方面。不仅是在这种关于语言的形式(Ideas)的观点上，而且还在任何有关知识、练习、和洞察

---

① 在《泛希腊集会辞》48 及以下和《尼科克勒斯》6 中，他已经解释过这一点。

② 《论财产交换》180—181。

③ 将体育和"音乐"教育改变成体育和"哲学"(＝修辞学[雄辩术])教育表明，伊索克拉底突破了希腊传统教育的藩篱，迈出了一步，通过引进一种新的更高级的智力文化的形式，取代了原有的诗歌教育类型。尽管如此，正如柏拉图在《王制》中为他的哲学王所设计的教育体系那样，伊索克拉底的"哲学"教育也以传统的音乐教育为前提。伊索克拉底在耄耋之年(《泛雅典娜节演说辞》34)仍想要写一写诗歌在文化中的地位问题；不过，他没有设法做到这一点。

④ 《论财产交换》182—183。言辞的模式或"类型"是身体的姿势和"架势(schemata)"的理智对应物，教练教授身体的姿势和架势是用于身体的对抗。修辞学[雄辩术]教学以对演说辞的基本模式的分析开始。然后，老师教学生如何将这些要素融合为一个整体，如何将具体的材料分门别类地纳入在第一次分析中得到的一般样态之下。关于 συνείρειν καϑ ἕν ἕκαστον[融会贯通]的过程，参见《论财产交换》184。这一双重过程的要点是给学生经验(ἔμπειρον ποιεῖν)，并磨炼(ἀκριβοῦν)学生对这些模式的洞察力，以便使他更好地理解具体个例。这种教学方法其实建立在培养一般经验的基础之上：它不可能提供给学生绝对可靠的知识。

时机的事情上，《论财产交换》这篇演说辞都是在重述他在《驳智术师》中发展出来的观点。① 因此，他的修辞学［雄辩术］教育体系的基本原则并没有发生什么变化。这一点同样适用于他对教育的各个要素——天赋、实践和训练——的重要性的评价。② 他从早期的那个教学规划中摘引了很长的一部分，用以表明早在那个时候，他就已经清楚地阐明了自己关于教育的价值的相对保守的观点——在漫长的教育生涯行将结束之际，他仍然坚持这种观点。③

现在，他转而抨击那些藐视教育的人。④ 这些人可以分为两类。第一类认为智术师不是下套作假，就是诈骗，从根本上否认教育既能使人掌握演说的技艺，又能使人正确处理事务的可能性，这方面的优秀者只能归因于天赋。⑤ 第二类勉强承认，他的教学规划中的智力教育和修辞术教育部分是可能的，但声称它使人道德败坏——因为它引诱他们滥用通过学习获得的智识优势。⑥ 这两个问题显然都在智术师惯常讨论的主题之内，[145] 智术师们常常将知识是否可教，以及他们所教的知识是否会使人堕落，作为其教学的导论。一个显见的例子就是，柏拉图的对话《普罗泰戈拉》中，普罗泰戈拉关于教育之可能性的演说。⑦ 伊索克拉底驳斥了这些否认教育之可能性的人——其中的一些论证重现于被归诸普鲁塔克的教育论文中。在早先的章节中，我们将这一思想线索追溯至早期智术师的教育理论。伊索克拉底似乎是从他们那里接收这种理论。⑧ 正如身体——即使是最柔弱的身体——会因为得到了悉心照料和精心保养而变得强健，正如动物经过驯化会改变其品性，因此，也存在一种塑造灵魂的教育类型。⑨

---

① 参见本卷第 73 页。

② 《论财产交换》187 及以下。

③ 《论财产交换》194。摘引的这一段是《驳智术师》14—18。在《论财产交换》195 中，伊索克拉底强调了这两部作品所表达的观点的一致性。译注：所谓的"相对保守的观点"，即认为主要靠天赋，但后天的教育是可能的，而且绝非无足轻重，所以伊索克拉底接下来就"转而抨击那些藐视教育的人"。

④ 《论财产交换》196 及以下。

⑤ 《论财产交换》197。

⑥ 《论财产交换》198。

⑦ 柏拉图，《普罗泰戈拉》320c 及以下。

⑧ 参见本书第一卷，第 384 页。

⑨ 《论财产交换》209—214。

外行很容易低估时间因素的重要性，除非他们在短短几天之内，或者至少在一年之内就看到结果，否则便不相信教育的力量。① 伊索克拉底在此重申了他的观点，即教育的效果有几个不同的层次。② 但是，就算如此，他仍然坚持认为，在具有一定能力的人身上都可以看到教育的效果。无论是在较低的层次，还是较高的层次上，所有人身上都有接受过同一种教育的印记。如果老师没有传授给他们一种共同的习惯和技艺，那么他们呈现出如此相似的状况是不可能的。③

针对第二类人的指控，伊索克拉底指出，人的动机无非是快乐、利益和荣誉，这三条没有一样能诱使一个教师故意败坏自己的学生。④ 教师的最高和最好奖赏，是他们中的一些人经过努力达到了美善之境（kalokagathia），是他们的人格在道德和智力两方面都得到了充分的发展，是他们赢得了同胞的高度认可和发自内心的尊重。他们是他的最佳推荐信，而那些坏学生则注定会使人们对他反感。⑤ 即使教师本人缺乏自制的能力，不能为自己的理智负责，忽视真正的价值而一味追逐快感，他也不会因此希望自己的学生放荡颓废，因为他不能分享学生不节制时的快感，甚至还可能为自己招致所有的坏名声。⑥ 但是，如果学生本来就朽木难雕，品行败坏，那么，要教师对此负责是不公平的。人们应该根据其优秀的代表来判断教育的价值，而不是根据不能利用任何文化的堕落分子来判断教育的价值。⑦ 伊索克拉底没有进一步深究柏拉图提出的问题——"真正的"文化[教育]是否有可能被不当地使用或者被毫无道德地滥用。在伊索克拉底心中，文化[教育]与其说是一种目的，不如说是一种手段。它既不主张改变整个人性，也不去努力改变整个人性，而是预先假定学生已经具备一种健康的道德意识。我们

---

① 《论财产交换》199—201。

② 《论财产交换》201—204。

③ 《论财产交换》205—206。

④ 他从《论财产交换》215 开始驳斥第二类人的指控；这类指控认为，用修辞学[雄辩术]（=φιλοσοφία[哲学]）来教育年轻人是可能的，但也是危险的。关于教师的动机，参见《论财产交换》217 及以下。

⑤ 《论财产交换》220。

⑥ 《论财产交换》221—222。

⑦ 《论财产交换》223—224。

稍后会表明，关于这一主题，伊索克拉底仍言犹未尽。① 不过，现在，他问道：为什么他的学生从西西里或黑海跋山涉水不远千里来到雅典向他求教？［146］难道是因为他们家乡缺乏败坏他们品格的邪恶之人吗？难道他们付出如此高昂的代价前来求学，是为了成为密谋者和职业讼棍吗？不，这些人漂洋过海、历经磨难来到雅典，是因为最好的教师生活在雅典。② 修辞学［雄辩术］文化本身并不会使人贪得无度和心怀歹毒，正如很多帮助雅典达到权力顶峰的政治家们所表明的那样——因为他们都拥有这项天赋，而且借此达到了他们的目的。正是那些最杰出的演说家给雅典带来了大多数荣耀。伊索克拉底不仅举梭伦和克里斯提尼为例——他们创建了"先祖的政制"，还以雅典帝国时代的伟大人物第米斯托克利和伯利克里为例。③ 这些人是同一种演说文化和城邦政策的典型，柏拉图在《高尔吉亚》中曾经指责过这种演说文化和城邦政策，在《美诺》中，柏拉图断言他们所谓的知识不过是建立在"神的分配"之上的意见而已。④ 伊索克拉底当然知道这些反对意见；但正如柏拉图之前的雅典人和柏拉图之后的大多数人雅典人看待梭伦和其他人物那样，伊索克拉底以同样的态度看待他们——他们是一切德性的最高标准。因此，除了有可能被误用之外，修辞学［雄辩术］没有什么可以被指责的：任何技艺都可能被误用。⑤ 但这不能改变伊索克拉底对言辞的教化力量的信念。正如其思想的所有基本原则都要在其最终阐述中重现一样，为对自己的观点做一个全方位的综合，伊索克拉底逐字逐句地重述了尼科克勒斯对言辞（Logos）的高度颂扬——这是他借尼科克勒斯之口在以尼科克勒斯为名的演说辞中所表达的——并以此来结束这个部分的辩护。⑥

　　显然，伊索克拉底对其教育的这番辩护，与其说是针对公众意见的

---

① 参见本卷第 180 页。

② 《论财产交换》224—226。

③ 《论财产交换》230—236。

④ 参见本书第二卷，第 167 页及以下，第 195—196 页。

⑤ 《论财产交换》251—252。

⑥ 《论财产交换》253—257。这里对言辞（演说）的赞颂，是从《尼科克勒斯》5—9 中照搬过来的，参见本卷第 104—105 页。

辩护，不如说是针对教育的其他代表人物的辩护。在这番辩护的结尾部分中，他对柏拉图学园的强烈反对昭然若揭。他尤其指责学园成员们的一个错误：他们比其他任何人都更懂得言辞的力量，但他们仍然像那些蒙昧无知的人那样劲头十足地贬低修辞学［雄辩术］，目的是想抬高自己，使他们自己的那种教育显得更有价值。① 这话里包含着大量个人情绪；但伊索克拉底显然在竭力抑制这种情绪，尽管他从不掩饰对柏拉图学派的反感。他说，他有充分的理由说得比他们说他的更尖酸刻薄，但他不想自贬身份，与那些被嫉妒所扭曲的人同列。② 这些话不仅源自修辞学［雄辩术］与哲学之间的原有职业竞争——［147］这一点在《海伦颂》和《驳智术师》中已经充分陈述过了——还明显带有个人恩怨的语气，这是不难理解的。有一种传统说，当亚里士多德在柏拉图学园中任教时（也就是在柏拉图晚年），他引入了修辞学［雄辩术］教学。亚里士多德在讲课时，滑稽地模仿了欧里庇得斯的一行诗——

　　沉默不语是可耻的，让伊索克拉底说！③

　　他开这门课的目的是为了满足正规教学的需要：为完善辩证法教学的现有课程，他才增加了修辞学［雄辩术］教学。不过，这也是一种将

---

① 《论财产交换》258。

② 《论财产交换》259。

③ 亚里士多德关于修辞学［雄辩术］的讲座的传统记载，参见布拉斯，《从高尔吉亚到吕西阿斯的古希腊雄辩术》（*Die attische Beredsamkeit von Gorgias bis zu Lysias*）II 64；主要段落是昆体良，《雄辩术原理》（*Institutio Oratoria*）3.1.14，以及菲洛德穆（Philodemus），《论雄辩术》（*rhet.*）2.50（Sudhaus）。引用的这行诗是对欧里庇得斯的《菲洛克忒忒斯》（*Philoctetes*）（残篇796，诺克编）的滑稽模仿。关于修辞学［雄辩术］与文化之关系的研究，亚里士多德发表的第一部作品，即已轶对话《格里卢斯》（*Gryllus*）或《论修辞学［雄辩术］》（*On Rhetoric*）——它是对柏拉图《高尔吉亚》的模仿——可以根据其标题来确定撰写日期。它是以色诺芬的儿子来命名的，他在反抗底比斯的战争中的英勇牺牲（公元前362年），引来了大量赞颂之词（ἐγκώμια），这些颂词绝大部分是用来"取悦（χαρίζεσθαι）"他的那位著名的父亲色诺芬的。亚里士多德的批评就是从这一不同寻常的现象开始的；亚里士多德的现存著作《修辞学》（*Rhetoric*）中的最古老部分，可以追溯至他还在柏拉图学园中任教时期。关于这一主题的富有启发性的论述，参见索尔姆森，《亚里士多德逻辑学和修辞学的发展》，载《新语文学研究》，耶格尔编，第四卷，Berlin，1929，第196页及以下。

修辞学［雄辩术］置于更科学的基础之上的一种尝试。① 基于这些原因，亚里士多德的课程必定使伊索克拉底的学校颇为受伤，并激起了他的怨恨。伊索克拉底的一个学生，雅典政治家凯菲索多罗斯（Cephisodorus），曾经写过一部针对亚里士多德的四卷本论战著作，有证据表明，这部著作是亚里士多德仍在柏拉图学园任教期间撰写的。② 尽管亚里士多德经常引用伊索克拉底的演说辞作为模仿的典范，但他那种不怀好意的机智，很可能使他的课程包含针对伊索克拉底的旁敲侧击。他们的学生也可能做了他们能够做的事，激化了这种冲突。尽管如此，伊索克拉底对此仍努力保持客观的语气，甚至准备与柏拉图的文化理想做某种妥协。我们必须把这理解为伊索克拉底试图忘却怨恨——这种怨恨源自他的学生和柏拉图的学生之间的争论——自己直接与大师对话的一种努力。尽管柏拉图总体上对学校-修辞学［雄辩术］颇为反感，但在《斐德若》这部关于修辞学［雄辩术］的最新著作中，柏拉图以对伊索克拉底及其哲学天赋的赞扬作为文章的结尾。③

这是伊索克拉底在《论财产交换》这篇演说辞中避免与柏拉图学派

---

① 修辞学［雄辩术］的科学基础是辩证法。在《斐德若》中，柏拉图再一次讨论了修辞学［雄辩术］到底是否是一种真正的技艺的问题——他在《高尔吉亚》中曾完全否定地回答过这个问题。在《斐德若》中，他坚持认为修辞学［雄辩术］应该建立在辩证法这一新的基础之上。索尔姆森的《亚里士多德逻辑学和修辞学的发展》追溯了亚里士多德的《修辞学》在其早期阶段的发展过程，发现这一过程与柏拉图对修辞学［雄辩术］的态度的变化是完全同步的；不过，他没有明确说明柏拉图的《斐德若》在这一发展过程中的位置。我相信柏拉图的《斐德若》极有可能晚于亚里士多德的《格里卢斯》(Gryllus)（公元前 362 年之后的某个时候），但我也不能将前者定得太晚。在《格里卢斯》中，与在柏拉图的《高尔吉亚》中一样，修辞学［雄辩术］还不是一种真正的技艺。在《斐德若》中，柏拉图说它有可能成为一种技艺。亚里士多德的修辞学［雄辩术］讲座的不同阶段反映了这些观点的演变。无论在何种情况下，我都将《斐德若》定于伊索克拉底的《论财产交换》（公元前 353 年）之前。

② 索尔姆森，《亚里士多德逻辑学和修辞学的发展》，第 207 页。布拉斯，《从高尔吉亚到吕西阿斯的古希腊雄辩术》，第 452 页，关于凯菲索多罗斯对柏拉图的型论的攻击（这是在一本针对亚里士多德的书中！），提供了一种学院式的解释：他说，凯菲索多罗斯不过是一个无知的人。因此，布拉斯将凯菲索多罗斯的著作的写作日期定于伊索克拉底死后——其时，亚里士多德脱离柏拉图学园一事，由于凯菲索多罗斯对其原来的老师的攻击及其自己的学园的建立，必定已经世人皆知。但是，当凯菲索多罗斯撰写针对亚里士多德的著作，并在其中批评柏拉图的型论时，亚里士多德显然还是柏拉图学园中的一名教师，还是柏拉图的忠实信徒。参见拙著《亚里士多德：发展史纲要》，第 37 页及以下。

③ 参见本卷第 223 页。

产生激烈争论的最好解释。① 他说的话刚好与柏拉图在《斐德若》中对
他的有限赞扬构成一种相称的平衡。他确实做了某种让步——因为他
改变了自己原来对理论研究的重要性的评价。他现在愿意承认,辩证法
(或"争辩术",正如他仍然坚持要如此称呼的那样)以及诸如天文和几何
等数学科学不但不会伤害年轻人,还会使他们受益,尽管它们的好处没
有传授它们的老师们所声称的那么大。② 伊索克拉底的这番话显然是
在说柏拉图的学园,因为柏拉图的学园一直以来(尤其是柏拉图生命的
最后几十年)以一起传授辩证法和数学这两科而著名。③ "大多数人认
为",[148]他说,"这类研究不是吹毛求疵,就是废话连篇,因为这些训练
没有哪样有益于处理实际事务"。④ 我们可以回想一下他自己是怎样在
其早期作品中表达类似意见的,实际上,他就是用这些话来攻击柏拉图
的。⑤ 现在,他站在了为柏拉图辩护的立场上;也许,他已经学会从不同
的角度看问题了。他乐于承认逻辑和数学研究在智力教育中有相当的
价值,尽管他仍然强调它们在实际事务中百无一用。⑥ 当然,他说,我们
千万不能将柏拉图那种类型的文化称作"哲学",因为它既不能使人正确
地使用言辞,也不能使人采取正确的行动;它是一种智力训练,是对真正
的哲学教育——换句话说,是对政治教育和修辞学[雄辩术]教育——的
一种准备。⑦ 因此,它与文学、音乐和诗歌的训练相似,都是为同一个目
的服务,为的是使学生能够学习更重大、更严肃的科目。⑧ 就像柏拉图

---

① 在《论财产交换》258 中,伊索克拉底谨慎地说,"一些"辩证法哲学家对他恶语相向:从而
　在柏拉图和他的学生亚里士多德之间作出了区分。
② 《论财产交换》261。伊索克拉底在其最后的著作《泛雅典娜节演说辞》中采取了相同的态
　度,参见《泛雅典娜节演说辞》26。
③ 在《王制》第七卷中,柏拉图自己将其教育描述为数学和辩证法的结合。
④ 《论财产交换》262。
⑤ 在《驳智术师》8 中,他使用了同样的短语"ἀδολεσχία καὶ μικρολογία[废话连篇和吹毛求
　疵]",来描述柏拉图推荐的辩证法教育。
⑥ 《论财产交换》263—265。
⑦ 《论财产交换》266。
⑧ 在《论财产交换》266 中,他很乐意说辩证法教育是一种比学校里的老式音乐教育"更有
　男子气概的消遣",但总体上,他还是将其归为同一类。他提到文学教育时的那种居高临
　下的态度似乎使诗歌诠释者们非常恼怒(《泛雅典娜节演说辞》18)。他在《泛雅典娜节演
　说辞》25 中说,他要写一本关于教育和诗歌之关系的专门著作,很遗憾,他从未实现他的
　承诺。[如果写的话],他可能会把柏拉图的《王制》作为一个例子——也许是作为典范。

《高尔吉亚》中的卡利克勒斯一样，他相信年轻人花一段时间学习柏拉图派的"哲学"是可取的，如果他们的才华不会因此僵化和枯竭，①如果他们不会在旧智术师们(他指的是苏格拉底之前的那些智术师)的悖谬论证中绕不出来的话。智术师们的这些虚假的玩杂耍似的把戏，只有傻子才羡慕，应该把它们从课程中全部清理掉。② 但是，就在这些年期间，它们在柏拉图的学园中获得了甚至比以前更高的声望，这一点在柏拉图的《巴门尼德》和《泰阿泰德》中，以及他的学生的著作中一目了然。因此，即使是伊索克拉底的最后一击，实际上也是针对柏拉图学园的打击。他总是觉得，关于"存在(Being)"和"自然(Nature)"的形而上学思考(以恩培多克勒、巴门尼德、麦里梭等等这些名字为代表)不过是精神的狂妄自大和自寻烦恼而已。③

现在，伊索克拉底终于要定义什么是真正的教育，并将其与虚假的

---

① 《论财产交换》268。在柏拉图的《高尔吉亚》484c—d中，关于苏格拉底的那种辩证法教育，卡利克勒斯说，如果一个人过度追求哲学，那么它能把任何人给毁了，会使个中高手对城邦的法律一无所知，也不知道在公共场合和私人生活中该用什么样的语言与他人交往，完全缺乏人生经验。这里，伊索克拉底心里想的也是这一批评。柏拉图相信，他已经在《高尔吉亚》中彻底驳斥了这种指责，但现在伊索克拉底再次提出了这一问题，这是一个证据，它表明这两种类型的文化之间的对立是永恒的，参见伊索克拉底，《泛雅典娜节演说辞》27,28。

② 《论财产交换》268—269。在《海伦颂》2—3中，伊索克拉底已经批评过前苏格拉底哲学家普罗泰戈拉、高尔吉亚、芝诺和麦里梭等是悖谬的追逐者，并警告他的读者不要仿效他们。在《论财产交换》中，他又说出了恩培多克勒、伊翁、阿尔克迈翁、巴门尼德、麦里梭和高尔吉亚这些名字。当然，他正在批评的不是作为修辞学[雄辩术]家的那个高尔吉亚，而是作为"存在不存在(Being is not)"这一著名论证的发明者的高尔吉亚——"存在不存在"是对悖谬论证的一个夸张表达，爱利亚派的哲学家们尤其珍视。

③ 在《巴门尼德》和《泰阿泰德》中，柏拉图对讨论爱利亚派、赫拉克利特和普罗泰戈拉提出的问题显示出极大兴趣。亚里士多德的著作目录显示，他写过关于塞诺芬尼、芝诺、麦里梭、阿尔克迈翁、高尔吉亚和毕达哥拉斯的专门著作(已轶)。这些学术研究均来源于柏拉图学园对早期哲学家们的深入钻研，我们可以在亚里士多德的《形而上学》的最早部分中——尤其是讨论哲学史的第一卷中——看到这些研究结果。与此类似，柏拉图的学生色诺克拉底写过论巴门尼德和毕达哥拉斯的著作，斯彪西波写过论毕达哥拉斯的著作，赫拉克利德斯(Heraclides Ponticus)写过论毕达哥拉斯、论德谟克利特、论赫拉克利特的著作。因此，伊索克拉底针对这些早期哲学家的论战可以被合理地看作他对柏拉图的教化的批评的一部分。对前苏格拉底哲学家重新产生兴趣是让他生气的另一个时代特征(参见《论财产交换》285)。对这一工作后来的发展——即亚里士多德晚年的学生们所创造的伟大哲学史——不知他又作何评论？

或半真半假的文化[教育]相比较了。不过,正是在这一点上,他的思想到底有多少要归功于他的伟大对手就变得一清二楚了。柏拉关于教育的哲学研究如此清晰地阐明了其中的主要问题,以至于伊索克拉底不得不通过简单地否定柏拉图的观点来表达自己的不同意见。什么是教育——或者说得更确切一点,什么是(真正意义上的、而非理论意义上[即柏拉图意义]上的)哲学? 他重拾自己的部分早期著作,努力使这个问题变得更清楚一点。① 在他看来,[149]最关键的一点是,关于我们应该怎么做和怎么说的问题,人的自然(human nature)根本就没有获得一种真正的科学的能力(这里的“科学”,是严格意义上的、柏拉图用“epistémé[知识]”一词表示的科学)。(请注意,顺便说一句,伊索克拉底总是把人的言行放在一起来思考。)因此,这世上只有一种智慧(σοφία)。这种智慧的本质,就是利用意见(δόξα),在大多数情况下,获取对人最好的东西。因此,我们应该把“哲学家”的名称用在这样一个人身上:他只研究那些能够让他获得这种实践智慧或 phronésis[明智]的东西。② 在认为τὸ φρονεῖν(关于善和恶的知识)是人的教育和文化的目的和典范方面,伊索克拉底似乎赞成柏拉图的意见;但他坚持要对它做一种实践意义上的解释,即苏格拉底之前的希腊道德思想中所具有的那种含义。他清空了其中所有抽象的和理论的意义。现在,它已经不包含柏拉图意义上的那种关于德性或“善”的知识了,因为在伊索克拉底看来,这样的知识根本就是不可能的——或者至少对我们人类而言是不可能的。③ 这意味着,我们不应该以柏拉图在《王制》中所明示的方式,去努力获得一种他在《高尔吉亚》中所推荐的政治技艺——建立在关于“善”的知识的基础上的政治技艺。在《高尔吉亚》中,柏拉图曾严厉地指责往昔的那些大政治家,说他们全然没有此类政治技艺提供的那种确定标准,但伊索克拉底认为,这一指控要落在指控者身上,因为他要求人遵守超凡入圣的

---

① 《论财产交换》270 及以下。

② 《论财产交换》271。

③ 请注意《论财产交换》271 中对“这种实践智慧(ἡ τοιαύτη φρόνησις)”的强调,它将伊索克拉底所赞同的实际政治知识和柏拉图的理论智慧(phronésis)相对立。关于“phronésis”一词在柏拉图哲学内部到关于存在(Being)的形而上学知识的变迁,参见拙著《亚里士多德:发展史纲要》,第 83 页及以下。

标准，因而冤枉了他们中的最优秀者。后来，在《美诺》中，柏拉图说，这些声名卓著的政治家们的德性，不是来自真正的知识，而是来自正确的意见，这种正确的意见全凭"神意（θεία μοίρα）"——而伊索克拉底会认为这是一个凡人所能赢得的最高奖赏。① 鉴于对柏拉图而言，德性和教化的更高层面位于由本能和灵感所带来的成功之外，伊索克拉底从一种根本的怀疑主义出发，有意将他自己的教育限定在意见和信念的领域。他认为，正确的意见虽不是一种精确的知识，却是一种天赋的才能，一种天才的洞察力，所以无从解释，也不是靠老师教育出来的。

伊索克拉底觉得柏拉图和苏格拉底的信徒们执着于高估教化的力量；这就是为什么他不公正地指责对手妄称甚至能将美德和正义灌输给本性败坏之人的原因。② 正是在他对柏拉图的教化理论的批判中，我们才能最清晰地看到他的智识局限。[150]尽管他对辩证法繁琐的抽象分析心怀厌恶，但他愿意承认辩证法作为一种正规训练的教育价值，并最终对数学也抱相同的态度，尽管从其"语文学"（对言辞的热爱）立场看，数学更是离题万里。③ 但另一方面，他完全不能理解，辩证法对理智的清洁和净化与随之而来的灵魂的道德重生之间的联系；他的那颗只知务实的头脑，从未上升到足够的高度，以便获取绝对标准的清晰视野——对柏拉图来说，这种绝对标准恰恰是教育的实际可能性的证据。他用他那套是否广泛适用的标准来判断柏拉图的崇高教化理念：既然我们不能将这一理念传授给绝大多数人，那么，他总结说，它就是一种虚妄的幻想。他的终极标准永远是一般的常识；以此标准来判断，柏拉图的大胆尝试——将绝对的"型"与城邦和教育的现实情况相连结——必定只是一座云中彩桥而已。④

---

① 在《论财产交换》233—234 中，不只梭伦和克里斯提尼，还有雅典民主制古典时期的政治家第米斯托克利和伯利克里，都被描述为了政治和雄辩德性的典范。柏拉图在《高尔吉亚》和《美诺》中猛烈抨击了后两位。显然，伊索克拉底是在支持被柏拉图所攻击的政治家，正如他在另一点上支持卡利克勒斯一样，参见本卷第 178 页，注释①。

② 《论财产交换》274。

③ "语文学（Philologia）"，参见《论财产交换》296。

④ 《论财产交换》274—275：辩证法家们寻求的"这类技艺从未存在过，现在也不存在。在这种教育（ή τοιαύτη παιδεία）被发现之前，宣称拥有这种能力的人应该闭嘴，不要向别人做出承诺"；这种ύποχεσίς[承诺]是教师教授学生的保证——是和έπάγγελμα（即教师的"声明"）同样的东西，参见本书第二卷，第 121 页。

　　然而,除了批评伊索克拉底的学校之外,学园现在对修辞学[雄辩术]的关注,必定也对伊索克拉底有一种积极的影响。通过对修辞学[雄辩术]的接纳,学园承认了语言运用中精心训练的必要性。也许,正是学园对修辞学[雄辩术]的这种认可,促使他在《论财产交换》这篇演说辞中写下了这样的话:"如果人们在如何把话说好上变得雄心勃勃,爱上了说服的技艺,那么,那些整天汲汲于(柏拉图所推荐的那类)道德教育的人会变得更好、更有价值。"①否则的话,这段话会非常难以理解。这里,伊索克拉底思考的似乎不仅是智力的训练,而且还有道德品格的提升。诚如他所言,不存在一种绝对可靠、万无一失的知识能将我们导向德性——但如果我们对一个有价值的研究目标全神贯注、孜孜以求,那么,我们的全部本性都有可能潜移默化。而能带来这种效果的就是修辞学[雄辩术]教育。② 按照伊索克拉底的意思,当柏拉图称修辞学[雄辩术]为道德中立者,甚至是道德滥用者时,全然误解了修辞学[雄辩术]的真正品性。修辞学[雄辩术]关心的不是私人纠纷和经济利益——这些曾经是修辞学[雄辩术]训练的科目——而是那些关乎全社会的崇高事迹和重大事务。这样的修辞学[雄辩术]所导致的行动是最合适、最有益的,[151]惯于思考和判断这些事迹和事务的演说者,必定不仅在自己思考的演说题目上,而且在自己的全部生活中,都会获得正确地思考和说话的能力:这种能力是认真研究演说艺术的自然而然的结果。③ 伊索克拉底坚持认为,演说家的艰巨任务,不在于掌握必须的技术手段(也即说服艺术中的各种技巧),不在于发表雄辩滔滔的演说,而在于让别人感受到他的人格力量。因为言辞背后的人格才是真正使一场演说富有说服力的东西。④ 柏拉图曾经指责修辞学[雄辩术]将其从业者导向贪婪狂(pleonexia)——自私的贪欲,所有冲动

---

① 《论财产交换》275。在这里,伊索克拉底有意使用了柏拉图的爱欲(Eros)概念。他的意思是说,修辞学[雄辩术]是比吹毛求疵的辩证法更好的一个目标。
② 这一点在《驳智术师》21 中已经说过了,在《尼科克勒斯》7 中说得更加肯定。
③ 《论财产交换》276—277。
④ 《论财产交换》278。

的满足——因为它没有任何内在的道德目的,只是满足私欲的工具而已。① 伊索克拉底接受了这一指控,并让其在此重现,以便表明他对真正的教育的定义在每一点上都是对柏拉图的回答。② 在《论和平》这篇演说辞中,当伊索克拉底否定雅典帝国主义者的权力-政治时,他一直非常小心,不对他们的"膨胀的私欲"整体(en bloc)进行谴责,而是指出他们误解了人的基本本能,因而犯了严重的错误。③ 他在其中竭力推荐给城邦的适当政策,现在成了他推荐给个人的正当目标。在较早的演说辞中,他曾认为,道德征服的策略和严格的正义原则是唯一真正的贪欲(pleonexia);而在这里,他拒绝柏拉图将贪欲与不正义和暴力相等同,坚持认为这样的贪欲实际上并不有利于其实践者。④ 这是对希腊传统信仰的一种回归:诚实是最好的策略。他宣称,达到道德和理智文化的最高目标的努力,是为一个人的自我聚集权力和财富的基本冲动的真正的(而非虚假的)和天然的(而非人为的)实现。那些所谓的哲学家们现在称之为哲学的东西不是真正的哲学;同样,他们作为修辞

---

① 柏拉图,《高尔吉亚》508a。其中,演说家卡利克勒斯是"贪婪狂"(即对权力的贪欲)的真正代表。

② 我们很容易证明伊索克拉底是在回应柏拉图的指控,即修辞学[雄辩术]训练只让人满足自己的利己主义冲动。在《论财产交换》275 中,他曾建议哲学的研究者将他们的"爱欲"转向演说艺术,让他们完全献身于"正确的贪欲":他补充说,稍后将解释这些有趣的话语。不过,直到《论财产交换》281 及以下,他才解释这些话。其中,他对贪婪和膨胀进行了一个特定的分析,并试图赋予其一种积极的意义。贪婪是一种占有的冲动,深深地植根于人的本能之中,在这一点上,他在自己和卡利克勒斯之间划了一条清晰的界线(尽管他之前曾经为卡利克勒斯辩护),这条界线就是道德的边界。

③ 《论和平》33。在《论和平》31 中,伊索克拉底明显是在反对卡利克勒斯的那种非道德的理想,以及他的"强权即公理(Might makes right)"的信条,柏拉图在《高尔吉亚》中曾经将修辞学[雄辩术]及其教授实际政治的目的与这种理想和信条相联系。在《论财产交换》中,伊索克拉底试图将它们明确地区分开来。

④ 《论和平》28—34。伊索克拉底认为,所有人都渴望他们自己的利益,并且总想比别人拥有更多,但他们又完全不知道怎样去实现这些目标。城邦也是这样,相信凭借武力逼迫(即权力-政治)就能实现自己的目标。他们认为不正义是合理的,正义尽管可贵,但不能带来好处。他们不知道,没有什么比德性更有利于获取财富,正是由于我们内心的良好品质,我们才可以获得赖以生存的其他优势。因此,伊索克拉底说,那些帝国统治的拥护者误解了人的基本本能。那些更喜欢以不正义的方式而行动的人,还有那些觊觎其他城邦的财富的人,都会遭遇陷阱前的猎物的命运:先是沾沾自喜于自己之所得,不久却发现自己处于巨大的困境之中。因此,伊索克拉底说,这样的贪欲实际上并不有利于其实践者。所以,前面说真正的"贪欲"是以德服人和严格的正义。

学[雄辩术]的邪恶果实所谴责的东西也不是真正的贪欲（pleonexia）。真正的修辞学[雄辩术]是真正的哲学和文化，它通向一种比凭借贪婪、盗窃和暴力所达到的东西更为高级的自我充实和自我实现——也就是说，通向一种人格文化，它是修辞学[雄辩术]的内在目标和应有之义。① 伊索克拉底宣称，曾经在他学校里学习的年轻人早就认识到了这一道理，他还将他们以及他们的学习热情，与那些未受教育的雅典青年的无节制的滥情纵欲相对比；那些诋毁他的教育的雅典人一直让年轻人远离上述追求，让最有希望的青年在饮酒、赌博和色欲中虚掷光阴。②

[152]伊索克拉底认为，人们之所以对他的教育体系提出指控，有两个原因：伪教育者们（如哲学家）的中伤和诽谤，以及那些民主政客们的政治诬蔑。当他抱怨说，在雅典，人们宁愿年轻人浪费时间，也不愿意他们艰苦学习和劳作，因为这样能使他们在政治上人畜无害，没有批判的能力和锋芒时，他悄无声息地从驳斥第一个原因转向了驳斥第二个原因。这一言论导致他根据雅典人的真正本性和肩负的使命来考察修辞学[雄辩术]，以此结束他关于自己的教育的陈述。在《泛希腊集会辞》中，他一度认为，说雅典是一切高级文化的家园，希腊精神从那里传遍整个世界，她在智慧和辞令方面远超他人，她使她的学子成为别的城邦的教师，就是对雅典的最高赞颂。③ 现在，他将这一观念转变为修辞学[雄辩术]对国家极其重要且必不可少的决定性证据。一直以来，他都将修辞学[雄辩术]作为雅典人天性的典范（the quintessence of the

---

① 《论财产交换》282 和 285。在 283 中，伊索克拉底指责哲学家们滥用言辞：他们将本属于最高贵者的言辞用于最低劣的事物。实际上，他自己就将"贪欲（pleonexia）"一词从一种令人讨厌的品质转化成了一种理想。在这方面，他明显是在遵循柏拉图《会饮》206a 中的事例，柏拉图将理想化了的爱欲（Eros）定义为拥有至善至美者的冲动（参见本书第二卷，第 215 页，本人提到了亚里士多德对自爱的重新诠释）。与此类似，柏拉图曾经在《高尔吉亚》中宣布，利己主义的强权政治试图获得的权力不是一种真正的权力。伊索克拉底运用相同的手段表明，"他的"修辞学[雄辩术]通向那种真正的高尚的自我修养和自我实现。伊索克拉底毕竟从他所鄙视的辩证法科学中学到了某种东西！

② 《论财产交换》286—290。伊索克拉底的最诚挚的学生们追求自主理想的实现，关怀自己的灵魂（304），他对他们的描述相当富有苏格拉底的色彩。伊索克拉底接过了苏格拉底的实践道德（没有辩证法和本体论），并将其与自己的修辞学[雄辩术]和政治文化相融合。

③ 《泛希腊集会辞》47—50。

instinct)来看待,这种天性的典范就是对言辞(logos)的热爱,即"语文学(philology)",它是希腊文明的根基。① 而现在,雅典的政治领导者和民众都鄙视言辞,憎恨理智文化(＝教育);他认为这种退化的症状是非雅典的东西。当然,这是一个模糊的描述,任何人都可以如他喜欢的那样诠释什么是非雅典的东西;但对于什么是雅典的真正品格,仍然有一个客观的标准。在所有希腊人眼中,雅典对世界历史的本质性的永久贡献,一直是她的文化(＝教育)。② 如果雅典人自甘沉沦,不再意识到这一点,那么,是时候提醒他们,使雅典在各国享有盛名的雅典精神究竟是什么了。他问道:要人民相信激烈而强硬的煽动民心者比文化的真正拥护者更爱他们,对他们更有用,想必是不可能的吧? 前者已经使许多雅典的邻邦痛恨雅典人民,而后者则用他们对雅典的爱注满他们遇见的每一个人。如果雅典人迫害理智文化的引领者,那么他们的做法就与斯巴达人处罚所有枕戈待旦的勇士,或者色萨利人惩罚每一个马术竞赛者无异。③

在第二次雅典海上同盟崩溃之后的那些年里,对雅典文化[教育]做此类政治辩护肯定是必不可少的。[153]伊索克拉底和他的精神同道曾经指责煽动民心的政客要为雅典的灾难负责,很显然,后者曾经发起反击。在民主政制的雅典,当雅典人逐渐认识到文化[教育]和政治批评之间的联系时,激进派变得越来越反文化。实际上,尽管文化的主要代表人物对真正的教育的性质难免有分歧,但他们都是当时雅典城邦精神上的反对者。正是这种对立情绪造就了《战神山议事会辞》和《论和平》中所阐释的政治改革计划。而现在,在伊索克拉底为自己的教育理想所做的伟大辩护中,公开承认了这种反对立场。④ 民众最不喜欢的一件事,即创造一个新的智识精英阶层取代旧的门第贵族(它现在已经失去了美善的重要性),是伊索克拉底处心积虑的教学目的。伊索

---

① 《论财产交换》296。

② 《论财产交换》295—297,293 及以下,参见 302:"在身体竞赛中,雅典人有许多对手,但在文化(＝教育)方面,我们在全世界都无出其右。"

③ 《论财产交换》297—298。

④ 这种立场贯穿于《论财产交换》的结尾部分(291—319)。

克拉底的辩护的高潮,是这样一种断言:在一个由煽动民心的政客和卑鄙无耻的诌媚者占据主导地位的社会中,真正的文化[教化]是不可能的。① 尽管如此,他迫切地想要证明,文化并非天然外在于雅典的精神,他再次求助于早期雅典的那些伟大榜样。那些使雅典伟大的政治家与现在统治雅典的煽动者和蛊惑者才干器具天差地别,完全不是同一种类型的人。他们文化高雅,智慧超群,他们驱逐僭主,确立民主,他们征服蛮族,解放希腊,并且将希腊联合在雅典的领导之下。他们绝非等闲之辈;他们远超周围那些肆意放纵的家伙。伊索克拉底对公民同胞的最后建议,是尊敬那些卓越的人,爱护他们,培养他们。② 然后,我们不难看出弥漫在他的全部话语中的那种深沉的悲观情绪,这些话表面上是在全体雅典人面前对着陪审团说的,但实际上来自一个象牙塔,其所说的内容与雅典人的遥远距离足以使其无足轻重。个人与大众、文化与其对立面之间的分歧,现在已经变得如此巨大,以至于难以逾越了。

只有牢牢记住这一点,我们才能理解,伊索克拉底及其所代表的党派为什么要抛弃对传统希腊城邦的忠诚,而求助于一种新的泛希腊理想;我们也才能理解,为什么这些最有文化的希腊人"做出了伟大的拒绝",[154]未能在拯救城邦的最后一战中发挥他们的作用。马其顿国王腓力这颗冉冉升起的新星,在希腊城邦的捍卫者们看来,似乎是厄运降临的先兆,但伊索克拉底却在他身上看到了一个更幸福的未来的预兆;在《致腓力辞》中,他盛赞雅典的这位最大敌人,认为他是命运女神(Tyché)选来实现其泛希腊梦想的人。他敦促腓力承担起他在《泛希腊集会辞》中为雅典和斯巴达擘画的使命,③带领希腊人对抗蛮族人。对于像德摩斯梯尼这样组织反马其顿阵线的雅典人,他只能说他们的

---

① 根据《论财产交换》299—301,政治上的告密者和煽动民心者是雅典良好名声的最大污点;雅典的伟大只能归功于其文化(paideia)。这段内容因对雅典文化和雅典当时政治生活进行了尖锐对比而显得非常有趣。当伊索克拉底谈到使雅典在全世界备受尊敬和爱戴的那种文化的引领者时,他肯定认为自己是其中的第一个。毫无疑问,他是完全正确的。

② 在《论财产交换》306—308 中,伊索克拉底用他们的文化和教育来衡量雅典以往的所有伟大政治家。他断言,只有那些智慧和演说能力超群的人、那些智识贵族,才使城邦伟大。

③ 《致腓力辞》8—9。

做法于事无补。① 事到如今，在公元前五世纪时相互成就的城邦和文化，一年比一年渐行渐远。那时，诗歌和艺术使政治共同体的生活变得高尚且美好，如今，哲学和文化严厉地批评共同体的生活，而且它们得到了许多政治不满者的支持。伊索克拉底全部作品的最后一篇，即《泛雅典娜节演说辞》表明，他在《战神山议事会辞》中思考过的同一个大难题仍然占据着他的头脑：对雅典来说，究竟何种政制是最佳政制？ 在他的修辞学［雄辩术］学校中，演说的内容——也就是政治——越来越得到强调。② 显然，柏拉图的影响与此有关；因为柏拉图曾经指出，空洞的形式主义是修辞学［雄辩术］教育的最大缺陷。不过，外部事件的强迫，以及伊索克拉底对雅典政治处境的态度，也是促使他朝着这一方向前进的因素。他一向认为修辞学［雄辩术］必须要有某种内容，因此，再跨一步并对内容做出规定对他来说并非难事。他的修辞学［雄辩术］训练馆公开地成了一个政治研究机构。它抛弃了泛希腊精神，转而追求批判精神。泛希腊精神的最后一次复活是在《泛雅典娜节演说辞》中，伊索克拉底写作这篇演说辞时已是九十八岁高龄，但在这位垂暮老人对雅典的告别颂词中，③丝毫没有因自己的老成而表现出那种高傲的得意。演说辞分解为关于最佳类型的政制的几个理论研究——在伊索克拉底看来，最佳类型的政制即各种政制的主要形式的正确混合。④他最终选定的理想，是一种具有强大的贵族因素的民主制度，他宣称，这一点在雅典的伟大时代——其时，城邦就是这样一种政制——已经经历了考验。[155]这是他借自修昔底德的观点，修昔底德让伯利克里在雅典阵亡将士的演说中，将雅典描述成各类政制中的美好因素的一种理想结合。同一理论也影响了逍遥学派的政治家，并通过他们塑造

---

① 伊索克拉底，《书信》2.15。他在此处暗示的必定是德摩斯梯尼；伊索克拉底写这封信时，德摩斯梯尼正是反抗腓力的真正领导者。

② 伊索克拉底对演说辞风格的日益漠视，参见《泛雅典娜节演说辞》2—4。

③ 这是伊索克拉底在《泛雅典娜节演说辞》结尾时(270)提到的年龄；在该演说辞的引言中，他说的是九十四岁(3)。一场长久的疾病打断了他撰写演说辞的工作。

④ 其中也包含了一些关于真正的教育的谈论；请注意 30—33 这些有趣的段落，这是长达一整页的对教育的定义。伊索克拉底赞扬雅典教育的全部话语都被编织进了他对先祖们的赞扬中。他所热爱的雅典是昔日的雅典。

了波利比乌斯(Polybius)的历史著作——尤其是他对罗马共和国的精神的描述——和西塞罗在《论共和国》(*De Republica*)中所阐述的政治理想。

# 第七章　色诺芬：理想的绅士和战士

[156]除了绝顶天才柏拉图之外——他的学校保存了他的作品——苏格拉底的圈子只有一位作家的作品得以大量幸存,这绝非偶然。那就是局外人色诺芬的作品。其他如安提斯泰尼、埃斯基涅斯、阿里斯提波等人,他们只是效仿苏格拉底的道德召唤,都不过是一些名字而已。色诺芬涉猎广泛,文风多变,人格虽有其局限,但个性鲜明,和蔼可亲,因而一直是读者特别喜爱的一个人物。古代晚期的古典研究者们将色诺芬看作阿提卡的优雅和魅力的典型代表,是完全有理由的。①如果我们不只是把他当作第一位要读的希腊散文作家(正如由于其朴实无华的明澈文风,孩子们现在在学校里仍然要这样做那样),而是把他放在他那个世纪的伟大作家修昔底德、柏拉图和德摩斯梯尼之后来读他,那么就会发现,他是他那个时代最纯粹的化身,我们会从不同的角度看待其作品的许多方面——尽管其文风令人愉悦,但在智力上却显得卑不足道。

---

① 参见谬恩丘(Karl Muenscher)的《希腊-罗马文学中的色诺芬》(*Xenophon in der griechisch-römischen Literatur*,Leipzig,1920)一书,尤其是第四章论罗马帝国的希腊文学中的色诺芬,谬恩丘在其中以大量的证据,描述和阐明了色诺芬在雅典主义(Atticism)时代的地位。

不过,尽管色诺芬无甚令德高名,不是那种让人闻之肃然的人物,但他也绝不只是他那个时代的普通人———一个"等闲之辈"。他是一个有自己独到之处的人物。他有他自己的奇特命运,这种命运是其天性与成长环境使然。他与伊索克拉底出生于阿提卡的同一个街区,在伯罗奔尼撒战争最后十年间,他与伊索克拉底和柏拉图一样,有过相同的不幸经历,其时,正是他长大成人的时候。与他那一代的许多年轻人一样,他被苏格拉底所吸引;尽管严格说来,他并非苏格拉底的学生,但这位老人给他留下了如此深刻的印象,以至于在他后来的生活中,在他远征波斯归来之后,他在著作中不止一次地长久怀念他。不过,塑造其命运的并不是苏格拉底,而是他自己对冒险和战争的燃烧的激情,[157]这种激情使他对波斯王子小居鲁士这个浪漫的反叛者兴致勃勃,并促使他加入了居鲁士麾下的雇佣军。① 在那部最多姿多彩的著作(即《远征记》[*Anaba-sis*]或《居鲁士的远征》[*Expedition of Cyrus*])中,色诺芬描述了这次冒险经历,雅典人怀疑他在这次远征中受到了斯巴达的政治影响,②他在这次亚洲战役中获得了难以估量的军事知识、民族学和地理学经验,作为代价,他被雅典驱逐出境。③ 在《远征记》中,色诺芬谈到了斯巴达在伯罗奔尼撒西北埃利斯(Elis)的乡下,一个叫斯基鲁斯(Scillus)的地方给他安置的房屋和地产。那里成了他的第二故乡。④ 他在那里平静地生活了许多年,以一个乡绅农场主的身份著书、狩猎、宴享朋友。他对农夫的那种丰富多彩的生活的热爱,是其天性的一种典型特征,这种热爱与他对苏格拉底的怀念以及他对历史和军旅生活的兴趣一样强烈;与历

---

① 在《远征记》3.1.4 中,色诺芬讲述了他是如何加入居鲁士麾下的。

② 色诺芬的《远征记》3.1.5 只强调了一个事实:居鲁士在伯罗奔尼撒战争中支持斯巴达对抗雅典,自此之后,在雅典和居鲁士之间就有了敌意。不过,在色诺芬从亚洲的远征中回归之后,他加入了斯巴达,为斯巴达效力,斯巴达人正在国王阿格西劳斯的带领下为小亚细亚的希腊人的自由而战,后来,色诺芬与斯巴达国王一起回到了希腊(《远征记》5.3.6)。他明确地说,他"穿过波奥提亚"回到希腊,这可能意味着他与斯巴达人一起亲历了喀罗尼亚(Chaeronea)战役。关于色诺芬加入斯巴达一边,参见克鲁瓦塞(Alfred Croiset)在其《色诺芬:其性格和天赋》(*Xénophon, son caractè et son talent*, Paris, 1873)一书中深思熟虑的判断(第 118 页及以下)。

③ 色诺芬,《远征记》7.7.57、5.3.7。

④ 色诺芬,《远征记》5.3.7—13。

史和军旅生活一样，田园生活是其作品的一个重要因素。他在民主制度的雅典的痛苦政治经验，迫使他仔细思考斯巴达[的政制和教育]。他对斯巴达(那时它是希腊世界几乎无可争议的领导者)的领袖人物和制度结构的知识日益丰富，这促使他写下了《斯巴达政制》(*The Lacedaemonian Constitution*)和《阿格西劳斯传》(*Agesilaus*)这篇颂词。不过，他的"希腊史(Greek History)"，即以《希腊史》(*Hellenica*)而闻名著作，标志着他的兴趣扩展到了整个当代历史；而他的《居鲁士的教育》(*Cyropaedia*)，则反映了波斯对他的影响。在雅典及其第二次海上同盟重新获得某些原有权力期间，色诺芬仍然远居他乡。直到同盟——第二次海上同盟是雅典最后的伟大政治成就——崩溃之后，他才重返故里；那时，他才试图在重建雅典的军队和财政方面发挥自己的作用，撰写了几本实用性的小书。在同盟战争结束(公元前 355 年)不久之后，我们就看不到色诺芬的踪迹了。其时，他已年过七旬，时日无多；因此，其出生和死亡的时间，与柏拉图的相当接近。

总会有一些人觉得自己不能在城邦为他们限定的狭窄范围内建功立业、出人头地，他们觉得，他们因时代的经历而与国家相疏离，色诺芬丰富多彩的一生表明，他正是这种人之一。真正使他与母邦雅典之间的鸿沟大到无法跨越的，是雅典对他的放逐(这是他几乎没有想到的)。[158]当他去国离乡时，雅典与斯巴达之间的大战已经尘埃落定，雅典帝国内部的腐败和外部的崩溃将年轻一代扔进了怀疑的绝望深渊。他决定开启自己的新生活。当他为苏格拉底辩护时，主要是考虑到政治上的原因，他才加入到苏格拉底的辩护者之中；他为苏格拉底的辩护成了后来《回忆苏格拉底》(*Memorabilia*)或《回忆录》(*Memoirs*)的前两章，但它可能写于公元前 393 至前 390 年之间，正是在此期间，智术师波吕克拉底发表了他对苏格拉底和苏格拉底信徒的指控，从而引发了一场文字官司。① 他从流放中发声反对这样一种想法，即人们可以将苏格拉底与阿尔西比亚德和克里提亚的理想相等同②——新苏格拉底学派的反对

---

① 参见本书第二卷，第 19 页。
② 色诺芬，《回忆苏格拉底》1.2.12 及以下。

者们正试图证明这两人是苏格拉底的学生，以便将与苏格拉底相关的一切都诋毁为反对民主制度。① 当苏格拉底被判处死刑时，甚至他的那些控告者们也没有做过这么恶劣的事。除此之外，对色诺芬来说，如果想要最终重返雅典，那么，被一劳永逸地归入到反民主制的行列也是很危险的。② 他为苏格拉底所做的辩护，是被当作反驳波吕克拉底对苏格拉底的政治讽刺的独立小册子来阅读的，人们甚至可以从中推断，当色诺芬写下这篇文章时，他仍怀抱着有朝一日能重回母邦的希望。③为了理解为何这篇文章在不再流行之后仍被收录于较大篇幅的《回忆苏格拉底》之中，④我们必须考虑到后来色诺芬遭遇的一种类似处境。那就是在公元前 360 至前 350 年期间，他在放逐中被召回国：因为那时，这篇文章作为他永远热爱母邦的一个证据，再次引起了人们的兴趣。通过赞扬苏格拉底对城邦的完美忠诚，他也证明了自己经常被置疑的对雅典民主制度的支持态度。⑤

他的很大一部分著述工作集中在公元前 360 至前 350 年之间。⑥（回到雅典显然给他的思想带来了新的刺激。）他肯定是在此期间完成了他的《希腊史》，该书以曼提尼亚（Mantinea）战役（公元前 362 年）结尾，色诺芬努力想对他如此钦羡过的斯巴达体制的崩溃作出某种解释。⑦

---

① 伊索克拉底，《布希里斯》(*Bus.*) 5。

② 试比较伊索克拉底是如何洗清自己及其学生提谟修斯反民主倾向的指控的，参见《战神山议事会辞》57，《论财产交换》131。

③ 波吕克拉底（Polycrates）控告苏格拉底的书的最晚问世时间（terminus post quem）是公元前 393 年，因为（根据第欧根尼·拉尔修《著名哲学家的生平和学说》2. 39 中法沃里努斯[Favorinus]的说法），他在书中提到了科农对长墙的重新修建。色诺芬已经在公元前394 年与阿格西劳斯（Agesilaus）一起从小亚细亚回到希腊。

④ 参见本书第二卷，第 19 页。

⑤ 将这本小册子整合进《回忆苏格拉底》，有点像我们现在所谓的重版，或者为绝版书发行一个新版。

⑥ 色诺芬回归雅典之后，是想在雅典居住，还是想访问科林斯——他在离开斯基鲁斯之后在那里度过了几年——很可能将永远无法断定。

⑦ 在公元前 362 年之前，色诺芬当然一直忙于他的《希腊史》。我们很容易明白，为什么他将斯巴达体制缺陷的新证据（即曼提尼亚之败）视为一个合适的结局：因为他的著作描述斯巴达的崛起直到权力的顶峰，然后是其衰落。这一主题，作为一个影响巨大的政治事件，作为与第一次雅典海上同盟的衰落相似的当代事件，出现在伊索克拉底以及色诺芬的其他同时代人那里。正是这一主题赋予了色诺芬的历史以内在的统一性。

他的《斯巴达政制》也属于斯巴达霸权崩溃之后的时期：该书最后在斯巴达的"从前"和"如今"之间进行的对比，以及对斯巴达的批评，使这一点确凿无疑。① 公元前369年斯巴达和雅典之间的结盟，使色诺芬有机会接近雅典，[159]最终，他从放逐中被召回国。然后，在公元前360至前350年之间，当雅典也失去许多权力，其第二次海上同盟被摧毁时，这场悲剧在柏拉图和伊索克拉底的后期著作——《法义》、《战神山议事会辞》、《论和平》——中激发了一种新的强烈的教育意图。② 色诺芬对这场教育运动的理想心有戚戚，因而以《回忆苏格拉底》和一组短文加入了这场运动。③ 我们必须把以下作品置于他放逐归来之后撰写的最后著作之中：关于骑兵长官的职责的《论骑术》（*Hipparchicus*）（显然是说雅典的情况）、《论马术》（*On Horsemanship*）（与《论骑术》相联系），④以及讨论政府收入的政治经济论文（如果像现在人们相信的那样是真作的话）。⑤ 他的《论狩猎》（*Cynegeticus*）明显致力于探讨什么是最佳的教育这个问题，也应该被归入这一时期，因为其中包含了对纯粹的修辞学[雄辩术]教育和智术教育的激烈批评。⑥ 有人曾经认为

---

① 关于一些学者删除这一结尾的提议，参见本卷第201页，注释④。

② 所有这些作品都写于公元前360至前350年之间。柏拉图的《克里提亚》及其对雅典的理想化描绘，如果想要得到恰当的理解，也必须将其置于同一智识文化的背景之下。

③ 描述苏格拉底与青年伯利克里之间的对话的一章（《回忆苏格拉底》3.5），以底比斯是雅典的主要敌人为前提，并举出古斯巴达的德性作为雅典人仿效的对象（还是在伯罗奔尼撒战争期间！），这一章只可能撰写于雅典和斯巴达联合对抗崛起的底比斯期间，大约在公元前370至前350年之间的某个时候。苏格拉底和伯利克里举行那场对话的时候，也就是雅典在阿吉纽西（Arginusae）海战中击溃斯巴达舰队（公元前406年）不久之前，阿提卡没有面临来自波奥提亚的入侵的危险。不过，我们可以比较一下色诺芬在《论骑术》7.2及以下中关于面临波奥提亚的入侵所提供的建议。《回忆苏格拉底》中的这一章属于同一个时期，其时，针对这样一种入侵的预防措施已经迫在眉睫。

④ 《论骑术》中的这些指导并非普遍适用，它们主要是为改进雅典的骑兵而提出的一些建议。作者的主要关切是保证阿提卡面对波奥提亚入侵的防御，参见《论骑术》7.1—4。他说，雅典必须努力以同等优秀的阿提卡重装步兵来对抗比斯令人称羡的重装步兵，并把骑兵打造得比波奥提亚的骑兵更优秀。《论马术》也考虑到了雅典的情况，参见第一章。在最后一句中，它提到了《论骑术》。

⑤ 《论家政》5.9提到了福基斯人（Phocians）撤走了德尔菲的避难所，福基斯人曾经在神圣战争（the Sacred War）中长期占据此地。这件事把我们带至公元前355至前350年这一时期。

⑥ 《论狩猎》13。

该书——由于其主题——必定是在斯基鲁斯(Scillus)的乡下撰写的，但他已经不可能感受到像斯基鲁斯乡下的那种宁静了。当然，该书据以成文的生活经验可以追溯到那个时期；但作品本身肯定属于其在雅典时期的积极著述生活。

色诺芬的全部作品或多或少都被教育的愿望所支配。这一特征不仅是他对时代潮流的妥协，而且是他天性的自然流露。即使他在万人远征这个激动人心的故事中所扮演的角色，也有许多不折不扣的教育色彩。作者认为读者就是来学习他在特定情境下是如何说话和行动的，比如，当希腊人被蛮族人和敌军包围而身处绝境时，他必须想方设法寻找和弘扬自身的德性。色诺芬经常强调以下事实，即他的许多品质和行为是值得模仿的典范——更不要说他坦诚地展示的那些专业知识和技能(尤其是军事上的)了。不过，当我们阅读这些时，与其说是受到了其有意识的教育目的的影响，不如说是与色诺芬及其同仁的激动人心的冒险事业产生了共鸣，这种冒险即使对经验丰富的军队来说，也必定形势严峻，甚至令人绝望。[160]不过，色诺芬绝对没有炫耀自己的聪明才智和勇敢精神的意思。因为这本书讲述的仅有的一个故事——一支多达万人的希腊雇佣军，当他们的大多数首领在谈判中被背信弃义地处死或抓捕之后，如何在从幼发拉底河到黑海的征途中，经历连续不断的危险和战斗，找到一条回归的生路——是那些年希腊阴沉黯淡的历史上的唯一一抹亮色，从而显得更引人入胜、令人喜爱。

最让我们深受触动的，不是色诺芬试图在我们身上施加的影响，而是那些陌生的异族人在他身上留下的持久印象。这种印象出现在每一页的字里行间。我们注意到的第一个地方，是在他对波斯贵族及其男子气概的质朴描述中。在我们根据《居鲁士的教育》的理想化背景来考察色诺芬对波斯生活的描写之前，我们无法评估他对他们的生活到底有多赞赏。当然，他的这种赞赏不是没有杂质的。希腊人不得不与波斯人打交道，他对堕落的波斯人的背叛行为只有充满愤怒和怨恨的鄙视。但是，想要知道我们如何看待《远征记》中居鲁士的人物形象，①我

---

① 《论家政》4.18；《远征记》1.9.1。

们根本不需要他在《家政论》中的断言，即如果小居鲁士还活着的话，他会像他的那位著名先祖一样，成为一位伟大的统治者。① 这一人物形象是由一个热烈的仰慕者所描绘的，他不仅对这位英勇的小王子的悲剧性死亡倍感痛惜，而且将其视为古波斯德性的最后一次回光返照而推崇有加。在《居鲁士的教育》的结尾，色诺芬宣称，波斯权力的衰落是因阿尔塔薛西斯宫廷中的道德废弛肇始的——小居鲁士要推翻的正是这位国王的统治。② 如果小居鲁士得偿所愿，大功告成，那么他肯定会在与希腊文化精髓的合作中，启动一次古代波斯理想的重生；③如此，整个世界历史也许就与现在判然有别了。居鲁士的品格，如色诺芬在叙述了他在库纳克萨（Cunaxa）之役中英勇牺牲之后所描述的那样，是最高贵的 kalokagathia[美善]的一个完美典范。④ 色诺芬的描述旨在敦促读者仿效这一典范，同时也告诉希腊人，真正的男儿本色、优良品行和高贵情感，并非希腊民族的专属之物。色诺芬的民族自豪感，以及他对希腊文化优越性的信念，一次又一次地跃然纸上。不过，尽管如此，他还远没有天真到这样的地步：即认为真正的德性就像上天的恩赐一样，每个普通的希腊人都天生具足。在他对最高贵的波斯人的描述中，[161]我们很高兴地看到，他是怎样连续不断地认识到他与他们的交往所教给他的东西：即无论在何处，这个世上真正的美善永远都是一种罕见之物，是温文有礼和高级文化的盛开之花，它只在任何一个种族和血统的最佳代表中充分展现。

公元前四世纪的希腊人处于遗忘这一真理的危险之中，他们高尚却往往不切实际地努力主张所有人一律平等地分享德性，好像德性与平等的公民权一样，生来就有。色诺芬以其反复的经历发现，在独立自主的能力和负责任的行动能力方面，普通希腊人胜于普通蛮族人。但是，波斯人的伟大要归因于他们的精英阶层所达到的那种

---

① 《远征记》1.9。

② 《论狩猎》8.8；尤其可见 8.8.12。

③ 在《居鲁士的教育》8.8.15 中，作者将当代波斯人的那种"米底亚（Median）"式的奢华与波斯原有的教育方式相对比。

④ 参见布伦斯，《希腊的文学人物形象》，第 142 页及以下。

令人钦佩的高级文化和品格训练；警觉一点的希腊人对这一点相当清楚——由于柏拉图和伊索克拉底这样的当代著作家在讨论教育和文化时，已经清楚地阐明了精英问题是每一个文明的核心问题，因而更加如此。色诺芬对波斯伟大人物及其奇特生活方式的兴趣，向他展现了高级文化的秘密——一个常常被理想主义的教育者们忽视的秘密。高贵的波斯人有他们自己的一种教育和理想，或者某种类似的东西；①正是由于有这样一种东西，他们才能如此乐于接受希腊文化（Hellenism）的最高成就。② 色诺芬在描绘居鲁士时，将他对希腊文化的热爱（phihellenism）和波斯人的那种崇高德性这两个特征紧密结合在一起。居鲁士就是一个波斯版的亚历山大。只不过他的命运遭际，他的堤喀女神，与马其顿的亚历山大迥然不同。刺穿他胸膛的长矛完全有可能杀死亚历山大。③ 如果这杆长矛不曾夺去他的生命，那么，希腊化时代就会随着他一同开启，并且沿着一条不同的道路前进。④ 但是，就因为这杆长矛夺去了他的生命，色诺芬的《远征记》就成了这样一部著作：它通过记录上万人的远征，提醒公元前四世纪的希腊人，如果居鲁士没有在库纳克萨之役中倒下的话，任何一位勇敢

---

① 关于小居鲁士的教育，参见《远征记》1.9.2—6。色诺芬将居鲁士既描述为教育的结果，又描述为其英雄本性使然，参见本卷第196—197页。《居鲁士的教育》1.2.16中关于波斯人的高贵风度的率直叙述，也许最适合于向我们表明，一个与柏拉图同时代的有教养的希腊人所向往的，是波斯人的那种彬彬有礼。例如，在波斯人看来，在公共场合吐痰、擤鼻涕或者放响屁，或者到一旁小便被人看见等等，都是很不得体的。色诺芬在《远征记》1.9附加的治疗解释以及整段文字的现实主义风格都表明，他是从医官克台西亚（Persica of Ctesias）那里获得的信息，这位医官曾供职阿尔塔薛西斯的宫廷，色诺芬在《远征记》1.8.27中提到过他。

② 关于小居鲁士对希腊生活方式的热爱和对希腊军队的赞美，参见《远征记》1.7.3，色诺芬让居鲁士说，他之所以带希腊人远征，是因为他认为他们远比波斯更优秀，居鲁士将他们在道德和作战上的卓越归因于他们是自由人这一事实。波斯征服的那些民族都是奴隶。当然，这并不影响居鲁士自己作为波斯皇族子孙的高贵门第的自豪感。色诺芬在《居鲁士的教育》8.8.26中说，那个时期的波斯人，如果没有希腊的军事智慧和技能，无法进行他们的战争。

③ 《远征记》1.8.27。亚历山大与居鲁士有相同的个人英雄主义理想，公元前四世纪的希腊人认为这是一种太过浪漫的理想。亚历山大常常亲冒矢石，伤痕累累。

④ 阿里安（Arrian）之所以将他关于马其顿征服者历史的记述称为《亚历山大远征记》（*The Anabasis of Alexander*），是因为他认识到了居鲁士的远征和亚历山大的远征之间的相似性，参见阿里安，《亚历山大远征记》1.12.3—4。

的希腊将军都会做希腊雇佣军愿意帮助他做的事情。自此以后，希腊人觉得，波斯帝国就在第一个征服它的希腊人的掌握之中了。色诺芬使所有深思熟虑的希腊人——伊索克拉底、亚里士多德、德摩斯梯尼——都深信这一点。① 再者，[162]《远征记》是第一本强调希腊文化滋养波斯的东方文化之可能性的书，因为它指出，在文化关系领域中，波斯贵族的教育是一个决定性因素。②

希腊文化总是通过其智力文化的内容和形式，给每个其他精英阶层传输某种它所没有的东西，但也因此促进了其自身的发展。在色诺芬那里，居鲁士不是被作为一个平淡无奇的有教养人士、一种对希腊人的单薄模仿来呈现的，而是作为最纯粹、最高尚的波斯人的类型来呈现的。③ 这一观点与伊索克拉底的评论——许多希腊人没有接受过希腊的教育，而其他国家的优秀公民往往饱受希腊文化的浸润——不谋而合。④ 这两个希腊人，还有其他类似的希腊人，看到了——无论多么模糊不清——希腊文化将其影响力延伸到希腊民族之外的可能性，以及这种延伸赖以发生的前提条件。希腊文化必须与每个国家的文明的最优秀部分相结合。因此，色诺芬逐渐认识到，希腊人的世仇——勇武侠义的波斯人——有一套自己的教育体系，它与希腊古老的美善理想非常相似。实际上，二者之间的比较反过来也影响了他关于希腊文化理想的看法，因而他将取自波斯贵族的一些特征与他关于希腊德性的刻画相融合。《居鲁士的教育》为希腊读者提供了体现在一个波斯君王身上的政治才干和王者风范的理想，对于这样的一部著作，这是唯一的解读方式。

尽管这部著作的标题中有"教育"一词，但从我们的角度看，它令人

---

① 伊索克拉底，《泛希腊集会辞》145；德摩斯梯尼，《论海军筹备委员会》（*Symm.*）9，32。关于色萨利城邦腓莱的僭主雅宋（Jason of Pherae）远征波斯的计划，参见伊索克拉底，《致腓力辞》119。腓力和亚历山大肯定也受到了色诺芬的影响；不过，我们没有证据可以证明这一点。

② 参见上页注释①。后来的马其顿王亚历山大试图通过两个种族的贵族之间的通婚，来融合希腊和波斯的血统和文化。

③ 《远征记》1.9。

④ 《泛希腊集会辞》50。

失望:这部著作只有第一部分讨论居鲁士的教育。① 它不是一部经典的"教育小说"，而是一部关于波斯帝国的创建者居鲁士的完整传记，尽管是一部充满浪漫主义色彩的传记。尽管如此，在其教育意图随处可见的意义上，这部著作仍然可以说是一部关于教育的书。居鲁士是一位模范君主，他以自身的优良品性和正确行为逐步成功地控制了他的地盘。② 公元前四世纪的希腊人能够同情地看待这样一个人，这一事实本身表明时代发生了怎样的变化。这部著作居然还是由一个雅典人来完成的，这一事实也许更加说明了这一点。我们正在步入这样一个时代，这个时代最重大、最迫切的问题之一，就是年轻王子们的教育问题。叙述一个彪炳史册的君王的丰功伟绩是教育此类学生的方式之一。[163]柏拉图和伊索克拉底则试图采用别的方式——一个选择辩证法训练，另一个提供关于君王职责的格言和反思汇编。③ 色诺芬的兴趣主要集中在王子的军人气质上。他从道德的角度，同时也严格地从军事的角度来描述这一点，还加上了一些来自他亲身经历的色彩。色诺芬认为理想的男子就是战士:质朴健康，诚实勇敢，受过严格训练，不仅能够抵御各种不利因素和敌人，而且能够克服自身的缺点。在一个政治架构正在崩溃、公民安全得不到保障的世界中，战士是唯一能够巍然屹立、独立自主的人。色诺芬心目中的理想战士，不是那种粗暴地践踏各种习俗和法律，对每一个棘手的难题（Gordian knot）凶狠地乱砍乱劈的人，不是那种傲慢自大、盛气凌人的家伙。因此，他笔下的居

① 参见色诺芬本人在《居鲁士的教育》1.1.6 中关于居鲁士的秉性所说的话: τίς ποτ' ὦν γενεὰν καὶ ποίαν τινὰ φύσιν ἔχων καὶ ποίᾳ τινὶ παιδευθεὶς παιδείᾳ τοσοῦτον διήνεγκεν εἰς τὸ ἄρχειν ἀνθρώπων[所以才会关心他的家世和他本人的秉性，也才会注意到他所接受的教育，以及这种教育如何使他在对民众的统治中显示出他的卓越]。在《斯巴达政制》第二章中，他赋予了斯巴达的教育体制以同等重要性。他对居鲁士的教育的描述实际上只限于第一卷的第二章。与此类似，《远征记》一书的标题也来自该书的第一个片段，尽管该书的大部分叙述都致力于从亚洲远征的回归，而这场回归就是一场"大败退"，一场从波斯腹地向地中海的长途行军。此类标题在古典文学中屡见不鲜。

② 色诺芬不断地提到波斯人的教育，提到他们的德性是他们建立波斯帝国的一种创造性力量，从而证明本书标题的正当性。说明这一点的段落不胜枚举。即使在居鲁士将其权力移交给子嗣和继承者时，他也坚持认为，他们拥有帝国的君王称号源自他所接受并将其传授给子孙的教育。

③ 参见本卷第四章和第九章。

鲁士是正义的模范，对朋友爱护有加，对人民以诚相待，以此来统治自己的国家。① 色诺芬的战士对神怀抱单纯的信仰。在他关于骑兵长官的职责的论文中，他曾经说过，那些对他为什么总是加上"σὺν θεῷ（即神愿意[God willing]）"一词感到好奇的人，如果他不得不在不间断的危险中度过一生的话，很快就会理解的。② 不过，他也认为，军旅生涯是对一个真正高贵之人的最佳教育。战士和统治者在居鲁士身上的结合，对色诺芬来说，是一种自然而然的理想。③

　　作为培养这种高贵品质和勇敢精神的一所杰出学校，色诺芬对波斯的教育深感兴趣，他把对波斯教育的描述编织进他的英雄传记中。首先引起他对这一主题的兴趣的也许不是苏格拉底。长久以来，雅典以及其他地方的良好社会一直对其他国家的政治制度和教育体系保持着敏锐的兴趣。④ 色诺芬可以从其个人的经验和研究的角度提供新的细节——波斯生活的这一特定方面之前可能从未被如此详尽地记录过；不过，即使是他的叙述，也没有很深入地讨论细节。他认为波斯的教育要比其他国家的优越，⑤他以此意指柏拉图所描述的希腊教育体系。希腊人不是那么强烈地关注教育问题——除了在斯巴达，色诺芬没有提到斯巴达，他也没有将斯巴达与希腊其他城邦置于同等水平。⑥他说，[在斯巴达之外的希腊]每个人都让自己的孩子随心所欲地成长。

---

① 波斯的教育在每一位波斯绅士年轻时就给他灌输对正义的热爱，参见《居鲁士的教育》1.2.6；也可参见 1.3.16 中小居鲁士与其米底亚母亲的对话；在 1.3.18 中，色诺芬说，对一位波斯父亲来说，μέτρον αὐτῷ οὐχ ἡ ψυχή, ἀλλ' ὁ νόμος ἐστίν[做事情的]尺度不是他自己的心，而是法律——ψυχή[心]指与法律的客观标准相对立的主观意志和欲念。

② 《论骑术》9.8。

③ 在伯利克里，是"第一公民（πρῶτος ἀνήρ）"，雅典创造了一个既是政治家又是将军的统治者。阿尔西比亚德和尼基阿斯属于相同的类型。最后将这两种身份集于一身的是提谟修斯；从他之后，二者逐渐分离。色诺芬认为，治国之才的最佳准备是战士的训练，而不是一个政治家的训练。伊索克拉底也是如此，柏拉图则更加强调统治者教育体系中的军事训练的重要性。不过，纯粹军事类型的统治者直到希腊化时代才渐成主流。许多希腊的僭主不仅是战士，而且接受过科学训练。

④ 因此，正如克里提亚关于斯巴达政制的散文论著残篇所表明的那样，他在其关于其他城邦的政治生活的研究中讨论了教育问题。他可以从其个人经验的角度谈论色萨利的相关情况。

⑤ 《居鲁士的教育》1.2.2—3。

⑥ 在《斯巴达政制》10.4 中，色诺芬以此处赞扬波斯的相同方式称赞斯巴达对孩子的国家教育。

当他们长大成人,就会受法律的约束,各种规定也会强加给他们。[164]不过,事实证明,他们在遵纪守法的教育上并不令人满意,希腊诸邦却对此颇为自豪,他们将此称为公平正义。而波斯人,在希腊的父母教孩子们认字母表时,就教导他们什么是公平正义。①

他们接受教育的地方是"自由广场(free forum)"或者自由民聚集的地方,王宫和其他公共建筑就在这个广场的四周。这里严禁贩夫走卒兜售叫卖,因而他们的粗鲁喧嚣不会干扰"有教养之人的有序行为"。②（这与雅典,乃至整个希腊形成了鲜明的对比,在雅典,学校周围的市场商铺林立,讨价还价的声音兴奋而洪亮)。③ 这种定位将波斯的教育牢牢地与共同体捆绑在一起:实际上是将教育正确地置于社会的中心位置。主管孩子教育的负责人,是一些被挑选出来最适合完成任务的年长者;而负责教育即将开始服兵役的青年,即"埃菲比(ephéboi)"的统领,是那些经过精挑细选、处于人生黄金期的人。④ 与希腊的成年人一样,波斯的孩子也有一个法庭,他们可以到这个法庭起诉他人偷窃、抢劫、欺诈、侵犯人身、侮辱和辱骂等罪行。⑤ 犯罪者会受到法律的惩罚,诬告者一旦被发现,同样不能逃脱惩罚的结果。色诺芬指出了一条富有波斯特征的行为规范——忘恩负义要受到严厉的惩罚。忘恩负义被认为是无耻之源,因而是一种犯罪。⑥ 这使我们想起柏拉图和伊索克拉底对羞耻感的强调,他们将这种值得钦佩的羞耻心视为教育和维系任何一个社会的基础。⑦ 色诺芬认为,波斯教育体系的真正基础是对伟大榜样的模仿。是成年人的以身作则使年轻人学会了自愿遵守至高无上的法则,即服从:因为他们看到他们的长者日复一日地在一丝不苟地履行同样的义务。⑧

---

① 《居鲁士的教育》1.2.6。
② 《居鲁士的教育》1.2.3—4。
③ 德摩斯梯尼,《金冠辩》169。
④ 《居鲁士的教育》1.2.5。
⑤ 《居鲁士的教育》1.2.6。
⑥ 《居鲁士的教育》1.2.7。
⑦ 参见本书第二卷,第390—391页;第三卷,第144页。
⑧ 《居鲁士的教育》1.2.8。

波斯的孩子们过着尽可能简朴的生活。他们要将面粉、做佐料的小豆蔻子、喝水的罐子随身带到学校；他们要在老师的监督下一起进餐。这种教育一直持续到十七岁。然后，他们便进入年轻人的行列，作为"埃菲比"进入学生训练营，在那里服役十年。色诺芬赞扬波斯青年的义务兵役制，[165]因为这个年龄段的年轻人正需要格外小心。学生训练营是军事训练学校，这里的年轻人要随时听从统领的调遣，当国王外出狩猎时——国王每个月都有几次外出狩猎——作为卫队跟随国王。① 色诺芬认为波斯人赋予狩猎的重要意义证明了波斯教育体制是何等有益于健康。他赞扬狩猎对培养坚韧不拔的意志的作用，将其视为良好教育的本质性部分——正如他在《斯巴达政制》和《论狩猎》中说的那样。② 在《论家政》中，色诺芬为这两项波斯教育的特征——对公正公平的训练和狩猎——加上了另一项，即农耕。③

波斯社会按照年龄划分为四个等级：孩童、学员、成年人、长老。只有父母负担得起、不让他们工作、而是把他们送进美善学校的年轻人，才能成为训练营的学员；只有那些在训练营服完兵役的年轻人才能加入成年人（τέλειοι）的行列，且在之后成为长老（γεραίτεροι）。④ 这四个等级构成波斯民族的精英。整个国家都有赖于他们，因为国王通过他们来统治自己的国土。除了斯巴达有可能之外，这一切在希腊公众看来必定非常奇怪，斯巴达人会注意到波斯有许多制度与他们的非常类似。⑤ 现代读者可能会想起像普鲁士这种军事国家的学员训练营，这种军事化国家源源不断地为军队输送青年军官，并且按照他们自己的精神对幼儿从孩提时代起就进行训练。这两种体制的社会基础完全一样，这一事实证明我们

---

① 《居鲁士的教育》1.2.8—9。伊索克拉底也宣称应该对年轻人和埃菲比多加关注，参见《战神山议事会辞》43，50。

② 《居鲁士的教育》1.2.10；参见《斯巴达政制》4.7，6.3—4。关于《论狩猎》，参见本卷第216页及以下。

③ 《论家政》4.4及以下。

④ 《居鲁士的教育》1.2.12结尾—13。

⑤ 尽管如此，斯巴达人必定会发现这一点非常奇怪：即使波斯国王和最高级的贵族，也都是满腔热忱的农夫。在斯巴达，人们认为耕作与任何一种其他买卖和行业一样，只有实用的目的，是一种粗俗的活动，参见《斯巴达政制》7.1。色诺芬在这一点上不同意斯巴达的理想；在《论家政》中，他强调了斯巴达与波斯的对比。

的这种比较是合理的，它们都是封建制国家。尽管色诺芬的描述似乎使财务自由取代了良好出身作为军事训练营的入职资格，①但进入训练营的男孩必定差不多都属于拥有土地的波斯贵族阶层。

在希腊，军人贵族阶层与斯巴达体制最为接近，色诺芬对军人贵族的钦羡在这种奇特的波斯体制中发现了第二个模范。我们不妨问一问，他写作《居鲁士的教育》的目的到底是纯粹理论性的呢，还是确实想传播和实现他正在描述的理想？身处这样一个时代，即使像色诺芬这样的历史学家，对教育主题抱有一种纯历史的态度是不可能的。[166]该书的写作试图告诉人们，色诺芬是在斯巴达仍拥有霸权的时代构想的这本书，作为一个来自雅典的逃亡者，他觉得自己应该通过描写军人气质在波斯所是的样子，告诉有教养的雅典人，真正的军人气质究竟意味着什么。他在斯巴达的工作服务于同样的目的。尽管如此，我们千万不要以为他想要写一本纯粹的宣传手册。他在这两本书的结尾附加的评论排除了这种可能性。在《居鲁士的教育》的结尾，他着重谴责了当时的波斯，并解释了其衰落的原因。②在《斯巴达政制》的结尾，他对当代斯巴达人进行了相同的评论。③这在阿格西劳斯还活着的时候几乎是不可能的——在阿格西劳斯于公元前360年死后，色诺芬为其撰写的一篇颂词中，色诺芬将其作为斯巴达德性的化身赞扬有加。这两本书的结论及其历史暗示，在某种程度上倾向于将它们置于色诺芬职业生涯的后期，那时，斯巴达的统治已经一去不复返了。④然而，一个像色诺芬这样有想

---

① 《居鲁士的教育》1.2.15。

② 《居鲁士的教育》8.8。

③ 《斯巴达政制》14。

④ 色诺芬在《居鲁士的教育》和《斯巴达政制》的结尾责备当时的波斯人和斯巴达人背弃了他们自己的理想，一些学者曾经认为这两个结尾要么是色诺芬本人后来加上的，要么是后来经由他人之手加上的。不过，如果两部著作在问世之后都做了同样的改变，会显得非常怪异。相反，两个相似的结尾恰恰证实了它们的真实性；二者都在原有的好时代与现在这个坏时代之间进行了对比。除此之外，色诺芬特有的"如今"一词，出现在《居鲁士的教育》的结尾，也出现在其他段落之中，参见 1.3.2；1.4.27；2.4.20；3.3.26；4.2.8；4.3.2；4.3.23；8.1.37；8.2.4；8.2.7；8.4.5；8.6.16。但如果这两部著作的结尾一章，如我所相信的那样真实无疑，属于原作，那就意味着色诺芬必定是在生命中的最后十年完成的《居鲁士的教育》和《斯巴达政制》。他在《居鲁士的教育》中提到的最后一件事（8.8.4），是反叛的总督阿里奥巴扎尼（Ariobarzanes）被自己的儿子出卖给了国王（公元前360年）。

法的人，除了出于当时的政治考量，还很可能想让波斯的教育精神传诸后世，永垂不朽。他多次预料可能会有的反对意见，即有人会认为他是在宣扬东方的生活方式和一种野蛮的专制制度：他小心翼翼地在自己那个时代的堕落的波斯人和波斯帝国创建时期的英侠武士之间作出区分。他认为，通常被认为是波斯人的那些奢靡生活方式，其实是米底亚人的，①一旦波斯人认识到了他们自己的优势，它们就成了波斯打败并吞并米底亚帝国的主要原因之一。居鲁士时代的波斯人不是奴隶，而是具有平等权利的自由人；②只要居鲁士还在当政，这种精神就依然活在新国家的各种政制之中。是他的继承者们断绝了与这种精神的关系，也因而加快了他们自己的衰落。③ 色诺芬认为，波斯的教育是他们早年德性的最后遗存、现存的唯一代表。尽管当时的波斯已经堕落，但他仍然深信，使波斯的教育连同其帝国的创建者和往昔的伟大永垂不朽，是有价值的。

色诺芬的《斯巴达政制》与《居鲁士的教育》最为相似。[167]尽管其主题不是某个人的历史，而是对斯巴达整个政治架构的描述，但二者都以教育为起点，并由此引出它们接近主题的特定视角，这一事实表明它们具有可比性。严格意义上的教育只包括这两本书的前面几章；但色诺芬认为教育是波斯和斯巴达的基础，而且他不断地提及教育的影响。④ 如果我们认为"教育"一词包括成人生活的那种监督（这种监督在这两个国家是惯例）的话，那么这两个国家的其他机构也带有同一种教育制度的印记，这种印记是根据其逻辑结论而产生的。

从我们可以获得的最早文献（即提尔泰奥斯的诗歌）中，我们曾经构想出斯巴达公民德性的理想。提尔泰奥斯是在美塞尼亚（Messenian）战争年代写下的这些诗篇，在美塞尼亚战争期间，迫于战争的可怕压力，新的斯巴达理想针对旧的更贵族化的原则树立了自己的权威。简言之，公民对城邦公共福祉的最大贡献就是加入保卫国家的行列，而

---

① 《居鲁士的教育》1.3.2 及以下，8.3.1，8.8.15。
② 《居鲁士的教育》7.5.85。
③ 《居鲁士的教育》8.8.1—2。
④ 参见本卷第 197 页，注释②。

他在城邦中的诸项权力也应该由他在履行这一最高义务时的勇猛程度来衡量，而不是由他的等级特权或财富多寡来衡量。由于斯巴达城邦共同体为了生存总是不得不战斗，或者随时准备战斗，个体和城邦之关系的这一基本观念从未遇到过挑战。在长达数个世纪的过程中，斯巴达城邦共同体发展出了其自身生活的独特制度。（我们没有其各个发展阶段的相关资料。在色诺芬和柏拉图的时代，实际上，早在他们之前，斯巴达秩序的形成过程已经结束和完成。任何有价值的斯巴达历史资料之所以得以幸存，完全是由于像色诺芬这样的著作家对斯巴达教育的兴趣所致）。①　其余的希腊人以惊奇和钦佩的眼光，来看斯巴达每一项服务于相同目的的制度，是如何使斯巴达公民成为全世界最好的战士的。他们很明白，这不可能是由于不间断的训练和操纵而造成的，而是从最早的童年时代起就培养他们的品格所致。这种教育不仅是军事训练，而且是最广泛意义上的政治和道德教育；但它又与希腊其他地方的政治和道德教育所包含的意思截然相反。在每一个希腊城邦中，除了有雅典民主制度的朋友外，还有对斯巴达精神深信不疑的崇拜者。[168]柏拉图并非他们之中的典型，因为他对此种斯巴达理想相当不满。柏拉图所钦佩的是斯巴达的那种逻辑彻底性——凭借这种逻辑彻底性，一种主导原则得以贯彻到斯巴达生活的方方面面——以及斯巴达人对这一事实的认识，即在构建共同体的精神时，教育至关重要。②　色诺芬比柏拉图更是彻头彻尾的亲斯巴达代表，在贵族阶层中间，他尤其显得引人注目。

尽管色诺芬对母邦有一颗拳拳爱国之心，但他对当时雅典民主制度的批评不时出现在《回忆苏格拉底》之中；这使他羡慕雅典政治对手斯巴达的诸多事物，他认为这些事物是雅典未曾解决的问题的明智解决方案。在他看来，他那个时代的民主制度的全部麻烦都源于一个原

---

① 参见本书第一卷，第102页及以下，"斯巴达的历史传统和哲学的理想化"部分（公元前四世纪）。

② 柏拉图，《法义》626a（参见本卷第269页）。撰写《雅典政制》（此书被错误地归之于色诺芬）的寡头制同情者同样钦佩这种彻底性——雅典的民主原则以这种彻底性弥漫于雅典的每一个生活细节之中——尽管他没有因此而钦佩民主制度本身（per se）。

因，即个人对自我的过分强调，个人似乎认为民主制度下的公民没有义务，只有权利，相信自由的本质就是拥有城邦保证的这些特殊利益和权力。由于色诺芬的理想是严明的军纪，他必定发现这种义务感和责任感的缺乏尤其令人反感。他的政治思想的出发点，不是个体实现其自身理想的要求，而是使城邦共同体的生存得以可能的外在条件。这么多当代思想者所批评的雅典民主制度的缺陷，其公民在一个充满嫉妒和敌意的世界中为国而战时的逡巡不前和无能为力，在他看来，简直愚蠢之极，幼稚而荒谬，会很快使雅典失去她骄傲地吹嘘的自由。斯巴达的纪律当然不是经由多数公民的自由决断而引进的，它被纳入到城邦的法律体系之中，在色诺芬看来，斯巴达的法律体系是一个独一无二的天才（即带有神话色彩的吕库古）的作品。① 色诺芬很清楚，斯巴达人为什么将他们古老的生活方式，作为统治一个外来的和被征服的种族的永久守备，在一种战争状态中保持下来——这种战争状态大约持续了数个世纪之久。不过，他没有提及这些历史事实。他将斯巴达秩序看作一种自我完善的政治艺术作品；他对其独创性推崇备至，并相信这一作品是其他民族仿效的模范。② [169]他的意思当然不是亦步亦趋地照搬照抄。柏拉图的政治著作是理解希腊人所说的模仿的最佳钥匙。那时的希腊人还远没有像现在的我们那样倾向于接受一种合乎逻辑地构造而成的艺术作品［政治制度］或思想体系（它有着自身的特殊性质和存在条件），还远没有像现在的我们那样将它看作一种独特的［不可拆分的］个体事物；一旦他们被迫承认任何一种制度［艺术作品］或思想体系的优点，就会试图模仿其中看来是好的和有用的东西。对色诺芬来说，在全部伟大的希腊城邦中，斯巴达就是居鲁士营帐中的军人德性的化身。

　　色诺芬很清楚，个人主义者和自由爱好者——他们在他那个时代是如此普遍——必定会认为，斯巴达的文教制度和生活方式是一个彻

---

① 参见《斯巴达政制》1.2，2.2，2.13 及其他各处。

② 在《斯巴达政制》1.2 中，他谈到吕库古的国家形式的独创性；在 9.1，10.1，10.4，11.1 等中，他解释了这些制度为何值得羡慕；在 10.8 中，他说，许多人赞扬这些制度，但没有人模仿它们。

底的悖论。① 他经常小心翼翼地隐瞒自己对吕库古制度的认同，将他的立法是否有利于国家这一问题，留待善于思考的读者自行判断。他必定已经预料到读者们会各持己见，预料到许多人会认为，为了这点好处，付出的代价过于高昂。② 尽管如此，他显然期待绝大多数同时代人的赞同，而且不只是在下述那样的城市和城邦中获得赞同：在那里，他的著作所包含的那种文学兴趣被认为是多余的——就像这种文学兴趣在斯巴达可能会有的遭遇一样。③ 这个问题不是一个纯粹的意识形态问题。色诺芬因其在一个开明的民主环境中支持这样一种不合时宜的理想而被称为一个浪漫主义者，但他不是诗人：他是一个务实的人。因其作为一名战士的早期职业生涯，色诺芬对斯巴达怀抱同情之心，他作为一个乡绅和农夫的政治观必定增强了这种同情之心。他了解这个城邦及其人民。他看得很清楚，从城市无产者着手的任何一种解决社会问题的尝试，都无补于国家和农夫。甚至在他还在遥远的埃利斯的角落里种地时，他就参加了那里的政治斗争。我们从关于埃利亚的党派政治的准确知识中得知这一点，这是他在《希腊史》终章所透露的：他给这一主题分配了不相称的篇幅，并以一种亲眼目睹者的权威口吻说话。④ 在这些社会斗争中，保守的斯巴达和民主的阿卡迪亚（Arcadia）都发挥了它们的作用，色诺芬有很好的机会研究这二者。[170]在以农耕为主的伯罗奔尼撒半岛，民主运动（是在斯巴达遭受留克特拉之败后，由底比斯所助长的）是某种相对新颖的事物，是对原有固定模式的背离——在斯巴达的指引之下，伯罗奔尼撒人已经在这种固定模式中生活了数百年。即使在美塞尼亚人和阿卡迪亚人退出斯巴达政治体系之后，他们中的保守派仍然站在斯巴达一边。在埃利斯，阿卡迪亚的新扩张主义的影响是不受欢迎的。色诺芬认为，雅典在她对底比斯的突然崛起深感焦虑之时，与深感屈辱的斯巴达人结盟，真是非常幸运。这

---

① 他经常指出，吕库古的制度与希腊其他城邦的制度截然相反，参见《斯巴达政制》1.3—4，2.1—2，2.13，3.2，6.1，7.1 等。

② 《斯巴达政制》1.10，2.14。

③ 这不会使斯巴达人对他的著作的欢迎减少一点点，因为他的著作包含着对斯巴达制度的有力辩护。

④ 例如，《希腊史》7.4.15 及以下。

有助于使雅典读者更容易接受对斯巴达状况的一种平和但批评性的描述，使他不再像以前那样因为描写了雅典的世仇斯巴达而暴露于政治怀疑的火力之下。①

斯巴达教育体系（agogé）的细节众所周知，这里无法从色诺芬的叙述中一一抄录。其要点如下：

1. 养育健康儿童的官方监管从很早——在受孕和怀孕期间，甚至在受孕之前——就开始了。

2. 通过优生优育花大力气保证种族的质量。

3. 幼儿由国家指定的老师来教育，而不是由其父母或者像其他国家那样由奴隶-保姆和家庭教师来教育。

4. 遴选一个有城邦最高职位选举资格的人来负责幼儿的全部教育事宜，此人被称为督导（paidonomos）。

5. 把男孩和刚成年的青年安排到军事单位，把青年与未成年的男孩分开。

6. 各个年龄段的人由比他们更可靠的成员独立管理。

7. 只给男孩们吃适量的粗茶淡饭，穿少量的粗布衣服，以磨炼他们的身体。

8. 教育一直由国家负责到成年初期。

在现代读者看来，这里面有很多部分显得夸张和粗鲁；但雅典的哲学家们认可其潜在原则的正确性，即教育应该由国家或城邦来接管，[171]由政府公开任命的官员监管。通过将这一原则纳入他们关于理想城邦的规划，他们使这一原则征服了几乎整个世界。② "教育应该是国家关心的问题"这一设定，是斯巴达对文化［教育］史的真正贡献，其意义怎么评估都不为过。斯巴达教育体制的第二个要点，是其青年强制兵役制，这是斯巴达教育的一个本质性部分。在斯巴达，青年的服役期比希

---

① 色诺芬在《希腊史》7.1 中更加详尽地描述了雅典政治中的这一倾向。当雅典的一支远征军被派遣去帮助斯巴达或其盟邦时，色诺芬总是会特别提一下雅典政治的这一倾向。

② 柏拉图的《王制》和《法义》吸收了这一原则。除此之外，另可参见亚里士多德，《尼各马可伦理学》10.10.1180a25："斯巴达也许是唯一的、或少数之一的、把立法用于教育和指导人们生活的城邦。在大多数国家，这些事情是被忽视的，每个人想怎么生活就怎么生活，像独眼巨人那样管理自己的妻子和孩子。"

腊民主国家要长得多，一直延续到成年期的生活为止。如我们所见，这一点也为柏拉图所采用。

对一个具有色诺芬这样的理念的人来说，当斯巴达体制在留克特拉——在那里，不可战胜的斯巴达军队惨遭失败——遭受致命一击时，这必定是一种强烈的震撼。在《斯巴达政制》的结尾部分，色诺芬指责当时的斯巴达人贪图金钱、迷恋高位、沉湎感官享受，暗示是这些恶行毁了斯巴达的霸权。① 在他的《希腊史》中（色诺芬的《希腊史》不仅是对修昔底德的历史的外在接续，还是对其内在精神的继承，即解释历史事件背后的必然性），他严厉批评斯巴达人在他们统治希腊期间所犯的错误。对斯巴达从权力顶峰的悲剧性跌落，除了说这是复仇女神无可逃避的报应：抱负越高，报应越重，弓拉得越紧，反作用越大，色诺芬无法以其宗教观作出别的解释。尽管他仰慕斯巴达，但仍然保持着一个雅典人的足够清醒，对斯巴达人的严酷专制颇有隔阂。不过，这并不妨碍他在斯巴达衰落之后写一部关于斯巴达教育的著作，也确实使他以有保留的赞赏态度来看待斯巴达的政教制度，与他在《居鲁士的教育》中看待波斯的态度如出一辙。实际上，在这部有关斯巴达教育的著作中，真正最有教育意义的是他的那种劝诫态度。正是在同样的意义上，我们可以把《希腊史》看作伟大的希腊教育的组成部分，它所教导的不是内在于历史事实本身的东西，就像那位无比伟大的前辈修昔底德在《伯罗奔尼撒战争史》中所做的那样。色诺芬开诚布公，以一种传道的热忱亲自提供他的教导。斯巴达的留克特拉之败和雅典在伯罗奔尼撒战争末期的崩溃，[172]是他生命中经历的两个最伟大的历史事件；二者共同铸就了他对一种植根于正义的神圣的世界秩序的信念。②

色诺芬关于苏格拉底的著述——对话和对老师的个人回忆——属于其作品的一个特殊类别。它们与教育主题的关联，我们无需多言。色诺芬天然倾向于看到事物的道德方面和引人深思的方面，正

---

① 参见《斯巴达政制》14.6，其中，他说，过去希腊人请斯巴达人统领希腊、反抗看来是倒行逆施的人，现在，他们已经不得人心了，其他希腊人联合起来阻止他们再次统领希腊。

② 《希腊史》6.4.3 和 7.5.12—13 中提到神圣力量对历史事件的干预。

是苏格拉底给了他发展这方面天性的最大动力。① 作为关于苏格拉底的知识的历史证据，我们已经对他《回忆苏格拉底》中的那些回忆进行过评价；我们不可能将其作为色诺芬的教育观念的反映再认真讨论一遍。② 我们对其作为历史证据的价值的评论，包含一种关于色诺芬的思想意识的判断。我们愉快地看到，色诺芬是如何让苏格拉底提出他自己最钟爱的理论，又是如何让苏格拉底成为雅典复兴（这是色诺芬所希望的）时代的潜在教师的；③苏格拉底为骑兵长官的职责和战术教学提供专业的军事建议，他与小伯利克里会面，小伯利克里是后来阿吉纽西（Arginusae）海战的司令官之一，他当时正因为雅典的一系列挫折而深感沮丧；苏格拉底告诉他，如果雅典引进严明的军纪，并再次认可战神山议事会的道德权威的话，那么自己对雅典未来的统治力量充满信心。④ 这些想法显然都借自保守派的方案，而且是在我们发现伊索克拉底对它们表示公开支持期间提出来的⑤——在此期间，第二次雅典海上同盟破裂，善于思考的人自然而然地想起一系列相应的事件，想起雅典在伯罗奔尼撒战争最后阶段的崩溃。不过，在《论家政》中，色诺芬甚至更无拘无束地以苏格拉底的名义来表达他自己的想法。这篇对话值得我们重点关注，因为它特别提到了色诺芬认为具有本质意义的一点，即文化与农业之间的关系，从而发展了他的一般教育原则。

智术师们常常把他们的教育理论建立在教育青年和耕种土地之间的对比之上。⑥ 不过，尽管他们承认文明起源于耕作土地和收割庄稼，但他们的教育却仍然是城市的产物。[173]他们离赫西俄德的时代已经太过遥远了——在赫西俄德的《劳作和时日》中，乡村生活及其规则是其自身道德规范的起点。城市-国家已经成为希腊文明的主宰。到

---

① 参见本书第二卷，第 18 页及以下，"回忆苏格拉底"一章。

② 《回忆苏格拉底》对教育（paideia）问题的贡献是，对色诺芬所看到的苏格拉底的教育进行了描述。

③ 参见本书第二卷，第 53 页及以下。

④ 参见本卷第 192 页，注释③。

⑤ 参见本卷第 136—137 页。

⑥ 参见本书第一卷，第 384 页。

色诺芬的时代，"乡下的"已经开始指"未受教育的、不开化的"意思。① 农业耕作想要保持之前的那种尊严几乎是不可能了。色诺芬本人出生于城市，但他的天性和命运都使他倾向于乡村生活。他必定觉得，必须在其文学和维持其生活的艰辛而熟练的农夫职业之间找到某种精神联系。城乡冲突的全面影响出现在文学中，这是第一次。雅典的旧谐剧曾涉及过这个问题，但它只是表明，对最新式的智术教育来说，想要适应传统的乡村生活方式有多么不可能。② 在色诺芬的《论家政》中弥漫着一种新的精神。庄园主和农夫的世界认识到了其自身的价值，并显示出了其自身对文明的重要贡献。这里显露出来的对乡村生活的热爱，同样远离希腊田园诗的那种对田园生活的伤感，远离阿里斯托芬谐剧中那种农夫场景的滑稽闹剧。这一点是毫无疑问的，不需要夸大乡村世界本身的重要性。尽管我们无须对这种文学农夫的现象一概而论，但这一点仍然是正确的：色诺芬的著作表明了，"土地"是全部人类生活永世不朽和万古常新的根源。在地狭人稠、紧张不安的城市背后，与城市的活动和文明相辉映地舒展着宁静、广阔、舒适的乡村世界。色诺芬的著作还表明了，苏格拉底的教育理想是多么的鲜活和持久：它能洞穿城墙，到达外面的世界——作为一个地地道道的城市居民，苏格拉底本人不会进入这个世界，因为那里的树木和园林不会教给他任何东西。③

关于"经济"或家政管理的性质的开场白，把苏格拉底和克利托布鲁斯(Critobulus)带到了农业耕作($\gamma \varepsilon \omega \varrho \gamma \iota \alpha$)的主题上。关于这一主题的讨论构成了《论家政》的主要部分。克利托布鲁斯请苏格拉底告诉他，作为像他那样的一个自由民，哪些类型的实践活动和知识是最高尚的且最合适他学习的。④ 他们欣然同意希腊人所谓的一些实用行业是

① "$\dot{\alpha}\gamma\varrho\sigma\tilde{\iota}\kappa\sigma\varsigma$[土里土气的、乡下的]"是描述"没文化"最普遍使用的词汇，参见亚里士多德，《修辞学》3.7.1408a32，其中，亚里士多德将这个词与"$\pi\varepsilon\pi\alpha\iota\delta\varepsilon\upsilon\mu\acute{\varepsilon}\nu\sigma\varsigma$[有教养的]"相对比。更具体地说，亚里士多德让这个词与社交生活中的态度自然、举止从容(即$\varepsilon\dot{\upsilon}\tau\varrho\alpha\pi\varepsilon\lambda\iota\alpha$)相对立，意为"态度生硬"，参见《尼各马可伦理学》2.7.1108a26。泰奥弗拉斯托斯(Theo-phrastus)在其《人物志》第四卷中描述了这种$\dot{\alpha}\gamma\varrho\sigma\tilde{\iota}\kappa\sigma\varsigma$。
② 关于阿里斯托芬的《赴宴者》，参见本书第一卷，第450—451页。
③ 柏拉图，《斐德若》230d。
④ 色诺芬，《论家政》4.1。

不合适的，因为它们在各个国家都不太受尊重；[174]它们还伤害人们的身体，因为这些行业和技艺迫使他们长时间坐着工作，从而也使他们的思维变得迟钝。① 苏格拉底向他推荐了农耕生活，而且在讨论的过程中向他显示了数量如此惊人的农业专门知识，以至于色诺芬觉得必须为此给出一个特定的理由。为了给他对农耕的兴趣提供一个普遍的理由，为了表明农耕在社会上并非不入流的鄙陋之事，苏格拉底引证了波斯国王的例子，波斯国王认为，除了行军作战之外，只有一个行业值得他们去做，那就是耕种土地和栽培园林。② 色诺芬的这一说法当然来自他对波斯的熟知。不过，从苏格拉底口中说出对居鲁士的美妙庄园的这样一种详尽描述，听起来着实有些奇怪。③ 色诺芬还加上了一段关于斯巴达将军莱桑德（Lysander）的个人回忆；莱桑德在墨加拉（Megara）有一次对一个朋友说，当他携带着盟国的礼物去看望居鲁士的时候，居鲁士对他各种殷勤款待；除了这些款待之外，居鲁士还亲自指引他参观萨迪斯（Sardis）的美妙庄园：美丽的树木、匀称的间隔、笔直的行列、整齐的角度，莱桑德对这一切大为赞赏；他听居鲁士亲口对他说，他每天都在那里劳作，这一切都是他亲自测量、亲自规划的。苏格拉底应该是从这个朋友那里听说这些的。④ 这段显而易见的编造旨在说明，色诺芬——他在此是借老师苏格拉底之口来说话的（如柏拉图通常所做的那样）——是从莱桑德那里听说的这个故事。色诺芬曾带领上万希腊雇佣军从亚洲撤退，他可能是作为一个勇敢的将领被介绍给了莱桑德。他们都是居鲁士的朋友，没有人比色诺芬更能分享莱桑德对已逝王子的追忆。后来，当色诺芬自己成为一个庄园主的时候，他必定觉得，对这种耕战结合的热爱⑤是赞赏波斯传统的一个新理由。

---

① 色诺芬，《论家政》4.2—3。
② 色诺芬，《论家政》4.4 及以下。
③ 色诺芬，《论家政》4.6；4.8—12；4.14 及以下。
④ 色诺芬，《论家政》4.20—25。
⑤ 色诺芬，《论家政》4.4；关于农业耕作和行军作战在波斯国王生活中的结合，另可参见 4.12。色诺芬认为，农耕不仅意味着增加资财（$οἴκου$ $αὔξησις$）和锻炼身体（$σώματος$ $ἄσκησις$），它本身就乐（$ἡδυπάθεια$）在其中，参见《论家政》5.1 及以下。

色诺芬发现，要想说明苏格拉底为什么对农耕细节感兴趣不是一件容易的事情。他让苏格拉底重述了一段他与一个杰出乡绅的对话来摆脱这一困境；他还给他起了伊斯霍马库斯（Ischomachus）——"坚定地战斗"（Staunch in Battle）——这个意味深长的名字。苏格拉底说，他听说了伊斯霍马库斯作为"美善（kalokagathia）"的真正化身的方方面面。当克利托布鲁斯请苏格拉底确切地阐明"美善"的性质时——每个人都用这个词来概括德性和高贵，但对其含义普遍没有一种清晰的概念——苏格拉底所给予的最佳回答，就是描述伊斯霍马库斯，一个他实际遇见过的美善者。①［175］在苏格拉底现在重述的对话中，伊斯霍马库斯是理所当然的主人公。苏格拉底只提出问题，以便让他畅所欲言。被证明为是真正的美善的，无非是一个好庄园主的生活，他以真正的快乐和充分的理解来践行自己的职业，而且他心地纯正，襟怀坦荡。色诺芬的一些个人经验在这一描述中发挥作用。色诺芬将他自己关于理想的人的形象和理想的农夫如此这般相融合，以至于我们很容易看到，伊斯霍马库斯就是色诺芬本人的翻版，在诗歌中理想化了的翻版。色诺芬当然没有声称他自己就是这样一个模范人物。与波斯贵族是战士和农夫的结合一样，色诺芬通篇想要说的是，农耕教导我们的就是军旅所要教导的东西。他以他的理想农夫表明了这一点。色诺芬的文化理想，就是农夫与战士的才干和忠诚的结合。

教育在《论家政》中得到了更多的讨论。对色诺芬来说，农事方面的成功永远是适当教育的结果，不只是对庄园主本人的教育，而且还是对他的妻子和帮工，尤其是对管家和工头的教育。② 因此，色诺芬认

① 色诺芬，《论家政》6.12—17。

② 这里，我们可以加上色诺芬在其《论骑术》中关于马夫的教育所说的话。在公元前四世纪，教育的观念狂飙突进，势不可挡地进入生活的每一个领域。当然，这里只是用词的形式问题。有趣的是，我们看到，就在像柏拉图和伊索克拉底这样被选择出来的精英人物将"教育"提升到新的前所未有的智识和精神高度的同时，其他人正在努力将其转变为一个微不足道的陈词滥调。在《论家政》7.12 中，色诺芬提到了教育孩子的义务，不过只是简短地提了一下，并不构成他正在设计的家庭教育的一般方案的一部分。

为，庄园主的一个主要职责就是"教导"他的一家人；我们可以认为这是色诺芬个人关于农耕生活的观念。庄园主的最重要的学生是他的妻子，①她被描述为庄园里的主要人物，蜂房里的蜂后。② 一个不谙世事的十五岁少女，直接脱离了她母亲的照顾，成为房子和地产的女主人；③她丈夫让她接受一些教育显然有必要的。④ 伊斯霍马库斯对自己设计的课程相当自豪。他假定年轻的妻子和她的母亲都希望她从他卓越的知识和品格中学到一切：⑤他开始向她描述她必须履行的职责，让她对开始从事艰苦的新工作充满自豪和幸福。那种消极被动的城里老婆在一个大农场里是不顶事的，她们带着仆人，日复一日地做着那点相同的家务活，将时光消磨在穿衣戴帽、涂脂抹粉、蜚短流长上。如果我们没有色诺芬对一个重要乡绅的妻子的教育的描绘，[176]我们关于希腊妇女的认识就会缺乏许多最精华、最根本的特征。当我们思考那个时期的妇女教育的解放时，我们通常不会超出欧里庇得斯肃剧中那些雄辩滔滔的女性智识者。⑥ 不过，在这两个极端之间，在欧里庇得斯的聪慧的墨拉尼佩（Melanippe）和眼界狭窄、兴趣有限的一般雅典妇女之间，正如色诺芬在最美好的乡村生活和农耕文明传统中所描述的那样，存在着为她自己思考和行动、有她自己的广阔领域的妇女。色诺芬本人所做的一切，可能就是将这种生活和文明理性化，并解释这种传统的义务，而传统中的教育内容与农耕本身一样古老。

在色诺芬那里，妻子是丈夫的真正帮手。⑦ 丈夫在田野里指挥帮工时，她是家庭的女主人。丈夫负责把一切从农场弄进房子，而她负责储

---

① 色诺芬，《论家政》7.4。

② 色诺芬，《论家政》7.32。

③ 色诺芬，《论家政》7.5。

④ 这位姑娘结婚时，她在纺绩和烹饪方面已经 πεπαιδευμένη[受过良好的训练]，参见《论家政》7.6。不过，在其他方面，除了温顺和害羞（σωφρονεῖν）之外，她的母亲没有教她任何东西。

⑤ 色诺芬，《论家政》7.14：妻子不想成为丈夫工作上的合作者（συμπρᾶξαι）。

⑥ 参见布伦斯，《雅典的妇女解放》（Frauenemnzipation in Athen），收录于其《报告和论文集》（Vorträge und Afsätze），Munich，1905；他也从自己的角度考察了色诺芬的《论家政》。

⑦ 关于男女在农耕生活中的合作问题，参见色诺芬，《论家政》7.18 及以下。

存和使用。她必须抚养和教育孩子,掌管地窖和厨房、安排烘焙和纺织工作。所有这一切都是自然和神的安排,神注定了男人和女人分管不同的工作。① 女人,由于胆小,更适合在家里保管谷物,而男人,由于勇敢,需要在户外田地里劳作。② 对婴儿的关心和爱护植根于妇女的天性之中;③而男人更适合忍饥受冻,长途跋涉,拿起武器保卫自己的家园。④ 妻子要把她的工作分派给每一个仆人,并看着它们一一落实;她还要照看谷物,使其不受损失,以备制成食物,注意让任何得病的仆人得到照顾。⑤ 她要教会缺乏经验的女仆学会纺织和其他家务技能,训练一个好的管家做她的帮手。⑥ 伊斯霍马库斯还告诉妻子奖惩和秩序的重要意义,在管理一个大家庭时尤其如此。⑦ 他描述了各个房间的安排,什么东西该放什么地方,各类烹饪用品和餐具,日常使用的亚麻布和特殊情况下使用的亚麻布,彻底为我们提供了观察一个希腊农家内部情况的独特机会。⑧ 对年轻妻子的这一整套教育的结尾,是关于保持其健康和美丽的方法的课程。在获得他人尊重方面,[177]理想的乡村妻子也与城里的时髦妇女不同。他让她确信完全没必要涂脂抹粉、化妆打扮,而是把目标定在拥有一个充满活力、灵活柔韧的健康身体上——她可以从劳作中比城里妇女更容易获得这一点。⑨ 色诺芬以同样的方式解释农村家庭这个小有机体的其他重要因素的教育。必须把管家训练得可靠、自律和忠实,而不是丢三落四,粗心大意,⑩工头要无私地忠诚于他的主人,谨慎小心,能够管理其他人。⑪ 如果主人想要教他不知疲倦地专注

---

① 色诺芬,《论家政》7. 21—22。

② 色诺芬,《论家政》7. 23—25。

③ 色诺芬,《论家政》7. 24。

④ 色诺芬,《论家政》7. 23。

⑤ 色诺芬,《论家政》7. 32—37。

⑥ 色诺芬,《论家政》7. 41。

⑦ 色诺芬,《论家政》8。

⑧ 色诺芬,《论家政》9。

⑨ 色诺芬,《论家政》10。

⑩ 色诺芬,《论家政》9. 11—13。

⑪ 关于农庄工头的教育,参见色诺芬,《论家政》12. 4—14。其中,"παιδεύειν[教育]"一词的意思与其说是专业技术的训练,不如说是一个天然适合于监督帮工们干活的人的教育(13. 4)。他必须忠实于他的主人,为了主人的利益,急切地指挥农场工人,(转下页注)

于他所管理的家庭，那么主人自己必须先树立榜样。① 他在工作中永远不应松懈，无论他的田野和牲口多么富有和丰产。他必须一大早起来，到田间地头溜达，看插秧、除草、播种、收获。② 没有任何东西可以逃过他的眼睛。③ 他工作所需的专门知识比许多其他行业要简单；④ 不过，尽管如此，农夫的生活不仅需要行军打仗时的那种井然有序，还需要战士领路和指挥的才能。当乡绅本人出现在田间时，如果帮工们不想发自内心地拉紧他们的肌肉，更有节奏地干活，那么他就缺乏一种能力，这种能力对他的工作至关重要，它是一切成功的内在原因，只有它才能使他的地位在他自己的领域中有点国王的味道。⑤

在《论家政》中，色诺芬将其文化理想人格化于绅士-农夫身上，为了补充和完善这一文化理想，我们还应该读一读他的《论狩猎》一书。⑥ 该书不只是一本专家手册：在一个日益技术化的文明中，为某种特定类型的活动提供各类规则。它充满了专业知识，人们在其中可以看到某种专业的态度和目标；但色诺芬的真正目的是某种更高的东西。他是一个热情的猎人，相信狩猎对他的整个品格以及生活态度都有宝贵的影响。⑦ 他在《斯巴达政制》中也给予狩猎同样高的评价，⑧在《居鲁士的教育》中将其描述为波斯教育的一部分。⑨ 柏拉图在《法义》中也让他关于教育的立法包含狩猎练习的必要准备。柏

---

(接上页注)以便从他们身上得到最大的好处；当然，他也必须完全熟悉他自己的田间工作(15.1)。

① 色诺芬，《论家政》12.17—18。

② 色诺芬，《论家政》11.14。

③ 色诺芬，《论家政》12.20。

④ 色诺芬，《论家政》15.10,16.1。

⑤ 色诺芬，《论家政》21.10。

⑥ 现在，总有人认为此书非色诺芬所作。即使如此，也不会削弱其在教育史上的重要性，其意义不依赖于作者的姓名。不过，如果此书确非色诺芬所作，那便会使我们失去色诺芬教育理想中两个关键因素的其中一个。在下文第217页注释③中，我将陈述相信此书是色诺芬真作的理由。

⑦ 《论狩猎》的更大部分篇幅讲述纯粹的狩猎技术(2—11)。导言(1)和结论(12—13)讨论狩猎的教育价值和德性培养价值，例如，品格铸造的价值。

⑧ 《斯巴达政制》4.7,6.3—4。

⑨ 《居鲁士的教育》1.2.9—11。与此类似，该书通篇强调了狩猎在老居鲁士和波斯人的生活中的意义，参见《远征记》1.9.6色诺芬对小居鲁士酷爱狩猎的叙述。

拉图讨论狩猎的段落，[178]是在关于数学和天文的教育立法完成之后，在快要结束时松散地加上去的，远离体育和军事训练的教育法规，由此我们可以推断，狩猎是后来才加入的内容。① 甚至有可能是色诺芬《论狩猎》一书的出现，导致了柏拉图对自己的教育体系中这一缺口的注意。无论真实情况如何，《论狩猎》出版的时期正值柏拉图撰写《法义》的时候。②

　　在这一点上，我们可以短暂地偏离主题，看一下柏拉图的《法义》。在他关于教育立法的结束语中，柏拉图讨论他是否应该将狩猎看作一种合法的教育形式。他的讨论似乎包含着这样的意思，即类似于色诺芬《论狩猎》的一些文学阐述早已存在，他准备接受狩猎在品格训练中的价值的主张。③ 但是，他觉得如果想要接受狩猎的教育价值，就必须先清理"狩猎(ϑήρα)"一词的意义——该词包含了好几种不同类型的追捕活动，他必须从狩猎概念中切除一切配不上狩猎之名的东西。④ 他拒绝承认一切称之为"狩猎"的东西都是教育。不过，无论如何，他没有为狩猎制定一条法律，取而代之的是(正如他在《法义》中经常做的那样)，他对各种不同类型的狩猎活动进行了赞扬或责备。⑤ 他严厉谴责各种类型的捕鱼——无论是用渔网，还是钓竿，以及类似的猎取野禽——这些活动都无助于促进人的品格。⑥ 除了追捕陆上动物，什么都不保留。即使是追捕动物，也必须在白天公开进行，不许在夜间动物睡觉时偷猎，因为这是懒汉的做法，要依靠充满活力的灵魂去征服猎物的体力和凶猛，而不是依靠罾网与陷阱。⑦ 猎人必须骑马，带上猎犬，这样他们就不得不做体力运动，是自己在打猎，全凭奔跑、搏斗和投掷标枪来取得成功。柏拉图在禁止捕鱼和猎取野禽这一点上超出了色诺芬，尽管色诺芬也对捕

---

① 柏拉图，《法义》823b 至第七卷结尾。
② 关于《论狩猎》的写作日期，参见本卷第 192—193 页。
③ 参见柏拉图，《法义》第七卷结尾的话，以及 823d。
④ 柏拉图，《法义》823b—c。
⑤ 关于此类形式的一般教导，参见《法义》823a；823c 和 823d 特别提到了狩猎，柏拉图期盼对狩猎进行诗歌形式的赞美。
⑥ 柏拉图，《法义》823d—c。
⑦ 柏拉图，《法义》824a。

鱼和野猎不予理会。色诺芬对猎犬的训练和使用做了详尽的指导。一个有时被用来证明《论狩猎》是伪作的证据是，该书没有说人应该骑在马背上狩猎。因为这是所有希腊乡绅的狩猎方式；像色诺芬这样一位热心骑手居然没有提到骑马，真是怪事。① 不过，首先，这本书的志趣并不在于描述色诺芬本人如何狩猎，而是在普通公众中宣扬和普及狩猎；除此之外，对于这位斯基鲁斯的乡绅认为什么才是狩猎的正确形式，我们很难加以确定，也很难预先要求他与柏拉图的理论保持一致。[179]任何愿意这样做且能够这样做的人，可以骑着马去打猎。教他怎么骑马的不是狩猎术，而是骑术，色诺芬已经在另一本小书中对此做过讨论。不过，猎犬的训练完全适合于一本关于狩猎的书；在《居鲁士的教育》中，色诺芬记录了他在这方面的经验和结果，其中有许多引人入胜的细节，表明他是一个知犬爱犬之人。

　　色诺芬还声称他的这本书是对当代教育讨论的一个贡献。他在导言中说，狩猎是太阳神阿波罗与狩猎女神阿耳忒弥斯这对双胞胎的发明，他们把它传授给了半人马喀戎，作为对他的正直的一种敬重。② 在希腊早期的神话传说中，喀戎以所有英雄人物的老师，尤其是阿喀琉斯的老师而现身③——品达讲述了阿喀琉斯作为喀戎的学生，是如何向他学习狩猎的。④ 通过追溯这一神话典型，色诺芬以老练的修辞手法，设法在喀戎身上体现出狩猎与年轻人在美善方面的训练之间的密切联系，以便让狩猎看起来是某种古老的、创造性的、值得尊敬的东西。他列出了一个长长的名单，名单上的著名英雄都曾受教于喀戎，⑤并且说，他们在最高德性上的训练都应归功于"狩猎实践和其他的教育"，他通过讲述每位英雄的不同故事来证明这一点。⑥ 这是最佳的证据，证

---

① 拉德马赫尔(L. Radermacher)试图证明《论狩猎》非色诺芬所作，参见《莱茵古典语文学杂志》(*Rheinisches Museum*)，第 51 期(1896)，第 596 页及以下，以及第 52 期(1897)，第 13 页及以下。

② 《论狩猎》1.1。

③ 关于希腊早期教育传统中的神话人物喀戎，参见本书第一卷，第 34 页。

④ 关于在品达诗歌中喀戎作为英雄们的老师，参见本书第一卷，第 34、277 页。

⑤ 《论狩猎》1.2。

⑥ 《论狩猎》1.5 及以下。

明这些英雄的名录不是从某个真实的神话诗歌传统中全盘接收过来的，而是色诺芬本人为了加强自己的论点——狩猎自英雄时代开端以来，就一直是真正的教育的根基之一——而从他自己的传奇故事知识中编撰出来的。很明显，他觉得自己的主张，即狩猎有助于塑造人的品格，有悖于当代思想的普遍潮流，而其实令这本小书真正有趣的恰恰是这一点。我们在此不可能深究其技术细节，其魅力全在于隐藏在背后的丰富狩猎经验。当然，核心的兴趣是野兔的捕猎，这占据了《论狩猎》的大部分篇幅。① 除此之外，色诺芬花费了一些时间来讨论雄鹿和野猪的捕猎运动。他说，在他那个时代，狩猎猛兽——狮子、豹子、黑豹和熊——只发生在马其顿、小亚和中亚。②

现在，我们应该思考一下《论狩猎》的结论了，[180]而且要将其与导言紧紧联系起来思考，因为结论部分再次强调了该书与教育主题的联系。③ 智术师们认定的理想是人的教育单靠言辞就可以了，作者对此颇有异议。④ 和往常一样，色诺芬的标准是一种道德的标准，他的主要兴趣在于品格的陶铸，但这一点的基础是身体健康。狩猎使人体格

---

① 《论狩猎》2—8。

② 《论狩猎》9 讨论大型猎物的猎获，10 讨论野猪的猎获，11 讨论猛兽的猎获。色诺芬从他个人经验中知道亚洲狩猎的许多细节。

③ 《论狩猎》12—13。诺登（Eduard norden）在其《古希腊罗马时期的散文艺术》（*Antike Kunstprosa*）（第一卷，第 431 页）的一个特别附录中，讨论了色诺芬《论狩猎》导言的文体风格。他显然受到了拉德马赫尔的论文的影响（参见上页注释①），该论文正确地指出，色诺芬的导言的文体风格与该书其他部分不同。他认为导言的风格是"小亚细亚的"风格，从而得出结论，《论狩猎》不可能作于公元前三世纪之前。第欧根尼·拉尔修在色诺芬的著作目录中提到了这本书，他的这个目录来源于公元前三世纪时亚历山大里亚的学者们编撰的目录簿（πίναϰες）。诺顿指出，平心而论，导言的文体风格的差异不足以作为证明《论狩猎》是伪作的证据，而是一件完全正常的事情；尽管他不能认可《论狩猎》是色诺芬所作，但他承认，关于教育的真正性质的争论——《论狩猎》一书旨在对此问题有所贡献——几乎可以肯定属于色诺芬的时代。另一方面，他认为，导言的风格只属于罗马帝国统治下的第二智术师运动时期（the period of the Second Sophistic）。因此，他相信导言是后来加上去的。然而，《论狩猎》结论部分的开头（12.18）对导言的明确引用——诺顿忽略了这一点——摧毁了诺顿的论证。实际上，该书是一个不可分割的整体。导言和结论都是为了将正文融入公元前四世纪关于教育的一般争论，并阐述狩猎的教育价值。要想反驳像诺顿这样一个在文体风格问题上如此敏锐的批评家是很困难的；但在色诺芬这部具有一种特别精致的修辞风格的著作中，导言的风格并不真的与其他部分那么大相径庭。我希望在别处更详细地讨论这个问题。

④ 《论狩猎》13.3,13.6。

强健、耳目锐利，能防止未老先衰。① 狩猎是最好的作战训练，因为它使人习惯于全副武装地长途行军，风餐露宿，忍受恶劣天气。② 它教导人鄙视那些低级趣味，与所有"真理教育"一样，使人公正自律。③ 色诺芬没有说他的意思是什么，但很明显，他最看重的是接受管教、学会服从的那种强烈冲动；他把那种训练，那种现实迫使我们不得不如此的训练，称之为"真理教育"。这使苏格拉底的理想有了现实的和实际的转变。《论狩猎》通篇受他对珀诺斯（Ponos，即努力和辛劳）的赞赏所激励，倘若没有这种努力和辛劳，就没有人能得到正当的教育。④ 哲学史家们认为色诺芬的这一观点来自道德学家安提斯泰尼的影响，后者以此来解释苏格拉底的学说。不过，无论如何，色诺芬天生就是一个喜欢艰苦锻炼的人，一个如有必要就竭尽全力的人。在这里，色诺芬分明是根据他自己的个人体验来说的。在狩猎中，劳役之神珀诺斯是教育人的基本要素。受教于喀戎的古代英雄们的崇高德性，是由珀诺斯所铸就的。⑤ 智术师们用以开启其学生的教育的那些书籍，缺乏任何真正的内容（γνῶμαι），除了无用的幻想，一点儿都不适合年轻人。⑥ 色诺芬不敢相信，真正的美善能够从那样的种子中生长出来。他知道自己只不过是作为一个外行在说话；但他的人生经验告诉他，在任何事情上，我们都是从自然本身知道什么是好的：或者是从接近自然本身的人那里知道什么是好的——这些人拥有某种什么是真正的好和有益的知识。⑦ 现代教育试图用人为的虚假的话语来炫耀自己。色诺芬向我们保证他对智术师们的伎俩一窍不通。⑧ 他说，德性的真正食粮，不是言

---

① 《论狩猎》12.1。

② 《论狩猎》12.2—6。

③ 《论狩猎》12.7—8：

④ 《论狩猎》12.15,12.16,12.17,12.18,13.10,13.13,13.14,13.22 等。在 12.18 中，色诺芬将"πόνος[辛劳]"和"παίδευσις[教育]"两个词作为同义词使用。

⑤ 《论狩猎》12.18,1.1 及以下。

⑥ 《论狩猎》13.1—3。

⑦ 《论狩猎》13.4。有意思的是，在教育领域，我们现在看到了专业和外行（ἰδιῶται）的区别，而且外行的批评在任何其他学科都比专业的更有分量。在该书结尾 12.14 讨论骑术时，色诺芬再次强调了他是外行的事实。

⑧ 当色诺芬写下"ἴσως οὖν τοῖς μὲν ὀνόμασιν οὐ σεσοφισμένως λέγω, οὐδὲ γὰρ ζητῶ τοῦτο[实际上，我或许以并不老练的方式来说话，因为那不是我所追求的事情]"时，我们不（转下页注）

辞(*ὀνόματα*)，而是内容(*γνῶμαι*)和思想(*νοήματα*)。① 他说这话并不是想排除一切对文化(*φιλοσοφία*)的真正热爱，而是要将智术师们排除在外——他用"智术师"一词来指称一切"能说会道者"。② ［181］在参与共同体生活方面，好的猎手也能受到最好的教育。③ 自私和贪婪与围猎精神背道而驰。色诺芬希望他自己的伙伴们健康圣洁，所以他确信猎人的工作是神所喜悦的。④

---

(接上页注)要对他所展示的质朴和单纯太信以为真。

① 《论狩猎》13.5。这使我们想起泰奥格尼斯，他嘲笑他那个时代未经教育的人没有思想，参见本书第一卷，第252—253页。

② 《论狩猎》13.6："其他许多人指责现在的智术师(*τοὺς νῦν σοφιστάς*)——并非文化(*τοὺς φιλοσόφους*)的真正热爱者——因为他们的聪明不在于思想，而在于言辞。"这一对比在13.9中再次出现，与出现在柏拉图和伊索克拉底那里的对比异曲同工。参见13.1，8,9对智术师的批评。色诺芬当然强调他是外行的事实，但在教育问题上，他站在"哲学家们"一边。

③ 《论狩猎》12.9,12.10,12.15,13.11及以下,13.17。

④ 《论狩猎》13.15—18。在色诺芬的《论骑兵长官的职责》中，有另一篇同样虔敬的结束语。

# 第八章 柏拉图的《斐德若》:哲学和修辞学

[182]最近数百年来,没有任何一部柏拉图的著作比《斐德若》得到过更多的不同评价。施莱尔马赫(Schleiermacher)认为它是学园的教学科目,属于柏拉图的早期作品。长期以来,人们都将其视为研究柏拉图写作和教学方法的终极目的的自然起点。《斐德若》最简单扼要地概括了柏拉图关于写作、演说和思想之关系的看法。因此,它曾经是研究柏拉图哲学的惯常途径。在关于爱欲的演说中,①苏格拉底(正如他自嘲的那样)允许自己沉醉于其中的那种激情洋溢的迷狂被认为是《斐德若》作于柏拉图年轻时期的证据。古代的批评家将其风格描述为"不好的",或"年轻的"——他们用"年轻人的(μειρακιῶδες)"一词来描述《斐德若》的风格,本意不是说一个年轻人写了这部作品,而是说它像一部年轻人写的作品:这是对其华丽风格的一种审美谴责。② 但是,后来,

① 《斐德若》238d,241e。
② 这一点在第欧根尼·拉尔修《著名哲学家的生平和学说》3.38中非常清楚,第欧根尼·拉尔修引用了逍遥派哲学家狄凯阿库斯(Dicaearchus)对柏拉图对话风格的谴责。狄凯阿库斯说它是φορτικόν[俗不可耐的]。新柏拉图主义哲学家奥林匹奥多罗斯(Olympiodorus)的柏拉图传第三章中的原始资料,从苏格拉底关于爱欲的激情洋溢的语言出发,来论证柏拉图是在其年轻时写就的这部作品。因此,很清楚,第欧根尼·拉尔修用来描述这篇对话的主题(subject-matter)的古怪形容词"年轻人的",其本意是在通(转下页注)

这被认为是缺乏平衡感和作者青春洋溢的表现，这种看法当然忽略了以下事实：即这种激情洋溢的颂歌风格并非整部对话的特征，它只是两人关于爱欲的演说的特征，而且，柏拉图也表明了，[就苏格拉底来说]这种风格只是苏格拉底当时所处的特定心境的一种表现。柏拉图的读者们期待他在写作生涯的开端，就为自己对写作这种生活方式的态度作出某种说明，尤其是对哲学写作的价值作出某种评价——由于他们认识到了理解柏拉图的写作形式的特殊困难，以及把握他的哲学含义的重要性，这一点就显得更加迫切。施莱尔马赫曾经借助《斐德若》来把握柏拉图作品的形式和内涵之间的关联，这种关联对柏拉图著作的研究来说绝对至关重要。施莱尔马赫很自然地断定，柏拉图意在用《斐德若》来作为其全部著作的某种导言。① 因此，当柏拉图的研究者们在十九世纪开始接受这一想法：[183]即柏拉图的著作可能意味着其思想发展的历史顺序，并对其每篇对话进行仔细的年代学研究时，他们开始寻找认为《斐德若》是柏拉图后期作品的理由。与此同时，他们开始厌烦施莱尔马赫的理论：即柏拉图的全部对话都服务于其教学目的，他认为这是柏拉图在《斐德若》中所宣称的目的。② 现在，柏拉图的研究者们要么在第一部分关于爱欲的讲辞中寻找《斐德若》的真正意义，要么在苏格拉底的伟大演说所提出的心理学理论和型论中，以及第二部分关于辩证法方法的振奋人心的评论中，寻找《斐德若》的真正意义。最后，他们认识到了，柏拉图在此用以包裹其思想的丰富多彩的语言和复杂多变的风格，意味着《斐德若》是柏拉图完全

---

（接上页注）常意义上作为一种批评性描述——它用于对文体风格的修辞学［雄辩术］批评——来使用的，与对话的内容毫无关系。将《斐德若》的主题指责为"年轻人的问题"，在我看来是配得上第欧根尼·拉尔修这个大无知者的一个即兴之作。第欧根尼·拉尔修显然是把《斐德若》开头吕西阿斯的演说的主题——他的演说当然是够幼稚的——当成了整部对话的真正主题。

① 关于施莱尔马赫在十九世纪的柏拉图研究史中的地位，参见本人的讲座文稿《柏拉图在希腊教育重建中的地位》，载《古代文明》IV，1928，第 86 页。

② 赫尔曼（Karl Friedrish Hermann）和他的《柏拉图哲学的历史和体系》（*Geschichte und System der platonischen Philosophie*，Heidelberg，1839）要对此种态度的改变负主要责任。关于这一点，可参见本人对十九世纪的柏拉图观的流变的概述（《柏拉图在希腊教育重建中的地位》，载《古代文明》IV，1928，第 88 页。）

成熟时期的作品；他们在其中发现了越来越多的特征：这些特征将它与柏拉图在其生命尽头写就的那些对话联系在一起。人们先是将《斐德若》与《会饮》放在一起，将其列为柏拉图创建学园之后的中期作品。现在，学者们觉得他们必须将其置于柏拉图的晚年时期。① 柏拉图对辩证法方法的理论描述的兴趣，现在被用作证明《斐德若》属于所谓的"辩证法对话"组群的证据，与此同时，"辩证法对话"被无可争议地证明为是柏拉图的后期作品。②

《斐德若》的结构是一个极为棘手的问题。第一部分关于爱欲的讲辞，状若疯狂，极端亢奋，很难与第二部分对修辞学[雄辩术]真正性质的抽象的理论说明融为一体。学者们经常将其与《会饮》作比较，但这是一种错误的比较，这种比较当然也造成了该书结构上的许多困难。《会饮》通篇关注爱欲问题，人们将《斐德若》与其一并讨论，并将它们称为柏拉图关于爱欲的两篇最伟大的对话，也是自然而然的。不过，就人们对《斐德若》的关注来看，他们的观点是不完整的：这种观点完全忽略了其第二部分，只将其作为第一部分的附录来看待。如果有人强调第二部分对柏拉图辩证法方法的赞扬，那么两个部分之间的裂缝就会变得更大，但只要我们理解柏拉图创作这部作品的智识处境和他明确地将其放置于其中的背景，所有这些困难都会烟消云散。

[184]这部作品的统一性来自它对修辞学[雄辩术]主题的关注。无论是第一部分，还是第二部分，讨论的都是雄辩术。读者的绝大多数困惑是由于他们看不到这两个部分之间的联系造成的。有时被称

① 赫尔曼将《斐德若》与《美涅克塞努》、《会饮》、《斐多》相联系，将其列入他所谓的柏拉图第三期作品——在《王制》、《蒂迈欧》、《法义》之前。甚至乌西尼尔（Usener）和维拉莫维茨也为施莱尔马赫辩护，反对赫尔曼的观点，认为它是柏拉图的一部早期作品，尽管维拉莫维茨后来放弃了这一观点。阿尔尼姆（H. von Arnim）比赫尔曼走得更远，将《斐德若》说成是柏拉图的后期著作之一，参见其《柏拉图青年时期的对话和〈斐德若〉的写作时间》（*Platos Jugenddialoge und die Entstehungszeit des Phaidros*），Leipzig，1914。

② 这一最终结论，是斯滕泽尔从阿尔尼姆的论证中得出的，参见其《柏拉图辩证法发展研究》（*Studien zur Entstehung der Platonischen Dialektik*），Breslau，1917，第 105 页及以下；《柏拉图辩证法的方法》（*Plato's Method of Dialectic*），Oxford，1940，第 149 页及以下。其中含有我们在西塞罗的《论演说家》13 中发现的表述，即《斐德若》是柏拉图晚年的作品，这种表述可以追溯至希腊化时代的学者。

为"爱欲"部分的第一部分，从朗读和批评吕西阿斯的一篇讲辞开始，吕西阿斯被认为是雅典最具影响力的修辞学［雄辩术］学校的领袖人物，他的名声在苏格拉底的时代如日中天。① 然后，柏拉图将其与苏格拉底关于同一主题（即爱欲的本性和影响）的两篇讲辞相对比，以表明一个人要么（1）在吕西阿斯的错误假设的基础上更好地处理同一主题，要么（2）如果有人知道爱欲的真正本性，就应该正确地谈论爱欲。与此相一致，第二部分更为笼统，它首先讨论苏格拉底时代流行的修辞学［雄辩术］及其体系的缺陷；然后指出苏格拉底辩证法作为一种达到真正的修辞学［雄辩术］方法的优势。这样一种修辞学［雄辩术］技艺是否存在的问题仍然有待回答，但柏拉图让苏格拉底说，他对伊索克拉底寄予厚望，对话以这一表示赞赏的提及而结束。②

对伊索克拉底的赞扬意在与对吕西阿斯的批评构成一种对比，《斐德若》的两个部分都以对后者的批评开始。③ 这表明，在柏拉图写作此文时，他再次对曾经在《高尔吉亚》中讨论过的修辞学［雄辩术］教育问题发生了强烈的兴趣，同时也表明，柏拉图的这种新兴趣中的某种东西肯定要归因于修辞学［雄辩术］领域中新的重大发展，这种新发展与伊索克拉底这个名字有关——尽管我们倾向于贬低柏拉图此处对伊索克拉底的慷慨赞扬。如果现代研究者将《斐德若》看作柏拉图的后期作品是正确的，那么柏拉图对伊索克拉底的学校的态度的这一表达肯定极为重要。要想由因及果地推断柏拉图让苏格拉底赞扬伊索克拉底时，柏拉图实际思考的是伊索克拉底职业生涯的哪个具体阶段，是极为困难的。不过，有一点是很清楚的，如果苏格拉底对伊索克拉底的远大前途的预言是在柏拉图的青年时期，那就会

① 没有这样一种比较的共同基础，柏拉图就无法将他的哲学和吕西阿斯的修辞学［雄辩术］作比较。它们的共同基础是双方都声称自己代表真正的教育。伊索克拉底在其教学方案《驳智术师》中也区分了当代教育的三种主要形式：（1）苏格拉底派，（2）像阿基达玛（Alcidamas）这样的政治雄辩术教师，（3）像吕西阿斯这样的法庭演说的撰写者和演说辞写手（伊索克拉底，《驳智术师》1）。

② 《斐德若》279a。

③ 《斐德若》228a, 258d。

毫无意义，因为那时伊索克拉底还没有建立自己的学校，要想将他从那些讲辞制造者的滔滔之辈中区分出来是不可能的。只有在他的新修辞学[雄辩术]已经证明了其卓越才华之后，柏拉图才能想到将苏格拉底的赞扬，像一顶桂冠那样，奉献给他自己的学园的强大竞争对手的领导者。① [185]伊索克拉底的学校大约建立于公元前 390 至前 380 年之间：不过，当伊索克拉底在其《驳智术师》和《海伦颂》中对柏拉图的教育提出严厉的批评之后，柏拉图就立即对他表达自己的善意，是不太可能的。但是，在两所学校相互关系的变化中，当他们两人互相靠拢时，必定有一个时间点，这个时间点可能是在亚里士多德规划修辞学[雄辩术]课程，并开始与伊索克拉底竞争之前；这场竞争后来演变成了一场公开的文学争论。②

只有把《斐德若》看作柏拉图对修辞学[雄辩术]的态度的一个新发展阶段，我们才能理解这部作品。在《高尔吉亚》中，他对修辞学[雄辩术]整个地深恶痛绝：修辞学[雄辩术]教育是那种典型的不基于真理、只基于纯粹的外表的教育。不过，即使在那里，如果我们仔细阅读的话，还是能看到一种偶尔的暗示——柏拉图对他自己的修辞力量的[良好]感觉的暗示。③ 一个曾经在《会饮》和《美涅克塞努》中光彩夺目地展示过模仿和超越任何一种当代演说术的能力的人，不可能简单地对修辞学[雄辩术]弃之不理、说他对修辞学[雄辩术]毫无兴趣。④ 柏拉图把他对文体风格的天赋献给了哲学，但这并不意味着他会克制自己，不用最有吸引力的可能方式来表达自己的思想，相反，意味着他有这样做的强烈愿望。伊索克拉底常常将辩证法与他自己的技艺（即务实有

---

① 西塞罗，《演说家》（*Or.*）13. 42 遵循一位希腊化时期的学者，正确地说，haec de adoles-cente Socrates auguratur, at ea de seniore scribit Plato et scribit aequalis[苏格拉底对青年伊索克拉底进行了这番预测，而柏拉图就壮年的他写了那些内容，并且他是作为同辈人而写]。任何一个对柏拉图和伊索克拉底之间的文字关系进行过透彻研究的人，如亚历山大里亚的语文学家必定要做的那样，注定会得出这样的结论。第欧根尼·拉尔修的"证据"，除了是一种毫无价值的虚构，永远不应该被当作别的什么东西。

② 参见本卷第 174 页及以下；另可参见拙著《亚里士多德：发展史纲要》，第 37 页。

③ 如果苏格拉底是真正的政治家（《高尔吉亚》521d），那么他必定是真正的修辞学家[演说家]；因为在柏拉图的时代，说一个人是政治家等同于说一个人是修辞学家[演说家]。

④ 参见本书第二卷，第 204 页。

用的雄辩术）相比较,嘲笑辩证法的繁琐分析和吹毛求疵,称其为教育上的不毛之地。① 因此,柏拉图觉得有责任做一个公开的陈述来解释辩证法教育的价值。他可以公正地指出,逻辑区分与心理区分的准确和清晰是一切修辞学[雄辩术]技艺的前提条件。他可以很容易地表明,除非他养成了这些理智能力,否则,没有一个演说家和作家能说服其听众和读者;那些通过大众演说手册所传授的技术诀窍,（无论那时,还是现在）,都不足以取代此种类型的智力训练。柏拉图撰写了《斐德若》来阐明其教育的这个方面,并证明其主张——他的辩证法或哲学教育代表了这一趋势——的合理性。促使青年亚里士多德（其时是柏拉图学园的新教师）将修辞学[雄辩术]列入学园新科目的,[186]极有可能是柏拉图的这篇宣言。毫无疑问,他的意思是想表明,如果一种新的修辞学[雄辩术]建立在《斐德若》所确立的哲学基础之上的话,它应该是什么样子的。②

我们千万不要因为柏拉图在《斐德若》一开始就如此详尽地讨论爱欲这一事实,而误以为爱欲是其真正的主题。重要之处在于这篇对话以讨论吕西阿斯的一篇讲辞开始,大演说家吕西阿斯将这篇讲辞给他的学生们,让他们牢记在心。③ 除非柏拉图的主要目的是批评吕西阿斯对其讲辞主题的修辞方法,否则,这一异乎寻常的细节就会毫无意义。但为什么选择"爱欲"这一主题呢? 主要是因为它是修辞学[雄辩术]学校中此类练习的一个热门主题。在亚里士多德已轶作品的标题中,有一组诸如此类有关爱欲的专题论文。④ 这一主题肯定比亚里士多德本人要古老;它显然是激发学生兴趣的一种尝试;而且,它可以很好地解释为什么柏拉图自己选择了这一主题。⑤ 对任何一个诸如此类

———————

① 参见本卷第 64 页,第 177—181 页。

② 亚里士多德的《修辞学》版本与那些受雇的修辞学家们的手稿之间的区别,就在于他思考问题的哲学方法。关于这一点,参见索尔姆森,《亚里士多德逻辑学和修辞学的发展》,载《新语文学研究》,耶格尔编,第四卷,第 213 页及以下。

③ 《斐德若》228b—e。

④ 在第欧根尼·拉尔修罗列的作品中,这组文章的编号是 71 和 72:$\vartheta\acute{\epsilon}\sigma\epsilon\iota\varsigma$ $\dot{\epsilon}\rho\omega\tau\iota\kappa\alpha\acute{\iota}$[爱欲论题]和$\vartheta\acute{\epsilon}\sigma\epsilon\iota\varsigma$ $\varphi\iota\lambda\iota\kappa\alpha\acute{\iota}$[友爱论题]。

⑤ 爱欲的主题,作为一个被大众接受的主题,也出现在《会饮》中,尤其是演说比赛的开头部分,参见本书第二卷,第 204 页及以下。

的学校来说，要想完全忽略这么一个年轻人如此感兴趣的主题，在实践上是不可能的，尽管柏拉图对爱欲主题的研究比任何吕西阿斯之类的华丽讲辞要远为深入。对爱欲的讨论不仅给柏拉图提供了讨论讲辞的形式问题的机会，还给柏拉图提供了讨论讲辞的真假问题的机会，作为一个哲学家，真假才是他关注的首要问题。传授雄辩术的学校试图在没有真正理解什么是爱欲的前提下，用这一哗众取宠的主题激发学生的学习兴趣。柏拉图就像开玩笑似地开始讨论这一主题，将他对爱欲之本质的深沉哲学思考全部引入其中，而且还构想了一篇与之对立的演说，通过对比来揭示修辞学［雄辩术］的那种虚假演说的含混不清和无足轻重。

柏拉图表明，吕西阿斯的讲辞就同一件事情翻来覆去地说，但没有将所谈主题的本质定义清楚。[1] 这一具体事例显示了柏拉图辩证法在修辞学［雄辩术］教育——《斐德若》第二部分的核心主题——中的实际意义。不过，与此同时，苏格拉底改进吕西阿斯讲辞的逻辑方法的尝试，也表明了其讲辞所依据的逻辑的真正错误。此处不是详细审视这些错误的地方。我们在此必须要做的是集中讨论《斐德若》的核心主题，即修辞学［雄辩术］。雅典的年轻人经常讨论一个问题：即一个人是否可以顺从情人的恳求，以及在何种情况下可以顺从情人的恳求——他们说的"顺从情人的恳求"是指交出自己的身体。［187］我们此前曾经在柏拉图的《会饮》中（也即在泡撒尼阿斯的演说中）遇到过这个问题。[2] 吕西阿斯以反常的论证在辩论中胜过了那些持肯定意见的人，他说，对被爱（欲）者来说，与其把自己交给一个爱欲燃烧的情人，不如交给一个没有被爱欲征服、仍然保持冷静的朋友更好。[3] 这样的一个朋友，不会像情人那样被狂暴的激情所驱使，从而伤害被爱（欲）者——情人受欲望所支配，自私地阻止被爱（欲）者与其他所有人交往，试图完全独占被爱（欲）者。苏格拉底蒙着头发表了自己的第一个演说，因为

---

① 《斐德若》234e 及以下，237c。

② 参见本书第二卷，第 205—206 页。译注：这里所谓的情人（the lover），指被爱欲所支配的人，即"爱（欲）者"，其对象即"被爱（欲）者"。

③ 《斐德若》231 及以下。

他知道他的这个演说是对"爱神（Eros）"这一神圣主题的冒犯；在这个演说中，他以一种简洁的逻辑定义以及对各种类型的欲望的区分，确认和强化了吕西阿斯的论证。与吕西阿斯一样，苏格拉底将爱欲描述成感官欲望的一个亚种，并将其论证建立在此种定义之上。[①] 根据这一定义，情人是一个喜欢感官享乐胜过喜欢美善的人。他自私、嫉恨、善妒、专制。他对被爱（欲）者的身体和心灵的幸福毫不关心。正如他要完全占有被爱（欲）者的身体以满足自己的欲望一样，在心智上，他也尽可能地让被爱（欲）者远离哲学，因为他担心自己因此受到被爱（欲）者的蔑视。[②] 他不是真对被爱（欲）者的精神的独立发展感兴趣。他的行为在每一点上都与《会饮》所推崇的那种作为教育力量的爱欲形成对照。[③]

这篇演说并非苏格拉底关于爱欲之本质的观点的一种严肃认真的表达，它是斐德若的意思，是斐德若"从苏格拉底嘴里掏出来的文章"。演说本身足够严肃，但它是关于爱欲的一篇名实不符的演说，苏格拉底在此用一切辩证法资源所阐述的爱欲观，与在狄奥提玛的演说中提出的关于爱欲本质的崇高看法相去甚远。苏格拉底之所以要如此深入细致地阐述他关于爱欲的这些看法，就是想要清晰地说明吕西阿斯所谓的爱欲究竟是什么意思（吕西阿斯本人并不知道这一点）。《斐德若》结尾部分对爱欲主题的辩证法处理必然超越了上述对爱欲的定义，上升到了一种哲学的沉思的高度。这促使苏格拉底发表了第二篇关于爱欲的演说，做一篇"翻案文章"或者"改弦更张"；在第二篇爱欲演说中，苏格拉底试图为之前对爱神的冒犯赔罪道歉，向斐德若呈现什么是在其真正本性之中的爱欲；他以一种令人难以忘怀的语言描述了那种"神圣

---

① 《斐德若》237d—238c。

② 《斐德若》239b。

③ 苏格拉底蒙着头发表的第一篇著名演说，说明了《会饮》中所描述的哲学的爱欲在教育中的极端重要性。苏格拉底警告一位少年，宁可接受一个有理性但没有爱欲的人，也一定不能接受一个没有理性只有爱欲的人，苏格拉底说，一个没有理性只有爱欲的人是"一个无信无义之人：他会毁掉他的财产，伤害他的身体，尤其是他的灵魂的文化（ψυχῆς παιδευσις），而灵魂的文化在神和人的眼中肯定是最珍贵的东西"（《斐德若》241c）。实际上，柏拉图是在告诉我们，要从相反的角度来看事情的真理。真正的爱欲者（真正有爱的人）是那些尽最大努力保存和促进被爱者的灵魂的文化的人。参见《斐德若》243c。

的迷狂"，将它从那种凡俗的、有害的迷狂形式中区分出来；①苏格拉底将爱欲与诗歌和预言的天赋能力置于同等地位，把灵感描述为它们的共同本质。[188]诗人的创造性激情被直接且必然地认可为一种最高意义上的教育现象；②同一种教育要素自始至终清晰可辨地活跃于真正的爱欲[哲学的爱欲]之中。如此，通过将爱欲与他关于灵魂本性的学说相联系，柏拉图为其爱欲教育人的理论提供了深层的证明；③通过将灵魂比作一辆马车：由一个驭手（即"理智[Reason]"）驾驭的一匹劣马和一匹良马所组成的双驾马车，说明了他的灵魂学说。④ 苏格拉底越说越兴奋，演说乘着灵感的翅膀翱翔，进入天界，在那里，为爱欲掌控的灵魂高飞远举，追随它最亲近的神灵，这样的灵魂被认为有资格观看纯粹的存在（Being）。⑤ 苏格拉底为自己以如此诗意的风格说话而辩解，说他这样做是为了迎合斐德若的方式。⑥ 这是与一个修辞学的学生和羡慕者谈话的唯　方式。不过，苏格拉底证明了，如果哲学家愿意的话，他可以很容易地在修辞学家[雄辩家]自己的游戏中击败他们。苏格拉底滔滔不绝、热情洋溢的话语，不像修辞学家[雄辩家]们通常所是的那种人为造作和虚假提升，而是从心中的源头活水流出的——从爱欲中流出的，他已经在演说中将灵魂的精神统治归功于爱欲。

　　讨论从修辞学家[雄辩家]和哲学家的这场演说比赛自然而然地过渡到一个一般性问题：什么是写作和言说的最佳方式？⑦ 这显然是全部修辞学[雄辩术]的基本问题。柏拉图主要关注的是，为了将一种思想用优美的语言表达出来，写作者或说话人对所谈的主题是否必须拥有一种真正的知识。⑧ 这是哲学教育和修辞学[雄辩术]教育这两种方

---

① 《斐德若》244a 及以下。

② 《斐德若》245a 及以下，我们在本书第一卷第 54 页曾引用过这段文字，这段文字所表达的关于诗歌本质和作用的不刊之论，是《斐德若》全篇以及其中蕴含的理智态度的真正基础，也是对诗歌的真正的希腊式解释。

③ 《斐德若》245c—246a。

④ 《斐德若》246a 及以下。

⑤ 《斐德若》247c。

⑥ 《斐德若》238d，242b。

⑦ 《斐德若》258d。

⑧ 《斐德若》259e。

式的分界点。这里，与在《高尔吉亚》中一样，柏拉图围绕着技术或技艺的概念来展开讨论。他宣称，在"技艺"一词的严格意义上，修辞学[雄辩术]并不是一种技艺，它只是一种没有坚实的专业知识为基础的技巧而已。① 除非我们将它建立在真正的知识之上，否则它不可能成长为一门技艺。在实践中，我们通常把它说成是一门在法庭或其他公共场所说服他人的技艺。② 拥有这一技艺的人可以随意就同一个问题对同一批人，从正反两个方面发表演说，正逻辑的演说和反逻辑的演说都能使听众深信不疑。这种反逻辑的演说方式不仅局限于法庭等公共场所，而且遍布于思想和谈话的一切领域；③是非好坏最终取决于演说者怎么说，取决于人们在可以比较的限度内，把某个事物说得和其他事物相似。④ [189]修辞学[雄辩术]教师所使用的证明过程就是展示事物之间的相似性。⑤ 柏拉图晚年对修辞方法的逻辑问题、特别是对证明的逻辑问题非常感兴趣；他似乎由此出发，从一个全新的角度开始研究说服人的修辞方法。正当柏拉图写作《斐德若》时，他的学生斯彪西波（Speusippus）撰写了一部关于辩证法的长篇著作，名为《论相似》（*Similarities*），讨论一切存在之物的分类问题。⑥ 给任何一个事物下定义，我们都必须搞清楚它像什么、不像什么。现在，如果我们假定修辞学[雄辩术]的目的是为了欺骗听众，即只利用事物之间的相似性来引导他们得出错误的结论[但演说者自己心中并不迷惑]，那么，一个修辞学家[雄辩家]最为迫切的事情，就是要能够精确地把握事物之间的相似程度和差异，也即具有给事物分类的辩证方法的精确知识，因为这

---

① 《斐德若》260e 及以下：柏拉图不指名地引用了他自己的《高尔吉亚》。

② 《斐德若》261a 及以下。

③ 苏格拉底关于爱欲的这两篇演说就是这种反逻辑的演说例子，它是雄辩术技巧的基础：dicere in utramque partem[从两个方面言说]。关于这一演说技巧，参见柏拉图，《斐德若》265a。

④ 《斐德若》261a—b，其中，柏拉图指出，这种利用言辞来影响人心的教育技艺（psychagogia），不仅见于公共集会，而且在私人谈话中也可以看到。雄辩家所使用的方法和技巧遍布于各种类型的谈话中（πάντα τὰ λεγόμενα），参见《斐德若》261e。

⑤ 《斐德若》261d。

⑥ 该书现已轶失，但它在古典时代广为人知。保罗·朗（Paul Lang）在其专题论文《斯彪西波的生平和著作》（*De Speusippi vita et scriptis*, Bonn, 1911）中收集了这本书的一些残篇。

是理解事物之间不同的相似程度的唯一途径。① 要想混淆铁和银是不容易的，但要想混淆好和坏就太容易了。除非一个人学会对词语进行系统的划分，对某个具体词语的类型（eidos）下定义，真正明白这个词是什么意思，否则没有人能够清楚地知道人们赞成什么或者反对什么。② 因此，通过给他在谈论爱欲时使用的概念下定义，苏格拉底开始了他的论证。③

现在，苏格拉底在结束自己的讲话之后，再次回到吕西阿斯演说的开头部分，并表明吕西阿斯的演说是从应该结束的地方开的头。④ 他接着转入一般性批评。吕西阿斯的演说缺乏坚固的结构。演说应该像生物那样，有一个有机的身体：既不能缺头，也不能少脚，演说应该有一个恰如其分的开头、中间和结束；所有这些部分彼此之间以及与整体之间都应当保持适当的关系。以此标准来判断，吕西阿斯的演说整个就是一败笔。⑤ 这些就是关于文学创作的本质的洞见，后来的作家接受了这些洞见，这些洞见成了古典诗歌理论和修辞学理论的基本原则。⑥ 对我们来说，认识到这一点非常重要：即一部文学作品必须是一个有机的统一体，这一原则居然是由哲学家制定的，而不是由研究修辞学的艺术批评家，也不是由诗人制定的；这一原则的宣告者是一个同时也是艺术家的哲学家，他崇尚自然的有机统一，但同时也是一个逻辑的天才。他的认识，即我们必须把每一篇演说从逻辑上划分为各个部分，是他系统地研

---

① 《斐德若》262a 及以下。

② 《斐德若》263a。译注：如果有人说"铁"和"银"，大家都知道是什么意思，但如果是"正义"和"善良"这样的词语，我们的看法就会大相径庭，相互之间争论不休，所以柏拉图说修辞学必须对词语进行系统的划分、下定义，这表明了修辞学对哲学的依赖。

③ 他在两篇演说中都做了这一工作。在《斐德若》263b 中，要求类型（eidos）的划分（διαίϱεσις），在 263c,265a—d,266a 又多次提到这种划分。

④ 《斐德若》263e—264b。

⑤ 《斐德若》264c—e。

⑥ 参见贺拉斯在其《诗艺》（Ars Poetica）34 中对整体适宜（ponere totum）原则的明确肯定。《诗艺》（A. P.）23 与此类似：它坚持认为史诗的情节和肃剧的情节应该是一个绝对统一的整体（πϱᾶξις ὅλη ϰαὶ τελεία）。在《诗艺》的第一部分，贺拉斯举例说明了当我们违反有机统一规律时会发生什么，但他没有提供普遍性规律（至少只是像在《诗艺》34 中那样，在一个从句中粗略地写了一下）——这一方式更适合于他的《闲谈集》（Sermones）的那种传统方式。尽管如此，在全部诗歌背后仍然有着柏拉图在《斐德若》263e—264b 中首次确立的深刻原则。

究各种不同概念之间的关系之后得到的伟大发现的结果——他的这种研究，作为其辩证法技艺的具体事例，是为了"实践"，在他晚期的"辩证法"对话中展开的。[190]促使柏拉图写下《斐德若》的，在某种程度上，是他对各种难以解决而又明显抽象的理论问题（这些问题是他晚年在其型论中发现的）与写作和说话的实用技能的最简单规则（那时的人们迫切需要这些规则，也在热烈地讨论这些规则）之间的联系的越来越深刻的洞察。不过，柏拉图之所以特别对这一主题感兴趣，是因为他能够为此做出积极的贡献，他有足够的能力证明，修辞学家[雄辩家]对哲学的批评（即哲学毫无用处）是错误的。柏拉图不是模仿修辞学[雄辩术]论战的那种鄙视或嘲弄的语气——甚至伊索克拉底原先也使用过这种方法来攻击柏拉图——他对出类拔萃的对手不吝赞扬，与此同时，他还提到了哲学和修辞学[雄辩术]这两个教育领域之间深层的精神纽带。

柏拉图自己指出，第一部分中的三篇讲辞（吕西阿斯的一篇和苏格拉底的两篇），是显示修辞学[雄辩术]和辩证法之关系的范例。① 在作出了上述提到的批评之后，柏拉图扔下吕西阿斯的讲辞不管，转而谈论苏格拉底的两篇讲辞，这两篇讲辞显示了修辞学[雄辩术]对辩证法的根本依赖。② 为了让人理解他写作这两篇讲辞的目的，以及它们所要体现的观念，他为此给出了一个完整的说明。③ 尽管它们用的是诗一样的语言，但它们是逻辑的划分和综合的典范。划分和综合这两个过程相互制约，互为条件，但又一起构成了辩证法的整体。④ 在第二篇讲辞中，通过对逻辑分类的过程和结果的扼要重述，柏拉图清晰地说明了这一点："那些拥有这种划分和综合的能力的人，我称之为辩证法家。"⑤他对辩证法

---

① 吕西阿斯显然认为他的演说是一个范例；但在我们联想到柏拉图的讽刺性评论后再来读它，（就会发现）它包含了那么多如何不会说话的例子，参见《斐德若》264e。在262d和265a中，柏拉图断言，苏格拉底的两篇演说注定要成为范例。修辞学[雄辩术]教育通常都是通过让学生模仿一篇范文来完成的，参见本卷第61、74页。柏拉图借用了这一方法，但使用方法却大不相同：从辩证法的角度显示这两篇截然不同的演说范例的缺点和优点。

② 《斐德若》264e—265a。

③ 《斐德若》265a及以下。

④ 参见《斐德若》266b—c，其中，柏拉图在划分（diairesis）和综合（synagogé）这两个概念时，总结了之前他对辩证方法及其具体事例的说明。

⑤ 《斐德若》265a—266a。

方法的综合和分析功能的说明,是他关于这一主题最清晰、最详尽的表述。我们在此不能对其做单独的研究,但是,柏拉图在这段文章中将辩证法描述为雄辩术中一切(更高意义上的)"技术性事物"的精髓(epitome),是非常重要的。① 其余的修辞技巧——诸如吕西阿斯等人传授给其学生的修辞术——凭其本身永远不可能构成一门技艺,我们可以称其为修辞学[雄辩术]的前技术部分。② 柏拉图故意以开玩笑的口吻,列出了修辞手册中所描述的讲辞的各个部分的不同术语。③ 他把所有这些术语归于早期的修辞学家们,有时加上使他们闻名的特殊发明,这些发明显示了一种越来越复杂的倾向。[191]柏拉图并不是鄙视这些东西,他只是使它们处于从属的地位。所有这些人都创造出了有价值的方法,改善了讲辞的艺术形式,④但他们不能用这些修辞技巧来教任何人如何说服听众、如何创作一个艺术整体。

在伊索克拉底关于修辞学[雄辩术]的导言性文章中,他总是宣称一个人的自然禀赋最为重要,只给相关知识和日常练习保留一个相对平常的位置。⑤ 在《斐德若》中,柏拉图讨论了这三者的关系,智术师曾经将它们作为造就完美的演说能力的三个关键因素。⑥ 柏拉图断言,伊索克拉底所谓的两个次要因素绝对非常重要,首先是知识(epistémé)非常重要,⑦其次,在某种意义上,练习也非常重要——柏拉图此处思考的显然是学园的教学科目,学园不仅将逻辑作为一种理论,而且还作为实际的练习来教学。伊索克拉底总是强调艺术家的直觉所起的重要作用。⑧当然,他所轻视的知识或学习(epistémé, mathésis)只是老派智术师的形式教育而已——老派智术师在修辞学[雄辩术]中反复强调这些形式

---

① 《斐德若》269d。

② 《斐德若》269b—c:τὰ πρὸ τῆς τέχνης ἀναγκαία μαϑήματα[修辞学技艺的初步知识]。

③ 《斐德若》266d—267c。

④ 这一意义上的"方法"(修辞技巧),希腊文是τὰ ἀναγκαία[必需的东西],参见本页注释②。

⑤ 参见本卷第 73 页。

⑥ 《斐德若》269d。

⑦ 尽管柏拉图没有对这一点进行特别的说明,但讨论的整个倾向清楚地说明了这一点。在谈到伯利克里时,柏拉图强调了两点,首先是其说话(εὐφυία)的自然禀赋,其次是他从阿那克萨哥拉那里得到的哲学知识。

⑧ 伊索克拉底,《驳智术师》16 及以下。

的规则。柏拉图将哲学给予的逻辑训练置于形式教育的位置上，形式的教育也是修辞学[雄辩术]教育的应有之义。形式教育在学习任何东西时都是绝对不可或缺的。如此这般，柏拉图对其前辈和同时代人的修辞学[雄辩术]教育的批评，变成了完全属于他自己的那种肯定性的修辞学[雄辩术]理想，这一理想如果得到实现的话，就会使修辞学[雄辩术]成为一项真正的技艺。这一理想是以下事物的结合：

| 修辞学[雄辩术] | 和 | 哲学[辩证法] |
|---|---|---|
| 形式 | 和 | 理智的内容 |
| 表达的能力 | 和 | 真理的知识 |

任何一个古典哲学学派，只要一注意到修辞学[雄辩术]，便总会恢复这一教学方案。[1] 直到较晚的时期，修辞学家们才承接了这一教学方案，然后，在一种逻辑不那么严谨和更普泛化的意义上，他们将其解释为文体风格与理智的哲学训练的结合。是柏拉图的综合促使西塞罗建构了在其《论演说家》(De Oratore)中提出的文化理想；[2]柏拉图的影响经由西塞罗产生了昆体良的《演说术原理》(Institutio Oratoria)。[192]柏拉图在实际的演说史中寻找此种类型的修辞学[雄辩术]模范，并在伯利克里那里找到了它。伯利克里作为一个演说家的伟大归因于（柏拉图断言）他深厚的理智文化；是伯利克里的朋友和崇拜者阿那克萨哥拉的哲学充实了他的思想，赋予了他的雄辩一种其他任何政治家都无可匹敌的庄严和崇高。[3]

---

① 参见阿尔尼姆，《布鲁萨的迪翁的生平和著作》(Leben und Werke der Dion von Prusa)，Berlin，1898，尤其是该书的导论；他的详尽导论对智术师派、修辞学[雄辩术]和哲学为主导教育而进行的晚期竞争做了一个完整的历史叙述。

② 阿尔尼姆，《布鲁萨的迪翁的生平和著作》，第97页及以下。阿尔尼姆在书中详细讨论了西塞罗是通过他关于柏拉图的知识（例如《斐德若》）达到的这种对修辞学和哲学的综合，还是受到一个晚期学园派作家的影响而达到的这种综合。晚期学园派中的拉利撒的斐洛(Philo of Larisa)是西塞罗的前辈之一，与亚里士多德在柏拉图在世时所做的那样，他赋予修辞学[雄辩术]在哲学课程中以特定的地位。

③ 《斐德若》269e—270a。在269a中，柏拉图也提到了作为演说家典范的伯利克里和传奇国王阿德拉斯图斯(Adrastus)——这位传奇国王与涅斯托尔(Nestor)一样出现在古代，是口才过人、甜言蜜语(γῶλοσα μειλιχογήρυς)的化身。参见提尔泰奥斯残篇9.8。这些神话和历史中的英雄人物，这些真正的杰出辩才，不仅仅是支撑和证明柏拉图的修辞学[雄辩术]思想的典范人物，而且使现代修辞学[雄辩术]的那些技术专家们学究式的枯燥和幼稚暴露无遗。

为了表明演说家为何必须要经过一种完整的专业训练，柏拉图还做了另一个说明。演说家的作用是心灵教育：与其说他的真正技艺是包装词汇，不如说是影响人的灵魂。① 医生的职业是演说家职业的一个显而易见的对应物，柏拉图在《高尔吉亚》中已经将医生的职业和演说家的职业进行过对比。② 在其早期著作中，柏拉图用医生这个例子来表明一种真正的技艺的本质。在《斐德若》中，他用它来表明正确的修辞方法的步骤和意义。他引证希波克拉底本人作为真正的医学技艺的体现。③ 他认为，在对待病人的身体时，医学技艺总是考虑到自然整体，即整个宇宙，这是医生的理智态度的本质特征。因此，如果一个作家或演说家想要正确地引导听众和读者，就必须知晓人的灵魂世界，以及灵魂的全部情感和力量。④ 再者，正如医生必须准确地了解事物的本性是单一的，还是复合的，了解它怎样起作用——或者它的各种形式如何相互影响——因而演说家也必须知道灵魂的各种形式及其起源，还有与之相应的演说术的形式。⑤ 修辞学[雄辩术]已经在传授这种演说术的模式或类型（ideai）了，⑥不过，柏拉图修辞学[雄辩术]纲要的新颖之处似乎在于，演说术的形式有意指灵魂活动的形式，演说术的形式被解释为灵魂活动形式的必要表达。⑦ 这就将修辞学[雄辩术]训练的全部重点放在了心理学上。

值得注意的是，柏拉图非常了解自己心灵的特殊力量。这就是（无论是在此处，还是其他地方）他对灵魂及其能力的洞察。在认识到特定的表达形式取决于灵魂的特定功能之后，他作出了实际的推断，即一种

① 《斐德若》261a；这一观念在 271c—d 中有更详细的说明。

② 《斐德若》270b。

③ 《斐德若》270c。

④ 《斐德若》271a。

⑤ 《斐德若》271d。

⑥ 伊索克拉底，《驳智术师》16—17。

⑦ 《斐德若》271d 及以下，柏拉图关于这一主题所说的话，与往常一样，只是他脑中所想的大概而已。他为修辞学[雄辩术]的运用刻画了一种心理类型（ψυχῆς εἴδη）理论。他避免将这个想法转化为技术细节，因为柏拉图的对话是一件艺术作品，又因为苏格拉底的这两篇爱欲讲辞连同其丰富的心理学内容，都具有以身作则说明柏拉图心中所想的特点，所以柏拉图在此没有将他的想法落实为技术细节（参见本卷第 231 页）。

特定情感类型的人，或某种永久的气质和性格，只能通过相应的演说方法，用特定的行为来感动和说服。① [193]发现这种通过言辞影响人的技艺的心理学基础，是一项艰巨的任务，柏拉图对此有独一无二的天赋。重要的是，柏拉图并不满足于这样的一种理论活动，即设计出一套运用于修辞学[雄辩术]的综合性心理学范畴体系，而是通过在实践中将其运用于具体事例和实际场景，对这些发现的检测予以同等的重视。② 在《王制》中，柏拉图赋予实际经验和品格训练与纯粹的理智教育同等的时间和重要性，因而我们在此可以期待他这么做。③

　　不过，他此处的真正创新在于他推荐的训练演说者的思维的方法。《斐德若》为《王制》所描述的教育增加了一个新的知识分支。这个新的科目就是修辞学[雄辩术]，但他将它纳入了他在更大部头的著作中所描绘的知识框架之中。在《王制》中，他的教育目的是培养未来的政治家，在《斐德若》中是训练演说家和作家。④ 这两部著作的独特之处是它们都坚持某种类型的知识训练，这种知识训练对纯粹务实之人没有吸引力。⑤《斐德若》是为演说家准备的哲学训练方案；它详尽地重复了《王制》的基本观念，即为了达到目标，走一条迂回曲折的长路是必须的。⑥ 这是对《王制》中的教育理论的有意暗示。无论是在这里，还是在《王制》中，迂回曲折的弯路都是穿越辩证法训练的旅程。⑦ 对任何

---

① 《斐德若》271d—e。

② 《斐德若》272a—b。

③ 参见本书第二卷，第363—364页。

④ 在《斐德若》271d中，接受此种训练者被描述为 ὁ μέλλων ῥητορικος ἔσεσθαι[想要做修辞学家(演说家)的人]，在272b中，被描述为 ὁ συγγραφεύς[散文作家]。然而，不管怎样，演说术是政治家的专属领域；因此，《斐德若》给政治家的教育方案添加了一个柏拉图在《王制》中描述过的新方面。或者毋宁说，《斐德若》表明了，辩证法教育——在《王制》中，它是政治家的哲学训练的顶峰——也是政治家在演说术上的优势的基础。

⑤ 伊索克拉底对苏格拉底的辩证法的批评，即辩证法是毫无用处的吹毛求疵，参见《海伦颂》4及以下，尤其是《海伦颂》6和8，伊索克拉底对辩证法是一种政治训练的主张的否定。

⑥ 在《斐德若》273e中，柏拉图说，要想不费多大麻烦(ἄνευ πολλῆς πραγματείας)就在他所推荐的那种训练上取得成功是不可能的。在274a中，他把这种麻烦称为一种"μακρὰ περίοδος[漫长的绕行道路]"。柏拉图对其教育的"迂回途径"的描述，参见《王制》504b。

⑦ 《斐德若》中的段落用同样的表达来描述同一事物，这一类比证实了我们对《王制》504b的阐释，参见本书第二卷，第320页。

希望学一点修辞学[雄辩术]技巧就满足的人来说，这可能是一条极其漫长而艰辛的道路。无论在何种情况下，柏拉图的教育哲学总是旨在最高的目标，而非最低的目标；当我们登临绝顶，居高临下地看时，就会很清楚，在学习做演说家这件事上，没有令人愉快的平坦大道。① 毫无疑问，柏拉图是把演说家的作用作为一种道德功能来思考的。不过，正如我们已经承认的那样，即使我们认为这一目标设置过高，哲学的迂回之路仍然不可避免。原则上，修辞学[雄辩术]教师只满足于或然性和似是而非的证据，而不试图寻找真理。② 在《斐德若》中，柏拉图并没有试图说服他们言说真理。相反，(正如他经常这样做的那样)他以对手的立场为立场，证明了即使在此基础上，知识对演说家也是不可或缺的。在《普罗泰戈拉》中，[194]通过表明如果群众把快乐当作生活的最高的善[好]是正确的话，那么知识作为区分大善[好]和小善[好]、近善[好]和远善[好]的标准也是必不可少的，从而证明了知识的价值。③与此类似，在《斐德若》中，通过表明如果演说家想发现可能是的东西(εἰκός)——它是修辞学[雄辩术]论证的一般基础——那么，他首先必须知道什么是真的是的东西，从而证明了知识是演说家的必备之物。因为可能是的东西就是看起来像真的东西。④ 当然，修辞学[雄辩术]的目的不是取悦人，而是取悦神——这才是柏拉图认可的最终目的。⑤这就是我们从《王制》、《泰阿泰德》和《法义》中得知的学说。在柏拉图后期所教授的严格以神为中心的教化中，早期著作中没有得到解决的问题(aporiai)最终得到了解决。

柏拉图非常愿意承认职业演说家的文字技巧的重要性。不过，无

---

① 参见本卷第 229—230 页。

② 《斐德若》272d 至结束。

③ 参见本书第二卷，第 132—133 页。

④ 《斐德若》272e。

⑤ 为取悦公众(χαρίξεσθαι)而说话，不仅在柏拉图那里，而且在伊索克拉底、德摩斯梯尼和其他人那里，也被说成是修辞学[雄辩术]的特有缺点。在《斐德若》273e 中，柏拉图将这一观念转变为θεοῖς χαρίξεσθαι，即"言行都取悦于神明"：正如他在《法义》中说，神，而不是人，是万物的尺度那样。修辞学[雄辩术]对世界的态度是普罗泰戈拉和智术师们的那种相对主义，柏拉图建立了一种新的演说理想来取代修辞学[雄辩术]，这种新理想的衡量标准是永恒的善。

论这种文字技巧多么杰出，都不是对神（God）的取悦。古埃及图特神（Theuth）发明书写（例如文字）的传说会使这一点非常清楚。① 当图特神将他的新发明带给底比斯的萨姆斯（Thamous），并向他夸耀说，这种技艺有助于人的记忆，从而可以为人的知识提供帮助时，萨姆斯回答说，书写这种技艺的发明很可能使人忽略他们的记忆，在他们的心灵中产生遗忘，因为这样一来，他们肯定会依赖写下来的文字，而不是将他们的记忆保持在活跃状态。② 因此，新发明会产生虚假的智慧，而不是真正的知识。柏拉图的全部伟大之处在他的这种对书籍和写作的态度中得到了呈现——这种态度对他自己作为一个作者的影响不亚于对修辞学家们的影响。在读了《斐德若》之后，要想不看到柏拉图与批评其他人一样批评自己是很难的；但如果我们怀疑这一点，那么《书信》七非常清楚地告诉我们，柏拉图看到了将任何一种思想形诸文字的十足困难。一些不够资格的人发表了关于他的教导的一些评论；这导致他得出一个似非而是的结论，那就是，即使是他自己，也没有办法将他的学说形诸文字，因而根本就不存在关于他的哲学的成文版本。③ 研究柏拉图的学者们，[195]很快将他在《斐德若》中的这种态度的类似表述，与他的特殊写作形式，即苏格拉底的对话相联系，并将这种联系视为下述观点的主要根据之一：即认为《斐德若》是其教育方案的一个早期宣言。然而，实际上，我们很难相信，如果柏拉图在年轻时就对书籍的价值抱这种怀疑态度的话，他居然会写下如此数量的著作；而如果他在晚年转而反对自己所有著作的话，那么我们可以将其解释为一种对他自身自由的肯定：即使面对自己的著作，他也不会放弃自由的思考。他拒绝被自己曾经写下的东西所绑架。

柏拉图在晚年达到这种境界之后，他在《斐德若》中倾向于只承认书写技艺的有限价值，即使在修辞学[雄辩术]的高级运用中也是如此。

---

① 《斐德若》274c 及以下。

② 《斐德若》275a。译注：这里所说的"底比斯的萨姆斯"，实际是在埃及，《斐德若》274d—e："当时统治埃及的国王是萨姆斯，住在上埃及的一个大城市，希腊人称之为埃及的底比斯。"

③ 《书信》7.341c—d,344d—e。

一本书一旦形成，便会传到每一个人手中；有人懂它，有人不懂它；但如果它遭到曲解和虐待，它不会为自己解释或辩护。它需要另一本书来捍卫自己。① 最真实的书写不是僵死的文字，而是活生生的话语，是在学生灵魂中的书写，因为它有捍卫自己的力量。② 文字的唯一价值是提醒人他已经知道了什么。③ 当代修辞学[雄辩术]越来越成为一种书写技艺、一种"图形语言"，因此，柏拉图用以下事实证明哲学的辩证法对修辞学[雄辩术]而言的教育优势：辩证法直接作用于人的心灵，塑造灵魂。智术师们曾经将教育比作农艺。④ 柏拉图开始了这一比较。任何一个在乎种子，希望它长成庄稼的农夫，都不会将它种在春季植物之神"阿多尼斯[Adonis]的花园"里，不会乐意它在八天之内快速结出果实，而是会把种子撒在合适的土壤里，乐于在经过八个月的辛苦照料之后，最终看到它结出果实。⑤ 柏拉图将播种和种植的意象运用到思想的辩证法训练之中。任何一个关心真正的理智教育的人，都不会满足于由修辞学[雄辩术]的阿多尼斯花园所出产的那点微不足道的早熟作物，而是会耐心等待，直到真正的哲学教育的果实臻于成熟。我们从《王制》和《泰阿泰德》就可以知道柏拉图捍卫哲学文化[教育]的方法，它建立在"长途跋涉"的原则之上；看到柏拉图如何一次又一次回归这一原则非常重要。⑥ 柏拉图的教化的种子，（如《书信》七所言）只能与岁月共成长，[196]非职业培训的几个术语所可致。⑦ 柏拉图的竞争对手们认为，柏拉图的哲学教育大而无当、往而不返，因而，无论是此处，还是其他地方，表明这种精神的长途跋涉恰恰是其哲学教育的真正力量，始终是他的主要目标。当然，它只能在少数精心挑选的学生身上才

---

① 《斐德若》275e。

② 《斐德若》276a。

③ 《斐德若》275d。

④ 参见本书第一卷，第 384 页及以下。

⑤ 《斐德若》276b。

⑥ 《王制》498a 及以下，《泰阿泰德》186c：*ἐν χρόνῳ διὰ πολλῶν πραγμάτων καὶ παιδείας παραγίγνεται οἷς ἂν καὶ παραγίγνηται*[（思考的结果）在岁月中经过重重艰难和教化来到任何它刚好来到的人身上]。参见《斐德若》273e：*οὐ...ἄνευ πολλῆς πραγματείας*[没受过重重磨炼就不⋯⋯]。

⑦ 《书信》7.341c。

能充分发挥其力量；①对于那些只是"受过教育"的普通民众，修辞学
［雄辩术］是一条广阔平易之路。

---

① 参见《泰阿泰德》186c；οἷς ἄν παραγίγνηται［那些（思考结果）刚好来到他们身上的人］；《书
信》7.341e。他们是一些稍加指点就有能力为自己找到知识的人。

# 第九章　柏拉图和狄奥尼修斯:教育的悲剧

[197]柏拉图的第七和第八封信,长期以来被弃之为伪作,但最近的文献学考证(philological criticism)终于成功地证明它们是柏拉图本人的作品,是柏拉图自身思想和情感的记录。这马上为柏拉图的教育史增添了浓墨重彩的一章。① 当然,一些外在的事实不可能随之而改变。即使这些《书信》(尤其是《书信》七)并非一流的自传,而是某些聪明的文学骗子的耸人听闻的捏造——他们觉得把伟大的柏拉图编排进一个戏剧性的政治故事之中,想想都令人兴奋——我们仍然应该知道,柏拉图曾经与他那个时代最有权势的僭主友好交往。《书信》七(这是我们此处主要关切的)的写作所围绕的那些基本事实,即使在大家都认

---

① 关于柏拉图的《书信》六,参见拙著《亚里士多德:发展史纲要》,第 11 页及以下;《书信》六是写给柏拉图的学生埃拉斯图斯(Erastus)和克里斯库斯(Coriscus),以及他们的邻居赫尔米亚斯(Hermias)的;前两人一起统治着阿索斯(Assus),后者则是阿塔纽斯(Atarneus)的僭主,他曾经与他们一起加入一个哲学联盟。布里克曼(Brinkmann)和我本人都相信此信的真实性,为此提出的理由也已经为维拉莫维茨和其他学者所接受,但这与我们论述的主题并无关联。关于第七、第八封信的真实性,参见维拉莫维茨,《柏拉图》,第二卷;以及帕斯夸利(G. Pasquali)的近著《柏拉图的书信》(*Le Letter di Plantone*),Florence,1938。有些学者与本特利(Bentley)一样相信文集里的所有书信都是真实的,不过,在通向这一假设的路上存在着数不清的困难。

定它是伪作时也从无争议。① 不过，对历史研究者而言，最吸引人的是我们可以阅读柏拉图本人对叙拉古悲剧的叙述了；普鲁塔克在狄翁传中所给出的刻意戏剧化的故事版本，不能阻止我们将其与其真实且主要的资料来源（即柏拉图的《书信》七）的生动细节相对比。

　　即使没有柏拉图的《书信》，我们也应该知道，一个曾经写下《王制》和《法义》的人，必定为一种对政治的巨大而真诚的热情、一种最初促使他采取行动的热情所激励。这种热情有助于解释柏拉图当时的心态，当然，他的知识概念的结构也表明了他对政治的巨大热情。因为柏拉图认为，知识（gnosis）不是对真理的玄思，超然于生活之外，知识要成为技术或技艺（techné），要成为关于人所要选择的正确道路、所要做出的正确决断、关于真正的目的与真实的善［好］的斟酌和考量（phronésis）。这一点即使对知识的最抽象形式（即柏拉图后期对话中的型论）而言也确然无疑。对柏拉图来说，真正的重点在于行动，在于生活（bios），即使当行动的领域从理想城邦的实现转移并集中到"我们之内的城邦"［灵魂］时也是如此。[198]不过，这里，在《书信》七中，柏拉图亲笔描述了其第一次大希腊之旅的思想发展历程，这次大希腊之旅将他带到了叙拉古，带到了僭主狄奥尼修斯的宫廷之中；纵观柏拉图的全部叙述，参与实际政治的兴趣显然是其早年生活的支配性力量。这一点不仅得到了其政治态度的证实——柏拉图的主要著作反映了他对政治的态度，而且还为他自己家庭生活中不为人知的细节所证实——柏拉图的家庭生活是《王制》背景的一部分，也是《蒂迈欧》背景的一部分，后者与《王制》属于同一个三部曲。他将它们合并一处，以便给他自己和他与苏格拉底的关系投下一道间接的光亮——尽管作为作者，他不得不隐身于视线之外。在《王制》中，柏拉图将他的两个兄弟阿德曼托斯（Adeimantus）和格劳孔（Glaucon）作为雅典年轻一代及其政治热情的代表人物来呈现。尽管格劳孔年仅弱冠，但他迫不及待地想涉足政治，苏格拉底花了九牛二虎之力才将其劝回。柏拉图的叔叔克

---

① 《书信》七中所给出的事实，即使是那些与我们的其余证据——主要是相对较晚的证据——不一致的历史细节，现在都被认为是历史事实。参见亚当（R. Adam）的博士论文，Berlin，1906，第 7 页及以下。

里提亚(Critias)是个臭名昭著的寡头,他领导了公元前 403 年的寡头革命。柏拉图让他作为对话者出现了好几次;柏拉图想把一篇以他为名的对话献给他,意在完成以《王制》开始的三部曲,但这部著作只剩下一些残篇。与许多其他人一样,柏拉图也因为对政治的兴趣而成为苏格拉底的学生。色诺芬说,克里提亚和阿尔西比亚德同样如此,尽管他补充说,当他们发现苏格拉底所给予的是何种类型的"政治"教导时,他们很快就失望了,色诺芬所言毫无疑问是正确的。① 但苏格拉底的这种政治教导落到了柏拉图这块肥沃的土地上,它所孕育的果实就是柏拉图的哲学。是苏格拉底启发柏拉图在城邦[政治]和教育之间看到了一种新的关联——实际上,他几乎是将城邦[政治]和教育相等同了。不过,苏格拉底与城邦的冲突和苏格拉底之死向柏拉图证明了,只有通过给人一种"哲学的"教育,才有可能开启一个新的城邦,这种哲学的教育将彻底改变社会的结构。带着这种早年植根于心中,后来又在《王制》中转化为自明之理的信念,柏拉图扬帆叙拉古。(根据《书信》七,此事大约发生在公元前 388 年,柏拉图四十岁之际。)在那里,柏拉图结识了品性高贵、激情洋溢的狄翁(Dion),狄翁是强大的叙拉古僭主的近亲和朋友,柏拉图使他皈依了自己的哲学,并激励他努力实现自己的政治理想。② 不过,狄翁根据自己的理想改造狄奥尼修斯一世本人的努力注定要失败。[199]冷静的政治家向这位年轻的柏拉图哲学爱好者所展示的巨大而感人的信任,以及鼓励他将柏拉图本人引荐给僭主的这种信任,与其说是由于狄翁用与僭主本人同样的眼光来看待现实政治的能力,不如说是由于他对僭主的绝对忠诚和纯洁动机。在《书信》七中,柏拉图告诉我们,在他的鼓动下,狄翁请求僭主给叙拉古一部宪法,让叙拉古接受最佳的法律制度的统治。不过,狄奥尼修斯并不认为这种政策适合产生了独裁制度的叙拉古的境况。③ 柏拉图认为,法律制

---

① 色诺芬,《回忆苏格拉底》1.2.39。
② 柏拉图,《书信》7.326e 及以下。
③ 柏拉图,《书信》7.324b。译注:叙拉古所在的西西里岛的地理位置和政治地缘,使得西西里岛注定成为各方势力逐逐的舞台,不同势力之间的博弈,造成持久的战争,战争造就强人领袖,因此,僭主和僭主制度在西西里盛行有其客观原因。

度,并且只有法律制度,才能为狄奥尼修斯在意大利和西西里的统治奠定一种真正的坚实基础,从而赋予其统治以一种真正的意义,给他一个江山永固的机会。但是,狄奥尼修斯却深信这势必会很快摧毁他对这些地方的统治,并使西西里诸城邦沦于迦太基人侵者之手。这一插曲是真正悲剧的前奏——柏拉图、狄翁和狄奥尼修斯二世(即老僭主的儿子和继承者),是这出真正的悲剧的扮演者。因此,柏拉图返回了雅典,凭借其丰富的经验,不久之后很快就创建了他的学校;但他与狄翁的友谊比他对政治的失望要持久——这种失望肯定增强了他远离积极的政治生活的决心(他在《申辩》中声明了这一点);两人成了终生好友。不过,柏拉图现在全力以赴做他作为哲学教师的工作,而狄翁则执着于自己改变西西里僭主制的理想,等待时机再度出手。

机会似乎来了,狄奥尼修斯一世于公元前367年去世,其时,他的儿子还是一个青年,他继承了父亲的权力。柏拉图的《王制》在不久之前(公元前380至前370年之间)问世。这部著作必定增强了狄翁的政治信念,因为它以无比的清晰和磅礴的力量写下了他一度从柏拉图那里听到的以口耳相传的方式所教导的思想。这部著作还相当新颖,正被人们热烈地讨论。柏拉图在其中提到了一个显见的问题,即他的理想城邦有可能实现吗?不过,柏拉图断定这个问题与其哲学教育的实际运用无关。(他写道:)也许,如此完美的城邦只能作为一个理想的范型存在于天上;[1]也许,它已经存在于遥远的蛮族某地,而希腊人对此一无所知。[2](在希腊化时代,当希腊人因为认识了一些新的东方民族,[200]而对其他民族更为熟悉时,一些学者在柏拉图这番话语的基础上提出,完美的国度就是埃及人的等级制国家或摩西的等级制神权政体。)[3]柏拉图提

---

[1]　《王制》592b。

[2]　《王制》499c。

[3]　在希腊化时代的早期,学者们就开始提议埃及是柏拉图《王制》的模拟或典范,参见希腊数学家普罗克鲁斯(Proclus)对《蒂迈欧》的评论(1.75d)中关于克兰托尔(Crantor)所说的话,以及本人的《卡里斯托斯的狄奥克勒斯》(第128、134页),还有本人发表在1938年《宗教杂志》(*Journal of Religion*)上的论文《希腊人和犹太人》(Greeks and Jews)。译注:克兰托尔(公元前330—前270年),古希腊哲学家,色诺克拉底之后柏拉图学园的继承人之一,据说他是注解柏拉图的第一人,尤其是柏拉图的《蒂迈欧》。

议，教育应该致力于在我们每个人之内（即灵魂中）创造完全正义的城邦——归根结底，这是创造实存的完美城邦的必由之路。① 所有现存的城邦都已经无可救药，他已经将它们全部放弃了；②它们对实现他的理想毫无帮助。他认为，从理论上说，采用他为理想城邦的统治者所提供的教育体系——此种教育是城邦的一切改进之基础——并在一个人身上试行这一教育体系，是实现其理想城邦的至简之道——如若这个人真是天命所致的话。改变一个人显然要比改变许多人容易得多。③ 柏拉图的这一想法并非出于对政治权利的考虑。在《法义》中，在其生命行将结束之际，柏拉图最终反对将权力集中于某个个人之手。④ 当他建议将其理想国中的政治权力集中于一个德才兼备的君王之手时，他完全是受其教育动机的驱使。⑤ 教化一个强有力的统治者，从而向这个国家的全体民众传播一种良好的精神，肯定不比这个统治者败坏全体国民，让民众都效仿他的恶劣榜样困难；后者就是柏拉图看到的、在狄奥尼修斯一世治下的叙拉古发生的事情，事实上，《王制》中的僭主的暗淡形象，其中一些特征显然属于狄奥尼修斯一世。这实在令人沮丧。僭主似乎拒绝了狄翁的全部改革计划。然而，我们为什么要承认，狄奥尼修斯一世所显示的那种可怕的人性弱点，必然是所有在他那个位置上的人的普遍特征呢？对人性的这种控诉会使人类社会的一种更美好的未来永远成为不可能。至少，热忱的道德理想主义者狄翁是这么想的。因此，在老僭主驾崩之后，狄翁不断以书信和口信的方式告诉柏拉图，机不可失，时不再来，恳求他抓住机会，再度前往西西里，在新君王的帮助下，实现其完美城邦的理想。⑥ 柏拉图在《王制》中说，在权力（δύναμις）和道德知识（φιλοσοφία）——二者通常绝望地相距万里——

---

① 《王制》591e。

② 《王制》501a；《书信》7.325e 及以下。

③ 《王制》501e 中的"最佳城邦"是一个神话；但一个接受哲学教育的"国王之子"可以实现这样的城邦，参见《王制》502a—b。

④ 《法义》3.691c。

⑤ 柏拉图在《王制》中留着这扇门是有可能的，因为早在他写作《王制》时，狄翁就已经对年轻的狄奥尼修斯寄予厚望。我们可以确定的是，他是在谈论一个统治家族的年轻王子，因为他仍有待于教育训练。

⑥ 《书信》7.327 及以下。

金风玉露一相逢之前,他的理想不可能成真。① 他说,这种情况只有通过神意的一个特殊行为、一次神圣的机运才有可能发生。② 狄翁现在竭力让柏拉图相信,狄奥尼修斯二世的即位,实际上就是这个遥远的神圣事件,[201]而且如果他不抓住这一转瞬即逝的机会的话,就是对他自己的哲学和理想的背叛。③

即使是理想主义者的狄翁,也认识到了柏拉图的计划是针对一个杰出个体的工作。指望凭底层民众的盲目冲动在现有城邦中实现这些计划是不可能的,民众的努力倾向于朝相反的方向行进。④ 他对民众毫无期望:因为他们不再是原来那种作为城邦有机体的组成部分的人了,而是一群轻率而狂热的乌合之众:正是他们曾声嘶力竭地欢呼狄奥尼修斯一世的僭主统治。只有少数人才能在可爱的命运女神堤喀的帮助下,争取到至高无上的目标;不过,狄翁认为叙拉古的新君主很可能就是这少数人之一——如果能使他皈依柏拉图的哲学,那么叙拉古就会成为完美幸福的家园。⑤ 在狄翁的计划中,唯一确定的因素是僭主不受限制的权力,而这一点很难把握,因为没有人知道他会把这种权力做何使用,但狄翁急切的热情使他对年轻的狄奥尼修斯颇为指望;青年是一个可塑的年龄。尽管涉世未深,年轻的君王丝毫没有柏拉图在其理想统治者身上所寄托的那种成熟的道德和精神判断力,但他似乎是将柏拉图的理想转化为现实的中介之一,事实上,也是唯一可能的机会。

在《王制》中,柏拉图也看到了,除非教化一个完美的统治者来管理城邦,否则没有任何其他途径可以实现他的理想国。他曾将确定教育统治者的基本路线、并将其确立为奋斗的理想的任务指派给自己——也就是说,指派给创造性的哲学家。然而,除了柏拉图自己,这位具有无与伦比的支配性人格的哲人之外,这样的人在哪里呢? 谁有能力承担如他所预期的那种教化统治者的工作,并将其付诸实施、走向成功呢? 当然,在

---

① 《王制》473d。
② 《王制》499b;《书信》7.326a—b,327e,以及其他地方。
③ 《书信》7.327e 及以下。
④ 我们已经看到伊索克拉底也意识到了这种情况,参见本卷第 132—133 页。
⑤ 《书信》7.327c。

《王制》中，这一过程相当不同。在那里，未来统治者的教育是通过长期的耐心挑选和考察来完成的，无论是在哲学智慧，还是在实际生活方面。候选人都是年轻一代的佼佼者。选择一级比一级严格，直到最后只剩下几个人，甚至一个人，而这个人的使命就是完成取悦神的伟大工作。经过如此这般教育训练的统治者将是僭主的绝对对立面。在永恒真理的光芒的照耀下，[202]他将在灵魂中把承载整个城邦共同体的利益作为至高无上的法则；这将使他超越任何片面的个人愿望或信念。叙拉古的年轻僭主很可能会自愿接受这种教育，而且他极有天赋，是可造之材；不过，他被选来承担其使命，完全是因为他是权力的继承者，历史的偶然碰巧为他披上了权力的外衣。在这方面，柏拉图在叙拉古所遭遇的困境，与伊索克拉底在教育他的王子学生们时所面临的问题无甚差别。① 不过，狄翁坚持认为，这是一个极好的时机，要不惜一切代价尽力而为，这不仅是因为如果此事成真，狄奥尼修斯的巨大权力便意味着更大的成功，也不仅是因为他本人在这个强大的帝国中有着独一无二的地位，② 而主要是因为他感觉到了柏拉图的人格和学说的那种彻底的改造力量，从而为柏拉图对教育力量的信念所激励。

柏拉图在《书信》七中回顾了这一切之后，对狄翁生活中的主要事件，以及他与这位品性高贵且极富天赋的朋友的各个阶段的交往进行了评论——这位朋友最近的不幸死亡现在仍然让他伤心不已。教育僭主的努力从他一即位就开始了，这样的尝试不是一次，而是两次，但都失败了。然后，狄奥尼修斯强大的君主政体也垮掉了；因为狄翁在他的教育计划落空之后，就被僭主流放于异地，重振旗鼓之后，他又带兵返回，控制了僭主。在经历一段短暂的统治后，狄翁就因为宿怨而被自己的随从所刺杀。我们所谓的柏拉图的《书信》七，是一个用于宣传的小册子，写于狄翁被谋杀之后。它描述了狄翁的生平，并为他的职业生涯进行了辩护；不过，它是以一种写信给狄翁之子及其在西西里的追随者的形式，以一种顾问演说的形式来表达

---

① 参见本卷第 112 页。

② 《书信》7.328a。

的,柏拉图鼓励他们要忠于逝者的目标和理想。如果他们能做到,他承诺会给他们提供建议和帮助。① 这意味着柏拉图公开站在狄翁一边,重申了他原初的信念。他说,狄翁既不谋求夺取僭主统治的国家,也不想推翻僭主的统治;他只是由于蒙受冤屈而被迫将僭主驱逐出境。全部的责任都落到了僭主本人身上,尽管柏拉图承认,他的第一次叙拉古之行,由于使狄翁皈依了自己的哲学,最终导致了僭主政治的崩溃。② 正如在《法义》中一样(在这期间,柏拉图正在撰写他的《法义》),他在此处发现了神在历史中的教学(pedagogy),从而在这些伟大的事件中看见了命运女神的力量。[203]通过回顾自己的过去,他在自己的生命与他那个时代的历史的关联方式中,同样清晰地看到了神意的无形之手。在《王制》中,柏拉图曾如是说:除了命运女神,没有什么可以使一个统治者成为哲学家,或者一个哲学家成为统治者。必定是神圣的命运之手让柏拉图和狄奥尼修斯走到了一起;当叙拉古的君主拒绝接受命运的力量,并将其一把推开时,是命运女神之手在悲剧的高潮中结束了这一系列事件。常识会让人得出这样的结论,即狄翁的事业(间接地也是支持他的柏拉图的事业)注定要失败,因为它建立在一个错误的心理学预设之上,没有看到人性普遍的软弱和卑下。不过,柏拉图不以为然。一旦他的学说启动了像狄翁这样的力量之后,对狄奥尼修斯这样的弱者来说,拒绝这次以最有可能的方式实现其使命的机会,是对他作为一个统治者的天性的背叛。

　　相应地,柏拉图在剧中的角色,不是那种自由自主的演员。他是一种更高力量的道具。这一观念的哲学基础出现在《法义》中,柏拉图反复宣称,人不过是神手中的玩物,一出木偶剧中的玩偶。③ 不过,玩偶必须知道他们自己须扮演的角色;神拨动了命运的琴弦,但他们的欲望和激情并不总是应声起舞,若合符节。说到底,这是希腊人关于人生的原初观念。在荷马史诗和肃剧中,凡人的生活总是在一个更为广阔的背景下展开,这个背景就是诸神的生活。许多无形的线从天上贯穿到

---

① 《书信》7.324a。
② 《书信》7.326e;关于这一段落的阐释,参见《德国文学报》,1924,第897页。
③ 参见本卷第275页。

地上,牵动着我们所谓的人间事件。诗人随处都能看到它们,看到它们掌控着人类的一举一动。① 在《王制》中,人的实际生活和宇宙的神圣原则"善"之间似乎存在着一条巨大的鸿沟,而柏拉图的兴趣越来越转向神圣原则在可见世界中——在历史、生活和具体事件中——呈现自身的形式。不仅在他的型论中,而且在他对理想生活的描绘中,形而上学开始越来越进入感知的现实世界。从这一角度看,《书信》七也很重要,它告诉我们,柏拉图积极地筹划和决断自身事业的努力塑造了他对世界的解释。柏拉图有意隐瞒了这一个人因素,但我们可以在《王制》中发现它:他说,正是神圣的命运女神的干预,[204]才使"哲学的天性"在一个腐败的环境中得以保存。② 除非牢记这一点,否则我们就不能理解,他在《王制》、《法义》和《书信》七中说,即使是权力和智慧的结合(具体体现在统治者和哲人的结合上),也是此类神意的一个个别行为,究竟是什么意思。这一个人因素将柏拉图的西西里之行与《王制》对他那个时代的哲学家的处境的描述联系了起来。在他的自传中,这一个人因素不只是一个单纯的事实而已,它成了他在《王制》中的观点的一个直接例证——这个观点认为,人们对哲学家所持的普遍信念,即哲学家百无一用,于世无补,实际上不是对哲学的指责,而是对世界的控诉。

当狄翁邀请柏拉图到叙拉古时,他说,在狄奥尼修斯一世去世、新君即位所产生的新处境下,实现柏拉图在《王制》中建议的政治哲学理想,是他的职责所在。我们可以认为,这势必会改变叙拉古的整个政治体制;但柏拉图在《书信》七中明确地说,他不是作为一个全权政治顾问而受邀的,他的任务很明确,就是教育这位年轻的僭主。可以说,柏拉图表达自己职责的这一方式最直截了当地表明了狄翁对《王制》的态度极其严肃:因为柏拉图在其中将理想城邦简单地描述成了理想教育的实现。现在,统治者已经在那里,必须如其所是的那样来对待他。因此,狄翁注定要从叙拉古的这个首要"卫士"开始——这名城邦"卫士"将接受训练以胜任他已经在从事的工作。这是对柏拉图原初主张的一个严重制约。

---

① 参见本书第一卷,第 67 页及以下。

② 《王制》492a,492—493a。

（就像盖一栋房子）他不得不从顶层开始而逐步降低，而不是从基础开始而逐步上升。在狄翁给柏拉图的信中，他将僭主描述为一个天资聪颖的青年，"向往教育"。① 柏拉图在《王制》中曾经说过，教育最重要的事情是要为教育的施行创造一个适宜的环境。这句话必定引发了他不祥的预感：因为就在《书信》七的开头（就像在对一出戏剧的说明中），他生动地描述了他所认为的叙拉古的生活方式和僭主宫廷中的精神气氛。② 他解释了他对狄翁所冒的风险的担忧，并以他在长年累月的教学生涯中得知的事实来证实这一点，即年轻人容易激动，但往往只有三分钟热情。③ 他知道狄翁的品格是他唯一可以依赖的支点：狄翁成熟稳重，经受过考验。[205]不过，柏拉图还有更重要的理由接受这次邀请。如果他拒绝这次机会，就意味着他正在放弃实现其理论的可能性——他说过，他的这种理论将改变人们的整个生活。在《王制》中，尽管他说实现这种理论非常困难，但他还不至于放弃这种理论。他避免从他的悲观推测中得出这一最后的结论。他之所以拒绝承认自己是在事功，不是因为他真的相信其使命会成功，而是因为他耻于看起来像是一个"光说不做（λόγος μόνον κτλ）"的人，只会坐而论道。④ 他在《王制》中曾经如此动人地表达过的那种"听天由命"，实际是对离开自身之孤立状态的一种拒绝。⑤ 现在，他冒着声誉受损的风险，想借此机会凭自己的工作来反驳他的那种合理的悲观态度。他放下自己在雅典作为一名哲学教师的工作——如他所言，这一工作并非无足轻重——去到僭主那里，将自己置于专制统治的权力之下，而这种统治形式却与他的观点扞格不入。⑥ 不过，他相信，他没有让自己的名字冒犯友谊和忠诚之神，最终也没有违背自己的哲学使命——他的哲学使命不允许他选择更轻松的道路。

---

① 《书信》7.328a。

② 《书信》7.326b。译注：柏拉图的原话是，"叙拉古人热衷于宴饮，一日参加两次宴会方才满足，夜晚也绝不独眠，他们的生活方式的其他方面也莫不充满奢侈和放纵。在这样的环境和生活中成长起来的人绝不可能成为明智之人"。译文参考《柏拉图全集》，第四卷，第80页，王晓朝译，北京：人民出版社，2017。

③ 《书信》7.328b。

④ 《书信》7.328c。

⑤ 《王制》496c—e。

⑥ 《书信》7.329b。

在《书信》七中，柏拉图与僭主狄奥尼修斯的关系都是从这一角度来描述的。柏拉图作为一个去教导学生的教师出现。他一到叙拉古，就发现自己最坏的担忧得到了证实。宫廷中谣言四起，到处是猜疑和无法把握的不确定性，许多人恶意中伤，说狄翁将不利于僭主。柏拉图给狄奥尼修斯留下的深刻印象，不过是徒增宫廷侍臣们对狄翁的嫉妒而已。[①]狄奥尼修斯一世一直对狄翁友好相待，信任有加，但他试图消除柏拉图对狄翁的影响，将这位哲学家打发回了雅典，而他的儿子，这位精神上的弱者，则相信那些憎恨并嫉妒狄翁的廷臣们的流言蜚语，他们竞相向僭主进谗邀宠：说狄翁想要废黜他，以哲学教化之名，行取而代之之实，狄翁之所以将柏拉图引荐给他，只是因为他想让年轻的君主成为他手中可以随意摆布的傀儡。狄奥尼修斯二世不质疑柏拉图的忠诚，他因柏拉图的友谊而倍感光彩。因而，他采取与他父亲相反的做法。他放逐了狄翁，并寻求与柏拉图的友谊。不过（如柏拉图所言），[②]他回避做唯一能保证他们之间友谊的事情：[206]即向柏拉图学习，成为柏拉图的学生，聆听柏拉图的政治课程。宫廷流言使他害怕自己会变得过于依赖柏拉图，从而，"他的心智被哲学教育所迷惑，忽略了作为一个统治者的职责"。[③]柏拉图耐心地等待学生心中一种更深层的渴望的觉醒——对一种哲学生活的渴望的觉醒；但"他设法成功地抗拒了柏拉图的这一想法"。[④]因此，柏拉图设法回到了雅典。不过，他仍然不得不答应僭主，在刚刚爆发的战争结束之后重返叙拉古。柏拉图对是否要与僭主做彻底的决裂犹豫不决，主要是考虑到他的朋友狄翁；他希望僭主能将他的朋友从流放中召回。但是，他和狄翁的计划——将这位迄今"未接触过与其身份相称的哲学教育和智力对话的年轻君主"带到一个更高的层面，[⑤]"把他教育并训练成为一名称职的君王"[⑥]——却以失败而告终。

---

① 《书信》7.329b 及以下。

② 《书信》7.330a—b。

③ 《书信》7.333c，这段文字记录了柏拉图第二次访问叙拉古期间针对他的谣言；而 330b 则表明了在他第一次访问叙拉古期间，针对他的阴谋涉及到同样的猜疑。

④ 《书信》7.330b。

⑤ 《书信》7.332d。

⑥ 《书信》7.333b。

要想理解为什么柏拉图在第一次使命失败后数年，又再次接受狄奥尼修斯二世的邀请，是不容易的。他说，他之所以这样做，是因为他接到他在叙拉古的朋友们的不断敦请，尤其是南意大利的毕达哥拉斯派，塔壬同（Tarentum）的统治者、大数学家阿尔基塔斯（Archytas）和他的一些追随者。① 在柏拉图离开叙拉古之前，他曾经在他们与狄奥尼修斯二世之间缔结友好相处的政治盟约，如果他拒绝前往叙拉古，那么这种关系就会中断，他们的安全就会受到威胁。② 为了让柏拉图的行程不那么困难，狄奥尼修斯二世派了一艘三层桨战船前往雅典，③并承诺，如果他接受邀请，他会把狄翁从流放中召回。④ 不过，对柏拉图而言，决定性的因素是阿尔基塔斯和他僭主宫廷中的朋友们都在信中赞扬狄奥尼修斯二世献身于哲学，在智识上有了长足的进步。⑤ 雅典国内学生的极力敦促，西西里和意大利朋友的恳切邀请，使柏拉图不顾年事已高，心怀疑惧地再次启程。⑥ 本次叙拉古之行将带给他最深切的失望。这次，柏拉图的叙述快速掠过关于他的接待仪式和叙拉古的政治状况，集中笔墨于他到达叙拉古时发现的他即将面临的教育处境。自柏拉图上次访问叙拉古以来，僭主就一直与各色一知半解者和伪智识者们时相过从，脑中充满了各种他从他们那里拾得的牙慧。⑦ 因而，柏拉图认为，继续他的哲学教导不可能有任何结果。经验告诉他，对学生学习哲学的热情的最确定考验，就是告诉他任务的艰巨和艰苦，并观察其结果。⑧ [207]如果他心中充满对哲学知识的真正热爱，那么在他认识到前进道路上将要面临的障碍时，反而会豪气倍增，他会竭尽全力，全身心地投入全部精神能量，去达到目标；但那种非哲学类型的人，与哲学缺乏天生的亲缘性的人，则会设法逃避可能遇到的麻烦，以及他

---

① 《书信》7.339d。

② 《书信》7.328d。

③ 《书信》7.339a。

④ 《书信》7.339c；在柏拉图上次逗留期间，狄奥尼修斯承诺，一旦战事停止，他的地位得到巩固，他就会将柏拉图和狄翁一起召回叙拉古，参见338a。

⑤ 《书信》7.339b。

⑥ 《书信》7.339d—e。

⑦ 《书信》7.340b；338d。

⑧ 《书信》7.340c。

必须要过的艰苦生活，他会断定这种学习即使是可能的，那也是艰难的；他没有能力克服障碍。他们中的一些人会对自己说，世间万事，他们已经了解得八九不离十，不需要再劳心费力进一步深究了。①

狄奥尼修斯二世属于后一种类型。他摆出一副腹笥甚广的样子，炫耀他从其他人那里得到的知识，仿佛那就是自己的真知灼见。② 这时候，柏拉图提到，狄奥尼修斯当时已经在用他从柏拉图本人那里学到的东西做同样的事：他甚至就柏拉图教他的主题写了一本书，对这些主题加以阐发，仿佛他已经为自己搞定了一切。僭主的这一特征相当重要：它说明这个年轻人有一定的知识雄心。不过，这只是一个浅尝辄止者的雄心。传统告诉我们，这位僭主被推翻之后，他移居科林斯，开办了一所学校，教授自己的学说。柏拉图只是凭传闻知道有这么一部剽窃之作；他从未见过它；但他提到，这本书使他有机会就他的著作和他的口头教导之间的关系作出解释；柏拉图在《斐德若》中说过，文字技巧无论多么杰出，都不是对神的取悦，书写会产生虚假的智慧，而不是真正的知识，最真实的书写不是僵死的文字，而是活的话语，是在学生灵魂中的书写；③在他就二者之关系说过这样的话之后，我们对他在这里的评论就不会感到惊讶了，但他为说明二者之关系而采取的措辞却相当闻名。柏拉图在垂暮之年频繁地谈到一个人不可能将其思想的本质部分令人满意地形诸文字，这绝非偶然。如果他在《斐德若》中所言确凿无疑，一本书的唯一作用是使人想起他已经学过的东西，而不能给灵魂注入新的知识，那么柏拉图所写的每一本书对他之所以重要，完全只是因为它们是他的口头教导的一种习惯性动作。这对有一种形式的知识而言必然是真的，这种知识与其他类型的知识一样，仅凭语言无法交流和传达，只能通过在灵魂中的逐渐生长才能缓慢地形成。柏拉图指的是对神圣事物的领悟——他的哲学中的一切，追根溯源都来自这些神圣事物的确定性，世上万物都朝着这些神圣事物奋力前行。这里，柏拉图触及到了最终的问题，他的教导、他的作用，以及他关于教育价值

---

① 《书信》7.341a。
② 《书信》7.341b。
③ 参见本卷第236—237页。

的观念都有赖于对这一问题的回答。我们没有，我们永远也不会有，柏拉图关于其著作得以确立的最高确定性的任何成文表述。① ［208］亚里士多德的神学，至少在设想上，是一种道德教诲：它在许多其他事物之中是最崇高的科学（或教育学）。柏拉图当然相信，通过让人的心智逐步攀登他在《王制》中称之为哲学教育的知识体系，引导它越来越接近"绝对"，从而来净化依附于心智的感官要素，是可能的，也是必要的。不过，这个过程漫长而沉闷，只有在某种哲学团体中就此主题进行大量的辩证法研究(πολλὴ συνουσία)，相互切磋，相互浸润，才能成功。这个时候，柏拉图引入了两块木头相互摩擦迸发出火花的意象：这就是知识的火花如何点燃一个经历了辩证法的长期磨砺的灵魂的方式。② 灵魂借此得以点燃的这种领悟是一种创造性行为，只有少数人有此天赋，这些人凭借自身的力量，只要稍加点拨就能豁然开朗；而对其他人来说，有些，我们只能以一种冒犯的方式对他们进行不恰当的尝试，有些，这一切对他们而言就只是一种高尚而空洞的希望。

　　这一过程即灵魂从感官知觉逐步转换到对真正实在的精神领悟的过程。在《书信》七中，柏拉图在描述了僭主的教育之后，他在关于自己的知识理论的一个附记中叙述了接近辩证法领悟的进程。他以一个数学图形（即圆）为比喻来说明。③ 它是一段艰难的路程，最近讨论得很多，但从未搞清过。它是柏拉图对他所构想的学和教的描述的顶峰。④

---

① 《书信》7.341c—d。译注："我肯定没有写过关于这一主题的书，今后也不打算这样做，因为这种学说是无法像其他学问一样形诸文字的。""最高确定性"即"善[好]"本身，在柏拉图看来也是"神"，故"关于最高确定性的成文表述"即"神学"，"神学"是诸学科中最崇高的科学。

② 《书信》7.341d；344b。

③ 《书信》7.342b。

④ 参见斯滕泽尔，《苏格拉底》，第63页；《教师柏拉图》(Platon der Erzieher)，第311页；维拉莫维茨，《柏拉图》，第二卷，第292页。斯滕泽尔非常令人信服地说明了，柏拉图为什么要如此详尽地描述狄奥尼修斯"只凭敏锐的直觉"而不对辩证法研究走艰辛的探索之路来理解整个柏拉图哲学的徒劳尝试的原因，因为只有这样，柏拉图才能通过他来表明真正的教化的本质。有些学者说，这个关于其知识理论的附记不是柏拉图关于重要政治事件的叙述的一个合适部分；另一些学者则试图将整段话作为插补文字删除，从而他们可以"证实"《书信》七的整体真实性。他们没有一个理解，在柏拉图的《书信》七中，狄奥尼修斯的案例是作为一个教育问题来描述的，而不是作为他本人刚好在其中扮演一个角色的情节剧来描述的。很显然，他们都低估了柏拉图对其使命重要性的认识。

这个意义上的对"善[好]"的领悟，意味着要在人和神相遇相触的最高处变得像"善[好]"一样。但是，柏拉图从未描述过"变得像神一样"①这一进程的最终目标的景象；它仍然是一个 arrhéton，即尚未得到表达的东西。② 类似地，《会饮》曾将灵魂瞥见永恒之美的景象描述为开始进入神秘之境，即一种秘诀传授（mystagogia）的过程；③而《蒂迈欧》则说：

> 要想找到这个宇宙的创造者和父亲是困难的，即使找到了，要想公开地描述他的本性也是不可能的。④

[209]如果狄奥尼修斯懂得柏拉图，那么，真相的显示，无论对他，还是对柏拉图本人而言，都将是神圣的。⑤ 将它公开宣传是一种亵渎神圣的行为，卑劣的野心驱使他做这样的事情，要么是因为他想把这些思想据为己有，要么是因为他想佯装自己有一种他根本就不配拥有的教育和文化。⑥《书信》七中的暗示使这一点变得非常清楚：即柏拉图想要给予狄奥尼修斯的那种王子王孙的教育，不只是关于各类统治的技术指导。它旨在改变整个人，以及他的全部生活。这种教育所根基的知识是对最高典范（即神圣的"善[好]"）的领悟，柏拉图在《王制》中说，它必定是统治者[进行统治]的标准和尺度。⑦ 达到这一标准的方式与《王制》中描述的一样，即数学和辩证法。在他与僭主的交流中，除了大致的描述，柏拉图似乎没有对自己的教化进行过其他更多的阐述；但显然，他下定决心不放弃任何严格的原则。在通向皇室统治技艺的道路上并无皇道可走（there is no royal road to learning the royal art of government）。从他关于柏拉图对他所说的话的态度来看，年轻的王子表

---

① 参见本书第二卷，第 330 页。
② 《书信》7.341c。
③ 参见本书第二卷，第 218—219 页。
④ 《蒂迈欧》28c。
⑤ 《书信》7.344d。
⑥ 《书信》7.344c。
⑦ 《王制》500e。

明了他的心智并无沉潜精微、领略深邃的能力，而他徒劳地努力从事的职业的真正根基却正在这精微深邃之处。

《书信》七的最后部分极富戏剧性。它描述了柏拉图与狄奥尼修斯的决裂，以及叙拉古君主对他的专横行为。这些场景与柏拉图对教化的描述——它构成《书信》七的核心部分——形成强烈而有效的对比。很久之前，在《高尔吉亚》中，柏拉图已经针对暴力和权力的哲学建立了自己的教化哲学。① 现在，僭主没收了狄翁的财产——这些财产曾经使流放中的狄翁衣食无忧，但僭主当时不允许他将这些财产带离叙拉古；与此同时，僭主食言而肥，否定了自己要召回狄翁的承诺。有一段时间，柏拉图本人也遭受了囚犯的待遇，在僭主的宫廷中不得与外人接触；然后，他被转移到僭主卫队的兵营中，卫队的士兵因为柏拉图的建议[改变僭主制显然会影响士兵们的利益]而对他恨之入骨，威胁要杀死他。最后，柏拉图派人秘密地把自己的处境告诉了塔壬同的阿尔基塔斯（Archytas of Tarentum）和其他一些朋友，他们来人向狄奥尼修斯求情，僭主批准了他们的请求，准许柏拉图回家。在途中，柏拉图遇到了流放中的狄翁，他正在参加奥林匹亚的节日庆典，柏拉图把所有的事情和盘托出；柏拉图听说了狄翁的复仇计划，但他拒绝参与复仇的准备工作。② 在《书信》七的另一段文字中，他把自己与狄翁的交往描述为一种"自由教育的共同体（ἐλευθέρας παιδείας κοινωνία）"，③但这种自由教育共同体并不强求柏拉图跟随狄翁走向暴力。不管怎样，柏拉图已经准备好努力调解狄翁与狄奥尼修斯的纠纷，并答应他要这样做。④ 不过，柏拉图没有禁止狄翁在他的学生中征召志愿者，组建他的解放队。[210]尽管如果没有柏拉图学园的积极帮助，叙拉古的僭主制几乎不可能被推翻，但柏拉图仍然将整个事件看作一场悲剧；在悲剧的这两个主角都倒下之后，他用梭伦的短语"αὐτοὶ αἴτιοι[由于他们自己的缘故]"，来概括他们的一生。⑤

---

① 参见本书第二卷，第 148—149 页。
② 《书信》7.350b 及以下。
③ 《书信》7.334b。
④ 《书信》7.350d。
⑤ 《书信》7.351d。

事实上，西西里的戏剧不仅对狄翁和狄奥尼修斯而言是一场悲剧——他们最终都倒下了——而且对柏拉图而言也是一场悲剧，虽然从外表看，他似乎站在灾难之外。尽管柏拉图对西西里冒险之行的成功疑虑重重，但他还是全力以赴，把这当作自己的事业。据说，他的错误在于他对政治生活和政治活动的"条件"的彻底误解——这种误解内在于他的政治理想的本质之中。伊索克拉底曾经在《致腓力辞》中语带嘲讽地谈到写作《王制》和《法义》的人，说这样的文章根本不能运用于实际生活。① 那是在公元前 346 年，柏拉图刚逝世不久，其时，伊索克拉底以为他已经为柏拉图的政治著作盖棺论定了。伊索克拉底本人颇感自豪：虽然他的那些政治原则远超一般汲汲营营的政客们的视野和格局，但它们在政治生活中非常实用。不过，他对柏拉图的批评并未切中肯綮。在柏拉图的理想城邦和政治现实之间确实有一条原则的鸿沟，柏拉图知道这条鸿沟的存在，而且曾多次指出过；② 只有某个神迹才能将这种智慧与尘世的权力连接在一起。西西里尝试的失败——他为此深感愧疚，承担了许多责任——必然使他对自己的理想能否在有生之年甚或在任何时候得到实现深感怀疑……虽然如此，这仍然是他的理想。有一种错误的观念认为，如果他对民众心理学或宫廷权变知道得更多一点，那么，他就有可能使对他来说是最崇高、最神圣的东西为这个世界——这个他作为一名医生来注视的世界认为病人［柏拉图］病得不轻——所接受。在此意义上，柏拉图对城邦的兴趣根本就不是"政治的"，［而是治疗的（教化的）］。我们对《王制》的智识结构的分析，以及对柏拉图的完美城邦概念的分析，已经毋庸置疑地表明了这一点。因此，叙拉古的灾难并没有摧毁他的生命梦想，或者他的"一生的谎言"——一些人把他对城邦的毕生兴趣以及他对城邦必须由哲学来统治的断言叫作"一生的谎言"。

如我们所见，在柏拉图开始写作之前，他就放弃了对政治生活的一切积极参与。［211］这一点在《申辩》中得到了无比清晰的肯定。当然，

---

① 伊索克拉底，《致腓力辞》12。

② 《王制》501a。

他在其中只考虑到了雅典的政治生活。不过，尽管狄翁在与柏拉图结识的过程中，可能努力从理论上说服他：他的理想在一个由专制君主所统治的国家中更容易得到实现，但柏拉图对其实际实现的可能性的怀疑，仍然与《王制》一样。他为学生们和朋友们（尤其是狄翁）的热情所驱使，放弃了内心的抗拒；但由此导致的、且他早就预见到的失败，根本不可能改变他对人类社会的理解，以及他对教育在人类社会中所处的核心地位的理解。尽管如此，叙拉古发生的一切，对他而言仍然是一场悲剧。这场悲剧是对其哲学教育理想的迎头一击——不是因为它驳斥了他的哲学真理，而是因为它误用了他的教育实践能力。主要责任人是他的朋友们，他们已经承担了说服他去做这次尝试的责任。① 尽管狄翁对柏拉图介入叙拉古的政治处境有直接的兴趣，但他不可能出于自私的理由把柏拉图强行拉进这场冒险，来帮助他实现自己的雄心。无论如何，柏拉图对人的知识如此渊博，他必定知道僭主的品性实际上会是什么样子，而且，他也不可能完全误解一位最亲密的朋友。

　　因此，柏拉图和狄翁对复仇之事的态度的差异，只能用来区分柏拉图具有远见的泰然任之（heroic resignation）和狄翁大胆而冒险但又肤浅而轻信的理想主义。在《书信》七中，尽管柏拉图宣称自己赞同狄翁的目标，即为叙拉古创建一种君主立宪制，但柏拉图十分注意不将自己与他的手段相等同，因而他告诉了我们更多关于他自己的事情。每一个敏锐的读者肯定都注意到了这一点。原则上，柏拉图拒绝将革命作为一种政治技艺。② 不过，在叙拉古之行后，他必定比之前更不相信他的理想可以通过法律手段得到实现了。一个基督徒肯定会觉得，柏拉图的值得敬佩的失望归因于这一事实：即他试图在此世，而不是在来世，发现他一直在努力建构的精神王国。他对当前叙拉古事件的错误的纠正，以及他在其中扮演的角色，归因于他对自身优势和正确性的深刻洞察。[212]这种洞察来自他经过长期训练的灵魂的力量，这种力量使他出色地将自己呈现为神圣均衡的化身——这种神圣的均衡在世界

---

① 在《书信》7.350c 中，柏拉图十分强烈地谈到了狄翁施加给他的那种道德压力。他说，这实际上是强迫（βίᾳ τινὰ τρόπον）。

② 《书信》7.331b—d。

的每一个错误中重振自身。不将柏拉图的这一非常私人化的文献与伊索克拉底在《论财产交换》中为自己所做的辩护相比较是不可能的。这样两个人居然要以让公众对其个人抱负及其失败充满信心而告终，无疑是时代的一个重要征兆。《书信》七让我们无比清晰地感受到了潜藏于其背后的支配性人格，它本身就是其真实性的一个重要证据。

# 第十章　柏拉图的《法义》

## 作为教育者的立法者

[213]作于柏拉图晚年，出版于其去世后的《法义》，即使在古代晚期也阅者寥寥，注家更少。学识渊博的普鲁塔克颇以知柏拉图的《法义》为荣；①我们所有的手稿都可以追溯至同一个原型的事实表明，该书在拜占庭时期几乎消失了。② 十九世纪的古典学者们面对柏拉图的《法义》，不知如何是好，无从着手。爱德华·策勒（Eduard Zeller）是那个时期哲学史研究的代表人物，他在一部早期著作中宣称，《法义》根本就不是柏拉图的作品。③ 后来，当他在其《希腊哲学史》中讨论柏拉图时，甚至将《法义》放在了附录中④——意思是，他认为《法义》足够货真价实，但无法将其融入他以柏拉图其他对话为根据为柏拉图哲学所描画的总体图景之

---

① 普鲁塔克，《论亚历山大的命运》（*De Alex. Fortuna*）328e：τοὺς ... Πλάτωνος ὀλίγοι νόμους ἀναγινώσκομεν［只有少数人知道柏拉图的《法义》］。

② 关于《法义》的传承，参见波斯特（L. A. Post），《梵蒂冈的柏拉图及其相关版本》（*The Vatican Plato and Its Relations*），Middletown，1934。

③ 策勒，《柏拉图研究》（*Platonische Studien*），Tübingen，1839，第117页。

④ 策勒，《希腊哲学史》（*Philosophie der Griechen*），第二卷，第三版，第805页。

中。由于《法义》显然是柏拉图最长的鸿篇巨制，占其全部著作的五分之一强，上述情况表明，对柏拉图哲学做出一种"历史的"理解的真正尝试是何等之少。① 学者们倾向于根据他们对哲学应当是什么的先入之见来再现《法义》；既然《法义》既不包含逻辑学，也不包含存在论，所以，哲学家们认定它并非柏拉图的核心著作，而是柏拉图思想的某种旁枝末节。尽管如此，柏拉图认为《法义》之所言至关重要：它包含了对国家、法律、道德和文化最为深刻的探讨。不过，柏拉图将所有这些主题都置于教化这一纲领之下。因此，在希腊教育史上，《法义》无疑是一部价值巨大的著作。教育是柏拉图的第一句话，也是他的最后一句话。

如果说《王制》是柏拉图早期的登峰造极之作，那么《法义》就是他对人类生活（βίος）的一种包罗万象的描述。值得注意的是，在完成了《王制》之后，柏拉图仍然觉得意犹未尽，[214]认为有必要再次以另一种形式撰写一部相同类型的通论：在已经打造出一个完美的城邦（即理想的正义国度）之后，再建构第二个城邦。正如他在《法义》中所言，《王制》是属于诸神及诸神之子的城邦。② 他说，在写作《王制》时，他对具体的立法工作置之不问。理想城邦得以建立的完美教育制度，将使当时大多数国家叠床架屋、不胜其烦的法律变得毫无必要。③ 在《政治家》中，他也批评了希腊传统对法律的尊崇，说完美的君主比完美的立法更为可取，因为僵硬的法律不会迅速随机应变，不允许人立即采取必要的调整措施。④

---

① 许多现代柏拉图研究者深入探讨《法义》的一些细节：例如，维拉莫维茨、肖里、泰勒、巴克（E. Barker）和弗里德伦德（P. Friedländer）。但是，如果我们想要公正地对待这部著作，就必须从多个角度来考察它。斯滕泽尔在其《教育者柏拉图》一书中没有讨论《法义》：这是柏拉图研究旧传统忽视《法义》的另一个例子。

② 《法义》739d。其中，柏拉图说，《法义》所描述的城邦是第二好的城邦；它几近于不朽——换句话说，接近于神圣和完美，它在没有触碰到神圣和完美的情况下，近乎神圣和完美。他脑中还有第三好的国家（739e），以后会对它进行描述，如果神愿意的话。不过，他一直未能对它进行描述。从他的话中可以清晰地看出，在《王制》之后再作《法义》，他不是在放弃他早期的理想。相反，就这部著作所涉及的基本原则而言，这一理想对《法义》仍然有效：最佳的城邦是那种尽可能成为一个统一体的城邦。《法义》中描述的城邦，是在目前低标准的教育所允许的情况下，力图尽可能地接近这一理想，参见740a。因此，这两部著作的区别，是它们所设定的教育层次的区别。

③ 《王制》425a—c。

④ 《政治家》294a—297c。

然而，柏拉图却将其最后一部政治著作称为《法义》，并在该书中对公民生活的每一个细节都作出了法律规定；因此，［对于正在言辞中建构的城邦］，柏拉图显然是在使用不同的评判标准。① 他越来越喜欢诉诸经验的倾向也表明了这一点。他在道德和教育领域的兴趣从聚焦于衡量纯粹知识的标准转向了历史和心理学，这也表明了他的这种新态度。② 《王制》的核心部分是关于"型"和"善的型"的理论，但《法义》只在行将结束之际，简短地提到这些理论，以供统治者们学习；③《王制》的主要兴趣是高级教育的设计，这种设计占据了全书的大部分篇幅，但在《法义》中，一种更广泛的、甚至包括儿童在内的教育计划代替了《王制》的高级教育设计。柏拉图去世之后，他的秘书、传记作家奥普斯的菲利普（Philip of Opus），将他未完成的手稿整理成《法义》，并将其分为十二卷。菲利普注意到，《法义》有一个缺陷，那就是它缺少关于统治者的教育的部分，他试图通过详尽阐述统治者应该拥有的特殊智慧来弥补这一缺陷。他在论文中记录了这些补充意见，这篇论文就是现存的《厄庇诺米斯》（*Epinomis*）或《法义》结尾的附录。④ 学园必定是将这项工作

① 这种改变了的标准并非他的最终目的，而是城邦的实现得以判定的标准，参见上页注释②。在《法义》所设定的那种教育的较低阶段，法律是需要的（《法义》740a）；但在《王制》所设定的那种高级阶段，就不需要法律了。

② 有人可能会提出反对，说《法义》没有显示出一种新态度，只不过是一种着眼点的变换而已。不过，柏拉图对这一新视角感兴趣，这一事实表明了其哲学态度的一种真正变化。

③ 柏拉图简要地说，未来的统治者必须要有更精确的教育（ἀκριβεστέρα παιδεία）（《法义》965b）。在 965c 中，柏拉图非常清晰地把这种更精确的教育描述为辩证法，借用这种方法，我们可以在众多不相似之物中发现单一的型。

④ 第欧根尼·拉尔修，《著名哲学家的生平和学说》3.37；《苏达辞书》，"φιλόσοφος［哲人］"词条。柏拉图的学生菲利普撰写了《厄庇诺米斯》的传说与他将柏拉图遗留的手稿编辑整理成《法义》并将其分为十二卷的传说密切相连。后一个传说必须追溯到一个可靠的古代来源，可能是学园的早期传闻。《厄庇诺米斯》的文体风格完全证实了这一点。后来，泰勒（A. E. Taylor）在《柏拉图与〈厄庇诺米斯〉的作者身份》（Platon and the Authorship of the Epinomis）《英国科学院学报》［*Proc. Brit. Acad.*］，vol. 15）一文中，雷德尔（H. Raeder）在《柏拉图的〈厄庇诺米斯〉节》（Platons Epinomis）《丹麦科学院历史-语文学通讯》［*Danske Vidensk-ab. Selskab, Hist. -Phil. Medd.*］26. 1）一文中，分别提出是柏拉图撰写了《厄庇诺米斯》，因为他们想要把它包含的数学知识归功于他；但《厄庇诺米斯》的数学思想更适合于奥普斯的菲利普这位学识渊博的数学家和天文学家。至于反对他们的观点，参见穆勒（F. Mueller），《〈厄庇诺米斯〉的风格研究》（*Stilistische Untersuchung der Epinomis*），Berlin，1927；穆勒的文章见《日晷》（*Gnomon*）16. 289；泰勒（W. Theiler）的文章见《日晷》7. 377；爱纳森（B. Einarson）的文章见《美国语文学杂志》（*Am. Journ. Phil.*），1940。本人关于《厄庇诺米斯》和菲利普其他著作的残篇的论文（获得了 1913 年柏林科学院的奖励）没有付印。

委托给了他,因为他确知柏拉图遗留的手稿和柏拉图心中的计划;因此,我们不能称《厄庇诺米斯》为伪作。它毋宁是对《法义》的一个补充,柏拉图自己的学校也认为《法义》是一部未竟之作。

[215]《法义》篇幅宏大,我们根本无法对它的每个部分详加讨论。甚至像我们对《王制》那样对它做一个概述也相当困难:因为其构成及结构的统一性是一个很大的难题,也因为其独特的魅力在于这位老人用独特的构思来解决了许多重要的特殊问题,并对其中的每一个问题都给出了新的说法。对《王制》和《法义》之间的关系做一种一般性解释也相当困难,尽管许多人曾经想这样做。可以说,以辩证法的标准来看,《王制》代表"实在"的层面,在这个层面上的是"型",真理植根于这个高级的层面之中;而《法义》代表的则是"意见"的层面。这是对柏拉图本人提出的难解之谜的唯一解决办法。①在哲学的发展过程中,就方法而论,《法义》在许多方面更接近亚里士多德。柏拉图试图全方位地把握各种资料,并力求用自己的原则来说明这一切,而不是像他青年时代那样,在型和现象之间制造深广的鸿沟。《法义》的多数篇幅在讨论教育问题——前两卷和第七卷除了教育,没有别的;但这几章不是该书对教育这一主题而言的唯一重要之处;从柏拉图的视角看,整部著作都在致力于建构一种强有力的教育制度。它与教育问题的关系,在第九卷的一段文字中得到了最清晰的阐述,第九卷接续并发展了第四卷中已经引入的一个主题。②这就是将坏的立法者比作给奴隶治病的奴隶医生,他在一个接一个的病人间匆忙穿梭,快速而专横地开出各种处方,不做彻底的诊断,也不解释,只效法他人或根据自己的经验开方处药。与他相比,医治自由民的自由医生看上去像是一个哲学家。他与病人对话交流,仿佛他们就是他的学生,他必须帮助他们对某个现象的原因做到自觉的理解。奴隶医生不会懂得那种细致全面的指导方法;如果他听到他的自由民同行这样做,他会说,"你不是在医治

---

① 参见本卷第 260 页,注释②。

② 《法义》720a 及以下,957d—e。

病人；你这是在教育他（παιδεύεις），好像你不是想给他治病，而是想让他成为医生似的”。①

当代的一切立法者都与奴隶医生处于同一层次。他们都不是真正的医治者，因为他们都不是教师。这就是柏拉图《法义》的目的之所在。[216]他想成为最高意义上的立法者，这样的立法者意味着成为城邦公民的教师。从柏拉图对普通法律的轻蔑中可以看出这种立法的态度与普通立法者的态度之间的差异——普通法律只是给特定的行为规定一种特定的惩罚。这意味着立法者一开始就已经晚了一步。立法者的主要职责不是报复已经犯下的罪行，而是在未犯之前阻止它们发生。上医治未病，柏拉图是在效仿医学的典范，其时，希腊医学有一种越来越强的倾向，即不是把已病之人而是把未病的健康人看作其合适的关注对象；由此才有了饮食学在希腊医学中的主导性影响力。这是一门通过规定人们的正确生活方式而保持其健康的技艺；因为希腊医学中的“diaita”一词不仅是现代意义上的“饮食（diet）”——对病弱者合适的菜单——而且是让健康人遵守的一种一般生活方式。我们在前面已经表明，希腊的医生对饮食不断增强的兴趣说明了教育思想对医学的影响。② 柏拉图在《法义》中的目的，是接过他在《高尔吉亚》中确立的身体关怀和灵魂关怀的对比，即医学和政治学之间的对比，推理其逻辑结论，使教化的理想在立法领域取得胜利。在《王制》中，他试图让教育完美无缺，从而使立法成为多余。在《法义》中，他预先假定立法和法律在国家生活中通常必不可少；现在，正如他在《王制》中将整个国家转变成一个教育机构那样，他开始把立法置于教育的原则之下，使立法和法律成为教化的手段。

柏拉图是通过法律本身的“序曲（προοίμια νόμων）”来完成这件事的。他显然特别注意说明“序曲”中所使用的概念，并对其每个细节都精雕细琢。在第四卷对他的那些原则的陈述中，他对立法者的说服性表达和指令性表达进行了区分。③　说服性部分占据了法律的“序曲”，其作用是为

----

① 参见本卷第 14 页。《法义》857d：οὐκ ἰατρεύεις τὸν νοσοῦντα, ἀλλὰ σχεδὸν παιδεύεις［不是在医治病人，而是在教育他］。

② 参见本卷第 35 页及以下。

③ 《法义》718b。译注：柏拉图借用音乐中的“序曲”概念，来说明具体的法律规（转下页注）

正确行为的标准给出理由。① 他说，这个部分必须详加阐述，这个部分不仅适用于法官，而且适用于全体公民。智术师普罗泰戈拉在柏拉图以他命名的对话中说到，当新的一代离开学校进入社会生活时，新的人生阶段就开始了：从这一刻起，国家的法律就成了他们的实际生活行为的教师。② [217]因此，法律对那些已经长大成人和将要获得公民德性者而言，是真正的教育手段。这不是普罗泰戈拉的新思想，他只是在描述任何一个希腊城邦中的生活事实。柏拉图从假定这一点[法律是成年公民的教育手段]开始，但通过改变立法的方式[把惩罚性立法变为教育性立法]，他试图特别强调法律的教育力量。从一开始，他就视教育为自己的毕生事业，并使他的哲学成为一切积极的教育力量的核心和焦点。他已经让苏格拉底的辩证法、爱欲、酒会讨论和国家成为这一巨大的精神和智识结构的所有组成部分；现在，在其生命行将结束之际，他以一个立法者的身份出现，米诺斯、吕库古和梭伦都属于这一行列，他是这一伟大历史进程的殿军，而且他用一种庄严的古语颁布他的法令，这种庄严的古语是特意为他的法令的功能而设计的。③ 希腊人总是认为，立法是智慧超凡的神人的事业。因此，柏拉图《王制》的最高哲学德性 Sophia（即智慧）最终在法律的颁布中得到了体现；这也是哲学德性在共同体生活中发挥有效作用的方式，而这种德性起初似乎是将其拥有者与共同体远远分开的。哲学家成了立法者。几乎在每一个方面，他都像古希腊的伟大立法者；唯一的区别是，他接过了他们工作中潜在的和有潜力的东西，并使其成为一种自觉的影响原则。这就是立法者是教师的原型的思想。

---

（接上页注）定开始之前的那个部分，这个部分主要是阐明立法的宗旨和精神，以及此项法律规定的理由，是立法者的"说服性表达"，对民众起一种教育作用，所以柏拉图说，立法者首先必须是教育者。

① 试比较他在《法义》第四卷末尾(718d 及以下)提出的所有详细论点；尤其是 719e 及以下立法者和医生之间的比较。另可参见 722d 及以下关于什么是真正的序曲的一般讨论；722b；每一种法律都必须有一个序曲。

② 《普罗泰戈拉》326c。

③ 柏拉图本人不断地暗示我们要理解他那庄严、缓慢而错综复杂的风格。他最憎恨的读者是那些自负的无知者(ἀμαθαίνοντες)，他们的无知从他们的心思敏捷(τάχος τῆς ψυχῆς)可见一斑——对，就是那些智识分子(对他们的评论，参见《王制》500b)！在《法义》中，正是柏拉图的语言，而不是别的什么，让他超越于他们之上。关于柏拉图的诗性品格，参见本卷第 315 页。

这一思想早在《会饮》中就已经表达清楚了，在那里，柏拉图将这一意义上的立法者与诗人相提并论；其他希腊作家也曾这样做。柏拉图之所以注定要以一个立法者的身份而谢幕，是因为他的哲学自始至终是一种教育工作，是因为他认识到了教育概念的最深层意义。

## 真正的教育和法律的精神

如果说《王制》是从对何为一般正义的讨论开始的，那么《法义》便是从讨论法律的精神开始，法律的精神以其道德风貌影响现实城邦的每一件事情。柏拉图关于法律的精神的概念是孟德斯鸠的名著《论法的精神》（*L'esprit des lois*）的源头，后者极大地影响了现代政治的发展。[218]为了说明这一点，柏拉图选择了一种他长期以来一直感兴趣的特定政治生活，即多利安人的城邦为例，来说明法律的精神对城邦生活的影响。因此，他引入了两个现成的代表人物——一个斯巴达人和一个克里特人——作为对话者。这是个好主意，不仅因为它是一个强大的政治人物对立法的自然细节的影响的良好范例，也因为它马上提出了一个哲学的问题，即什么是最好的政治风气（ethos）？在柏拉图的时代，政治理论家们大多认为，斯巴达和克里特拥有希腊最好的政制。① 除了这两个典型的多利安人——在某种程度上，他们是智识上的双胞胎，柏拉图还引入了一个"雅典的异乡人"作为对话者——这位"雅典的异乡人"尽管神秘莫测、高高在上，但他是一位强有力的人物，这是这两位多利安人心甘情愿地承认的，尽管他们对普通雅典人十分厌恶。斯巴达人麦基鲁斯（Megillus）说，他确信，在特殊情况下，如果一个雅典人是好人，那么他通常确实是非常好的好人。② 柏拉图通过告诉我们麦基鲁斯曾经是他自己城市的雅典异乡人的保护者（πρόξενος），并长期对这个问题有同情的兴趣，来使斯巴达人的话显得客

① 柏拉图，《王制》544c2；亚里士多德，《劝勉篇》《辩证法残篇》[*Dial. frg.*]，第 54 页，沃尔泽编）。关于亚里士多德写了杨布利柯提供的摘录的证据，参见拙著《亚里士多德：发展史纲要》，第 77 页。

② 《法义》642c。译注：意思是，在他看来，一般情况下，雅典人基本上是坏人。

观可信。① 他是一个雅典化的斯巴达人,正如"雅典的异乡人"是一位雅典的斯巴达崇拜者。这样的人物选择有一种象征意义。《法义》比柏拉图的其他任何作品都更具体地展现了,柏拉图在一种更高的统一性上综合多利安人和雅典人的天性的毕生努力,我们可以将其与后来的人文主义者把希腊精神和罗马精神融为一体的努力作一个对比。在柏拉图的综合中,我们可以看到对历史的同一种哲学态度——从不完美的历史事实开始,并试图以此为基础上升到某种完美和绝对的东西。即使将其所讨论的问题(即什么是最好的教育的问题)撇开不论,这也应该能保证所有人文主义者对《法义》的兴趣了。这两个种族世系体现了希腊民族的基本力量,它们也许片面,但却都以其全部能量和原初天然的独立性来展现希腊民族的根本力量。它们都想要统治全希腊并摧毁另一个;现在,柏拉图试图指出其共同起源并调和二者。这是一种泛希腊理想;不过,对柏拉图而言,泛希腊主义并不意味着抹去所有差别的一种总体规划,不意味着把所有个性特征消融为一种软弱无力的、平均水平的希腊性,从而使它更易于管控。他认为可能发生的最糟糕之事,[219]就是所有希腊种族与另一个种族混杂。② 他认为那与把希腊人和蛮族人混杂一样糟糕。

雅典的异乡人将在克里特停留一段时间,两个多利安人把他拉入到何种类型的法律是最好的法律的讨论之中——对他们来说,这是一个迫在眉睫的问题,因为他们将要建立一个殖民地。这个殖民地是一个新的克里特城市,它要有一种尽可能好的政制。因此,他们不可避免地要从讨论城邦的本质和德性的本质开始——而且,由于他们所处的多利安环境,所以他们要根据何种政制适合多利安人的道德和政治思想来阐明城邦和德性的本质开始。《法义》的每一位读者都会欢迎这种做法,因为柏拉图的早期著作显示出斯巴达对他的太多影响,大家都想

---

① 《法义》642b。译注:异乡人的保护者在其家乡"作为东道主(πρὸ ξένου)"行使职权,针对的是那些在东道国没有私人东道主的外邦人,他类似现代领事馆那样维护外邦人的利益。参见林志猛,《柏拉图〈法义〉研究、翻译和笺注》,第三卷,第78—79页,上海:华东师范大学出版社,2019。

② 《法义》692e—693a。

知道柏拉图对这里所阐明的斯巴达理想的确切态度。在《王制》中,当柏拉图在建构理想城邦时,他几乎不提及斯巴达,因为他只关注理想世界。但是,在一系列堕落的政制中,他将斯巴达的荣誉政治描述为最接近理想的真正政制;①理想城邦的许多特征直接以斯巴达政制为原型,或者是被柏拉图提升到一种更高精神层面的斯巴达制度。只从表面来判断,我们可以认为,相对而言,斯巴达的政治理想和柏拉图的政治理想几乎没有区别。柏拉图《王制》中理想化了的斯巴达,似乎给作为其原型的尘世城邦投下了一道天光。

不过,在《法义》中,这一切都在更清晰的光线下显现出来。尽管柏拉图对多利安的国家观念和多利安传统所说的一切充满崇敬之情,但从根本上,他对这些持反对态度。只要他开始对弥漫于当时斯巴达城邦的法律精神作出哲学的分析,他就注定要反对它们。批评他是斯巴达的一个片面崇拜者是不可能的:就此而论,《法义》是对《王制》最好的注解。没有人比柏拉图更相信多利安人对希腊和人类的道德与政治文化的贡献的价值。然而,一旦他将其作为一种历史现象来审视,他就注定只能将其作为自己哲学的价值秩序中的一个阶段对它作出判断,只能给予它有限的赞同。与我们在《王制》中发现的历史事实和绝对理想之间的简单对比不同,[220]《法义》提出了人类完善的一个真正方案,这一方案分为几个阶段,每一阶段都对应于特定的历史现象,并按照某种辩证法的进程从低到高排列。因此,《法义》包含着一种历史哲学的诸要素,尽管当我们试图了解每个历史要素的个体特性时,柏拉图的对比方案或许不能经由我们今天的这种细腻的历史感受力得到充分的评价。无论如何,我们可以清楚地看到,柏拉图现在迫切希望聚焦于具体的历史事实,并在一种更高的统一性中将其与关于理想标准的知识相协调。这是柏拉图在《法义》中的那种态度的结果——这种态度把文献和诗歌中的精神的历史表达看作德性的代表,并试图在教化的全部范围内确定其价值。②

①　《王制》544c;545b6。
②　我几乎不需要说,我把柏拉图在《法义》中的那种态度和方法看作诸如此类的历史著作的一个典型,这种历史著作关心的是人的德性的逐步发展过程。

在柏拉图时代，提尔泰奥斯的诗歌代表了斯巴达的教育理想。无论对斯巴达人自身而言（他们在学校里用心学习他的诗歌，或者被填鸭式地灌输这些诗歌），①还是对其他希腊人而言（他们认为他的诗歌是斯巴达德性的体现），②他的诗歌都是斯巴达教育理想的标准表达。数个世纪以来，这些诗歌一直占据着这一地位，而且只要希腊文明中的斯巴达要素继续存在，它们仍将继续占据这一地位。后来发现的一首希腊化时期的诗歌表明了这一点。这首诗是一位为国家献身的教师的墓穴铭文，诗中说，正如提尔泰奥斯在诗中所描述的那样，他用行动把"他所受的教育"保存了下来。③ 柏拉图也以完全同样的方式来看待多利安诗人的作品，将其看作德性的文件和法律。不过，尽管他明确表示他完全同意采用斯巴达的诫命——它使保卫国家成了公民的神圣义务——但在《法义》中，他仍然对某种更为重大、更为基本的东西感兴趣。这种东西才是人的德性和人的完美的最终标准——这种德性和完美是提尔泰奥斯"要勇敢"的告诫的根源。④ 在《法义》的前两卷中，柏拉图从分析提尔泰奥斯开始批评斯巴达的道德和理想，然后，以他的批评为依据来决定他对斯巴达和克里特的制度的实际态度。换句话说，作为一个立法者，当柏拉图以一种德性的理想来激励全体公民的所有生活时，他必须从诗人那里获得这种理想，诗人是人的生活的最高立法者。柏拉图的教育理想植根于历史事实，这就是他的思想是最真诚的人文主义的地方。[221]他永远把诗人看作理想的标准的代表人物。不过，他也因此认为应该用一种最高的标准来判断诗人，而对这种标准

---

① 《法义》629b。

② 柏拉图在《法义》中将提尔泰奥斯用作斯巴达德性理想的代表人物的做法证明了这一点（629a；660e）。

③ 参见本人在《提尔泰奥斯论真正的德性》（载《柏林科学院会议报告》，1932，第559—568页）一文中列出的一长串例子，证明了提尔泰奥斯去世之后对希腊思想和诗歌的积极影响。我们现在可以把此处提到的这首诗也加入这些例子之中。这首诗是后来在一块碑文中发现的，克拉芬巴赫（G. Klaffenbach）在他的埃托利亚和阿卡纳尼亚的旅行记叙中记录了这段铭文，参见《柏林科学院会议报告》，1935，第719页。关于其真实性，参见弗里德伦德的论述，载《美国语文学杂志》（*American Journal of Philology*），第63—78页。

④ 参见本书第一卷，第124—125页，人们既从斯巴达的角度又从一种普遍的视角来看待提尔泰奥斯。

的辩证考察则是哲学对教育的形成的贡献。

提尔泰奥斯的诗歌与斯巴达和克里特的制度所教导的多利安德性理想非常简单，那就是，生活即战争；所有形式的社会生活，主宰生活的每一种道德态度，都被同化于这一理想之中。[①] 柏拉图指出，这种普遍特征遍布斯巴达生活的每一个细节，他让我们充分意识到它的存在，从而开始了他对斯巴达法律精神的哲学批评。只要人们认为胜利是人唯一值得活下去的东西，那么勇敢就不可避免地成为唯一的德性。[②] 在本书第一卷中，我们已经追溯过关于德性标准的争论：从提尔泰奥斯宣布斯巴达男子气概理想的至上性，直到全部希腊诗歌——就诗歌而言，这种理想是最丰富、最伟大的主题之一。现在，我们从一个新的角度再次回顾这一发展过程。柏拉图重拾提尔泰奥斯与泰奥格尼斯之间的古老争议，前者赞美勇敢为德性之最，后者教导我们，一切德性如百川归海，汇入正义之中；而柏拉图决定支持泰奥格尼斯。[③] 由法律统治的宪政国家的建立确实是对多利安旧理想的一个决定性进步。人们必须知道正义的勇敢和不正义的勇敢之间的区别，并认识到与正义、自制和虔敬这些德性相联系的勇敢，比单纯的勇敢要更胜一筹。[④] 因而，提尔泰奥斯必须得到泰奥格尼斯的"纠正"。立法必须以产生"德性整体（πᾶσα ἀρετή）"为目的。[⑤] 不过，有一件事是我们可以从多利安立法者那里学习的：从一种明确的品格理想（即一种固定的德性观念）开始是有必要的。这使得多利安立法者成为一切未来立法者们的典范。[⑥] 人的各种好东西（goods），诸如健康、力量、俊美和财富，[⑦]都要从属于柏拉图称之为神圣的好东西（divine goods）的灵魂四主德。[⑧] 在神圣的好东西

---

① 《法义》625d—626a。

② 按照斯巴达人的思想，战争中对其他所有国家的胜利，是治理良好的国家的一个本质性特征和衡量标准（ὅρος）。参见《法义》626b—c。

③ 《法义》629a 讨论了提尔泰奥斯（参见本书第一卷，第 117—118，124—125 页）；《法义》630a—c 谈到了泰奥格尼斯（参见本书第一卷，第 106、203 页）。

④ 《法义》630b：关于城市国家及其宪政正义的理想和在德性历史上的重要意义的讨论，参见本书第一卷，第 128 页及以下。

⑤ 《法义》630e。

⑥ 《法义》631a。

⑦ 《法义》631b。

⑧ 《法义》631c。

被珍视的地方，人的德性［健康、力量、俊美和财富］自然呈现；那些只想要后者的人，二者皆失。① 高级的德性（如泰奥格尼斯所称之正义）包含低级的德性［如提尔泰奥斯所称之勇敢］于自身之内，②但将它们全部包含在内的真正统一体，是智慧（phronésis），即心灵的德性。③[222]柏拉图以上述表述超越了一个接一个早期希腊诗人所确立的德性理想。

通过描述斯巴达和克里特怎样用共餐制（即公餐［syssitia］或"军队食堂"）、军事训练、狩猎活动以及各种使之坚强的方法来培养战士的勇敢精神，柏拉图表明了立法是如何培养一种特定的德性的。④然而，尽管斯巴达培养战士勇敢精神的训练体系告诉了学习者要抗拒恐惧和痛苦，但没有告诉他们如何抗拒快乐的诱惑。⑤ 这一逻辑失误使他们软弱地屈服于享受的欲望。实际上，多利安教育制度绝对缺失培养节制和自律的制度设计；⑥在培养节制和自律精神方面，共餐制和有组织的比赛的影响力是令人怀疑的。⑦ 雅典的发言者抨击多利安的变童习俗，认为它是正常性生活的一种非自然的堕落形式，他还批评斯巴达妇女在性生活上的放纵。⑧ 在他看来，斯巴达对酒和宴饮的偏见也不是教导自制的正确方式，而毋宁是一种让人蒙羞的方式，因为它对斯巴达的缺失自制视而不见。对酒的爱好，与生活中的许多其他方面一样，本身无所谓好坏。⑨ 柏拉图建议，会饮应有严格的规矩，应该由一个良好的主持者监督进行，把狂野和混乱的因素结合成一种和谐的秩序。⑩

--------

① 《法义》631b。

② 参见泰奥格尼斯残篇 147。

③ 《法义》631c6；632c4。

④ 《法义》633a 及以下。

⑤ 《法义》633c—d；634a—c。

⑥ 《法义》635b—d。

⑦ 《法义》636a—b。

⑧ 关于反对变童，参见《法义》636c；关于反对斯巴达妇女的懒散，参见 637c。

⑨ 《法义》638d—639a。

⑩ 《法义》639a—640d。在《法义》所有关于会饮价值的详细讨论背后，存在着一种举行会饮的实际习俗，会饮是学园日常生活的组成部分，参见本书第二卷，第 201—202 页。

这场反对斯巴达偏见的辩论的性质和篇幅,显然意味着一些斯巴达教育的热忱支持者和崇拜者曾经赞扬斯巴达青年在这类社交场合的节制有度。柏拉图的亲叔叔,即僭主克里提亚,就是雅典寡头派亲斯巴达的作家之一;他曾经在一首关于斯巴达政制的哀歌中,为斯巴达的节制精神大唱赞歌,柏拉图年轻时必定读过这首诗。① 当然,这首诗与柏拉图关于斯巴达国家的散文著作不同。在这首哀歌中,克里提亚赞扬了斯巴达不饮酒以保护个人健康、不在酒会上直呼其名的习俗。他详细描述了这一传统对青年的健康和品格的良好效果。根据他的说法,斯巴达人远非滴酒不沾者;[223]他们只不过是那种极端禁酒和雅典的纵酒之间的适当中道。针对这一判断,柏拉图在此试图证明,如果这种讨论型的会饮以一种良好的学术精神进行的话,它们完全是有益而无害的。

不过,一个"得到正确指导的酒会"对城邦有什么好处呢?② 它带来的好处必不为斯巴达的法律体系所知,因为斯巴达对这类酒会缺乏经验。③ 柏拉图对禁酒主义进行了漫长的考察,这一考察贯穿《法义》的前两卷,不仅让他对斯巴达的立法体系提出了批评,还让他阐述了自己的教育思想,尤其是他关于欲望的训练的思想。如柏拉图近乎迂腐的阐述所示,《法义》是一位老人的作品,他用这种阐释来探讨一个特殊的问题,并打算由此转向更普遍的真理。酒会的价值与任何其他教育——比如合唱队的训练——的价值相同。④ 个人的教育对共同体而言并非举足轻重,但"全部受教育者的教育"⑤整体对城邦至关重要,因为它使他们成为真正有能力的人,凡事都能做得恰到好处。他们也能打败敌人,斯

---

① 克里提亚残篇 6(第尔斯本)。

② 《法义》641b:συμποσίου δὲ ὀρϑῶς παιδαγωγηϑέντος τί μέγα ἰδιώταις ἢ τῇ πόλει γίγνοιτ᾽ ἄν [一个得到正确指导的酒会能给个人或城邦带来什么巨大的好处呢]。

③ 《法义》639e5。

④ 《法义》641b3:χοροῦ παιδαγωγηϑέντος [合唱队按照正确方式的教育]。柏拉图将作为一个整体的合唱队的作用与合唱队的一个成员的作用相比较。《法义》639d 对作为一种共同体形式的酒会(τῶν πολλῶν κοινωνιῶν μία)的说明使柏拉图想到了选择这一比较。在柏拉图那里,与那个时期的其他作家那里一样,合唱队被描述为教育和纪律应该是什么的典范,参见色诺芬,《回忆苏格拉底》3.5.18,德摩斯梯尼,《反腓力辞》1.35。

⑤ 《法义》641b6:παιδείαν τῶν παιδευϑέντων [全部受教育者的教育]。

巴达将此作为德性的最高测试。① 因为是文化［教育］（παιδεία）带来胜利，而不是胜利带来文化；实际上，胜利常常导致无教养（ἀπαιδευσία）！② 一场使人更加傲慢、更加肆意的胜利是卡德摩斯式（Cadmean）的胜利，得不偿失的胜利；但教育从没有一种卡德摩斯式的教育。③ 为了证明酒会的教育力量，柏拉图必须使其适应教育的一般框架，并将其与"音乐"教育相联系。④ 这使得他去定义教育的本质和力量；他补充说，"这就是我们现在的讨论必须走的道路，直至抵达神明"。⑤

教育哲学和最高存在［神］之间的这种联系使我们想起了《王制》。在《王制》中，教育以"善［好］的型为基础"。⑥ 不过，柏拉图在其中强调的整个重点都是教育的最高阶段，他尽力把这个词和这个概念［教育］从 pais（幼儿）身上去掉。在《法义》中则相反，他从最早的童年阶段开始探讨。⑦ 他越来越对探究教育的理性和自觉方面，［224］如何直接进入灵魂生活的前理性和潜意识或半意识层面感兴趣。如前所示，这一想法潜在于《王制》之中；⑧不过，有意思的是，在《法义》中，柏拉图非常专注于讨论这在心理上是如何可能的。他现在认为，教育首先需要的是适当的学前训练。⑨ 蒙以养正，仿佛在玩耍中，就应该唤起孩子心中对那些他长大后将要得到的东西的渴望。我们已经在《王制》中见过抚养（trophé）或早期教育的概念，明白这是柏拉图教育思想的特征。他已经根据需要尽可能清晰地表

---

① 《法义》641c1。

② 《法义》641c2：παιδεία μὲν οὖν φέρει καὶ νίκην, νίκη δ᾽ ἐνίοτε καὶ ἀπαιδευσίαν［教育带来胜利，但胜利有时导致无教养］。

③ 《法义》641c5。

④ 《法义》641c8。《法义》中的斯巴达人表达了对这一思想的惊讶，酒会居然可以成为一种教育的形式：因为在斯巴达有教育，但没有酒会。关于酒会与音乐教育（μουσικὴ παιδεία）的联系，参见《法义》642a。

⑤ 《法义》643a。

⑥ 参见本书第二卷，第 319 页及以下。在《法义》中也如此——甚至更加强调——教育的体系在柏拉图新的理智和精神创造（即神学）中臻于顶峰。《法义》整个第十卷都与神学有关。

⑦ 《法义》643b5。

⑧ 参见本书第二卷，第 261 页。

⑨ 《法义》643c8：κεφάλαιον δὴ παιδείας λέγομεν τὴν ὀρθὴν τροφήν［教育的首要之处是正确的抚养］。这里，柏拉图将这一阶段描述为教育的κεφάλαιον［首要］阶段。在《法义》第二卷（653b—c）中，柏拉图也认为这一阶段的教育是真正的教育。

明，人和动植物的成长方式使得任何领域的完美德性变得或易或难。① 我们将这种成长方式描述为道德完善或生物完善领域的植物性元素。这无疑会促使柏拉图去研究儿童时期的欲望发展过程，探索怎样运用快乐-痛苦的原则为教育服务——快乐-痛苦的原则对孩子的影响尤其强烈。

柏拉图解释说，"教化（paideia）"一词曾用来指诸多不同类型的活动中的训练；可以说，有人在买卖或航海或任何其他工作中得到了训练或未受训练。② 不过，当我们从目前的立场来看时，也就是说，从一个希望将一种特定的精神或气质注入城邦的教育者的立场来看时，我们就不能把这类训练称之为"教育"，而是必须把"教育"用于指从童年起就进行的德性培养，这种培养使我们渴望成为完美的公民，懂得如何根据法律去统治和服从。③ 特定领域的训练，严格地说，没有一种可以被称之为教化、文化或教育；它们以实用为目的，旨在获取金钱或培养某种特殊技能，缺乏一种主导性精神原则和正确目标，只不过是达到目标的工具和手段。④ 不过，柏拉图并不想在"教化"这个词语上过多争论。他感兴趣的是，我们应当将关于教化之本质的恰当观念作为全部立法的基础。因为他深信，那些得到适宜教育的人一般而言都是出类拔萃之人。任何地方都不可鄙视真正的教育，因为对最优秀的人而言，真正的教育是一切理想的价值之最高者（πρῶτον τῶν καλλίστων）。无论何时，倘若此种真正的教育气数将尽，如果它还能够得到恢复的话，那么我们每个人终其一生都必须去恢复它。⑤

---

① 参见本书第二卷，第 260 页。

② 《法义》643d7—e2。

③ 《法义》643e3。柏拉图试图在《法义》的其他几段文字——655b，654b，659d——中对教育作出了定义。

④ 《法义》644a1—5。

⑤ 《法义》644a6—b4。在恩格兰（Endland）对《法义》的评注中，他用"越出其界限（exceeds its bounds）"来翻译柏拉图在这段文字中关于教化或文化所使用的词"ἐξέρχεται［从…出去、离开］"；最新版的利德尔和斯科特的《希英词典》（Liddell and Scott Lexicon）也是如此。该词的这种意义在其他地方几乎不可能出现。柏拉图的意思是，文化像参议员或官员的任期，像一年或一个月，像久治不愈的疾病一样"结束了"：它完全"耗尽了"。这个词预设了文化的生命有不同的发展阶段，文化可以整个地消失——这与柏拉图的理论非常一致，即历史在文明停止和重新开始的不同时期中前进（《法义》第三卷）。这种学说只能出现在像柏拉图所生活的那种剧烈变革的时代。文化的衰落问题从一开始（转下页注）

柏拉图用这些话来描述他本人及其毕生事业，他曾清晰地解释过他是如何看待他自己所处的地位。[225]真正的教育一直是对人的"整个德性"的教育，但它现在已经沦落为看不见主要目标的纯粹专业技能训练。① 而他的哲学则旨在将这一目标置回人类生活之中，从而为我们的生存的一切支离破碎的活动提供一种新的意义和统一性。他必定深刻地感受到了，尽管他那个时代拥有惊人的专业知识和技能，但实际上却以文化的衰落为标志。对于所谓的"恢复真正的教育"②，柏拉图已经用他正在努力追求的真正文化与他强烈批评的专业文化或职业文化之间的对立，做了说明。恢复德性的整体性——也就是说，恢复生命和灵魂中的整体性——是所有任务中最困难的，比哲学思想所能实行的任何专业研究远为困难。如果我们阅读《王制》，就可以看到柏拉图设想的那种解决方案：因为它是围绕一切价值的基本原则（即"善[好]的型"）设立的，"善[好]的型"在宇宙秩序的核心中处于支配地位。教育必须从被视为有序体系的宇宙观念开始，且像行星围绕中心的太阳运行那样围绕"善[好]的型"运动，这一认知改变了教育的整个性质。因此，我们在《法义》的这段文字中也发现，真正的教育，如柏拉图所言，取决于神。③

大量谈论神和神性（God and the divine），不仅是《法义》的特征，而且是《王制》之后柏拉图所有著作的特征。他最初可能不愿意称自己的基本原则为神，但慢慢放弃了这种犹豫；或者，他是在意见的层面上，而不是在思想的层面上，随意使用这一概念。不过，在这里，还有在整部《法义》中，他也显示出自己对最高原则在灵魂中起作用的心理过程的浓厚兴趣。他用戏院中的牵线木偶的形象（eikon）来说明

---

（接上页注）就占据着柏拉图的思想。城邦的衰落问题——他经常谈论这个问题，他的哲学事业也由此开端——只不过是文化衰落问题的一部分而已。

① 柏拉图将真正的教育，作为与职业训练相对立的教育，称为 ή πρὸς ἀρετὴν παιδεία——追求精神完善的教育。我们必须将德性理解为"德性整体"——柏拉图的早期对话对此给予了极大的关注，作为他本人的理想，他将"德性整体"与《法义》630d中基于战争的尚武德性相对立。"德性整体"是立法的唯一根据，参见《法义》630e。在柏拉图那里，勇敢处于公民四主德中的第四位，参见《法义》630c8。

② 关于 ἐπανορθοῦσθαι[纠正、重建]，参见《法义》644b3。

③ 参见《法义》643a5—7论教育到达其目的——神（God）——的道路。

这一过程,在生活的舞台上,人不过是神手中的玩物。① 现在,人作为神的木偶,组装起来究竟是为了给神当玩物,还是出于某种严肃的目的——我们不得而知——我们所知道的是,人的激情和信念就是将他拉向某个方向的绳索。② 快乐或痛苦的预期在勇敢或恐惧的外衣下牵动着我们的激情,而推理($\lambda o\gamma\iota\sigma\mu\acute{o}\varsigma$)则告诉我们哪些冲动是不好的,哪些又是好的。当这种推理(reasoning)成为整个城邦的共同决心时,我们就将其称为城邦的"法律(Law)"。灵魂必须只遵从由推理(logos)牵引的柔软的金索,[226]而不是服从由贪欲牵引的坚硬的铁索。③ 理性(reason)对灵魂的牵引越是温和与和平,就越需要来自灵魂内部的合作。④ 不过,推理的绳索,如我们所见,就是法律在城邦中的命令。要么是神,要么是某个知道神的人,把这种推理给了城邦;而城邦则将其设为法律来规范其自身及其与其他城邦的交往。⑤ 我们称灵魂对推理的遵从为自制。这一自制说明了教育的本质。教育就是推理的绳索对人类生活的控制,由一只神圣的手所牵引。⑥ 不过,我们在此发现了《王制》和《法义》之间的一种本质差异。在《王制》中,柏拉图说"善[好]的型"是哲学王在灵魂中携带的原型;⑦而在《法义》中,他试图进一步将其具体化。柏拉图假设了这样一种人:他想要确切地知道他必须做什么,为什么要做,怎样做,他行为的每一个细节都需要法律。因此,问题来了,神圣的推理是如何走向人类并

---

① 《法义》644c 及以下。

② 《法义》644d7—e3。人是神的玩物($\pi\alpha\acute{\iota}\gamma\nu\iota o\nu$)的思想再次出现在第七卷(803c),与 804b3 中人是神的玩偶($\vartheta\alpha\acute{\iota}\mu\alpha\tau\alpha$)一样。二者都与柏拉图在《法义》中表达的教育观密切相关,因而在柏拉图的思想中至关重要。

③ 《法义》645a。

④ 《法义》645a4—7。译注:作者在这里用了很多词来表示希腊文的推理($\lambda o\gamma\iota\sigma\mu\acute{o}\varsigma$),这些词语各有侧重,从不同的角度描述人的"理性",为便于理解,均译为"推理"。

⑤ 《法义》645b。在这段文字中,柏拉图清楚地告诉了我们他心目中的立法者的作用是什么。神自身是终极的立法者。人世的立法者只是说出他对神的认知而已;他的法律的权威性来源于神。这是古代城市国家的立法基础。柏拉图现在要恢复这一基础;但他关于神的观念是新的,他的所有法律也受此新神的启发。

⑥ 《法义》645b8—c3。柏拉图没有从他的前提中详细地作出这些推论;他只是说读者现在可以清楚地看到什么是德性和邪恶,以及什么是教育了。

⑦ 《王制》540a9;484c8。

成为一种政治制度的？柏拉图似乎认为，无论何时，只要城邦达成某种公共协议，这事就发生了，①但他坚持认为，那个知晓神事的人应该成为城邦的立法者。在这方面，他是在遵循历史上那些伟大立法者所确立的典范。希腊人习惯于称他们为"神人（divine men）"，一个很快就授予柏拉图本人的称号。即使在柏拉图的时代，也不止一个希腊城邦请求著名哲学家为其立法。这类作为诸神和人类之间的中间人的立法者的原型是米诺斯，米诺斯"与神明交谈"。希腊立法者的"智慧"与启示最为接近。②

记住这一点，我们就能理解柏拉图说的酒会习俗的教育影响力是什么意思，明白他为什么要批评斯巴达对酒会的禁止了。③ 柏拉图的教育理想归根结底是自制，而不是像斯巴达那样由其他权威来控制。④ 作为一个教育者，他想找到一种方式来考验他如此看重的自制能力，他在醉酒中找到了这种考验方式。酒增强了人的快感，削弱了心智的力量，唤醒了人的孩子气。⑤ 因此，酒能考验羞耻和庄重所带来的无意识控制的力量。只有把人暴露在危险之中，我们才能

---

① 参见《法义》645b7；*πόλιν δὲ ... λόγον παραλαβοῦσαν, νόμον θεμένην* [城邦应该从某位神那里……接受这种推理，并把这种推理设立为自己的法律]。柏拉图在《政治家》293a 中说，服从者的同意对理想的政制类型无关紧要，他心目中的这种理想政制是君主制和贵族制；但在《法义》中，他认定这种同意是必要的，因为它是任何由法律治理的政府系统的应有之义。

② 当然，智慧和启示之间仍有差别：柏拉图用以把握神事的器官是他的心灵或理性（*νοῦς，φρόνησις*），参见 631c6, 632c, 645a—b。他关于神的认知并非来自迷狂；柏拉图将灵感和狂热的宗教观念——他在其他著作中以此描述哲学家的精神状态——用来指理智的观照（intellectual vision），理智的观照是辩证法之旅的最终目标。但是，对那些自己不是哲学家但将要接受哲学王所获致的知识为城邦之法律的人而言，哲学家对神的观照和神的启示相差无几。

③ 柏拉图用他刚得到的结论出乎意料地发现了为什么酒会（*μέθη*）的享受会有一种教育作用，参见《法义》645c3—d。带着这一发现，柏拉图重新开始讨论雅典人提出的问题——雅典人曾问，斯巴达可有什么样的制度，像那种教导勇敢的著名制度那样来教导公民的自制（635d），参见 637a 及以下，638c—e。

④ 通过问斯巴达有什么样的制度教导自制（《法义》635e），柏拉图是在暗示他自己的非斯巴达的教育观念，并将讨论引导到对教育的本质的一般讨论上（643a—644b）。关于斯巴达的自制力与饮酒之乐的关系问题，现在对柏拉图的教育观作出了一个心理学上的具体说明。

⑤ 《法义》645d—e。

教会他们无所畏惧，灵魂想要在诱惑面前不为所动，就必须直面快乐的诱惑。① 柏拉图没有列出涉及考验的快乐的详细内容，而只是对它们做了暗示，②[227]但他极其注意强调教育（paideia）和 pais（即"幼儿"）之间的联系。③ 在《王制》中，柏拉图把所有教育力量的发展追究到教育和文化的最高分支那里。在《法义》中，他追根溯源，追踪到理性对欲望的征服。在童年时期，教育几乎只关注快乐和痛苦的情感的控制，这些是教育的真正原料。从这个角度看，教育就成了儿童教育（pedagogy）。④

毋庸置疑，这种解释并不排斥另一种更崇高的教育观。这种教育观是从柏拉图教育哲学的根部直接生长出来的一根大有可为的新枝。柏拉图现在越来越相信一切后期教育的成功，都取决于首次试图塑造幼儿习性（ethos）的结果。这是不可避免的；然而，难道柏拉图在这里没有把苏格拉底德性即知识的信念作为教育的起点？⑤ 柏拉图没有如我们预期的那样，抛弃德性即知识的信念，但他把教育的起点越来越往后移。在《王制》中，教育的起点已经相当早了，但在那里，他只是想在孩子们年轻时就开始训练他们的智力；⑥而在这里，他试图尽可能早地塑造他们的欲望（desires），这样，孩子们好像在游戏中就可以学会弃恶扬善。⑦ 他认为，除非父母或老师的理性（logos）在不知不觉中为他做

---

① 关于醉酒是灵魂的医生开出的处方，参见《法义》646c—d。从 646e 到第二卷结束，柏拉图解释了如何通过在醉酒时人为地释放年轻人的冲动来教育他们害怕无节制的快乐（这种害怕被称为"羞耻"）。

② 《法义》649d。

③ 在《法义》第二卷开头 653a 及以下，柏拉图明确指出了这一点。

④ 在《法义》中，柏拉图甚至对"παιδαγωγῖεν［教育幼儿］"一词表现出一定程度的偏好。之前，他把人类为达到德性的每一种努力都看作教育；而现在，他也把παιδαγωγία［幼儿教育］当作成年人教育的根基。醉酒之所以有教育意义，只是"因为"它能使一个成年人变成幼儿（παῖς），参见《法义》646a4。因此，醉酒能使教育者完成一个人从童年到成熟时期的全部教育的基本功能，即对灵魂中的激情和冲动的正当态度的塑造。

⑤ 参见本书第二卷，第 70 页，第 99 页及以下，第 137 页，第 181 页。

⑥ 参见本书第二卷，第 360 页。

⑦ 《法义》653a 说，儿童最初的稚嫩感觉（πρώτη αἴσϑησις）是快乐和痛苦。正是在这两种感觉中，德性和邪恶首次在灵魂中产生。如果智慧（phronésis，苏格拉底关于什么是好东西的知识）和真实的意见（ἀληϑὴς δόξα）还能出现在人生的暮年（πρὸς τὸ γῆρας），我们必须将其视为一种幸运；在达到最后阶段之前，没有人是完美的（τέλεος）。但柏拉图现在准备说德性的第一阶段——它甚至在孩子身上就形成了——就是真正的教育了（653b1）。

好了准备，否则，没有人能从他自己的理性中得到最好的结果。就德性是风俗习惯（ethos）——或我们称之为道德文化的东西——的德性而言，全部德性都建立在理智洞察和习惯的和谐之上。教育就是对快乐和痛苦的情感的训练，理智洞察与习惯的和谐反过来以这种训练为基础。① 这里，柏拉图达到了亚里士多德的《伦理学》由之开始的起点——亚氏的《伦理学》同样主要关注人的习性（ethos）。② 苏格拉底德性即知识的学说发展成了详尽细致的晚期柏拉图和亚里士多德的习性学说（doctrine of ethos），而这种学说成了全部现代"伦理学（ethics）"体系的基础。整个发展过程都以以下事实为前提：即苏格拉底不是在教导一种抽象的道德行为理论，而是在寻求一种教育的方式。他从找出一种道德标准开始，转而寻求灵魂的本性和治疗灵魂的方法。柏拉图一开始认为，最重要的是获取更多更深的*知识*，在苏格拉底式的信念中，知识会提升人格的整个道德文化水准；[228]现在，柏拉图在其晚年似乎聚精会神于更早的希腊思想：最重要的是塑造人的*性格*。这使他从一个新的角度来寻求真理。这种从理想到历史事实的表面回归并无不自然之处。柏拉图已尽其所能高飞远举到一个理想世界；现在，尽可能实现这一理想、并使其成为日常生活一部分的希望，将他带回到现实世界之中。与普罗米修斯一样，他成了一个塑造人的人。《王制》已经表达了哲学家的义务是塑造性格的一般观念，但人们发现他在《法义》中转而更关心这一点：塑造灵魂中的非理性力量的问题。这里，他是在塑造这个词最狭隘的意义上探讨性格培养的问题：他是在规范人的语

---

① 《法义》653b。

② 在《尼各马可伦理学》中，亚里士多德在思想的德性（*διανοητική ἀρετή*）和习俗的德性（*ἠθική ἀρετή*）之间进行了区分。在使第二种德性依赖于第一种德性上，亚里士多德是在遵循柏拉图，当然最终是遵循主张德性即知识的苏格拉底。不过，《尼各马可伦理学》绝大部分篇幅是关于性格的德性（即"伦理"德性）的讨论，该书和整个主题正是由此得名。在以《大伦理学》（*Great Ethics*）之名为人所知的著作中——此书在早期逍遥派学校中编撰而成，被错误地归诸亚里士多德本人——这种发展趋势已经走得如此之远，以至作者提出质疑：伦理学是否与思想和思想的训练还有任何关系；他认为伦理学的唯一作用就是引导冲动（*ὁρμαί*）。参见拙著《哲学的生活理想的起源和循环》，第407页，以及沃尔泽，《〈大伦理学〉和亚里士多德的〈伦理学〉》（*Magna Moralia und aristotelische Ethik*），载《新语文学研究》，耶格尔编，第七卷，第182—189页。

默动静,以及灵魂习性的每一个表达。他从专注于人的纯粹智力开始——这看上去很像是新教徒的教育方式;现在,他讨论精神的有形表达的重要性——天主教的教育总是试图尽可能早地塑造精神的这种有形表达。

我们早就熟悉的早期希腊文化的一些要素就这样再次成了重要的焦点。合唱队的歌舞曾经是早期希腊的音乐教育,它们在这个理性化的世界中丧失了这一功能,只是作为高度精细化的艺术形式而留存了下来(尤其是在雅典),但当柏拉图着手寻找如何塑造儿童早年的习性时,他觉得在当时的教育中没有任何东西可以取代它们。因此,他在《法义》中宣布,应该复兴古代希腊的圆舞,并使之成为教育的基本因素之一。孩子们从无沉声静气的时候,他们总是生龙活虎,蹦蹦跳跳——他们的运动只能被引导。① 与其他动物不一样,人在运动中有一种有序和无序的感觉,我们把这种感觉叫作节奏与和谐。这是一个很好的例子,说明人们在美好的活动中感到快乐,这种快乐的感觉作为对道德感和审美感的发展的一种强有力的刺激,在孩子们早年的游戏中就应开发。② 倘若一个人在学校时不能在有节奏的运动与合唱队的歌唱中感受到快乐,那么就不能说这个人得到了适宜的教育。受过教育的人必定是一个优秀的舞者。③ 他心里自有一种正确的标准,对美和丑有一种准确无误的感觉——柏拉图用这种感觉既指道德上的美和丑,也指审美上的美和丑。④ [229]在当时的艺术中,道德和审美的统一几乎绝迹了,但柏拉图迫切地想将其重新引入舞蹈之中,他把合唱队的舞蹈视为艺术的典范。这种看法假定美有一个绝对的标准,⑤对一个试图将一切都建立在这一艺术标准之上的教育者而言,这一标准是所有问

---

① 《法义》653d。

② 《法义》653e—654a。译注:"合唱队(χορούς)"一词源自"快乐(χαρᾶς)"。《法义》654a:诸神运用这种感觉打动我们,并用合唱队引导我们,让我们在载歌载舞中结合在一起。这就是诸神授予"合唱队"这个名称的原因——这些活动本身就有"快乐"。

③ 《法义》654b:ὁ μέν ἀπαίδευτος, ἀχόρευτος ἡμῖν ἔσται, τὸν δὲ πεπαιδευμένον ἱκανῶς κεχορευκότα ϑετέον[未受教育的人,是指在合唱表演上没有受过训练的人]。

④ 《法义》654b6—e。

⑤ 《法义》654e9—655b6:"属于灵魂或身体的德性(无论是德性本身,还是德性的形象)的一切姿势和曲调都是美好的,属于邪恶的那些姿势和曲调则完全相反。"

题中最严重的问题。如果我们相信，教育和文化就是使城市（尤其是这个城市的年轻人）的道德风貌和精神气质像我们从合唱队听到的歌曲的旋律和舞蹈的节奏那样［美善］，那么就不能像我们"今天"那样把一切都交给诗人的心血来潮，我们承担不起。① 柏拉图想要生活在这样一个国家：在那里，艺术被限定在固定不变的僧侣体形式之中，不受任何改革和损益的干扰，也没有任何个人的喜好和品味。埃及是他能够找到的唯一如此的国家。在那里，艺术似乎万古如斯，从不创新。对传统的极大尊重保存了过去的全部模式。柏拉图从新的角度对这一事实有了新的理解，正如他在另一语境中对斯巴达有了新的理解一样。②

（在柏拉图看来），艺术的未来取决于其将自身从公众的享乐主义和物质主义趣味中解放出来的能力。西塞罗说，雅典人的高雅趣味是保持雅典艺术之完美的标准；他还补充说，其他民族之所以没有这种趣味，是因为它们缺失这样一种标准。③ 柏拉图生活在一个西塞罗将其作为经典来崇拜的时代，但柏拉图对此有不同看法。他认为当时的公众除了快乐，一无所好，从而败坏了全部艺术。④ 一个真正的艺术批评家切不可跟着观众走——柏拉图心中想的是城邦的任务，雅典要给一年一度的最佳演出颁奖。他要成为城邦的教师，而非学生。公众的热烈掌声及其文化教养的缺失，与良好的判断和趣味截然相反。⑤ 我们

---

① 《法义》655d,656d1。

② 《法义》656d 及以下。柏拉图解释了埃及的艺术和音乐类型由于在遥远的历史中通过的一些立法——就像他现在在《法义》中提议的那样［用法律把艺术中正确的东西固定下来］——而亘古不变。公元前四世纪的希腊人，连同他们敏锐的感觉和快速变化的生活，注定会觉得埃及的艺术绝对没有变化或发展。参见《法义》656e4：σκοπῶν δὲ εὑρήσεις αὐτόθι τὰ μυριοστὸν ἔτος γεγραμμένα ἢ τετυπωμένα τῶν νῦν δεδημιουργημένων οὔτε τι καλλίονα οὔτ᾽ αἰσχίω, τὴν αὐτὴν δὲ τέχνην ἀπειργασμένα［如果你观察这点就会发现，一万年以前，他们的绘画和雕像同现在的艺匠用完全相同的技艺制作的绘画和雕像相比，既不美，也不丑。］埃及最古老的艺术作品也既不比柏拉图的同时代人制作的美，也不比他们的丑。柏拉图感兴趣之点在于同一种美的理想的亘古不变。柏拉图身上几乎看不出有任何钦佩这种艺术理想的迹象。

③ 西塞罗,《演说家》(Or.)8.24 及以下，尤其是 9.28。

④ 《法义》657e—658d。当然，柏拉图毫不怀疑艺术是为了享受而存在的；但他断言，衡量艺术作品的价值的标准，不是该作品为一些漫不经心的观众提供了多少快乐，而是它在最优秀的观众身上，也就是说，在那些得到恰当的教育的人（ἱκανῶς πεπαιδευμένοι）身上——或者进一步说，在最有德性（ἀρετή）和教养（παιδεία）的人身上——激发的愉悦和满足。

⑤ 《法义》659a—c。

已经看到,公众判断任何一部艺术作品的唯一标准就是它给大家提供了多少乐趣。但是,如果我们一旦想出不同年龄段的人理解的快乐是什么,他们偏好何种类型的艺术,那么我们就会知道,每个年龄段的人都会选择不同类型的艺术。孩子们更喜欢木偶戏的表演者,而不是任何其他类型的艺术家,成年人的趣味不会比这更好。①

在希腊,只有克里特和斯巴达才有一种固定不变的诗歌传统。在这两个国家,公众仍然依恋旧诗人提尔泰奥斯。② [230]不过,正如柏拉图已经指出的,在我们国家,在我们"重写"他的诗歌,将正义而不是勇敢作为最高德性加入其中之前,我们不能将其作为固定的传统。③为了说明这一点,柏拉图选择了一首特定的诗,在这首诗中,提尔泰奥斯将勇敢与一个人可以拥有的其他一切优点进行了比较,并裁定勇敢是最好的东西。④ 然后,柏拉图论证说,使其他德性有价值的,其实不是勇武,而是正义,没有正义,其他德性毫无价值。⑤ 既然诗人的职责是教育青年,一切真正的诗歌就必须从建立一种恰当的价值标准开始;⑥诗歌和音乐,如果它们在这方面做得得当,就可以真的称之为教化。⑦ 这种看法可能片面,但就其关乎早期希腊音乐和诗歌而言,确实包含相当程度的真理。迄今为止,任何读过柏拉图的人都不难理解他的意思。数个世纪以来,早期希腊诗人一直关注什么是最高德性与什么是生活中最大的善[好]的争论,柏拉图自觉地在《法义》中接续了这一争论:他把颂歌作为咒语(ἐπῳδαί,即"魔法")来使用,使其作用于听者的灵魂,并以其神秘的魔力,使灵魂愿意像在游戏中一样吸收颂歌的

---

① 《法义》658a—d。

② 《法义》660b;629b。

③ 《法义》629e—630。

④ 这是一首哀歌,它的开头是:οὔτ᾽ ἂν μνησαίμην οὔτ ἐν λόγῳ ἄνδρα τιθείην[我不会纪念,也不会在言辞中记下这个人],参见《法义》660e7 及以下。另见拙著《提尔泰奥斯和真正的德性》(Berlin,1932)对它的讨论。柏拉图之所以选择这首诗,不仅是因为它与提尔泰奥斯的其他诗歌一样,谈到了斯巴达的勇敢并在行动中表现了这种勇敢,而且还因为它以一种通常的方式讨论最大的问题:什么是真正的德性? 参见本书第一卷,第 115 页及以下。

⑤ 《法义》661b5。

⑥ 《法义》661d 及以下。

⑦ 《法义》660e,661c5—8;就是说,在对提尔泰奥斯的哀歌的讨论的开头和结尾,柏拉图都强调了诗歌和教化的同一性。

严肃含义。颂歌就像一颗包着糖衣的药丸。① 柏拉图想要让他的城市对这种糖果如饥似渴，获得无餍的满足。② 唯一能表明它是一座希腊城市的，是柏拉图运用了它与生俱来的美感，并在一种新的统一性中将其与对"善[好]"的欲望相混合。只有那种对美的热爱才能吸引希腊人的灵魂，并在青春和热情的火焰中将其锻造成永恒的艺术形式；③ 当老年男女的灵魂被狄奥尼索斯的礼物[酒]融化、软化和温暖时，即使他们也会放下自己的无动于衷和顽固不变。④ 因此，立法者（他是一个陶匠[πλάστης]）塑造和陶铸人们的灵魂。⑤

在结尾处，柏拉图加了一条关于体操运动的说明，但这显然是为了形式对称的缘故。⑥ 他没有在此逗留太久——即使在《王制》中，柏拉图给身体运动留的空间也远小于音乐。他再次提出了酒会的问题，讨论了酒会的教育价值。酒会的教育价值是他讨论的起点，他好像有那么一段时间暂时忘记了这一点。现在，通过长时间研究不同年龄的人应该喝多少数量的酒，他结束了对酒会价值问题的讨论，从而，柏拉图以酒对像他这样的老年人的特殊意义的一些评论，结束了对教育的第一次大规模探讨。⑦

## 城邦衰落的原因

[231]在《法义》前两卷讨论了教育和城邦的精神之后，柏拉图转而考察城邦的起源问题。向新主题的过渡看起来相当突兀，但那只是形

---

① 《法义》659e—660a。因为 ῳδή[颂歌]是灵魂的一种 ἐπῳδή[咒语]，即一种魔法，所以它是一种教育。因为，如柏拉图在引言中所说（659d），ἡ παίδων ὁλκή τε καὶ ἀγωγὴ πρὸς τὸν ὑπὸ νόμου λόγον ὀρθὸν εἰρημένον[教育就是吸引并带领孩子走向法律宣布为正确的道理]。它的吸引力来自它的形式之美。关于将法律定义为用文字表达出来的 ὀρθὸς λόγος[正确的推理]，参见《法义》645b。亚里士多德将这一思想吸收进了自己的伦理学。

② 《法义》665c。

③ 《法义》666a。

④ 《法义》666b，671b。

⑤ 《法义》671c。

⑥ 《法义》673a 及以下。

⑦ 《法义》673d10，第二卷结尾。此处关于醉酒（μέθη）及其在教育中的重要性的讨论达到了"顶峰"（673d10 和 674c5）。

式上的。在立法开始之前,必须奠定城邦的基础;在城邦的基础奠定之前,必须先确定城邦的精神。城邦的精神必须激励城邦所有的机构和制度来表达它。多里安城邦就是很好的例子,但《法义》中描述的城邦精神与它们的城邦精神大相径庭。柏拉图的新城邦将是一个大规模的教育体系,但决定其教育类型标准的却是人的"完整"本性,是人格的最大发展。① 在其价值序列中,斯巴达的德性勇敢,不是排在第一位,而是第四位和最后一位。② 讨论的进程表明,柏拉图不是在简单地发布严格的道德诫命,以自制和正义来代替勇敢的德性理想,而不顾及政治生活的实际事实;他这样做是因为他认为勇敢会延长城邦的生命。我们很快就会回到这一点。

柏拉图关于城邦的起源和嬗变、关于重大自然灾难对文明的周期性毁灭的理论表明,他曾经认真而理性地思考过人类的历史。③ 他相信,与黑暗的史前时代相比——在此期间,人这个种族慢慢地,慢慢地,以蜗牛般的速度前行——我们所称的历史并不比昨天或前天更为遥远。④ 人类多次被滔天的洪水、瘟疫和其他原因毁灭,只有极少数人得以幸存,进入一个新的时期,重新开始从原始生活逐渐上升的过程。⑤ 那时的世界人口尚不稠密;人们对金属的使用还一无所知,也不知道何为战争——战争是技术文明进步的产物。⑥ 柏拉图设想的原始时代,因为人性的善良和淳朴而天下太平,没有贫富差距,拥有高尚的道德标准。⑦ 这样的

---

① 《法义》630b3,e2。

② 《法义》630c8。

③ 关于柏拉图对历史的态度的讨论,与对亚里士多德的讨论一样,有很长一段时间,只是为了发现我们能从中学到关于哲学史的知识。后来,还是有几位学者对其进行了更加全面的研究,参见勒尔(G. Roehr),《柏拉图对历史的态度》(*Platons Stellung zur Geschichte*),Berlin,1932;乌尔威利斯(K. Vourveris),《柏拉图的历史知识》(*Αἱ ἱστορικαὶ γνώσεις τοῦ Πλάτωνος*),Athena,1938。本人对柏拉图的讨论要更进一步:不仅要领会他对历史问题的实际陈述,还力求认识他怎样充分理解自身所处的时代及历史处境,从而把握柏拉图的整个思想和写作方法。柏拉图对他自己那个时代的理解,在一个哲学家身上是很自然的——这位哲学家面临着希腊城邦这样一种历史体系的衰亡这一事实,以道德和政治的结构问题开始他的哲学探索。

④ 《法义》677d。

⑤ 《法义》677a 及以下。

⑥ 《法义》678c—e。

⑦ 《法义》679a—d。

世界还不需要立法者——甚至连文字记录都没有，习惯和习俗引导着人们的生活。[1] 柏拉图的时代还没有考古发现，所以他只能依赖文学传统，尤其是荷马。[232]这里，他承认，人类最早的诗歌是历史事实的一个有价值的来源（至少部分如此）。当诗歌的教育价值（也即其全部价值）变得可疑或失去其原初意义时，对诗歌的这种历史的和审美的态度——它于现在的我们而言似乎是自然而然的——进一步得到发展。以荷马提到的库克洛普斯(Cyclopes)家族为据，柏拉图描述了社会从那种无法律的生活到有系统的联合和父权统治的转变。[2] 当不同的家庭和氏族聚集成更大的共同体，并形成城邦，就有必要在当时流行的各种特殊礼法之间取得平衡。这就是立法的任务。[3] 与当时的历史学家埃福罗斯(Ephoros)一样，柏拉图将赫拉克勒斯族(Heraclidae)的回归置于荷马时代之后——阿凯亚人是在荷马时代远征的小亚细亚。这一回归事件开启了伯罗奔尼撒诸邦最早的历史，伯罗奔尼撒诸邦是多利安大迁徙的分支，他们来到阿凯亚帝国的废墟上定居。[4] 这就将我们的历史回顾带回到了我们关于法律的对话开始的地方，那时，多利安城邦已经建立，而多利安人的立法者也已经开始了他们的工作。[5]

　　柏拉图撰写《法义》时，即公元前 370 至前 350 年期间，每一个善于思考的希腊人都意识到了多利安种族的悲剧，多利安种族一度是那么强大和杰出，现在却因为留克特拉的毁灭性灾难而如此卑微。[6] 在留克特拉之役中击败斯巴达人之后，杰出的底比斯政治家伊巴密浓达(Epaminondas)为激起伯罗奔尼撒的内部分裂，完成推翻敌人的事业，曾号召美塞尼亚人从数个世纪之久的农奴制中挣脱出来。多利安种族的所有希腊朋友必定以一种强烈的预感提出过这样的问题：如果伯罗

---

[1] 《法义》680a。

[2] 《法义》680b 及以下。柏拉图只明确地引用荷马作为早期伊奥尼亚文明的证据。在克里特，即使在柏拉图的时代，荷马也被认为是一个天才的外邦诗人(680c4)。关于早期诗歌的历史价值，参见 682a。

[3] 《法义》680e6—681c。

[4] 《法义》682e 及以下。

[5] 《法义》682e8—683a。

[6] 斯巴达霸权的衰落对当时的政治思想和教育思想所产生的影响，参见本书第二卷，第329 页。

奔尼撒的多利安城邦斯巴达、阿尔戈斯和美塞尼亚成长为了一个政治共同体，而不是非得你死我活，竭尽全力消灭对方，那么希腊历史的进程又会如何呢？① 以古为鉴，对于全希腊的未来，现在要问的是同样的问题；实际上，这是一个投射到过去的当代大问题。当多利安人定居下来时，各种条件都对柏拉图所称的"多利安城邦体系"②——即赫拉克勒斯（Heracles）的三个儿子的联盟——的发展颇为理想。他们不必被迫采取由柏拉图时代的社会改革家和革命者所倡议的任何措施，[233]不必被迫让城邦冒重新分配土地和免除债务的风险。他们可以干干净净地开始。他们占据了刚刚征服的土地，并将其分成同等的数份，从而在一种公平公正的原则上建立起他们的城邦。③ 我们稍后会看到柏拉图对土地分割的问题有多么严肃认真：他建议赫拉克勒斯族的后裔们真的回到伯罗奔尼撒的定居点。④ 但是，尽管（柏拉图相信）他们与之前围攻特洛伊的希腊人相比，要远为强大、团结、并得到了最好的治理，可究竟是什么导致了多利安诸国的衰落呢？⑤ 他们本可团结希腊并随意摆布全世界；⑥但他们却在无望的争斗和仇恨中互相残杀。柏拉图的历史想象，回首公元前八和前七世纪几乎是神话故事的遥远距离，将神话故事中的纷争看作真实的、无可挽回的悲剧，看作希腊民族曾经错失的"统治世界"的极佳机会——这显然是对伊索克拉底的泛希腊方案的无情嘲讽！⑦ 他把斯巴达看作多利安人建邦立国之能力的最佳证

---

① 在《法义》683c8中，柏拉图提出了这个问题，并寻求对此的详细解答。他强调，这样做需要历史的想象；如果没有大胆的虚构，他是不可能做到这一点的：除此之外，他对过去的看法受到他作为一名教育者的愿望的影响。对历史学家们来说，柏拉图对多利安人早期历史的讨论极为有趣，因为这表明他清醒地意识到，在一种只强调伊奥尼亚和雅典的片面历史观中，世界将会抹去多利安种族的巨大历史成就及其重大精神意义。

② 《法义》686b7；687a6。

③ 《法义》684d—e。

④ 在《法义》第五卷（736c5）讨论新城邦的建立时，柏拉图提出了这一建议，并明确地指向第三卷对伯罗奔尼撒的多利安王国的历史讨论。

⑤ 《法义》685d。

⑥ 《法义》687a6—b。

⑦ 关于多利安诸邦错失的时机（καιρός），参见《法义》687a5；另可参见686a7。看上去柏拉图是在嘲笑伊索克拉底联合全希腊对抗蛮族的计划：但这是一种年代错误。当柏拉图写作《法义》时，伊索克拉底还没有把马其顿的腓力视为希腊诸邦对抗波斯的一个（转下页注）

明——美塞尼亚和阿尔戈斯则是相对低等的种族。①

多利安人衰落的原因，并不如斯巴达人可能认为的那样，是由于缺乏勇气或不知战争，而是对人类生活中最重要事情的无知(ἀμαθία)。② 柏拉图说，正是这种深度的文化缺失，破坏了那时的国家，现在还在破坏着它们，而且将来会继续破坏它们。③ 如果我们问文化的缺失主要在于什么，那么柏拉图就会把我们的注意力引向多利安人的教育的性质——我们已经对它做了长期细致的研究。教育取决于欲望和理智之间的适当一致。④ 由于遵循它们的欲望，而不是理性洞见，强大的多利安诸邦衰落了。⑤ 如此这般，对毁灭多利安人的政治失误的认知又回到了对话开始时的那个问题，即为城邦找到正确的道德观(ethos)，一种建立在个体灵魂的健康结构基础上的道德观。在《王制》中，柏拉图曾经批评过斯巴达城邦的精神气质和教育问题。他的批评似乎在《法义》中得到了证实：（如柏拉图自己的时代所见）多利安种族在为赢得希腊世界领导权的关键一役中一败涂地，这种领导权似乎是他们理所应当的奖赏。这几页纸上似乎写着柏拉图对这个困扰了他一生的问题（即多利安人的政治理想问题）的最后结论。这是一场悲剧，而且注定是一场悲剧。[234]柏拉图年轻时就与一群构成雅典反对派的贵族生活在一起，那时，他耳濡目染的就是斯巴达被作为绝对的理想来颂扬。在他盛年时，他又从斯巴达这个典范中学

---

（接上页注）才撰写的。在其《致腓力辞》(12)中，伊索克拉底通过嘲笑写《王制》和《法义》的人的方案完全是一种乌托邦，从而回应了柏拉图的嘲笑。伊索克拉底发表《致腓力辞》时（公元前 346 年），《法义》必定已经问世。

① 《法义》690d。当然，在柏拉图致力于撰写《法义》时，更能感受到对美塞尼亚和阿尔戈斯的这种批评：自公元前七世纪起，美塞尼亚就成为了斯巴达的领地，柏拉图撰写《法义》的时间是在美塞尼亚恢复国家独立之后不久。伊索克拉底在《阿基达摩斯》(Archidamus)的演说辞中，也站在斯巴达一边反对美塞尼亚。

② 《法义》688d, 689a1, 689a8, 689c。对人类生活中最重要的事情的无知——柏拉图说，这是那些强大的伯罗奔尼撒城邦衰落的原因(688d)——使我们想起了《普罗泰戈拉》357d—e，其中，"成为快乐的奴隶"被说成是"最大的无知"的原因。

③ 《法义》688d。

④ 《法义》643c8 及以下、653a 及以下；尤其是 653b5，其中，作为ὀρθὴ παιδεία[正确的教育]之结果的德性被界定为欲望和理性之间的συμφωνία[协调一致]。

⑤ 《法义》690 及以下—691a。

到了很多东西；但是，甚至在斯巴达巨大而无可辩驳的成功似乎证明了其所有最不加批判的崇拜者所能说出的全部合理性时，柏拉图就在《王制》的几个预言性段落中指出了斯巴达隐藏的弱点。① 当他撰写《法义》时，斯巴达的这种弱点已经是全世界有目共睹了。② 柏拉图只须指出，他在《王制》中所描述的"次好的城邦"注定要被推翻，因为它不是最好的城邦，也就是说，因为它没有真正的教化，没有最好的精神气质（ethos）。斯巴达的"君王们"遵从的是他们灵魂中的暴民（对权力和荣誉的欲望，这些欲望是过度的贪欲或膨胀），而不是追随他们灵魂中的真正向导，即理性。柏拉图认为，教育的重要性高于现实政治，这里，在城邦的外在形式和内在精神的大胆而刺激的对比中，也显示了柏拉图的这一倾向。从表面看，这些城邦由君王们所统治；但就其精神实质而言，则由支配君王灵魂的欲望和贪欲的暴民所统治。③ 类似地，在《高尔吉亚》中，柏拉图将由暴民的一时兴致和突发奇想所主宰的民主制和与其天性最为接近的僭主制相对比。④ 用《王制》的话说，统治者灵魂内部的城邦的崩溃确证了其外在权力的倾覆。⑤ 国家从来不只是权力，它永远是它所代表的人的内在精神结构。

因此，如果城邦的衰落是由于文化［教育］的缺失，由于统治者的灵魂（无论是一个，还是多个）缺乏欲望和理性的协调一致，那么就必须阻止未受教育、缺乏教养的人影响城邦的统治。不过，在教育的这种深层意义上，那些公众认为有教养的人很可能是没有接受过真正教育的人：

---

① 参见本书第二卷，第 374—380 页。
② 柏拉图完成《王制》、撰写《法义》的这一时期见证了留克特拉战役和曼提尼亚战役，也见证了斯巴达霸权的衰落。
③ 《法义》689a—b。
④ 在《高尔吉亚》466d 和 467a 中，柏拉图将民主制的民众领袖比作僭主制中的僭主。民众（demos）就是暴君（tyrant）。每一个公民，尤其是每一位政治家，都必须适应其运作方式，就像在那些只有一个绝对的专制君主的国家中一样，参见《高尔吉亚》510c7 及以下和 513a。不过，很显然，柏拉图此处谈论的是那种糟糕的民主制，这种民主制已经蜕化为暴民统治。在《政治家》中，柏拉图区分了民主制的良好形式和糟糕（蜕化）形式，正如任何别的统治形式都有可能好与坏一样。
⑤ 《王制》591e，592b。

例如，精于算计者、反应敏捷者、诙谐机智的空谈者。实际上，柏拉图似乎认为后一种品质是欲望在一个人身上占优势的表现。① 因此，核心的问题就成了：城邦应该由谁来统治？ 在《王制》中，柏拉图已经回答过这个问题，他说，永远应该由好的统治坏的，高的统治低的。② 在《法义》中，由于柏拉图明显觉得，无论是作为一门科学，还是作为一项实际技艺，城邦应该由谁来统治的问题在政治中都是一个关键性问题，所以不管怎样，他尝试着对此作出新的回答。[235]如果我们把政治看作一门关于统治的科学，那么它就需要一个规范其所有细节的原则；这个原则必须解决"城邦应该由谁来统治"的问题，给出一个所有正常人都会觉得不言自明的普遍答案。

在这一点上，柏拉图在《法义》中制定了七条关于统治的"自明之理(ἀξιώματα)"，无论是在批评自己时代的现实城邦，还是在为他自己思想中构建的城邦建章立制时，他都多次提到这些"自明之理"。③ 在法律意义上，"ἀξίωμα"一词的意思是"声称拥有[要求]"；这就是为什么所有注评家此处都采用这一意思的原因，因为那是尚处于讨论之中的问题。不过，在柏拉图晚年之际，该词已经有了我们现在所使用的那种科学上的含义：一个不能被证明但也不需要证明的假设，在科学的推理训练中——尤其是在数学中，(根据亚里士多德的说法)，该词的这种用法首先出现在数学中——这样的假设被用作推理的出发点。④ 我们知道柏拉图如何致力于让数学成为科学和哲学的方法的典范；他艰难地推进他的努力，尤其是在他的晚年：亚里士多德认为这种数学思维是整个柏拉图学派的典型特征。⑤ 因此，这

---

① 《法义》689c—d。

② 《王制》412c。

③ 《法义》690a；ἀξιώματα τοῦ τε ἄρχειν καὶ ἄρχεσϑαι ποῖά ἐστι καὶ πόσα[统治和服从有哪些自明之理]。译注："axiom"一词的希腊文是"ἀξιώματα(ἀξίωμα 的复数形式)"，根据《古希腊语汉语词典》(罗念生、水建馥编，北京：商务印书馆，2004)，该词的动词形式(ἀξιόω)有"认为适于，指望，要求"的意思；名词形式(ἀξίωμα)有以下含义：1. 有价值的事物，名誉，地位；2. 认为合适的事物；3. 自明之理，公理。作者用 axioms 翻译该词，取第三义，作者译为"自明之理"的理由见下文。王晓朝(《柏拉图全集》，第三卷，北京：人民出版社，2003)和林志猛(《柏拉图〈法义〉研究、翻译和笺注》，第二卷，上海：华东师范大学出版社，2019)均将其译为"资格"，取第二义。

④ 亚里士多德，《形而上学》Γ. 3. 1005a20。

⑤ 亚里士多德，《形而上学》A. 9. 992a32；《优台谟伦理学》1. 6. 1216b40；参见拙著《亚里士多德：发展史纲要》，第 232 页。

里必须采用"*ἀξίωμα*[自明之理]"一词的数学含义，因为柏拉图正在讨论的是政治得以建立的普遍原则；但这并不排斥前述"要求拥有"的含义。① 因为"*ἀξίωμα*"的数学含义也是一种主张或要求，它是一种自明的主张或要求：也就是说，该词最初的法律意义仍然存在。柏拉图规定固定数量的"*ἀξιώματα*"也有同样的意思，他用数字1到7指出这些自明之理，从而像欧几里德限制其"公理"的数量一样，限制自明之理的数目。② 他们提出了以下自明之理：

1. 父母必须统治孩子

2. 高贵者必须统治卑贱者

3. 年长者必须统治年轻者

4. 主人必须统治奴隶

5. 好的必须统治坏的

6. 智慧者必须统治无知者

第七条自明之理是民主制的原则

7. 抽签抽中者必须统治抽签不中者

[236]这里，以及在整部《法义》中，柏拉图都将抽签看作一种根据神意的决定机制，而不是像他在早期著作中批评民主制时那样，称其为一种毫无意义的组织机制。③

根据这些自明之理，美塞尼亚和阿尔戈斯的君王们被公正地剥夺了权力，因为他们掌控的权力过大，一个不具备所有相关资格的人根本负担不起如此重任。④《法义》[原文如此，但根据上下文，或为《王制》之误]和《政治家》中的许多观点可能会使我们认为，柏拉图赞赏作为一种政制形式的君主制；但是，在《法义》中，他全心全意地反对将权力集中在一个人手中，无论是何种类型的集中：他称其为权力欲的堕落形式，即贪婪癖，这是君王们的一种顽疾。⑤ 伊索克拉底同样认为这种贪

① 泰勒，《柏拉图的〈法义〉》(*The Laws of Platon*)，London，1934；作者用"称谓(titles)"来翻译统治和服从的*ἀξιώματα*[自明之理]。

② 《法义》690a—c。

③ 《法义》690c。

④ 《法义》691c—d。

⑤ 《法义》691a—c，690e。

婪癖通常是罪恶的根源。斯巴达的例子表明，混合政制是最为持久的政制。因为在斯巴达，君主制的特权受到双王制、长老议事会、元老院、监督员或五长官的制约。① 希腊应该为其种族的纯正而感激的不是美塞尼亚或阿尔戈斯，而是斯巴达。如果不是斯巴达力挽狂澜，希腊各族的血统早就相互混合，而且也和蛮族人完全混杂了，就像波斯帝国治下的各族人一样。对柏拉图而言，这是希腊赢得希波战争的真正意义。② 立法者所着眼的目标，不应该是某个人手中积聚的巨大的无组织的权力，而是城市的自由、理智和协调一致。③ 波斯和雅典显示了全部政治生活中的基本要素，二者分别是君主制和民主制的典型代表。④ 实际上，这两种要素都是不可或缺的；斯巴达的长处是她一直以来都在努力混合二者，斯巴达也因此强盛了很长一段时间。⑤ 柏拉图在这里补充了很长一段对波斯君主制的批评，理由是复兴波斯帝国的伟大人物——居鲁士和大流士——不知如何教育他们的孩子。⑥ 波斯王子的教育是由野心勃勃的新贵嫔妃和宦官们实施的，骄奢放纵的结果就是王子们都成了肆意妄为之人。⑦ 因此，冈比西斯和薛西斯很快就把继承的祖业败坏殆尽。⑧ 确实，他们的父辈对自己最重要的义务(即对继承人的教育)一无所知，未曾在这上面花费时间和心血。⑨ [237]在柏拉图看来，埃斯库罗斯笔下从坟墓里死而复生的大流士给失败后的波斯人的警告来得太晚了。⑩ 实际上，无论是大流士，还是居鲁士，都不可能教育好他们的儿子，因为他们自己就没有文化(paideia)。⑪ 柏拉

---

① 《法义》691d8—692a。

② 《法义》692d2—693a。

③ 《法义》693d—e。

④ 《法义》693d。

⑤ 《法义》693d—e。

⑥ 关于居鲁士，参见《法义》694a；关于大流士，参见 695c6；关于波斯从那之后就再也没有伟大的君王，参见 695e。

⑦ 《法义》694e。居鲁士宫廷中妇女与宦官的专权败坏了波斯王子的教育，参见 695a。

⑧ 《法义》695e，694c。

⑨ 《法义》694e，695a。

⑩ 埃斯库罗斯，《波斯人》739 及以下。

⑪ 居鲁士没有接受过正确的教育(ὀρϑὴ παιδεία)，而大流士对儿子薛西斯的教育也一点不比居鲁士对冈比西斯的教育强，参见《法义》695d7—e。一样的教育产生一样的结果。

图就这样把色诺芬的《居鲁士的教育》一笔勾销了。他发现，波斯没有任何东西可以成为希腊模仿的典范。①

不过，柏拉图最深层的兴趣是自己的母邦雅典。② 柏拉图对其在解放希腊的过程中所扮演的角色的赞扬，③似乎与他对雅典过度追求自由的批评相矛盾。④ 他对雅典历史的描述既非一片光明，亦非全然黑暗。在这方面，柏拉图也像晚年的伊索克拉底，伊索克拉底既尖锐地批评他自己时代的雅典，但又赞扬希波战争时期的雅典所显示的许多伟大品质。⑤ 柏拉图认为，在雅典民主制度的英勇曙光中，对法律的传统敬畏大多得以保存，尽管这一敬畏从那之后就逐渐销声匿迹了。⑥ 羞耻感（这是一种保持自身尊严的光荣的羞耻感）以及由此产生的对法律的敬畏，是从内部把社会结构维系在一起的真正力量，在柏拉图对这种羞耻感的描述中，他的语气与伊索克拉底一模一样——在柏拉图撰写《法义》的同时，伊索克拉底正在创作其《战神山议事会辞》。⑦ 从政

---

① 很显然，某部已经问世的关于波斯教育的著作促使柏拉图深入探究波斯教育的细节。该书的作者就是色诺芬，这一点在古代就已经得到承认，参见第欧根尼·拉尔修，《著名哲学家的生平和学说》3.34。在《居鲁士的教育》中，色诺芬以与塔西佗同样的方式，在波斯古老的严格纪律和雅典的放纵之间进行了对比——塔西佗在撰写《日耳曼尼亚志》（*Germania*）时，将罗马的放纵软弱、阴暗卑鄙与其原初的淳朴天真作对比。柏拉图现在将两个对比的强国相提并论，表明二者并无二致，都有同样的缺点，都没有真正的教育和文化。这就拔除了他批评中的党派仇恨的毒刺。本人曾试图证明，在《法义》中，柏拉图以同样的方式批评色诺芬关于狩猎的描述，参见本卷第 215 页。也许，我们还应更进一步，将《法义》中对"斯巴达的教育和政制是最好的"这一观念的系统批评，与色诺芬对斯巴达的赞扬联系起来考虑。《居鲁士的教育》和《法义》都问世于公元前四世纪五十年代初，这意味着，在柏拉图生命的最后十年间，正致力于《法义》的撰写。

② 《法义》698a9。

③ 《法义》698b—699a。

④ 《法义》700a。

⑤ 参见本卷第 131 页及以下。在这一点上，《法义》699a 直接在文学上体现了对伊索克拉底的赞扬：柏拉图用伊索克拉底自己的话描述了薛西斯为远征雅典所做的准备。试比较柏拉图的句子"καὶ ἀκούοντες Ἄθων τε διορυττόμενον καὶ Ἑλλήσποντον ζευγνύμενον［穿过阿托斯半岛的运河正在挖通，赫勒斯滂海峡上架起了大桥］"与伊索克拉底《泛希腊集会辞》89—90 中的句子"τὸν μὲν Ἑλλήσποντον ζεύξας τὸν δ' Ἄθω διορύξας［他在赫勒斯滂海峡上架桥，在阿托斯半岛挖运河］"。

⑥ 关于古代雅典的耻辱感（aidos），以及由此而产生的敬畏感，参见《法义》698b5,699c4。

⑦ 参见本卷第 144 页。另一个细节与此处一样，清楚地显示了柏拉图在这一点上与伊索克拉底的一致，见前述。如果《战神山议事会辞》甚至在公元前 357 年的同盟战（转下页注）

治教育者的立场看，柏拉图认为这是一个主要的问题。这也是两个迥然不同的头脑——哲学家柏拉图和演说家伊索克拉底——为什么能在这一点上殊途同归的原因。柏拉图完全从教育的立场来看雅典民主制的衰退和堕落，正如他把波斯帝国的衰落完全归咎于其教育的缺失一样。当柏拉图将雅典堕落的原因归之于雅典音乐的衰落、诗人的放纵和法纪的缺失时，这一点尤其值得注意。① 这确实是柏拉图最伟大的历史判断之一。这一观点为逍遥学派所继承，并由此逐渐转变为希腊化时期和罗马帝国时期的诗歌和音乐理论。② 它具体地证明了《王制》中的表述：即音乐［艺术］教育是完美城邦的坚固堡垒。③

多少年来，颂歌、哀歌、胜利凯哥、酒神赞歌和礼法之歌，这些独立的诗歌形式你是你，我是我，一直保持着其纯而不杂的特征。这一点保证了早期固定音乐传统的延续；④有教养的专家们能够不受干扰，安心静听，直至结束，而听众则在管理人员的管束下井然有序。无论是听众的嘘声和叫喊，还是他们的掌声，都不可能对艺术的评判产生任何影响。⑤ [238]然后，一个新时代来临了，一群天赋杰出但对何为缪斯之正义、对如何保持艺术的德性标准毫无感觉的诗人成了统治者，由于陷入酒神的疯狂，彻底受制于感官的快乐，他们把颂歌与哀歌、酒神赞歌

---

（接上页注）争之前就已经写成，那么它大致与柏拉图所批评的色诺芬的《居鲁士的教育》（见上页注释①）处于同一时代。所有这一切都将我们带到了公元前 357 年，或稍后的某个日期。

① 《法义》700a7 及以下。

② 柏拉图对希腊音乐发展的描述受到其教育观的制约。我们可以期待关于这一主题的后来著作摆脱这种先人之见，以一种纯粹的艺术观点来看待希腊音乐艺术的发展；不过，托名普鲁塔克的《论音乐》（*On music*）完全受柏拉图的这种观点所支配。根据其第二十七章的说法，音乐的发展史是一个从其原初的教育特征（*παιδευτικὸς τρόπος*）向音乐的戏剧性（*θεατρικὴ μοῦσα*）前进的过程，音乐的教育特征最终淹没于审美的戏剧性之中。《论音乐》的作者数次引柏拉图为证。不过，作者的思想不是直接来自柏拉图。如果我们仔细审视，就会发现，他对音乐史的概述摘录自逍遥学派的音乐理论家阿里斯托赛诺斯（Aristoxenus）。托名普鲁塔克摘录了他的《论音乐》（c. 15）和《泛音原理》（*Harmonica*）的历史部分（c. 16）；在《论音乐》第二卷中，阿里斯托赛诺斯（Aristoxenus）讨论了柏拉图的音乐气质理论（c. 17）。

③ 《王制》424c：*τὸ...φυλακτήριον...ἐνταυθά που οἰκοδομητέον τοῖς φύλαξιν, ἐν μουσικῇ*［卫士们必须把自己的堡垒建立在这里，建立在音乐中］。

④ 《法义》700a9—b。

⑤ 《法义》700c。

和胜利凯歌混杂在一起,并试图用竖琴的声音模仿箫音,制造那种嘈杂的效果。① 他们混淆一切,抹去了艺术之间的界限。他们认为,若能予感官以某种快乐,没有什么是不可以的,他们太过无知,不相信音乐中有什么是非对错的标准:他们认为根本就不存在"正确的音乐"这种东西。② 相同类型的剧本也按照其音乐来写。因此,非法就进入了缪斯的领域,并促使民众产生这样一种疯狂的想法:即他们也可以对诸如此类的事情作出评判——然后,他们就用热烈的掌声或反对的嘘声行使自己的这一权利。③ 剧院的肃静变成了吵闹和喧嚣。一种糟糕的剧场政制,即无教养的公众的统治,取代了音乐中迄今为止一直保持的那种彬彬有礼的贵族制。如果在音乐中出现的真的是那种自由人的民主制,那还可以忍受;但是,现在,一切都被看似很有见识的疯狂和对所有法则的痛恨所支配,这种汹涌的激情蔓延到所有事物,毫无止息之意。④ 随着这种无节制的自由而来的会是什么呢? 柏拉图认为,精神上的自制会逐渐堕落成彻底的放肆,并最终返回提坦巨神的那种野蛮状态——他们是穴居人之前的怪兽。⑤

## 建邦立国的神圣标准:法律的序曲

　　讨论从一个历史事实(即多利安城邦及其立法的精神)开始。不过,柏拉图马上就引入了一个哲学因素。他引入了德性和人格的绝对理想,并由此引入了他本人的教育理念;以此种崇高的教育立场为出发点,他批评了斯巴达的教育传统。⑥ 这似乎为建立一个我们期待的新城邦扫清了道路。然而,历史再次介入了这一讨论。柏

---

① 《法义》700d。关于内含于音乐之中的道德标准,参见 700d4:ἀγνώμονες...περὶ τὸ δίκαιον τῆς Μούσης καὶ τὸ νόμιμον[诗人们不知道缪斯的正义和法则是什么]。在泰奥格尼斯残篇 60 中,"Γνώμη"也意味着"法则(norm)"。

② 《法义》700e。

③ 《法义》700e4。

④ 《法义》701a。

⑤ 《法义》701b—c。

⑥ 《法义》,第一卷。

拉图不是马上着手摆在他面前的实际任务，而是问，城邦事实上是如何起源的？① 在我们跟着他走过这一历史进程的不同阶段之后，讨论又回到了多利安城邦的精神根基问题。[239]他们的辉煌前景与悲剧性失败，促使我们再次思考前述对多利安精神及其人格理想的批评。历史事实总是被用来证实哲学的理论分析。有那么一段时间，柏拉图对历史的批判性分析似乎通向理想城邦的基本原理和对它的系统描述，因为柏拉图制定了诸如此类的事业必须由之开端的自明之理。② 但是，历史的视野再次朝着甚至比此前更为广阔的地平线打开了。柏拉图现在用历史来确保这些自明之理的适宜运用。在柏拉图看来，这些自明之理通向一种"混合政制"的理想，诸如古老的斯巴达政制。③ 另一方面，波斯和雅典的现有政制形式，体现了专断的君主制和随心所欲的民主制这两个极端，它们均缘于教育的缺失。④

这里，对话者之一首次在对话中提到了克里特人开拓一个新殖民地的计划。他就是克里特人克里尼亚斯（Cleinias）；他告诉雅典人，克里特人正试图建立一个新的殖民地，并把这项事务交由克诺索斯人监督落实，而克诺索斯城邦则授权他和其他九人全权负责此事。⑤ 这就把讨论转向了实际事务——在这里，建立一个城邦的实际事务相当于建邦立国的方法和制度问题，因为这里有一名哲学家在帮助他们，克里尼亚斯请求雅典的异乡人为他们提供建议，使他们多多受益。我们此处不可能在所有技术细节上描述为建构新城邦而制定的实际指示，尽管在深层意义上，每一条指示都来源于其教育理念，并都旨在体现其教育理念。第一条法令，即城市不能建立在港口，显然是受柏拉图的教育理想的启发。⑥

---

① 《法义》，第三卷。

② 《法义》690a—c。

③ 《法义》692a。

④ 《法义》693d—701b。

⑤ 《法义》702b—c；就在这一段落之前，雅典的异乡人问，他为什么要选择迂回的方式，经由一长段历史论据来得到结论。这样做的目的是为最佳城邦的讨论做准备，也为克里特的克里尼亚斯提供了一个提及即将要建立的殖民地的机会。

⑥ 《法义》704b。

在《雅典政制》中，亚里士多德断言，雅典民主制之所以不知不觉地走向暴民统治是由于城邦变成了海军强国。① 这一思想始于雅典民主派中的温和保守派，第二次雅典海上同盟衰落之后②——同盟衰落之时，正是柏拉图撰写《法义》、亚里士多德在学园中形成自己的思想的时期——温和保守派正在争取新的权力。在对雅典海上霸权的厌恶和对一种混合政制的赞赏方面，柏拉图同年轻的亚里士多德和年长的伊索克拉底完全一致。③ 伊索克拉底也是温和政策——这类政策宣扬回到"先祖的政制"④——的一个直言不讳的赞赏者。[240]亚里士多德将雅典海上力量的上升和战神山议事会权威的削弱相联系，并将其看作雅典民主制衰落的原因。⑤ 这一思想是保守派针对伯利克里时期的雅典的批评的一部分，伯利克里时期的雅典奉行的是以强大的海军为基础的扩张主义民主制。实际上，这一思想要追溯到伯利克里之外。在埃斯库罗斯的《波斯人》中，波斯帝国议事会的老保守派成员们批评年轻的薛西斯的对外政策，他们的批评表明了贵族们对庞大舰队和海上霸权的厌恶。⑥ 埃斯库罗斯对发生在波斯的这种厌恶之情不甚了了，但他知道发生在雅典的这种厌恶之情，而且他理解得非常透彻，感同身受。我们切不能忘记，埃斯库罗斯本人就是一个来自阿提卡的厄琉西斯的地主乡绅。在《波斯人》一剧中，真正并最终推翻蛮族统治的是陆地上的普拉提亚之役。⑦ 柏拉图走得更远；他说，萨拉米斯海战在希波战争中并无决定性意义——要知道萨拉米斯海战是雅典最为自豪的荣誉称号；将希腊从奴役中拯救出来的是波斯陆军在马拉松和普拉提亚

---

① 亚里士多德，《雅典政制》27.1。

② 关于这件事的主要文献是伊索克拉底的《战神山议事会辞》。参见本卷"自由和权威"一章，第 132 页及以下；以及该章引用的拙文《伊索克拉底〈战神山议事会辞〉的写作日期和雅典人的反对意见》。

③ 伊索克拉底后来为这一点提供了更为广泛的证据（《泛雅典娜节辞》131 及以下），而柏拉图则在斯巴达发现了理想的混合政制（《法义》692a），伊索克拉底在古代雅典找到了这种混合政制，他在《战神山议事会辞》中已经将其作为一种典范来赞扬。

④ 参见本卷第 134 页。

⑤ 亚里士多德，《雅典政制》27.1。

⑥ 埃斯库罗斯，《波斯人》，第 103—113 行；但波斯舰队的毁灭一直是贯穿全剧的一个主题，在波斯贵族合唱队谴责或哀叹年轻的薛西斯王的政策的地方都会出现。

⑦ 埃斯库罗斯，《波斯人》，第 800 行及以下。

的毁灭。① 柏拉图的政治观点与其教育理想紧密相连，就像伊索克拉底的政治观点与他的教育理想紧密结合一样。在这一点上，《法义》中政治和教育的联系变得尤为清晰。

柏拉图知道，我们人类不是简单地凭自己的意志为自己制定法律的。为我们制定法律的，是以各种方式发生的各类机运（τύχαι）和变故，战争暴力、经济绝境、瘟疫和厄运都会带来法律的改变和革新。② 命运女神（Tyché）主宰着人类生活——包括政治生活。神掌管一切；然后是与神同在的机运（tyché）和时机（kairos）；第三才是技术或技艺——尽管如此，技艺仍然是非常有用的东西，就像暴风雨中的掌舵术。③ 如果柏拉图作为立法者可以有一个祈求来确保未来城邦的幸福，他会选择这个城邦由一个"可教的僭主"来统治。④ 为了产生柏拉图在《王制》中所希望的思想与权力的那种一致——他仍然认为这种一致是实现其理想的最快方法——机运必须让这位僭主和伟大的立法者相遇。⑤ 从柏拉图与叙拉古僭主的交往经验看，他知道，这样一个年轻、好学、勇敢且天性高尚的人，很容易通过奖善惩恶改变一个国家的道德风貌和精神气质。⑥ 只不过，一个为正义和节制的神圣感情所支配的人少之又少，要找到这样一个人难之又难。⑦ 在柏拉图行将衰朽之际，他觉得这种困难比任何时候都令人恐惧。然而，只要这个问题没有得到解决，那种实现理想城邦的方法只能是一个"神话"。⑧ ［241］就统治作为主宰而言，柏拉图认为其他类型的政制与僭主制只是程度上的区别，而非类型的不同；它们都是（某种程度上的）僭政，统治它们的法律只不过是那个碰巧掌权的阶级的意

---

① 《法义》707b—c。

② 《法义》709a。

③ 《法义》709b—c。

④ 《法义》709e6—710b。译注：人力所能的只有立法的技艺，神的机运和时机只能"祈求"；没有好运，无论立法者如何高超，一个城邦也不可能幸福。

⑤ 《法义》710c7—d；《王制》473d；《书信》7.326a。

⑥ 在《法义》711a6中，柏拉图（经由雅典异乡人之口）明确声称自己对由这样一个僭主统治的城邦有亲身经历。关于僭主改变其民众气质和习气的力量，参见711b。

⑦ 《法义》711d及以下。

⑧ 《法义》712a。

志的表达。① 不过，维护强者的利益不是法律的本性。② 柏拉图将他的那些自明之理运用于这个问题，并得出这样的结论，即那些最彻底地服从"真正的"法律的人最适合于统治这个他们在言辞中创建的城邦。

这种意义上的服从法律，就是服从神（God），正如古代传说所言，这位神掌握着每一事物的开端、终结和中间阶段。③ 当一个背弃神法的不敬者成为国家的领导者，他就会把这个国家直接带进毁灭的深渊。④ 神是万物的尺度；神是所有人都应努力企及的目标。⑤ 这一在柏拉图的城邦理想中具有根本意义的思想，在《法义》中得到了最简洁、最清晰的表达，而在《王制》中，这一思想还只是在诸如"善[好]的型"和"对话"——灵魂与神的"对话"，因为神是一切存在和思想的根源——这样的概念中得到修饰和表达。⑥ "善[好]的型"是神（the divine）的柏拉图式的新面貌，一切事物都必须服从神的这一新面貌。希腊早期思想家们曾将"神圣（divine）"之名，赋予那个叫作宇宙的永无穷尽的统一体，或者赋予那个开启世界之运动的原初力量，或者赋予那个曲成万物而不遗的努斯智慧；但柏拉图却从一种教育或德性的观点开始，所以他认为，神是一切标准之标准，是至高无上的原则规范。如此这般来思考，神的观念就成了全部立法的核心和根源，而立法则成了神在此世的直接表达和实现。就像神在自然中显现和起作用一样，神也在城邦的秩序中显现和起作用。在柏拉图看来，二者是相互关联的，因为宇宙也受最高标准及其自身之和谐的统治。⑦ 法律成了一种教育人达到这种

① 《法义》712e10—713a2。柏拉图回想起《王制》第一卷中色拉绪马霍斯（Thrasymachus）宣扬的理论，即全世界的法律制定出来都是为统治者的利益服务的，参见714b；他（通过再次引述品达的诗句）清楚地提到卡利克勒斯为强者的利益辩护的演说，参见715a。柏拉图承认，统治阶级的这种偏私只有一个例外，那就是斯巴达，斯巴达是君主制、贵族制、民主制的混合，但斯巴达的五长官制也有僭政色彩，参见712d—e。关于对斯巴达混合政制的类似讨论，参见691d—692a。

② 在《法义》所描述的城邦中，没有一个团体会把所有的权力据为己有（715b—c），其中的统治者将成为"法律的仆人"。

③ 《法义》715e7。

④ 《法义》716a5—b。

⑤ 《法义》716c和717a。

⑥ 参见本书第二卷，第325页及以下，第339页及以下。

⑦ 在《蒂迈欧》中，柏拉图用他那个时代的自然科学来阐述此种意义上的可见世界的有序结构。因此，他的自然哲学，是他在两部伟大的政治著作（即《王制》和《法义》）（转下页注）

和谐之境的手段。当人们接受如此这般的教育时，他们就得到了德性，并在其德性中实现了他们真正的自然。柏拉图的思想在这种作为隐含的标准的新自然观中找到了一个固定的立足点。① 如《法义》对灵魂的讨论所示，柏拉图不是把物质及其随机分布，而是把灵魂及其秩序，看作世界的主导原则。上至日月星辰，下至各种植物，一切统一于灵魂之法则：灵魂，意味着理性和标准。② 在这样一个世界中，单纯的信仰和意见的标准已丧失其效力。[242]柏拉图倒转了普罗泰戈拉"人是万物的尺度"这一格言，从而表达了自己的教育和政治理想。柏拉图用神代替人，并且说神是万物的尺度。③（这不是我们第一次看到希腊诗人或哲学家通过修正某个著名前辈的话语来表达自己的思想了。）归根结底，柏拉图只是在再次确立城邦、法律与希腊早期所获得的神观念之间的关系。然而，神性的本质已经改变。柏拉图引入"万物的标准"——即他的"善[好]"，一切德性之原型——来代替城邦的诸神。宇宙成了一个目的论的系统，而神（God）是"整个世界的教师"。④ 柏拉图晚年

--------

（接上页注）中所呈现的教育和政治思想的必要背景。严格说来，将《蒂迈欧》或柏拉图的任何其他著作从对其教育思想的叙述中忽略掉，是一种不完整的标志。我必须强调这一点，以免给人留下这样一种印象，即本人认为在柏拉图著作内部做这样一种切割[即把柏拉图著作分为与教育有关和与教育无关两部分]是可能的。不过，这本书不可能同等详尽地讨论柏拉图哲学和世界观的各个方面，它必须把那些与教育问题直接相关的著作放在重要位置。

① 神总是以κατὰ φύσιν[根据自然]的方式掌握一切，参见《法义》716a1。参见《王制》中表示德性是κατὰ φύσιν[根据自然]的条件的相关段落。在斯宾诺莎的短语"神即自然（Deus siue Natura）"中，神被等同于自然，经由自然而得到理解。不过，在柏拉图这里，"真正的"自然被等同于神圣者（the divine），以及可见世界为之奋斗但还未实现的善。

② 关于这一点，参见《法义》第五卷的开头，另可参见第十卷，在那里，柏拉图的神学是完全基于这种灵魂及其与肉体之关系的学说而提出的。

③ 这段文字（《法义》716c）的措辞方式证明，柏拉图是在有意识地回忆普罗泰戈拉的著名格言，以便将其本人的最高原则置于强烈反对一切相对主义的位置。"对我们而言，神必须真正成为万物的尺度，而不是如他们所说的人。"神是尺度，因为他是我们必须努力达到（στοχάξεσθαι）的终点和目标（τέλος），参见《法义》717a。这使人想起《王制》和《高尔吉亚》，其中，柏拉图解释说，"善"或"善自身"是一切努力和一切意愿的对象。除了回到他在早期著作中关于σκοπός[终点、目标]所写的一切，柏拉图没有办法更清楚地表达《法义》的神与《王制》第六卷中的"善本身的型（ἰδέα τοῦ ἀγαθοῦ）"之间的同一。我们必须牢记，在柏拉图那里，任何事物的型都是其实在的最高形式；因此，"善的型"是世界上比任何其他事物都要更高更强的善。

④ 《法义》897b：ὀρθὰ καὶ εὐδαίμονα παιδαγωγεῖ πάντα[神教化每一事物朝向正确和幸福的东西]。

的另一部伟大著作《蒂迈欧》与《法义》撰写于同一时间,且表达了类似的思想;在这部著作中,柏拉图告诉我们,神圣的造物主如何在现象的自然世界中复制了永恒的理型世界。如此,型就是"固定在存在(Being)领域中的模型"。① 凭借其制定法律的工作,立法者成了人类社会的造物主,人类社会必须成为那个更大的有序宇宙的一部分;而神的统治,则通过作为一种理性存在者的人,在神圣理性的自觉实现中完善其自身。② 在这个意义上,柏拉图证明了将神视为世界之"教师"的那种非荷马的描述方式的正当性。实际上,这比任何其他措辞都更有力地说明了柏拉图对神的新态度。如天文学家尤多克斯(Eudoxus)所发现的那样,星辰以简洁而有意义的数学模型围绕天空运行,柏拉图将其视为关于星辰运行的最重要的事实。③ 与此类似,立法就是这样一种尝试,即试图引领自然的造物(即人)的随意运动,并在他对更高秩序有一定洞见的范围内,制止其漫无目的的游荡,将其引入高尚与和谐的轨道。星辰的运行,即那"不可改变的法则的军队",反映在人的灵魂中,反映在灵魂之内的纯粹思想的稳固运动中。④ 当柏拉图的学生菲利普——他编辑完成了《法义》——在《厄庇诺米斯》中说,作为数学科学的天文学,即关于"可见诸神"的知识,是呈现在诸神之中的最高智慧的一种形象时,在他身上发出的当然是其老师的思想的回声。⑤

在奠定了立法的神学基础之后,柏拉图接着就在此基础上建造起法律本身。[243]这正是问题的关键之所在,是他需要解释自己关于立法之本质的观点的地方。立法即教育;法律乃教化之手段。柏拉图由此到达了他前述详细阐发的原则,即立法者不仅制定法律,还要对法律作出解释,要通过每一条法律的说服性序曲来引导人正确

---

① 这一短语出现在《泰阿泰德》176e,它精彩地解释了《蒂迈欧》中所描述的创世。
② 回到《法义》第一卷643a7,在第一次讨论教育的本质时,柏拉图说,现在进行的谈话最终必定通向神。神是教育的最高目标,神是教育的不可改变的目标。根据《法义》645a—b所言,立法者是神人,他自身之中有真正的逻各斯,并说服城邦将这种逻各斯变成法律;而法律则是神拨动他的玩偶(即人)的绳索。
③ 柏拉图在《法义》第十卷和十二卷中的神学讨论的目的,就是为了证明这一点。
④ 《蒂迈欧》37a。
⑤ "可见的诸神"这个短语出现在《厄庇诺米斯》984d5;天文学作为一门数学科学出现在《厄庇诺米斯》990a及以下。

行事。① 因为在制定法律时，还有许多需要说明、但在通常形式的简短法律条文中无法说明的事情。② 这一原则的真正意义是，那种仅靠不容置疑地说"汝不应如何(Thou shalt not!)"的法律的力量已经从属于哲学了，哲学通过普遍的原则起作用。因为与关注法律的具体内容相比，哲学更关心的是其理性原则，即法律所涉及的道德标准。对于哲学的立法者而言，这一事实必定会造成许多实际困难；他试图通过在法令的字里行间进行哲学思考来克服这些困难。③ 这就意味着每一项法律的规模都将大大增加：因此，要想所有的法律都具有同样的完整性并得到同样充分的对待是不可能的。不过，柏拉图更感兴趣的是举例说明这一问题是如何解决的。柏拉图以婚姻法为例来说明。他首先宣布了婚姻法的通常形式即简单条款，即"禁止"加"威胁"；然后是新形式的双重条款，即说服和命令的结合。④ 当然，法律的说服性序曲变得比法律条文本身还要长。在法律条文的序曲中，柏拉图回忆了《会饮》中提出的理论，即生育旨在种族的繁衍。他把人类看作一种单一的事物，一根世代相传、永不断裂的链条。所以，繁衍后代也是某种类型的不朽。当一个人希望自己的名字在身后不是湮没无闻，而是声名卓著时，他是在以另一种方式追求同一种不朽。⑤ 这是远古希腊"盛名(kleos)"理想的一种回响，这种"盛名"是个体德性的社会表达。⑥ 在最狭隘的意义上，拥有这种盛名并传承个体之姓名的，是家族。自愿舍弃这份通过繁衍后代即可分有的不朽，绝非一种虔敬行为($\ddot{o}\sigma\iota\sigma\nu$)。⑦ 因此，婚姻是一项必须履行的义务。柏拉图把男人结婚的年龄定在三十至三十五岁，并规定任何三十五岁以上还不结婚的人必须每年处以罚金，以此威慑任何想过一种悠闲的光棍生

① 参见本卷第 263 页及以下。
② 《法义》718b—c。
③ 柏拉图想让成文法和说明成文法的哲学理由齐头并进：他把这种方法叫作对法律的"双重表达"，参见《法义》718b—c，719e7 及以下，20e6—8。
④ 关于婚姻法的简单形式，参见《法义》721a—b3，其双重形式，参见 721b6—d6。译注："禁止"加"威胁"的意思是，三十至三十五岁，人人必须结婚（禁止不结婚）；如不结婚，则处以罚金，剥夺荣誉（威胁）。
⑤ 《法义》721c；《会饮》208d—e。
⑥ 参见本书第一卷，第 40 页；参见第 9 页及以下。
⑦ 《法义》721c。

活并从中受益者。除此之外,不婚者还要被排除在城邦的年轻人给予长
辈的尊崇之外;因为在社会的意义上,他永远不可能成为一名"长辈"。①

[244]柏拉图把哪些法律(或长或短)需要这样一种序曲的问题留
待立法者自己判断。② 他说,在某种意义上,上述所有讨论都只是这样
一种序曲,③并请求剩下的讨论也应按同样的方式进行。④ 其中最为
重要的是下述法律的序曲:这些法律涉及公民对神(God)和他父母的
义务,以及他必须给予他们的尊敬。之后,柏拉图认为对灵魂的本性作
出一种解释是绝对必要的,因为这在教育中至关重要。⑤ 讨论完序曲
之后,法律的颁布才正式开始——从关于新城邦的统治职务和基本政
治结构的法律开始;因为在设立这些职务,以及阐明附着于这些职务的
权力之前,必须制定官员们借以管理城邦的那些法律。⑥ 柏拉图在这
里预先对教育的组织进行了很重要的评论。他说,城邦的构成像蜘蛛
网一样有两个要素,即经线和纬线。经线是二者之中的坚韧者,是注定
要居统治地位的精英。他们的德性必须较其他公民为优;因此,他们必
须与那些只受过少量教育($\sigma\mu\iota\varkappa\varrho\grave{\alpha}\ \pi\alpha\iota\delta\epsilon\acute{\iota}\alpha$)的人相区别。⑦ 在第十二卷

---

① 《法义》721d。根据柏拉图的第三条自明之理(690a7),这意味着他永远不能施行年长者
对年轻者所拥有的权力。

② 《法义》723c—d。

③ 《法义》722d。

④ 《法义》722e5。

⑤ 《法义》724a。灵魂理论是苏格拉底学说的真正核心,它在《法义》第五卷一开头就出现
了。第四卷的最后一句话再次强调了法律的序曲与教育的关系。实际上,传统形式的普
通法律不足以教导公民如何达到完美公民($\tau\acute{\epsilon}\lambda\epsilon o\varsigma\ \pi o\lambda\acute{\iota}\tau\eta\varsigma$)的德性——在《法义》643e 中,
把完美公民的德性称为一切教育的目标。简而言之,必须将苏格拉底的精神赋予城邦的
立法活动,必须将苏格拉底的精神渗透到城邦法律的方方面面。

⑥ 在全部立法活动的一般序曲完成之后(734e),必然是实际的法律。柏拉图区分了两种
$\epsilon\check{\iota}\delta\eta\ \pi o\lambda\iota\tau\epsilon\acute{\iota}\alpha\varsigma$[政制类型](735a):城邦的统治职务的设立,以及担任统治职务的官员管理
城邦所依据的法律的确立。前者直到第六卷开头在对土地的分配进行了一番详尽的讨
论之后才出现(735b)。如果书中什么地方有不完整的痕迹,那么就是这一段重要的文
字。当然,没有比在描述城邦的管理之前来讨论土地的分配(土地分配是经常引起公元
前四世纪社会改革者们注意的问题)更好的地方了。然而,在我们阅读时,我们并没有觉
得,当柏拉图写下 735a5—6 这段话时——这段话表明接下来的讨论要转向城邦公共职
务的设立了——他想要把它放在这里。布伦斯的《柏拉图的〈法义〉》(*Platos Gesetze*,
189f.)认为,734e6—735a4 是柏拉图初稿散落的一段文字。

⑦ 《法义》734e6—735a4。

中，就在《法义》行将结束之前，当柏拉图提到统治者及其教育时，他说，他们受过一种更精确的教育（ἀκριβεστέρα παιδεία）。① 柏拉图的这段评论［即把统治者的教育和公民的普通教育比作城邦的经纬线］放在第五卷似乎有点不妥，因为他正在讨论的既不是高级意义的教育，也不是低级意义的教育，而是完全不同的问题。不过，毫无疑问的是，教育问题自始至终萦绕在柏拉图心头，《法义》第七卷都是有关教育法的讨论；第七卷所说的教育显然相当于第五卷（735a）评论中预先提到的"少量教育"，这是给予公民主体的普通教育，与给予城邦未来统治者的特殊教育相对应。在这本书的版本中，这种基础教育被推到了前台［在《王制》中，处于前台显著位置的是统治者的教育］；但这是完全有道理的。《法义》的主要魅力之一在于对一个问题［公民的普通教育］的详尽而细致的考察；这个问题不仅在《王制》中被完全忽略了，而且在任何关于正确的教育的争论中——这些争论始于智术师运动的全盛时期——都没有得到严肃的讨论。②

事实上，柏拉图所创立的完整的基础教育制度，是他最大胆的创新之一，完全配得上他巨大的教育天赋；[245]这种基础教育是对普通民众的教育，也是他在早期著作中一直关注的高级教育的基础。这是完满实现苏格拉底哲学运动纲领的最后一步，也是必将产生深远影响的一步，尽管他那个时代的立法者没有一个曾经想过要把柏拉图关于民众的普通教育的理想变成现实；正如古希腊教育史所告诉我们的，它肇始于（从教育渴望不再只是那种技术和职业训练的地方开始）早期希腊贵族塑造整个人性（即人格整体）的理想。这种德性理想被转移到了公民的教育之上，这些公民希望在古典希腊城邦不断变化的社会和政治条件下，分享最有教养的团体的美善理想。不过，即使在民主制的雅典，这一任务也完全取决于个体的主动性。柏拉图在《法义》中采取的革命性一

---

① 《法义》965b。但是，柏拉图在 670e 中关于一种比普通民众的教育"更精确的教育（ἀκριβεστέρα παιδεία）"所说的话，显然与他在此谈论的统治者的高级教育没有关系。在《法义》第二卷中，"更精确的教育"这个短语仍没有可以让柏拉图在第十二卷的"ἀκριβεστέρα παιδεία"和第五卷 735a 的"σμικρὰ παιδεία［少量教育］"之间进行对比的清晰含义。

② 在《法义》中，柏拉图几乎不可能想要给予基础教育和高级教育以同等的论述篇幅。如果详细探讨，《法义》中的统治者的教育，应该与《王制》中的哲学王的教育没有什么本质的区别。

步——这是他关于教育和政治的最后一句话——是由城邦建立一种真正的大众教育制度体系。柏拉图在《法义》中对这个问题所赋予的重要性,完全不亚于《王制》对统治者的教育问题所赋予的重要性。确实,如果不是在《法义》的教育性城邦中——这种教育性城邦建立在引导和自由的理想和谐之上——这个问题又在哪里能得到应有的重视呢?

## 关于民众教育的法律

柏拉图知道,对立法者来说,在教育方面影响民众的生活要比在其他任何方面影响他们的生活要难得多。教育大多是在家庭和家族内部进行的,因而很难受到公众的批评和监督。① 尽管如此,家庭对人的影响极其重要。柏拉图认为他可以通过劝告而不是通过法律来改进家庭教育的影响。② 现在的情形是,不同的家庭有不同的家庭教育;这些差异通常很琐碎,几乎都是不易觉察的事情;但立法者却对此无能为力。然而,如此众多的家庭对何为正确的教育各持己见,这一事实使得任何成文法都无法被断定是否有用。③ 因此,很难为这种情况制定法律,用法律惩罚这些琐碎而频繁的有害行为不合适,也不体面,但没有法律的教育又是不可能的。这就是柏拉图对雅典和绝大多数其他希腊城邦的批评,这些城邦缺少管理教育的法律方法。④
[246]柏拉图以关于婚姻和孩子抚养的法律为那些关于教育的法律奠定了基础——教育问题是紧随生育和抚养而来的问题。⑤ 婚姻双方必须以尽可能为城邦生育最好最美的孩子为其最高目标。⑥ 柏拉

---

① 《法义》的城邦中的家庭和家族的存在,近似于当时的实际情况。这种社会秩序的基础是在处理土地分配问题(735b 及以下)的漫长过程中奠定的。这段话与教育确实没有任何关系,但对财产和利益问题的探讨对未来的教育也非常重要。另一方面,如柏拉图所言(740a),保护私有财产是一种文化和文明特定阶段的标志——它存在于柏拉图自己的时代,*κατὰ τὴν ὕιν γένεσιν καὶ τροφὴν καὶ παιδευσιν*[土地的划分和耕作)要根据他们的出生、抚养和教育]。

② 《法义》788a。

③ 《法义》788a—b。

④ 《法义》788c。

⑤ *γένεσις, τροφή, παιδευσις*[生育,抚养,教育]是互相联系的,参见《法义》740a2,783b2。

⑥ 《法义》783d—e。

图没有说新郎和新娘要由城邦来选择和配对，就像他在《王制》中对城邦卫士所做的那样；他甚至没有讨论婚姻本身，但他确实建议婚姻双方应该特别注意这些问题，并建立一个妇女委员会，在埃勒提亚（Eileithyia）这位生育女神的神庙里设置一个机构来监督妇女的生育事宜。① 那里有一个咨询室，为男女双方提供建议。妇女委员会对婚姻的监督超过十年，十年是生儿育女的适当期限。当丈夫或妻子对生育不感兴趣，或者不能生育时，妇女委员会就会出面介入。对于后一种情况，就让这对夫妻离婚。② 委员会的成员应该进入家庭拜访年轻妇女，并给她们以建议，以便她们可以避免由于无知而犯的错误。如果她们之中有人蓄意反对或藐视她们的更高智慧和建议，那么就会受到一系列设计周密的惩罚，尤其是各种屈辱。③

柏拉图在这里复制了斯巴达的法律，且将其进一步推进。克里提亚和色诺芬两人都写过关于斯巴达和斯巴达行为准则的著作，我们从他们那里知道，斯巴达新婚夫妇从受孕和怀孕期间就开始采取措施来提升新生儿的质量了。④ 这种优生学理想对公元前四世纪的哲学文献产生了巨大影响。柏拉图和亚里士多德两人都将这种优生学理想引入到他们的完美政治中，而"普鲁塔克"和其他后来的教育著作家则从他们那里借用了这一理想。在《法义》中，柏拉图比他在《王制》中更注意描述那些可以使下一代更优秀、更健康的生理学和优生学方法，这是《法义》的特点。同样，也是在《法义》中，柏拉图说，道德训练的决定性阶段是幼儿的早期教育阶段。⑤ 柏拉图的信念显然受到了饮食营养学的强烈影响，当他说新生儿甚至在其母腹中就应该得到锻炼时，⑥那只是他那个时代的医生深感兴趣的体育锻炼体系的延伸而已。他用了一个奇怪的例子来说明这一点。[247]他提到训练来互斗的斗鸟（game-cocks）和其他一些鸟，主人们将其或携于

---

① 《法义》784a。

② 《法义》784b。

③ 《法义》784c 及以下。

④ 克里提亚残篇 32（第尔斯本）；色诺芬，《斯巴达政制》1.4 及以下。

⑤ 参见本卷第 277 页及以下；《法义》635a 及以下。

⑥ 《法义》789a 及以下。

臂弯，或置于腋下，长时间步行，为的不是使主人自己健康，而是使这些幼鸟适合于竞赛。① 身体的运动和摇摆所产生的生气勃勃的激荡，无论是否有身体自身的努力参与其中，都会使身体消化食物，筋骨强健，正如步行、摇晃、划船、骑马等各类运动所表明的那样。② 因此，柏拉图建议准妈妈们多散步，宝宝出生之后，用揉捏"像蜡一样塑造孩子"，并在孩子两岁之前用襁褓包裹起来。保姆要抱着孩子去乡间或神庙散步，去走亲访友，直到孩子能自己站立。③ 柏拉图料到妈妈和保姆们会反对这些。尽管如此，他仍相信应该给年轻的父母们提出这些建议，让他们知道自己的义务，认识到不这样做的后果。④ 等孩子们稍微长大一点之后，应该让他们尽可能持续不断地运动，不要让他们在完全安静的环境中入睡：这不符合孩子的天性，他们白天和晚上都应处于有节奏的运动中，就像始终在航船上一样。⑤ 让孩子入睡的正确方法不是保持安静，而是低声吟唱、轻轻摇晃，外部的运动会释放他们内心的焦躁，给他们带来灵魂的安宁。⑥ 柏拉图对这些其实是医学上的问题予以极大的关注，因为他知道，身体的健康和自律在塑造人的精神气质（即性格）上极为重要。他关于照料婴儿所说的一切都为他们的心灵教育指明了方向。当我们通过身体的运动让孩子舒适，消除其不适时，我们已经迈出了塑造其灵魂的第一步。柏拉图之所以是第一个建立幼儿早教制度的人，是因为他认为一切教育都是在塑造灵魂。

使孩子勇敢的第一步，是让他免于恐惧。柏拉图认为这是在孩子仍然年幼时通过运动和锻炼可以得到的。抑郁和焦虑会产生恐惧。⑦ 柏拉图说，我们必须在溺爱和欺凌之间找到中庸之道。娇生惯养会使

---

① 《法义》789b—c。

② 《法义》789c—d。

③ 《法义》789e。柏拉图不让孩子在三岁之前自己站立，以免使他们成为罗圈腿。他说，保姆应该足够强壮，以便在这之前带孩子出去走走。也许柏拉图是在有意夸大其词，但让孩子过早自己站立的公共习俗证明他有理由小心谨慎。

④ 《法义》790a—b。

⑤ 《法义》790c—e。

⑥ 《法义》790d 及以下。

⑦ 《法义》791c。

孩子非常敏感，暴躁易怒；恃强凌弱会使孩子奴颜婢膝，缩手缩脚，甚至悲观厌世，从而使他不适合与其他人一起生活。① 如我们所说，这会带来一种自卑情节——这种自卑是教师必须小心翼翼地避免的，因为过度教育很容易造成这样的结果。教育的真正目的是使孩子过得愉快。性格的和谐与平衡的基础必须在幼儿早期教育时奠定。[248]剥夺孩子童年的快乐或者只让他享受乐趣都不能企及中道。② 习惯是一种强大的力量。柏拉图的确说 ēthos（即性格）来自于 ĕthos（即习惯）。③ 孩子在三岁之前完全受快乐和痛苦的支配，他必须在其人生的第一个三年就习惯于二者的平衡。④ 柏拉图没有把这些措施视为法律，而是视为不成文的习俗（ἄγραφα νόμιμα）。他认为这些习俗极其重要，并称其为将城邦维系在一起的纽带（δεσμοὶ πολιτείας）。这一纽带把整个建筑物牢牢地固定住，一旦失去这种支撑，建筑物就会倒塌。⑤ 教育的标准根本上由这些固定的习俗（ἔθη）和习惯（ἐπιτηδεύματα）构成，它们比成文的法律（νόμος）更为重要。任何想要建构一个新城邦并将其牢牢捆绑在一起的人，都需要成文的法律和不成文的习俗这两个要素。⑥ 后来，西塞罗在其关于伦理学和政治哲学的书中，经常论及 leges et mores[法律和习俗]或 leges et instituta maiorum[法律和祖先的习惯]，来涵盖一切人类生活所依据的成文的和不成文的标准。这种成文法与不成文习俗的两分法，可以回溯到古典时代的希腊城邦，柏拉图从其社会结构中借用了这些观念，并将其传诸后人。柏拉图自己提出了反对意见，即严格说来，一部名为《法义》的著作是不应该用来处理风俗习惯问题的；尽管如此，如果他对风俗习惯着墨过多，⑦那不是因为他没有在风俗与法律之间作精确的区分，而是因为他的主要兴趣是教育问题。柏拉图

---

① 《法义》791d。

② 《法义》792b 及以下；793a。

③ 《法义》792e。亚里士多德也接受这一观点。

④ 《法义》792b4。

⑤ 《法义》793a10—c。

⑥ 《法义》793d。很显然，所有这一切都是根据雅典的法律而写的，雅典的法律不关注这些事情，参见 788c。

⑦ 《法义》793d。

认为立法整个地就是一个教育过程，所以他把关于法律的概念扩展到足以容纳大量风俗习惯。毕竟，《法义》不是简单地刻在青铜上，并竖立于城堡之上［的法律条文］。它是一部文学作品。书中许多关于外国风俗（νόμιμα）的有趣资料表明，作品的这一部分，基于对希腊人和蛮族人的"习俗（nomima）"的广泛研究，与基于比较不同地域现行法律的段落一样多。① 在这个时期，希腊人比之前或之后任何时候都对自己和其他民族的文化和风俗习惯更感兴趣。亚里士多德继承了这类研究，这类研究在柏拉图的学园中显然持续了相当一段时间。

　　柏拉图把幼儿的教育分为几个时期。从三岁到六岁，除了游戏，他们不应有其他任何负担。只有当一个孩子过于骄纵或懦弱时，他才应该受到惩罚，惩罚不是为了羞辱，以不使他心怀怨恨但又不让他安然逃脱的方式为宜。② ［249］不要告诉孩子们各种现成的游戏，而应该让他们在一起玩耍时自己发明游戏。柏拉图认为，每个村社（κώμη）的孩子都应聚集在村社的神庙里。（这是对现代幼儿园的预见。）保姆要负责维护秩序，监管孩子们的行为举止。保姆和整个"羊群（ἀγέλη）"——如柏拉图用一个斯巴达名称所称呼的——都受先前由婚姻委员会选为负责人的十二位妇女之一的监督。③ 男孩和女孩六岁之前都由女教师负责，他们一起接受教育只能到这个年龄，之后男女就应分开。④ 他们剩下的教育应该"左右手都灵巧"，或者说不能像现在这样一边倒，只会左手或右手。⑤ 之前被柏拉图快速略过的体育运动，在这里被再次引入。⑥ 体育课程只限于舞蹈和摔跤。其中任何对之后的军事训练和战争没有用处的东西都要砍掉。⑦ 早在数十

---

① 作为习俗（νόμιμα或ἐπιτηδεύματα）的例子，柏拉图提到了斯巴达人、克里特人、凯尔特人、伊比利亚人、波斯人、迦太基人、西徐亚人、色雷斯、敕勒人（Sauromatians），还有许多希腊城市与地区。

② 《法义》793d7—e。

③ 《法义》794a7—b。

④ 《法义》794c。

⑤ 《法义》794d5—795d。为了证明这样一种"左右手都灵巧的"教育是可能的，柏拉图提到了西徐亚人（Scythians）的风俗习惯，参见795a。

⑥ 《法义》795d6 及以下。

⑦ 《法义》796a。

年前，欧里庇得斯曾表达过同样的观点（这些观点必定为许多雅典人所熟知）。柏拉图的限定必定排除了当时的很多体育项目，这些项目本身曾经就是目的；另一方面，我们从柏拉图关于这一领域的教师任命所说的话中得知，他想看到更多的军事训练被引入体育运动，这样，在《法义》所描述的城邦中，除了名称，没有那么多著名的希腊体育项目留存下来。① 柏拉图特别谈到了射箭、投掷、身披轻甲和重甲的战斗、战术和各种军事演练、战役训练、骑马等等，所有这些都应有专业的指导者，并由城邦支付费用。柏拉图解释了那么多，是因为他认为这些军事训练活动都是"体育锻炼"。② 到幼儿教育的后一个阶段，柏拉图才引入这些训练，不过，只有当我们把他这里的言论与他年轻时关于体育运动所说的话结合起来思考时，我们才能有正确的视角来看待他削减某些体育项目的规定。柏拉图最想培养的是得体的高贵风度，而他所推荐的这些运动形式是培养这种品质的有效途径。他建议复兴古老的战争舞，像克里特的克瑞特斯（Curetes）、斯巴达的狄俄斯库里（Dioscuri）、雅典的得墨忒尔（Demeter）和科拉（Koré）跳的那种舞。③ 我们想起阿里斯托芬曾经在《云》一剧中将这些舞蹈的消失看作传统教育衰落的一个征兆。④ 柏拉图想象那些还未到军龄、未经战争考验的年轻人，骑着马，身披盔甲，参加节日游行，[250]向诸神致敬——就像我们在帕特农神庙的雕饰上看到的他们那样——在正式比赛和热身预赛中测试他们的力量。⑤

柏拉图在此从理论上提出的这种强调军人精神之发育的倾向，存在于当时的政治实践之中。普遍的兵役原本就不只是斯巴达的制度，而是雅典民主制度中公民生活的法律基础；人们并不认为它不民主。相反，它是城邦每个公民所享自由的天然前提。在公元前五世纪雅典最强大的时期，她有那么多战争要打，以至于每一个雅典人都认为服兵

① 《法义》813c6 及以下；关于军事训练的专业指导老师，参见 813e。
② 《法义》813d6。
③ 《法义》796b。译注："战争舞"是与"和平舞"相对而言的，和平舞起源于对幸福感的表达，是对诸神的荣耀；战争舞是对战斗动作的模仿，是为战争做准备的体育运动。
④ 参见本书第一卷，第 454 页。
⑤ 《法义》796c—d。

役是理所当然之事。到公元前四世纪雇佣兵制度开始时，人们听到越来越多的普遍抱怨，普通公民不愿、也无力自己携带武器参战。① 然而，即使在那时，军校里的预备公民（ephéboi）仍有两年的服役期——事实上，随着战斗意志的普遍下降，这已成为公民教育的一个越来越重要的部分。许多学者相信，我们有必要认为，雅典在喀罗尼亚之败后，在其关于预备公民的训练方面实际上接受了柏拉图在《法义》中提出的建议。② 不过，这一假定站不住脚。预备公民训练制度，即 ephébia，在此之前早就开始了。③ 然而，弥漫于《法义》之中，与吕库古改革时期相同的那种精神，在《法义》出版十年之后仍主宰着雅典，但在那时，自由已经一去不复返了。亡羊补牢，为时已晚，雅典的沉疴痼疾已经无法治愈。绝大多数人在他们面临民主制度被永久摧毁的大败之前，认识不到时刻准备战斗的需要。

在讨论了体育之后，柏拉图开始探讨音乐教育。④ 在《法义》第二卷中，他已经讨论过音乐教育，连同怎样使孩子在很小时就习惯于正确的享乐的问题，因此，这里的讨论看起来显得多余。⑤ 在本卷中，即《法义》的第七卷中，柏拉图还是从相同的方向来接近音乐教育的问题。这是《法义》关于音乐教育的观点和他在《王制》中所阐发的关于音乐教育的观点之间的主要差别。在《王制》中，柏拉图的主要目的，是用他的哲学所建立的道德和形而上学标准来测试"音乐"教育的内容和形式。[251]在《法义》中，如我们已经解释过的，柏拉图主要是对教育的心理基础感兴趣，因此，他从塑造人的无意识自我开始。⑥ 在《法义》第二卷中，[判断音乐好坏美丑的]标准问题占据了重要位置，那里有很长一段辩论来决定谁拥有关于审美的正确判断。⑦ 然

---

① 伊索克拉底，《战神山议事会辞》82；德摩斯梯尼，《反腓力辞》1。

② 维拉莫维茨，《亚里士多德和雅典》，第一卷，第 353 页。

③ 洛夫伯格（J. O. Lofberg），《雅典预备公民制度的日期》（*The Date of the Athenian Ephebeia*），载《古典语文学》（*Class. Phil.*），第 20 期，第 330—335 页。

④ 《法义》796e。

⑤ 《法义》659d 及以下；参见 673b6，其中，对音乐的讨论被认为已经结束了。

⑥ 参见本卷第 261 页，第 275—277 页。

⑦ 《法义》658e。

后，在第七卷中，柏拉图作为一个立法者来说话，并强调幼儿应该通过游戏来学习的思想。① 柏拉图在预先的讨论中提到了这一点；②但现在，他对游戏的教育价值开始了一种新的根本性的解释，（他说），迄今为止，游戏的教育价值在所有城邦中都完全被误解了。③ 像这样的重复，到底是柏拉图的文体风格和教师态度的一个本质性部分——作为教师，他不会在"说两次，甚至三次，或更多次真话"上犹豫不决——还是由于《法义》是一部未竟之作呢？柏拉图对音乐教育的两次讨论清楚地反映了其心中所想。他晚年对游戏科目问题的兴趣必定比之前任何时候都要强烈——尤其是作为培养孩子早年习性的一种手段。从三岁到六岁，柏拉图都让孩子们自由玩耍，他们可以创造自己喜欢的任何游戏；④但在此之后，大人就要对他们的游戏进行管理，并设计逐步培养一种特定精神的游戏科目。一切教育的最高设定是，道德标准是不变的，旨在培养良好传统的城邦制度也是永久不变的。因此，在《法义》中，柏拉图试图为保存《王制》所给出的"音乐"传统指明方向，并通过使孩子们在早年就习惯于固定的游戏类型来牢固地确立这些游戏科目。我们不应对他们的游戏科目做任何改变——这些游戏科目不应该被时尚、心血来潮和试验所改变，就像它们在柏拉图自己的时代被如此经常性地和标志性地改变那样。⑤ "旧的"一词不应听上去是贬义的，就像它在花样不断翻新的世界中所是的那样。⑥ 对年轻人来说，新的游戏意味着一种新的气质和习性，而这又意味着一种新的法律。任何变化都是极其危险的（除非它是对坏东西的一种改变），气候、身体状态和精神习性上的变化全都如此。⑦

因此，通过宣称歌曲和节奏——这是人的游戏本能所采取的"音乐"形式——有益于人的思想，适合灵魂的自然本性，因而不容破坏和不能改变，柏拉图试图让它们固定不变。⑧ 如前所示，这是一种受到埃

---

① 《法义》797a 及以下。

② 《法义》643b—c，656c。

③ 《法义》797a7。

④ 《法义》794a。

⑤ 《法义》797b—c。

⑥ 《法义》797c5—dc。

⑦ 《法义》797d。

⑧ 《法义》798b—d；关于歌舞的神圣性，参见 799a。

及艺术启发的观点。① 从历史的角度看,这会废除希腊天才最主要的成就,[252]即把诗歌从东方的等级保守主义中解放出来,诗歌也不可能成为个体的思想和情感的表达;因为在《法义》中,除了官方的歌曲和舞蹈,其余一切全部被禁止。在古希腊,"νόμος"一词有两个意思:"法律"和"歌曲";柏拉图试图将其合二为一。他的教育体系所允许的歌曲将成为与法律类似的东西,没有人可以逾越其藩篱。② 它们的精神特质、形式和目的,都是由许多基本规则确定的。③ 一个有权重写这些诗歌的委员会将选择那些部分有用而不是全部有用的诗歌进行改写——显然是以柏拉图所提议的"校订"提尔泰奥斯的哀歌的方式。④ 活着的诗人必须将法律的精神作为一种衡量标准牢记在心,他们应遵守的规则旨在保护新城邦建立之后的第一个时期。此后,一旦人们接受了这些诗歌并将其奉为圣歌,就不应对其再做任何改变。除了献给杰出公民的颂歌和颂词——这些英雄必须是死去的人,在将他们的德性保持到生命的终点之后才有此殊荣——没有任何新东西的余地。⑤

柏拉图对新秩序的看法是,它实际上将是一个允许必要改变的绝对固定的传统。他把日历年作为时间单位:在历法中把节日一劳永逸地固定下来,将这些节日分派给大大小小的神灵;再以牺牲和祈祷来敬奉这些神灵。⑥ 每一个节日都应有特定的歌曲、有节奏的舞姿和动作,柏拉图称之为"程式(schemata)",这是希腊人通常用来指某种节奏模式的一个词。⑦《法义》为生活给出的完美设计,与天主教所设想的年份,连同其为每一天所规定的圣礼和礼拜仪式,并没什么两样。我们在前面曾经采用过这种比较,⑧现在,它得到了柏拉图

---

① 《法义》656d,797a。

② 《法义》799e—800a。译注:"νόμος"一词有两大类意思。第一类:1、习惯、习俗、惯例,2、法律、法令、法规;第二类:(早期)曲调,(晚期)歌曲,参见罗念生、水建馥编,《古希腊语汉语词典》,北京:商务印书馆,2004。

③ 《法义》800b—801e。

④ 《法义》801d,802b;关于提尔泰奥斯的改写,参见本卷第269页。

⑤ 《法义》801e—802a。

⑥ 《法义》799a。

⑦ 《法义》802e5。

⑧ 参见本卷第279页。

从自己的原则所作出的逻辑推论的证实。只要我们试图将其教育体系设想为一个国家，就会觉得奇怪和不自然，但如果我们考虑到古典时代之后的世界，即罗马天主教世界最伟大的教育制度，那么柏拉图的教育体系看起来就会像是对天主教许多基本特征的预示。① 在现代世界中，国家和教会是分离的。柏拉图在城市国家的概念中使它们合二为一了。然而，最能使它们相互分离，并在尘世的王国之外创建一个精神王国的，究竟是什么呢？[253]是柏拉图对人类社会的教育力量提出的巨大要求。从《王制》到《法义》，围绕柏拉图的核心教育理想所建造的城邦，越来越接近统治人类灵魂的王国，这就是后来教会建立的王国。不过，柏拉图总是坚持他自己的原则，即这个王国无非是人自身内在的精神自然，由更高的智慧引导它行动，它是我们自身之中较高部分对较低部分的统治：这是柏拉图在《法义》中制定的基本自明之理之一。

儿童游戏及其形式的大规模推广，可能会被认为是对一个好主意的极端夸张；当然，这把生活的重点从我们认真对待的事情转向了我们认为次要的东西。认识到这一点之后，柏拉图通过运用他那庄严肃穆的宗教话语，并将其与他以神为中心的全部立法原则相联系，证明了这种转变的正当性。在《法义》的开头，柏拉图就说人是神的玩偶。② 如果我们把这一意象与他在法律的序曲中说的话——他说，神是万物的尺度③——放在一起考虑，我们就能发现他的真正意思是什么。他的意思是说，人的生活不值得严肃认真地对待。依据

---

① 在柏拉图的教育中，有几个特征与天主教的精神结构相一致：例如，在姿态、演唱、宗教仪式的动作中保持固定的形式，尤其是这一事实：即柏拉图使一种神学体系成了全部生活和全部教育的基础，并断言，神和神的喜悦是判定一切事物的唯一标准。柏拉图为那些否定其教育体系的真理且怀疑神的存在的人，确定了死刑的惩罚，参见《法义》，第十卷，907d—909d。这让人想起针对无神论的传统指控，这种对无神论的指控，即使在民主制城邦中也同样存在。但是，雅典判处苏格拉底死刑是因为他否定城邦的诸神，而在柏拉图的城邦中，死刑的惩罚是为那些不相信苏格拉底所宣称的新神的人准备的。当然，柏拉图确信，任何经历过哲学的灵魂治疗的人——这种哲学的灵魂治疗是柏拉图为每一个无神论者开出的药方，在这些无神论者被作为无可救药者抛弃之前，都要经历几年这样的治疗——必定会承认关于永恒之善的学说的真理。

② 《法义》644d。

③ 《法义》716c。

自然（φύσει），只有神和人身上的神性部分才值得严肃对待。① 但人身上的神性部分是逻各斯，即神牵动人这个玩偶的那根绳索。人的最佳状态就是成为神的玩物；②人努力想要达到的那种生活主要就是为了取悦神而玩耍。③ 如果不从这个神圣的角度来看人类，那么人就失去了自身的独立价值。生活中的战争和纷争尤其不是什么值得严肃对待的事情；这些"既没有玩乐（παιδία），也没有任何文化教育（παιδεία）的重要意义：因此，我们必须尽可能和平地生活"——正如我们所说，战争是为了和平。④ 为赢得神的眷顾，全部生活都应是献给神的节日：献祭、唱歌、跳舞。尽管如此，抵抗敌人的义务仍然存在，而且不可避免。没有人比那些在和平时期按照这一精神得到训练的人更适合于完成这一义务。⑤ 也许，最接近实现这一理想的是中世纪骑士的修会。

《法义》所描述的城邦的许多东西似乎与现代理想格格不入，至少与十九世纪的自由理想格格不入。然而，在其公共教育计划中，也有不少极其现代的制度：普及教育、⑥[254]女子骑马运动、⑦公立学校和体育馆的建设、⑧女性与男性共享教育⑨（在《王制》中，柏拉图是在谈到卫士的教育时谈到这一点的），用工作日程表来安排自由民的一天，⑩男人甚至要在重要的公共和私人岗位上夜班（对希腊人来说，这完全是一件全新之事），⑪还有对教师的监督，⑫一个由"教育部长（Minister of Education）"领导的国家教育委员会。⑬ 在这段文字中，柏拉图只是假

---

① 《法义》803b—c。

② 《法义》644d7—645b。在 803c 和 804b 中，柏拉图有意再次提到了这一意象。

③ 《法义》803c。803e。

④ 《法义》803d。

⑤ 《法义》803e。

⑥ 《法义》804d。

⑦ 《法义》804e。

⑧ 《法义》804c。

⑨ 《法义》805c。

⑩ 《法义》807d6—e。

⑪ 《法义》807e。

⑫ 《法义》808e。

⑬ 在《法义》809a 中，柏拉图将掌管城邦一切教育事务的最高官职描述为"ὁ τῶν νομοφυλάκων ἐπὶ τὴν τῶν παίδων ἀρχὴν ᾑρημένος[负责管教孩子的行政 （转下页注）

设存在这样一个"教育主管（παιδείας ἐπιμελητής）"。这样的官职是在第六卷设置的：它进入了政府部门的设置（ἀρχῶν κατάστασις），官职的设置是《法义》该卷的主题。这里，让我们简要回顾一下，在柏拉图完成了对法律序曲的描述并着手进行适当的立法之后（755a），他在关于管理机构的法律和关于城邦管理的详细法律之间进行了区分。掌管音乐和体育教育的官员是在《法义》764c 及以下中任命的。然后，在 765d 中达到高潮，即最重要的教育官员——公共教育部长——的任命；此人不能小于五十岁，必须是有合法子女的父亲。即使在我们认为是处理制度性法律的这段文章中，柏拉图也郑重其事地指出了教育在城邦中的根本重要性（766a）；从而为设立一个全新的官职的建议（它足以让希腊人大吃一惊）提供了很好的理由——这一新官职清楚地强调了教育在新城邦中的核心地位。柏拉图提醒这一官职的设立者和担任这一官职的人，由教育部门的主要官员担任的这一官职"在城邦最高的官职中最为重要"（765e2）。通过成立教育主管部门，立法者意在避免使教育在城邦中"成为一个附带的次要事情"。教育主管是在非同寻常的排场和情况下任命的；除了议事会和执行主席团外，所有行政官员都得在阿波罗神庙聚集；他们的重要职责，与城邦的其他公共职能一样，确实是属于阿波罗神的。通过无记名投票，他们从"法律保卫者（νομοφύλακες）"的"夜间议事会（νυκτερινὸς σύλλογος）"中选出一位成员，来统管教育事务，他们都相信他是最适合指导和监督城邦教育的人。与教育主管关系最密切的同事，即法律的保卫者们，不参与对教育主管的审查（δοκιμασία）。他的任期持续五年，同一个人不能两次担任这一职务；[255]但他仍然是那个他当选时所属的夜间议事会的成员。不过，我们现在必须从这些规定回到他的实际义务中来。

现在的问题是，掌管城邦教育事务的行政官本人应该得到怎样的教育。① 他将得到尽可能详细的指导，以便成为法律的解释者和其他

---

（接上页注）官"；在 809b7 和 813c1 中，描述为"παίδων ἐπιμελητής[儿童主管]"；在 811d5 和 812e10 中，描述为"παιδευτής[教育者]"；在 813a6 中，描述为"ὁ περὶ τὴν μοῦσαν ἄρχων[负责艺术的行政官]"。

① 《法义》809a6。掌管教育事务的主管由法律本身来教育。

人的教育者。① 合唱团的舞蹈和歌唱的规则是他教学的基础,因为宗
教教育是决定其他一切教育的基本准则。② 不过,自由民的孩子——
只有他们是《法义》考虑的对象——还有许多要学习的其他科目。老师
要教他们如何读写、如何弹奏里拉琴、如何阅读和理解那些不歌不舞的
无韵诗人。③

　　柏拉图详细解释了如何教授诗歌。他嘲笑他的许多同时代人,他
们认为,用心学习所有诗人以求博学多识就是文化[教育]。④ 我们从
其他资料来源中得知,人们过去常常把一个诗人的全部作品背诵下
来,⑤这种做法与诗人是某种类型的百科全书的观念有关,柏拉图在
《王制》中批评过这种观念。⑥ 与此相反,柏拉图推荐另一种学习方法,
即从不同诗人的诗作中节选最好的诗编成诗集,作为教科书给孩子们
用心学习。⑦(这是选集在教育史上的首次现身。)他宣称,教师只须让
孩子记住诗歌的一些精选段落,以免孩子负载过重。教师必须根据《法
义》提供的典范来挑选诗歌。⑧ 这里,有那么一会儿,柏拉图假装只在
记录一次谈话,好像《法义》真的就是一部文学作品似的。他声称,《法
义》的言辞与任何一首诗一样,受到了神灵的真正启发:实际上,他明确
地说,他们从拂晓到现在说出的言辞从各方面看都相当于诗歌——这
段话是柏拉图对自己作为一名艺术家的使命感的最重要证据之一。⑨
年轻人要像读最高级的诗歌那样来读《法义》;除此之外,教师要用它
来确定他的诗歌评判标准,对它做最认真细致的研究。⑩ 公共教育部
长要根据他的助手和教师们对《法义》及其所包含的思想的理解来判
断他们。任何不能在精神和心理上与《法义》心有戚戚者,作为教师都

---

① 《法义》809b。
② 参见《法义》800a 及以下,那里有准确的指示来确立舞蹈和歌唱不变的传统。译注:合唱
　团的歌舞是献给神明的,所以这是一种宗教教育。
③ 《法义》809e—810c。
④ 《法义》810e。
⑤ 比较色诺芬,《会饮》3.5。
⑥ 《王制》598e,599c。
⑦ 《法义》811a。
⑧ 《法义》811c 及以下,尤其是 d5。
⑨ 《法义》811c6—10。
⑩ 《法义》811e。

是无用的，在柏拉图的城邦中，也找不到他自己的位置。① 当然，在今天，我们会发现其中的潜在危险：许多教师候选人会只为得到一份工作而对《法义》大加赞扬；[256]无论如何，柏拉图的目的是让它成为教育智慧的典范，成为文化的永不枯竭的宝藏；出于这样的目的，他把它交付给了"文法教师"。②

我们没有必要提供课程的具体细节：诸如音韵教员或音乐教师如何在文学教师之后接管孩子的教育，③或者，有关体育和舞蹈的规则如何落实我们前面描述过的一般原则。④ 在这几段文字中，当然有许多与《王制》和《法义》前几卷相联系的地方，也有对这些科目的讨论。⑤柏拉图的严肃很容易变成讽刺：比如，在指责诗人们在其舞蹈和歌曲中模仿拙劣的模型和糟糕的主题之后，他将《法义》作为所有肃剧之最美者提供给了他们，因为它是对最好最美的生活方式的模仿。⑥ 他说，"你们是诗人，我们同样也是诗人"；"我们哲学家是你们技艺上的竞争者。在最美的戏剧方面，我们是你们的对手，只有真正的法律才能产生这种完美的戏剧，正如我们所期望的那样……而现在，你们这些温柔的缪斯之子啊，把你们的歌曲与我们的一起向执政官展示；如果它们是好的或者比我们的更好，我们会给你们一个合唱团，如果不是，我的朋友们哦，我们就绝不会这样做。"⑦从一开始，柏拉图的著作就一直在与旧式诗歌竞争；这也是《王制》对古典诗歌的攻击要点。从立法的角度引

---

① 《法义》811e6—812a1。

② 这是《法义》812b 用在教授诗歌的老师身上的一个词。

③ 《法义》812b 及以下。

④ 《法义》813b 及以下。

⑤ 尤其可以与第二卷相比较。

⑥ 《法义》817a—b。

⑦ 《法义》817b6 及以下。译注：柏拉图在此是把立法者比作诗人，把立法者塑造的城邦比作诗人创造的完美戏剧（也即上文提到的诗歌）。当这些肃剧诗人想随身带着他们的诗歌到立法者创建的城邦中来时，立法者应该怎么办呢？ 立法者应该这样回答："我们本身也是诗人，我们已尽全力创作了最美而又最好的肃剧；无论如何，我们整个城邦的建构，都是在模仿最美而又最好的生活方式，至少我们认为，这种生活方式确实是最真的肃剧。现在你们是诗人，而我们同样也是诗人；……"。作者的这段文字，读者如果不看《法义》的原文，理解起来有些费劲。译文见林志猛，《柏拉图〈法义〉研究、翻译和笺注》，第二卷，817a—817e。

入柏拉图本人的作品来补充甚或取代旧诗人的作品，作为其未来新城邦的学校和舞蹈场所的教学科目，是这条道路上合乎逻辑的最后一步。这种自我封圣（self-canonization）非常有助于我们对柏拉图本人的理解。为了创造一种新的教育，柏拉图从哲学家变成了诗人；现在，他依靠自己的工作，建立了他梦想的新城邦［它是作为诗人的立法者的作品，即前述所谓最美最好的戏剧］。我们必须把他在这里说的话与他在《斐德若》和《书信》七中说的话放在一起考虑（在那里，他似乎想要否定已经成文的书面文字有任何效力）：①如果我们这样做，就能知道，在柏拉图对自身重要性的评估中，到底有多少是真实的，又有多少是反讽。当早期的诗人被接受为古典教育的标准时，后人并没有用柏拉图的著作取代他们，而是让哲学家在最伟大的诗人荷马和索福克勒斯旁边占有一席之地。而且，只要这个世上还存在真正的教育和文化，柏拉图就会永远保有这一地位。

[257]回想柏拉图在《王制》中如何将统治者的教育建立在辩证法和数学的基础之上，我们发现了一件有趣的事情：我们看到他怀疑这些科学在普及教育中的价值。不言而喻，普通公民不能接受他认为适合于政治家的那种长期的数学和天文学的精心训练。② 尽管如此，柏拉图没有让他们的教育止步于体育和音乐这一旧式教育体系。他通过引进一些恰如其分的基础训练，来代替数学和辩证法的学习。（他是第一个推荐这种基础训练的教育权威。）这是对教育者越来越倾向于培养智力的一种让步，这种基础训练同时也服务于一个更高的目的。这些科学在塑造学习者对世界的看法方面——这对它们来说是一种新的资格——现在有了一种直接的意义。③ 当柏拉图说，大

---

① 《斐德若》277e，尤其是《书信》7.341c。

② 《法义》818e表明，即使在《法义》中，柏拉图也坚持认为，少数人（$\tau\iota\nu\varepsilon\varsigma$ $\dot{o}\lambda\iota\gamma o\iota$）应该具备数学科学的"精确知识（$\dot{\omega}\varsigma$ $\dot{\alpha}\kappa\rho\iota\beta\varepsilon\iota\alpha\varsigma$ $\dot{\varepsilon}\chi\dot{o}\mu\varepsilon\nu\alpha$）"。"$\dot{\alpha}\kappa\rho\iota\beta\varepsilon\iota\alpha$［精确、准确］"一词有意指"$\dot{\alpha}\kappa\rho\iota\beta\varepsilon\sigma\tau\dot{\varepsilon}\rho\alpha$ $\pi\alpha\iota\delta\varepsilon\iota\alpha$［更严格的教育］"这个短语，柏拉图在第十二卷（965b）用这个短语来描述未来统治者的教育。这个短语直接出自《王制》（503d8），其中，柏拉图把未来政治家的教育描述为"$\pi\alpha\iota\delta\varepsilon\iota\alpha$ $\dot{\eta}$ $\dot{\alpha}\kappa\rho\iota\beta\varepsilon\sigma\tau\dot{\alpha}\tau\eta$［最高级的教育］"。因此，在这方面，在《法义》给予统治者的教育和《王制》第七卷所描述的未来政治家的教育之间，并无差别。柏拉图在《法义》第七卷所推荐的数学课程，是大众教育（$\sigma\mu\iota\kappa\dot{\alpha}$ $\sigma\mu\iota\kappa\rho\dot{\alpha}$）水平的课程，参见735a4。

③ 《法义》967a及以下。译注：这里所说的"更高的目的"和"直接的意义"，即本（转下页注）

众的教育除了关于算术、长度面积体积的测量，以及星辰旋转方式的大致知识之外，不需要其他任何知识时，①他的建议乍一看似乎与苏格拉底对这些科学的实际限制不谋而合。② 不过，苏格拉底考虑的是未来政治家的需要，而柏拉图正在谈论的则是针对大众的基础教育。大众教育总要包括一些算术知识，但柏拉图建议的最低限度的数学教学明显已经远远超过了早期的限制。这是数学科学的一次新胜利，在进入高级教育领域之后，数学教学现在侵入了大众教育领域。它在各级教育中的普遍影响力必须归之于以下事实，即数学是第一门这样的科学：数学能根据其学生的不同能力、年龄和智力水平来掌握需要在多大程度上扩大其影响规模，而不牺牲其方法的精确性。③

柏拉图显然对当时的数学印象深刻，以至于他将希腊科学的最新发现视为普及基础数学教育的一个理由。雅典的异乡人坦率地说，他本人在熟悉这门他想要介绍给全希腊的学校的学科之前就已经相当老迈了；他补充说，对于有教养的希腊人而言，在这方面次于埃及人，这令人羞愧。④（他是在谈论测量长度、面积和体积的科学时说这话的。）⑤柏拉图显然有某种关于埃及数学科学先进状态的最新信息。他可能是从尤多克斯那里得到的这些信息，[258]尤多克斯曾在埃及生活了相当长一段时间，知晓埃及发生的情况。⑥ 当然，柏拉图关于埃及在基础数学教学中使用的视觉方法（他想从埃及借用这些方法）所说的话，必定来自某个亲自见证过这些方法的人。⑦ 以下事实增强了柏拉图的数学权威是尤多克斯的可能性：尤多克斯在同

---

（接上页注）卷第 320 页的"增强公民内心对神的信仰"。

① 《法义》817e。

② 色诺芬，《回忆苏格拉底》4.7.2 及以下。

③ 参见《法义》818c—d 中，柏拉图关于学习数学的必要性和数学学习的正确顺序所说的话。这就假定了一个完善的系统性教育计划的存在。在《厄庇诺米斯》978c 中，柏拉图再次强调了数学的人文特征。这一思想首次出现在《王制》522e。

④ 《法义》818b—819d。柏拉图说，当他已届高龄，第一次听说此事时，他为"全希腊人"感到羞愧，参见 819d8，820a9，820b3—4。

⑤ 《法义》819e10 及以下。

⑥ 关于尤多克斯在埃及学习，参见第欧根尼·拉尔修，《著名哲学家的生平和学说》8.87。

⑦ 《法义》819b3。

样的背景下引入了另一个希腊人还不知道、但在对诸神的正确崇拜中极为重要的学说。这一学说就是当时的天文学发现：被叫作"行星"或"漫游者"的天体，与它们的名称并不相符，因为它们并不像看起来那样在天空中四处漫游，不在同一轨道上运行，而是沿着同一轨道做持续而有规律的运动。① 尤多克斯曾推动过这一理论；柏拉图正是从这一理论推论出他在此处特别关注的事实——看起来走得最慢的行星土星实际上在所有行星中走得最快，而且覆盖最远的距离。② 柏拉图将这一事实与他日月星辰是活的存在或看得见的神灵的思想相联系。从这个角度看，对天文学-数学上的实际情况的误解，就成了对当之无愧的荣誉的一种可耻疏忽，这对神灵的伤害，比在奥林匹亚赛会中由于不公正而对长跑选手造成的伤害有过之而无不及。③ 如此这般，柏拉图在公共学校中的数学和天文学教学计划，就直接融入到了《法义》奇特的神学思想之中，在《法义》中，日月星辰按照数学规律的永恒运转是柏拉图坚信神之存在的主要原因之一。④ 柏拉图认为数学科学（mathémata）尤其是天文学的神学功能，是其本性的重要部分。在《法义》接下来的一段文字中，柏拉图为神的存在给出了证据，并强调了早先几个世纪的无神论

① 《法义》821b—822c。

② 希斯，《希腊数学手稿》，London，1931，第188页。关于地球运动的菲洛劳斯理论——据说柏拉图是在其晚年采用的这一理论——在《法义》的这段文字中没有得到描述。译注：菲洛劳斯（Philolaus），希腊哲学家、数学家、天文学家，生于南意大利的克罗托（Croton），苏格拉底的同时代人，阿尔基塔斯（Archytas）的学生。他相信地球不是宇宙的中心，在中心火（Central fire，不是太阳）的另一面还存在一个和地球对称的"对地星（Counterearth）"。地球、固定星、太阳、月球、五大行星及"对地星"都绕着中心火旋转。

③ 《法义》822b—c。希腊宗教的本质是为诸神献上恰如其分的尊崇和荣誉。我们已经讨论了宗教的这种态度与早期希腊人的贵族道德规范之间的联系，参见本书第一卷，第14页。译注：柏拉图的意思是，年轻人如果没有基本的数学（天文学）知识，就会在祭祀和崇拜诸神时亵渎神灵，因为他们很可能误认为走得最快的星辰最慢，走得最慢的最快，这对诸神所犯的错误，所造成的伤害，甚于在奥林匹亚赛会中，宣称跑得最快的是最慢的，最慢的是最快的，并创作颂歌来歌颂失败者；这样的话，他们在献祭和祈祷时就不可能虔诚，从而不可能成为一个合格的公民。

④ 关于我们对神的信仰的两个来源，参见《法义》966d。其中一个是我们关于星辰按照数学规律运行的知识；另一个是我们自身灵魂生活的内在经验，我们感觉到自己的灵魂生活是一个"存在的永恒之流（ἀέναος οὐσία）"，参见拙著《亚里士多德：发展史纲要》，第161页。当然，只有那些注定要成为政治家的人才会获得一种关于天文学规律的真正知识，参见968a。

天文学和新的科学发现之间的历史性区别——新发现实际上有助于我们获致关于神的真正知识。① 因此，这种日益增长但"实事求是"或切实可行的基础教学最终服务于增强公民内心对神的信仰。②

柏拉图认为，他的城邦与其他任何城邦如此不同，如此独一无二，以至于他对它与世界其他部分的关系颇为好奇。（显而易见，他[在言辞中建立]的城邦与世界的不同丝毫不亚于他本人与世界的不同。）由于柏拉图的城邦不是一个港口，它不会有什么值得谈论的商业贸易，所以会力求自给自足，保持经济独立。③ 不过，从精神上说，[259]它也必定被排除在了一切偶然因素的影响之外——这些偶然因素的影响会干扰城邦完美的法律。④ 首先，决不允许四十岁以下的任何人去到任何其他城邦；其次，除了传令官、使节和某些"观察团（theoroi）"之外，任何公民都不能以私人身份出访其他城邦和地域：⑤——"观察团（theoroi）"一词不是指城邦在外邦节日期间派出的本邦代表（这是该词的通常意义），而是指这样一些人：他们将抱着科学研究的精神出访外邦，静观（theorein，亦即"凝视而沉思"）他人的文明和法律，并在他们闲暇时观察外邦的各种状况；⑥如果缺少关于好人和坏人的经验与知识，没有一个城邦能达到完美或能维护其法律。诸如此类的外出访问的主要目的是，"观察团"要会见少数杰出人士或"神样的人"——他们泯迹于普通大众之中，完全值得与之交往。⑦ 我们可能会认为，对柏拉图来说，承认这样的人存在于世界各地，既存在于运行良好的城邦，也存在于糟糕的城邦，是一个了不起的让步。长久以来，希腊的杰出之士为了文化

---

① 《法义》967a 及以下。

② 在《法义》822d 中，在完成了数学教育的规则之后，柏拉图相当出乎意料地插入了一段关于作为一种教育手段的狩猎的讨论，以此结束第七卷关于教育立法的讨论。很显然，这里不是一个很适合讨论狩猎的地方，所以我们不在这里对其进行分析。我已经将其与色诺芬关于狩猎的著作放在一起进行过考察，因为二者的讨论对狩猎在教育中的重要性持相同的态度，而且可以相互解释。参见本卷第 215 页。

③ 《法义》949e；参见 704b 及以下，城邦的内陆和农耕性质已经确立。

④ 《法义》949e7。

⑤ 《法义》950d。

⑥ 《法义》951a。

⑦ 《法义》951b—c。

的缘故,早就习惯于长途旅行。这种旅行,与文化本身一样,是希腊特有的。从执政官的位置退下来之后,梭伦游历了亚洲和埃及,"只是为了思考"或"观光(θεωρίης εἴνεκα)"。梭伦前有先驱,后有来者。在柏拉图的时代,也即教育的时代,为文化之故而踏上此类旅程已经成为一种普遍做法:有许多例子为大家所知。① 柏拉图本人经常长时间离开雅典,他关于国外游历(即"观察团[theoriai]")的法律规定,受其个人经历的启发。这些使节和代表在与外邦对等人物的对话中,将对哪个城邦的法律是善法,哪个城邦的法律需要改进作出判断。只有年过五十的阅历丰富者才配委此重任,成为城邦的观察员。② 他们回来后就被允许进入最高议事会——秘密的夜间议事会,其成员有最年长的十位法律守护者,即最高行政官员,还有文化与教育主管,即"全部教育的督导"连同其仍在世的前辈。③ 这个议事会的权力许可包括立法和教育,其职责是改善立法和教育二者。④ 观察员(theoros)在参观了他人的风俗政制之后回到国内,要向议事会报告有关事宜,对他从别人那里听到的、或他本人所具有的有关立法和教育的想法进行陈述。⑤ 不过,他的介绍和建议会面临严厉的批评,以免观察团制度可能成为接受有害影响的途径。⑥ [260]无论是城邦议事会的成员构成及其权力许可,还是国外游历所服务的目的,都证明了教育在《法义》所描述的新城邦中的卓越

---

① 战术家埃涅阿斯(Aeneas Tacticus)(10.10)对商业旅行和教育旅行作出了区分。他认为,任何时候都会有大量的外邦人访问(ἐπιδημεῖν)一个城市,要么是出于教育目的(κατὰ παίδευσιν),要么是出于某种商业目的(κατ'ἄλλην τινὰ χρείαν)。前一类型的访问者部分由来自国外的"学生"组成(参见伊索克拉底,《论财产交换》224;托名伊索克拉底的《德摩斯梯尼》19 也提到了学生们为聆听重要教师的教导而不得不进行的长途旅行),部分由研究文化的游历者组成,他们四处游学,睁眼看世界,从而扩展自己的教育。这种类型的游历,即θεωρίης εἴνεκα(观光),在古希腊很早就存在了:最著名的例子有梭伦、赫卡泰乌斯、希罗多德、尤多克斯和柏拉图。

② 《法义》951c6。在《法义》952d—953e 中也如此,柏拉图对外来者的入境和被允许进入城市的各类访问者进行了详细规定。这些人有商人、观光者和各国使节;第四种是从事研究的游学者,与城邦派出的"科学使团"相类似。他们可以自由地接触城邦的教育主管和博学之士。

③ 《法义》951d—e。

④ 《法义》951e5—952a。

⑤ 《法义》952b。

⑥ 《法义》952c—d。引入有害的教育创新可处以死刑。

地位。柏拉图正在竭力避免让他的城邦变得僵化的危险，将城邦内部生活的权威性规定与自由采纳来自外部的宝贵建议的能力相结合。

## 关于神的知识和统治者的教育

夜间议事会是城邦的锚；① 其成员必须知道政治家应该展望什么样的目标。② 这马上让我们想起了《王制》的基本结构。在那里，政治家的目标被称为"善[好]的型"；在这里，(用苏格拉底的旧用语说)则叫作"德性的统一体"。③ 这两种表达方式所指相同，因为当我们成功地在善[好]的各种不同形式——我们称之为德性——中看到这些不同形式的善[好]的单一性时，后者展望的正是我们正在寻找的"善[好]的型"。④ 在《王制》中，拥有此种最高政治知识的是城邦的卫士们；在《法义》中，与他们相对应的是夜间议事会。柏拉图明确地说，夜间议事会成员必须拥有"全部德性"[德性整体]，与"全部德性"一起的，还有作为其形成的精神原则的那种能力——在杂多中看见统一的哲学能力。⑤ 在《王制》中，柏拉图详尽地讨论了这种能力，而在《法义》中却对此点到即止，二者并无实质的差别；如果我们从柏拉图的"型论"没有出现在《法义》中说起，那么，这不应被解释为我们同意那个广为人知的现代假设，即柏拉图在其晚年抛弃了他早期的"型论"。⑥ 恰恰相反；如果我们准备接受他在《法义》第十二卷中对统治

---

① 《法义》961c。

② 关于立法的目的(σκοπός)，参见《法义》961e7—962b。城邦要知道目的的那个部分是夜间议事会(σύλλογος)，参见 962c5。柏拉图在《王制》中以同样的方式，将统治者定义为具有关于范型(即"善[好]的型")的知识的人，参见本书第二卷，第 319 页及以下。

③ 这里，柏拉图是在回忆第一卷和第二卷的讨论，这两卷开始探究一切立法的目的(σκοπός)，并用"德性整体"来取代斯巴达城邦的立法目的：勇敢。《法义》中的全部立法活动都建立在对城邦目的的这一界定之上；尽管如此，关于统治者的教育，柏拉图在该书的结尾还有话要说，他觉得有必要把我们的注意力再次吸引到总体目标上。

④ "德性的统一体"(963a—964c)是苏格拉底的老问题，我们从柏拉图最早的对话中就知道这个问题。参见罗宾(Robin)，《柏拉图》(*Platon*)，Paris, 1935，第 272 页。这种"德性整体"被等同于对"善[好]"本身的理解，参见下一注释。

⑤ 《法义》962d。其中，以及 963b4 中，柏拉图索性把德性的统一体直接称之为"一(τὸ ἕν)"。

⑥ 杰克逊(Jackson)、鲁托斯拉夫斯基(Lutoslawski)和其他人也是如此。

者教育的粗略评论，那么我们完全可以论证说，柏拉图在此仍然坚持其"型论"。这里，柏拉图是把辩证法作为读者耳熟能详的东西来提及的；①如果他再度讨论其在教育中的价值，那么就只能重复他在《王制》中已经说过的话，但辩证法的教育功能，其教人如何在多样性中看见统一性的能力，很清楚是用旧术语来标示的，是用苏格拉底关于德性之统一性的老问题为例得到说明的。

[261]实际上，柏拉图的教育计划——让多元统一的哲学知识成为统治者教育的主要科目，成为城邦建章立制的基础——的根源正是德性问题，而非别的什么问题。从他的第一部作品起，直到最后一部，他对这一基本点的看法一直没有改变。例如，他总是把"智慧（phronésis）"——即把所有善[好]的统一——作为最高标准和最高理想的知识，并列为一切德性中最高级别的德性。② 夜间议事会的成员在其哲学文化方面并不稍逊于《王制》中的城邦卫士。他们拥有知道真理、用语言表达真理、在行动中完成真理的能力。③ 在《法义》中，柏拉图一次又一次地强调这一事实：即以行动树立的典范是一切真正教育的核心。④ 城邦统治者需要知道的真理是关于价值的知识，是对值得做的事情的知识。⑤ 这种关于价值的系统性知识的顶峰是关于神的知识：因为神，如柏拉图教导我们的那样，是万物的尺度。⑥ 为了将这一尺度用于实践，用于法律和生活，立法者和政府官员自身必须拥有关于神作为最高价值和最高实在的知识。在《法义》所描述的城邦中，神占据了《王制》中至高无上的范型所占据的位置——这个至高无上的范型即统治者在其灵魂中携带的"善[好]的型"。⑦ 二者之间并无实质的区别，只有不同层面的差别，只有作为与

---

① 《法义》965c：τὸ πρὸς μίαν ἰδέαν βλέπειν[从诸多不相似之物中看到一种样式]。其中，辩证法的意思是"更精确的方法"。

② 《法义》963c5—e；631c5。

③ 《法义》966a—b。

④ 《法义》966b。

⑤ 《法义》966b4：περὶ πάντων τῶν σπουδαίων[关于一切值得认真对待之事]。这使我们想起了柏拉图在《普罗泰戈拉》和《高尔吉亚》中对其新"政治技艺"的描述："关于人类最高事务的知识"。在《法义》中，统治者的教育的主题正是这样的知识，而不是别的什么。

⑥ 《法义》966c；716c。

⑦ 《王制》484c—d；参见505a："最高的研究（知识）（μέγιστον μάϑημα）。"

它们相对应的目标的不同知识阶段的差别。①

柏拉图的《法义》以对神的思考而告终。不过，正如《法义》第十卷所示，在这种思考背后是一整套神学体系。在一部关于希腊教育史的著作中，我们不能深入探究这一体系的哲学结构：它属于一部希腊哲学的神学史，我希望能在别的地方来探讨这一问题。在希腊艺术和希腊科学沉睡不醒的那些世纪里，希腊的教育和希腊哲学的神学是希腊思想影响世界的两种主要形式。二者作为人类的德性和神性的理想在荷马那里原本就结合在一起；在柏拉图这里，二者的统一在另一个层面上得到了再现。这种综合在其两部最伟大的教育著作（即《王制》和《法义》）中得到了最清晰、最有力的表达。其最为大胆的表达，是《法义》最后的话——当然，[262]我们必须把讨论神的问题的整个第十卷加上一并思考。柏拉图的形而上学在亚里士多德和其他学生（包括撰写了作为《法义》之补充的《厄庇诺米斯》的菲利普）那里的延续，证明了在《法义》最后那些语句的模糊暗示背后，潜藏着一门伟大的神学，其大略是对宇宙中最高事物的理解，是人类一切知识的王冠和顶点。这里，关于实在的知识和关于教育的知识没有任何区别——一些现代哲学家试图确立这种区别：②因为在柏拉图的思想中，不可能有这样一种不需要在关于神的知识中寻找其根源、方向和目标的教育知识。在这一对自己在这个世界的所有创造性工作的结束语中，他说，有两个源泉让人相信神灵的存在：一个是关于天体运行的永恒轨道的知识；另一个就是灵魂，在我们之内的“永恒的存在之流”。③ 人类的哲学从来未曾逾越这一藩篱：从亚里士多德——他把这两个信神的动机纳入自己的神学，到康德的《实践理性批判》——在他所有的革命性理论论证之后，该书事实上以同样的两个想法结束。④

---

① 作为“万物的尺度”的神（参见本卷第 297 页）被等同于“一（τὸ ἕν）”，在 962d 和 963b4 中，柏拉图将其表述为城邦统治者的辩证法教育的科目。因此，立法者是与《王制》中的统治者一样的哲学家；他们学习的最高阶段是相同的，那就是神学。《法义》中的“一”与《王制》中的“善[好]的型”是同一个东西。

② 马克斯·舍勒（Max Scheler），《知识的形成与教育》（*Die Formen des Wissens und die Bildung*），Bonn，1925，第 32—39 页。

③ 《法义》966d。

④ 关于对这些事实的陈述和评价，参见拙著《亚里士多德：发展史纲要》，第 161 页。

如此这般,在经过毕生的努力去发现文化[教育]真正坚不可摧的基础之后,柏拉图的工作止步于那个比人更高但仍然是人的真正自我的"型"[神]。希腊的人文主义,以其在柏拉图的教化中所呈现的形式而言,是一种以神为中心的人文主义。① 城邦是希腊人的历史发展赋予柏拉图的社会形态,正是在这种社会形态中,柏拉图得以表达神这个"型"。不过,当他以自己"神是至高无上的标准、一切尺度之尺度"的新观念赋予城邦这种社会形态以灵感时,他把城邦从尘世的一种地方性和历史性社会组织,变成了一个理想的天国,它像它的象征符号(即星辰这种有生命的神灵)一样是世界性的(universal)。星辰明亮的样子是神的形象,柏拉图用它们来代替人形的奥林匹亚诸神;它们不是居住在用人手建造的狭窄神庙里;它们的光芒——这光芒宣示和表明一个至高无上的无形之神(God)——照耀着世上万邦。

---

① 《法义》967d。"如果没有从这两个源泉流出的关于神的知识,任何一个必有一死的凡人都不可能成为坚定的敬神者",参见《法义》966d。《法义》的结束实现了开始时的承诺:在《法义》643a中,这种教育在预期中被描述为通往神的道路。

# 第十一章　德摩斯梯尼：城邦的
垂死挣扎和变形

[263]自德摩斯梯尼在文艺复兴中复活以来，人们就一直认为他是他的第一位现代编辑者所称的"希腊人自由意识的唤醒者"、"反抗马其顿压迫的雄辩卫士"。当拿破仑的铁蹄重重地压在欧洲之上时，为了增强民族独立自由的精神，德国语文学家和人文主义者费里德里希·雅可比（Friedrich Jacobs）翻译了他的作品。第一次世界大战之后不久，法国政治家克里蒙梭仓促撰写了一本关于德摩斯梯尼的书，该书激情飞扬，充满法式华丽辞藻，针对当代德国的马其顿人（German Macedonians），警告巴黎的雅典人（Athenians of Paris）不要让他们的精致和优雅把他们变得像艺术家和食利者一样无动于衷和麻木不仁，没有足够的生命意志和足够的生命力去抵抗野蛮的敌人。① 在拉丁文明中，该书以德摩斯梯尼本人的全部修辞技巧，确立了对一个早已灰飞烟灭的爱国者的新崇拜，古典主义的古老火焰再次，也是最后一次，在德摩斯

① 克里蒙梭（Georges Clémenceau），《德摩斯梯尼》（*Démosthènes*），Paris，1926。关于德摩斯梯尼声名的盛衰，以及不同世纪对其品格的不同评价，参见亚当斯（Charles Darwin Adams），《德摩斯梯尼及其影响》（*Demosthenes and His Influence*），London，1927，"我们欠希腊和罗马的恩情"系列。亚当斯很好地表明了十八世纪的民主党人如何崇拜德摩斯梯尼，现代德国历史学家们又是如何鄙视他的。

梯尼的祭坛上燃烧起来。不过,就在不久之前,一位德国学者撰写了另一部著作,这部著作的标题充满了轻蔑:Aus einer alten Advokatenre-publik——"一个古代律师的共和国"。一个世纪以来,古典主义者对这位杰出演说家和伟大鼓动者(学院修辞学将其奉为修辞学[雄辩术]的圣手)的崇拜遭到了强烈的反对,现在,这部著作对整个事件的来龙去脉进行了总结,并旨在一劳永逸地摧毁德摩斯梯尼的盛誉。① 当然,该书只是一部论战性著作;它极具煽动性,对每一个事实都进行了最苛刻的解释,以便将事实歪曲为一幅漫画。不过,早在一百多年前,历史学家们就形成了对"历史"的一种新态度,在历史学家们对德摩斯梯尼的评价所走过的道路上,这部著作只是这条道路上的最低点。

在古典学领域,这种新的历史态度的第一位伟大代表尼布尔(Niebuhr),是德摩斯梯尼最忠实的崇拜者之一,[264]但他对德摩斯梯尼的事业和方针的激烈批评则始于德罗伊森(Droysen),始于德罗伊森对希腊化世界的划时代发现。② 迄今为止,随着希腊人在喀罗尼亚战役中失去了城市国家的政治自由,希腊历史总是得出一个戏剧性的结论。德摩斯梯尼一直扮演着希腊最后的政治家的角色,站在古希腊的坟墓前发表他的葬礼演说。但是,现在,帷幕突然拉开,展现出一出伟大的新喜剧——一个希腊在政治上和精神上统治世界的时代,一个始于亚历山大大帝对波斯帝国的征服的时代。视角转换了,希腊文明内外两方面都呈现出一种持续的发展,它变成了某种世界性的东西,某种普遍的东西。随着衡量尺度的变化,德摩斯梯尼的伟大之处似乎一

---

① 德雷鲁普(Engelbert Drerup),《一个古代律师的共和国》(Aus einer alten Advokatenre-publik),Paderborn,1916。

② 实际上,这始于德罗伊森青年时代的杰出著作《亚历山大大帝史》(Geschichte Alexanders des Grossen,第一版,1833),但关于这一主题的伟大著作是他的《希腊化史》(Geschichte des Hellenismus,第一版,1836)。关于德摩斯梯尼的正统观点,最具学术性的辩护者是沙费尔(Arnold Schaefer),参见其《德摩斯梯尼及其时代》(Demosthenes und seine Zeit,三卷本,Leipzig,1856。译注:德罗伊森(1808—1884),德国著名历史学家,其著作《亚历山大大帝史》的方法启发了德国"新历史学派"的思想,也把权力和成功理想化了,所以下文说:"成功"成了历史成就的衡量标准。德罗伊森接着出版了《希腊化史》,希腊化世界的发现使得德摩斯梯尼对城邦独立性的坚持显得"渺小且充满局限"(本卷第328页)。不过,耶格尔认为,这种由于视角转换而造成的负面评价有失公允,德摩斯梯尼"对推动时代的历史力量的抗拒,无非是一种超个人法则的实现"(本卷第329页)。

下子变得渺小且充满局限。他似乎属于这样一个世界：这个世界愚蠢地为其自以为是的重要性所欺骗，并存活于一个错误的时代之中——存活于对其祖先光辉灿烂的修辞学［雄辩术］记忆之中。① 事情看来似乎是这样：尽管德摩斯梯尼和他的同时代人自身也归属于逝去的时代，但他们仍然试图在自己的时代继承和发扬父辈们的英雄业绩。他的批评者们变得越来越激烈和刻薄。他们从抛弃他的政治标准开始——迄今为止，历史学家们一直心甘情愿地接受他的政治标准，因为没有一个他的同时代人做过他那个时代的相关历史记录。然后，在质疑他的政治家身份之后，他们接着考察并谴责他的道德品格。与此同时，他的对手伊索克拉底和埃斯基涅斯日渐受到尊重，因为他们放弃了对雅典在未来某个恰当时候东山再起的希望，并建议同胞们放弃战斗，与马其顿握手言和。与往常一样，"成功"成为了历史成就的衡量标准，而学者们心安理得地发现，在德摩斯梯尼活着的时候，就一直存在着竞争对手，德摩斯梯尼的这些竞争对手像现代的教授们一样具有远见。②

　　批评者们走得太远了。③ 是时候修正德摩斯梯尼的全貌了。对德摩斯梯尼、埃斯基涅斯和伊索克拉底等人物的传统评价的激进重估如此乖谬，以至于在心理学上违背了人们的常识和自然感情。除此之外，自德罗伊森发现希腊化世界以来，我们对公元前四世纪的知识有了长足的进展。这种进展不是从政治开始的，[265]而是从投在那个批判时期的智力运动之上的新光亮开始的——这种新光亮显示了政治运动如何与希腊思想和希腊文化的发展大势紧密相连。可以这么说，此前似

---

① 这大致上是诸如贝洛赫和迈耶尔这些研究古典文明的现代德国历史学家们的观点。威尔肯（Wilcken）和贝尔弗（Berve）的意见要温和得多。

② 德雷鲁普，《古人眼中的德摩斯梯尼》（*Demlosthenes im Urteil des Altertums*），Würzburg，1929。

③ 英国现代历史学派部分受到德罗伊森和贝洛赫的影响；但最近有一些人反对他们对德摩斯梯尼的谴责，例如坎布里奇（Dr. Pickard-Cambridge）。另可参见格罗兹（Glotz）关于希腊历史的杰出法语著作，以及克罗奇（P. Cloché）的传记《德摩斯梯尼》（*Démosthènes*，Paris，1937）。还有一本特里夫斯（P. Treves）撰写的妙趣横生的小册子，名叫《德摩斯梯尼和自由希腊》（*Demostene e la libertà greca*，Bari，1933）。在本章中，我不得不经常回到本人在《德摩斯梯尼：其方针的起源和发展》（Berkeley，1938）一书中所运用的论点，在该书中，这些论点得到了相当详细的论述。

乎被封闭在水密空间里的世界——如政治史和哲学、新闻业和修辞学——现在都被看作一个单一有机体活的成员，在民族的生活过程中各得其所。我们现在能够给修昔底德发现的历史必然性概念[①]作出比之前更为宽泛的解释了，尤其是在政治史方面。现在看来，仅仅根据其个人品格及其在实际政治中的成功，来判断像德摩斯梯尼这样一种在希腊城市国家的衰落中出现的历史现象，看起来是一种粗俗的理性主义。德摩斯梯尼对推动时代的历史力量的抗拒，无非是一种超个人法则的实现，每一个民族都顽强地凭此法则来保持由其自身建构的生活方式和生活类型，这种超个人的法则建立在其自身的自然禀性之上，并为历史中的最高成就负责。

自荷马以迄亚历山大的所有世纪，希腊历史中的基本事实就是城市国家，这种政治生活和精神生活的形式早就得到了确定，且从未被完全抛弃过。[②] 希腊景观中形形色色的城市国家展现了希腊民族所拥有的全部内外生活的丰富可能性。即使在公元前五世纪，希腊人自觉到在精神上他们是一个民族之后，在小规模的政治单元组合成较大规模的联盟之时，城市国家的独立存在也仍然是民族主义新潮流或迟或早都注定要止步于此的边界。一些城市国家多大程度上能够独立存在的问题，自从被伯利克里治下的雅典帝国——它将雅典的盟邦压服为隶属——粗暴地推到一边之后，就一直没有找到令人满意的解决方案。当伯罗奔尼撒战争结束、斯巴达人接过希腊世界的领导权之后，他们不得不将其霸权建立在对个体国家的自治的正式承诺之上。希腊城市在

---

① 参见本书第一卷，第483—484页。译注：此前希腊世界的政治史皆为城邦世界的政治史，故其历史必然性固然也是城邦政治中的必然性；现在，随着希腊化世界对城邦世界的取代，所谓的历史必然性自当有了一种更为宽泛的解释。

② 关于这一主题的更早著作，尤须注意布克哈特（Jakob Burckhardt）在其《希腊文化史》（*Griechische Kulturgeschichte*）一书中对古代城市国家的生动再现，该书反映了作者在其祖国巴塞尔（Basle）的亲身体会；须注意古朗士（Fustel de Coulange）的那本著名但也非常图式化的著作《古代城市》（*La cité antique*）。关于古代城市的最新著作是格罗兹（Glotz）的《希腊城市》（*La cité grecque*，Paris，1928），该书主要从外在的视角讨论了城市国家，集中论述其经济、政治和制度。另一方面，在本书中，我也试图从城市国家的历史内部来看问题，并将其描述为一种进程，借由这一进程，城市国家创建了适合于其自身的道德和智力形式。参见本书第一卷，尤其是讨论斯巴达、宪政城邦和梭伦的那些章节。

科林斯战争中反抗斯巴达领主的第一次大叛乱之后，它们的独立自主在安塔基达斯（Antalcidas）和约中得到了郑重其事的承诺。① 不管怎样，所有希腊城市国家都应当独立自主的公理也适用于斯巴达本身。[266]这意味着，要想在另一个国家的领导下组建一个联盟来反抗斯巴达的统治也将非常困难；但当斯巴达自己收紧缰绳，并侵犯独立城邦的自由时，结果就是斯巴达霸权的衰落。自此之后，就从未有一个单独的希腊城邦设法要求对其他国家的一种决定性的统治权力。换句话说，与我们实际放弃自己的民族国家身份而选择任何一种更综合的国家形式相比，要希腊人放弃城邦的独立性甚至更为艰难。

德摩斯梯尼的青年时代恰在雅典从伯罗奔尼撒战争的灾难性失败中恢复元气之时。② 体现在柏拉图身上的时代的哲学精神，正全神贯注于国家及其道德重建的问题，当时的雅典正一步一步摆脱自己的弱点，走向一场自由运动——这一运动让她得以从容运筹，逐步恢复其力量。修昔底德的预言，即权力的变迁会产生一种同情的转移，也得到了及时的实现。在底比斯和科林斯这两个斯巴达前盟友的支持下，雅典缓慢地重新获得了她在希腊城邦中的地位，在波斯的资助下，雅典重新修建了她在战争中被迫摧毁的要塞和城墙。然后是雅典复原的第二阶段。底比斯对斯巴达的背叛给了雅典建立第二次海上同盟的机会；通过避免采取使第一次雅典海上同盟分崩离析的霸道政策，她的政治头脑足以让她将其盟友紧紧地捆绑在自己的战车上。同盟的领导者是一些出类拔萃的战士和政治家，如提谟修斯、卡布里亚斯（Chabrias）、伊菲克拉特斯（Iphicrates）和卡里斯特拉图（Callistratus）。就在同盟建立不久，雅典就勇敢地、竭诚地与底比斯并肩战斗，在七年战争中对抗斯巴达，这场战争以公元前 371 年的和平条约而成功结束。从而，雅典无可争议的制海权得到了保证，而新同盟最终也通过国际协议而得以合法化。③

---

① 色诺芬，《希腊史》5.1.31。

② 这一事实在德摩斯梯尼后来发展中的重要性往往得不到应有的重视，参见拙著《德摩斯梯尼：其方针的起源和发展》，第 1—21 页，"雅典的恢复"一章。

③ 色诺芬，《希腊史》6.3.18；14。

雅典的年轻人，沉迷于哲学研究者，或徒然把时间消磨于冒险和体育运动者，都被卷入到历史的洪流之中，历史的洪流似乎正在再次将雅典带向希腊政治生活的领导地位。与那些在伯罗奔尼撒战争、失败和崩溃等问题上挣扎的年轻人相比，[267]他们属于不同的一代；柏拉图曾写下《高尔吉亚》，呼吁为他们而战；在公元前四世纪的第一个十年间，他们曾觉得自己就是一个新社会的创建者。① 后来，在《蒂迈欧》中，柏拉图将明哲之人描述为越来越与世隔绝，退隐到对数学和天文学的沉思之中的人，描述为对各种政治活动都抱怀疑态度，对世事不闻不问的人。② 不过，更年轻的一代则被卷入到了政治的漩涡中，而将柏拉图式的那种纯研究生活留给了来自小城镇和边境国家的移民——比如亚里士多德、色诺克拉底、赫拉克利德斯（Heracleides）和奥普斯的菲利普。③ 伊索克拉底的学校不像柏拉图的学园，前者培养了一批积极进取的政治家，最著名的是伊索克拉底的朋友和得意门生提谟休斯，他是战士和政治家，指挥新的海上同盟。尽管如此，更年轻的一代人从政党政治、法庭讲话，以及向公众集会发表演说中得到了真正的训练。当德摩斯梯尼还是一个孩子时，他的私人教师就偷偷将他带到法庭之上，聆听卡里斯特拉图的伟大演说，在这次为奥罗普斯案（Oropian case）而进行的辩护演说中，卡里斯特拉图再次使自己起死回生，免遭毁灭；德摩斯梯尼深为折服，立志要苦练演说，成为卡里斯特拉图那样的政治家。④

这则极有可能实有其事的历史传闻，表明了新的一代人的精神风貌，显示了德摩斯梯尼的真正兴趣之所在，除了对被侵占的住所和财产的焦虑之外——这一焦虑如梦魇般挥之不去，充满了他年仅

① 关于柏拉图在《高尔吉亚》中对以往雅典政治家的尖锐批评，参见本书第二卷，第163—164页。
② 柏拉图，《泰阿泰德》173d及以下。
③ 在《王制》496b中，柏拉图指出，哲学家很少来自那些政治生活氛围浓厚的城邦。
④ 普鲁塔克，《德摩斯梯尼传》5。译注：卡里斯特拉图，雅典政治家、演说家。公元前391年，他曾起诉提议与斯巴达缔结和约的众使节。公元前378年第二次雅典海上同盟（雅典与底比斯共同抵抗斯巴达）成立时，他被推举为将军，并统筹同盟的财政。然而，底比斯的崛起却使他主张与斯巴达议和。公元前366年，底比斯占领奥罗普斯（Oropus），他被起诉，他在这次演说中成功为自己辩护。

十二岁时就发表的首次演说。事态的发展注定要将其塑造成政治家性格的人。他的人生道路是由那些伟人们决定的，他以他们为榜样，对第二次雅典海上同盟的打造者们亦步亦趋。他毕生致力于在当世重现雅典往日的伟大和最高政治荣耀（柏拉图的哲学批评现在使她略显黯淡），致力于用昔日的理想为当前注入活力。① 眼看着昔日的辉煌零落成泥，战后一代必感极度痛苦，但这种痛苦不能徒然耗费而无所结果。战后一代在黑暗中挣扎着寻找雅典崩溃的原因，他们找到了某种知识，如果不想昔日重演，使后人而复哀后人的话，这种知识决不可失。将这种冰冷而纯粹的知识注入雅典帝国主义令人陶醉的陈酒之中，是年轻一代的任务。这是他们适应新时代的唯一途径。新时代与公元前五世纪的区别，及其与第一次雅典海上同盟时期的区别，[268]是道德上的朝乾夕惕和政治上深刻反思的新精神。② 公元前四世纪的政治复兴运动如此理想化和文学化是非常自然的。在上个世纪没有置疑动力的情况下，不可能有这种新精神的任何容身之地。只有在雅典鼎盛时代的晚期（the Indian summer），在德摩斯梯尼的时代，政治演说才能发展成为一种伟大的文学艺术形式。传说德摩斯梯尼在训练自己成为一个演说家时如饥似渴地研究修昔底德，这一点非常切合事实。③ 他不可能模仿伯利克里实际发表其政治演说时的风格——因为这些政治演说没有作为文学作品正式出版，也没有保存下来。实际上，修昔底德的演说辞是雅典伟大时代的政治演说唯一幸存的回声，就其艺术形式和智力形式的完美性，以及思想的丰富性而言，远在当今一切政治演说之上。④ 只有德摩斯梯尼才能创造这样一种文学形式，这种文学形式将口语的活泼和柔软与修昔底德演说的辩证深刻和审美高雅相结合，并在文学上再造修辞说服中的最基本要素，即演说者和听众之

① 参见约斯特（K. Jost），《至德摩斯梯尼的阿提卡演说家和历史学家中的"先祖"的范例和典范》（*Das Beispiel und Vorbild der Vorfahren bei den attischen Rednern und Geschichtschreibern bis Demosthenes*），Paderborn，1936。

② 关于伊索克拉底将道德假设运用于政治，参见本卷第 150 页及以下。

③ 普鲁塔克，《德摩斯梯尼传》6；托名普鲁塔克，《十大演说家传》（*vit. decem or.*）1。

④ 参见本书第一卷，第 474—477 页。

间的那种生动的情感互动。①

　　在德摩斯梯尼聆听卡里斯特拉图的那场伟大演说十二年之后，当他自己登上讲坛时，时过境迁，当时的政治形势已面目全非。同盟战争已经结束。雅典再次失去了其最重要的盟友。创建之初曾寄予如此厚望的第二次雅典海上同盟，终究还是土崩瓦解了。绝大多数成员认为，随着斯巴达统治被推翻，同盟的功能已经完成。使命既成，也就没有什么内在的纽带再能将其维系在一起了。尽管同盟只是在雅典与斯巴达缔结胜利的和约之后才达到其最大范围，但它没有一个积极的利益共同体来确保其延续，这一点很快显露无遗；当财政紧缩迫使雅典，也即同盟的领导力量，重新采用针对其盟友的旧的霸权主义高压政策时，此前曾经颠覆雅典制海权的反叛精神再次抬头。不过，自公元前371年缔结和约以来，希腊政治中新的最重要的积极因素，是底比斯在伊巴密浓达（Epaminondas）领导下的意外崛起。[269]底比斯的崛起带来了一组全新的力量。一开始，雅典站在底比斯一边抗击斯巴达，但在公元前371年的和约中，为了获取战争的利益，她就与底比斯分道扬镳了。不过，就在雅典与斯巴达缔结独立的和约，且凭这一对斯巴达的让步，获得斯巴达对其海上同盟的承认之后，斯巴达的陆上力量还是在留克特拉之役中被伊巴密浓达领导的底比斯彻底击败了。这一胜利将底比斯的地位提升到前所未有的新高度，同时也迫使斯巴达在希腊政治力量中屈居第二。在此特定关头，卡里斯特拉图这位雅典的首要政治家，急速改变了国家的对外政策，与斯巴达公开结盟，以平衡底比斯这一昔日盟友的新兴力量。一个新的政治理念产生了：这就是"力量的平衡"。这是一个主导其后十年雅典政治的新理念，它在某种程度上稳定了希腊国家之间的一种新关系。这是卡里斯特拉图这位政治家的创造，他

---

① 　想要理解德摩斯梯尼的演说的"形式"，阅读布拉斯（F. Blass）的《阿提卡雄辩术史》（Geschichte der attischen Beredsamkeit）第三卷的第一部分至关重要。关于其政治演说的风格类型的起源和发展，参见拙著《德摩斯梯尼：其方针的起源和发展》中对几篇演说的修辞学批评。伊索克拉底曾在德摩斯梯尼之前以实际演说的形式出版了一些政治小册子，为德摩斯梯尼树立了模仿的榜样，但他的演说不只是如现代批评家们经常认为的那样是一种文学虚构。与伊索克拉底"演说"单调乏味的书面散文不同，他写得很有风格，这种风格能引起激烈的政治争论，但提升到了一种更高的趣味和形式水平。

甚至在和平谈判期间就提议与底比斯决裂，并迫使这一提议得以通过，尽管雅典国内存在着强大的亲底比斯势力以及对底比斯的强烈感情。① 另一方面，伊巴密浓达这位底比斯有史以来出现的唯一一位伟大政治家，在击败斯巴达之后，就着手解散伯罗奔尼撒同盟。他将美塞尼亚人和阿卡迪亚人从斯巴达的压迫下解放出来，使其成为独立的国家，各有一个核心政府。与其他小国一样，它们现在成了底比斯的附庸国。底比斯的这一手甚至使斯巴达在伯罗奔尼撒半岛的霸权也不保，只是因为雅典的军事支援才使自己免于彻底毁灭。如果伊巴密浓达没有在曼提尼亚（Mantinea）战役中负伤身亡——曼提尼亚战役是底比斯对斯巴达的最后一场胜利，又如果他的强大对手卡里斯特拉图此后没有很快被推翻，那么在雅典迅速滑到底比斯的对立面之后，希腊的政治局面又会是何种轨迹呢？ 要想言明这一点是不可能的。② 自此之后，雅典和底比斯这两个敌对国家分别由能力较弱的人所领导，它们的力量很快衰落，它们之间的冲突得以平息。无论是雅典，还是底比斯，都不得不为自己对其盟邦的领导权而艰苦战斗，底比斯是对中希腊和色萨利的领导权，而雅典是对海上的控制权。尽管如此，它们之间的敌对情绪在德摩斯梯尼的时代仍然呼之欲出，在每一个细小的问题上暴露出来。不过，当第二次雅典海上同盟无可挽回地陷入解体时，这种敌意自然而然地变模糊了，[270]其后数年，雅典不得不面对内部的各种困难。这就是德摩斯梯尼以及他那一代人在公元前 355 年所继承的遗产。

第二次雅典海上同盟的垮台再次，也是最后一次，使雅典的政治前途问题成为迫在眉睫的问题。看起来，似乎伊索克拉底曾经在战争的黑暗时刻所做出的一个大胆提议中，也即在《论和平》这篇演说辞中，给出过唯一可能的答案。他公开建言，雅典最终应该放弃其一切帝国主

---

① 色诺芬，《希腊史》6.3.10 及以下。关于卡里斯特拉图保持权力平衡的方针，参见拙著《德摩斯梯尼：其方针的起源和发展》，第 42 页及以下。在该书第 87、88、106、218 页，本人曾指出这一方针作为德摩斯梯尼自己处理希腊国际关系的方法的模式的重要性。

② 关于伊巴密浓达为底比斯赢得海上霸权的计划，及其诱骗雅典盟邦的企图，参见拙著《德摩斯梯尼：其方针的起源和发展》，第 42、82、113 页；他想"把雅典卫城的山门移到卡德米亚（Cadmea）"。

义政策,放弃复兴前阿提卡帝国的一切企图,放弃第二次海上同盟不可避免地要重新使用的那种强权政治。① 他以一种高度功利的现实主义政治道德观来支持自己的这一提议。他说,摘取和平的桂冠,远比由得陇望蜀的贪欲——它内在于一切帝国主义政策之中——招致整个世界的仇恨更为有利,远比让国家暴露在可怕的危险中更为有利——在普遍被鄙视的政治煽动者和军事流氓的领导下,这种危险是无可避免的。同一时期,那位撰写了《论税收》一文的天才财经专家出于经济原因,也正在建议雅典改弦更张,调整国策。② 不过,无论雅典是出于基本原则的改变,还是因为形势所迫而不得不采用新政策,她都注定要重启改革,集中精力解决财政危机,重建财政稳定,并在全世界面前恢复其国家信用(在“信用”一词的每一种意义上讲)。为重建在最后十年间落入激进民众之手的城邦政制,雅典的有产阶级必定在讨论更全面的对策。否则的话,伊索克拉底也不可能像他在《战神山议事会辞》这种小册子中所做的那样,胆敢公开提议组建一个更具权威的政府。雅典还远没有迈出这一步,但建议得以提出这一事实本身表明,在只有他们才能挽救国家的绝望时期,上流社会感受到了何种力量和斗志。③ 现在,他们中出现了一个声望卓著的反对派领袖。这就是厄布鲁斯(Eubulus),他的主要兴趣是经济和财政改革。更年轻的一代人中的最优秀的头脑,包括德摩斯梯尼本人在内,都追随他。④ 德摩斯梯尼属于雅典的一个富裕家庭;对他来说,[271]加入这个具有类似的出身、教育和见解的圈子完全是自然而然的事情。当雅典权力的复兴达到顶峰时,这些年轻人刚好初涉政坛。他们的最高志向就是全力以赴为国家服务。现在,当雅典处于其历史事业之最低谷时,他们不得不开始这一——他们一直

① 关于伊索克拉底《论和平》的设想和倾向,参见本卷第149页及以下。

② 这篇论文的主要论题是“税收(Πόροι)”,它现在再次被认为是色诺芬的作品,赫索格(R. Herzog)在《布鲁姆纳纪念文集》(Festschrift für H. Blümner)第469—480页讨论了其主要论点。关于其真实性,参见费里德里希(Friedrich)发表于《古典语文学年鉴》(Jahrbücher für class. Philol.)(1896)的论文。

③ 关于伊索克拉底《战神山议事会辞》的写作日期,及其在政党政治中的背景问题,参见本卷第129页及以下;另可参见拙文《伊索克拉底〈战神山议事会辞〉的写作日期和雅典人的反对意见》,前揭,第409—450页。

④ 演说家希佩里德斯(Hyperides)与德摩斯梯尼属于同一阵营。

以来如此急切地盼望的事业了。为最崇高的理想所激励，他们一头投入到最悲观的现实中。他们塑造雅典未来的努力，最终必须承认和解决这一理想和现实之间的巨大冲突而告终，这是从一开始就摆明了的。

德摩斯梯尼的个人生活经历使他很小就接触到法律。其父去世时给他留下一大笔钱，但其中大部分被他的监护人侵吞了。在他第一次代表自己作为一个演说者出现在法庭上之后，他就选择了法律顾问和"记事散文家"或演说辞写手作为自己的职业。[1] 在雅典，政治和法律-法庭之间的常规关系早已形成，因而某个人经由参与政治诉讼而开始其公共生活极为正常。因此，关于德摩斯梯尼的政治活动，我们拥有的首批文献就是他在抑郁期为国家大审判所作的演说辞。他没有自己发表这些演说，而是为别人撰写的演说辞。《诉安德罗提翁》(Against Androtion)、《诉提摩克拉底》(Against Timocrates)和《诉勒普提斯》(Against Reptines)都是相同政策的表达，它们都针对政治党派中的那些最脆弱人物，这些党派在灾难性的同盟战争期间掌管雅典，甚至在战争失败之后仍想方设法保持自身的权力。[2] 德摩斯梯尼是反对派最聪明、最危险的突击部队之一，这一点马上就一目了然了。这场争论的残酷，表明了反对派争夺权力时的悲苦心情。不过，即使在这里，我们也可以在下述事实中看到德摩斯梯尼倾注了多少精力：尽管他主要是在为他人操刀，且在他人的指导下工作，但他仍然合乎逻辑地、有条不紊地、毅然决然地推进其目标。[3] 不过，他很快凭其自身的能力作为一个演说家脱颖而出。尤为重要的是，从一

---

[1] 参见德摩斯梯尼的演说《诉阿佛波斯》(Against Aphobos)和《诉欧内托尔》(Against Onetor)。第三篇演说《诉阿佛波斯》通常被认为是伪作，但卡尔霍恩(G. Calhoun)坚持其真实性，参见《美国古典语文学会刊》(*Trans. Am. Phil. Assn.*)LXV(1934)，第 80 页及以下。事情的细节参见布拉斯，《阿提卡雄辩术史》，第 225 页；沙费尔，《德摩斯梯尼及其时代》，第一卷，第 258 页。

[2] 参见拙著《德摩斯梯尼：其方针的起源和发展》，第三章（"转向政治"），第 42 页及以下，该书详细讨论了《诉安德罗提翁》、《诉提摩克拉底》和《诉勒普提斯》这三篇演说，并分析了它们的政治倾向。译注：德摩斯梯尼七岁丧父，财产被监护人侵吞，他与监护人的财产纠纷持续多年，"抑郁期(during the years of the depression)"当指这一段时期。

[3] 《诉安德罗提翁》和《诉提摩克拉底》是为反对派两个受人利用的政治人物优克泰蒙(Euctemon)和狄奥多罗斯(Diodorus)所写的。传说德摩斯梯尼是为将军卡布里亚斯(Chabrias)的遗孀之子撰写和发表的《诉勒普提斯》，如果这一传闻多少有些真实性的话，这篇演说便有助于表明这位年轻的政治家是如何描绘自己的。

开始,他的兴趣就指向对外事务。看着这位未来政治家在首次亮相中崭露头角,实在令人兴奋不已。[272]我们可以看到,他以非凡的影响力和坚定的态度开始一个接一个地处理雅典对外政策的决定性问题;因此,德摩斯梯尼早期为数不多的几篇演说辞全面展现了雅典在国际政治中的形象。①

在缓慢和艰辛的内部重建期间,雅典想要发展出一套充满活力而又富有成效的对外政策是不容易的。年轻的德摩斯梯尼能够以如此独立的思想和积极主动的态度来处理每一个出现的政治问题,就显得更为非凡了。处于挫败和沮丧中的雅典在国际政治中完全消极被动、无能为力。不过,只有当时机自己呈现时——这个时代如此忙碌,充满了如此多的利益冲突,以至于这样的机会确实不时出现——德摩斯梯尼才能伺机介入。在这个问题上,必然会出现一种分歧,而且,随着时光的流逝,这一分歧会变得越来越大。其中一种思潮——它在文学上以伊索克拉底为代表,在政治上以富裕阶层的反对派领袖厄布鲁斯为代表——坚决主张,以雅典自保不暇的衰弱状态,无论在何种情况下,她都不应该与闻任何对外事务;他们相信,雅典唯一可能的前途在于,集中精力于谨慎的经济政策和国内政策。在其关于对外事务的首篇演说中,德摩斯梯尼对这种孤立主义态度表示了一定程度的同情和理解。②还有许多人呼吁对波斯入侵的威胁——无论它是真实的,还是人们自己想像的——发动一场先发制人的战争。关于这个问题,德摩斯梯尼以恰如其分的激烈语言和沉着自信的风格抨击了那些好战分子,这一点使厄布鲁斯派相当满意。他在表达不受欢迎的观点时的勇气必定引起了改革者们富于同情的关注,他们将他的见解作为自己反对庸俗情

---

① 德摩斯梯尼在公民大会上最早发表的三篇演说被保存了下来,可参见拙著《德摩斯梯尼:其方针的起源和发展》第68页及以下("关于外交政策最早的三篇演说")对它们的讨论,以及对德摩斯梯尼的外交政策观点的讨论——这三篇演说为德摩斯梯尼的外交政策观点提供了相当完整的描述。

② 这里指的是《论海军筹备委员会》(On the Symmories)这篇演说。有些学者对此持不同观点,并将其解释为德摩斯梯尼向打造一支新的庞大舰队迈进了一步;他们认为,从《论海军筹备委员会》到《金冠辩》(On the Crown),德摩斯梯尼遵循了相同的政治路线。例如,克罗奇在其关于德摩斯梯尼在这一时期的政策的著作和文章中就持此观点;可参见本人反驳这种观点的详尽论述(《德摩斯梯尼:其方针的起源和发展》,第71—78页)。

操和流行的陈词滥调的口号。不过，尽管他慎重地判断政治风险，但他内心仍然坚信雅典必须从目前这种无能为力的状态中开辟自己的道路，积极参与国际政治事务。① 因此，他必定很欢迎雅典能走出其难以忍受的孤立状态，并重获其声望和权力的每一个机会，只不过在对外政治中，这必须以一种温和、公正、但警惕的态度来实现。然而，无论德摩斯梯尼在朝着目标前进时多么小心翼翼，要想贯彻这一方针、利用自动呈现的历史时机而不冒一点风险，是不可能的。[273]两相对比，彻底孤立主义的坚定支持者们代表的是绝对安全的一方。即使在这一消极被动的时期，德摩斯梯尼在思想上仍然是积极进取的。他像一个急切的观众，跟踪政治竞技场中参战人员的搏斗，等待时机跃入拳台，并在政治竞赛中起引领作用。

德摩斯梯尼职业发展的下一个阶段是他的伟大演说《为麦加罗波利斯人辩》（For the Megalopolitans）和《为罗德岛人的自由辩》（For the Liberty of the Rodians），以及法律演说《诉阿里斯托克拉底》（Against Aristocrates）——这篇演说主要关注对外政治。②。在其第一篇演说《论海军筹备委员会》（On the Symmories）中，德摩斯梯尼解释过他对雅典和波斯帝国之关系的看法。现在，在这些演说中，他抨击了雅典对外政策的其他三个主要问题：伯罗奔尼撒问题、雅典与正在退出海上同盟的盟友之间的关系问题、北希腊问题。由此，他按照自己的设想，首次完成了雅典未来对外政策的大胆勾勒。他的奋斗目标始终如一；目不转睛，念兹在兹。这就是将雅典带离后果严重的孤立状态，为一种切实可行的结盟政策奠定基础，以便一旦时机到来，就能牢牢抓住。任何关注对外事务的雅典政治家都会采纳卡里斯特拉图以其创造性的"权力平衡"思想所勾勒的建设性方案，这是必然的。③ 自从底比斯惊人地崛起，以至于与斯巴达和雅典三足鼎立，这一思想看起来注定是自伯利

---

① 这种信念早在《为麦加罗波利斯人辩》和《为罗德岛人的自由辩》这两篇演说中初露端倪，在演说中，他推荐了一种更为积极的方针政策。

② 德摩斯梯尼关于与阿卡迪亚人建立一个防御同盟的演说（《为麦加罗波利斯人辩》）和支持罗德岛的民主派的演说，参见拙著《德摩斯梯尼：其方针的起源和发展》，第82—97页；关于《诉提摩克拉底》的演说，参见该书论北希腊问题一章的第一部分（第98—115页）。

③ 参见本卷第333页及以下。

克里以来雅典的阿提卡政策最成功时期的经典遗产。只要希腊国际政治的因素如十五年前均势原则形成时那样保持不变，一个崛起的政治家就只能适应和发展这一原则，而不能挑战这一原则。德摩斯梯尼的演说《为麦加罗波利斯人辩》就是其思想灵活性的一个证据。与所有其他希腊政治家一样，他也采纳了卡里斯特拉图的原则；而且，在不丢失制定这一原则的政治家的精神的前提下，他尽最大努力对其进行了新的解释，以适应时代的变化。当底比斯及其盟友的霸权迫使雅典与其宿敌斯巴达达成妥协和谅解时，斯巴达和底比斯应该在权力的天平上相互制衡、而雅典则像砝码那样在他们之间的来回移动的思想，[274]很好地说明了雅典的这种处境。不过，底比斯很快找到了自己的平衡点；后来底比斯因在中希腊针对福基斯人（Phocians）的灾难性战斗的开始而被削弱；此时，对雅典来说，使美塞尼亚和阿卡迪亚[麦加罗波利斯即阿卡迪亚的中心城市]这两个新城邦——它们原本是底比斯在伯罗奔尼撒创建的针对斯巴达的两个城邦——免于东山再起的斯巴达的碾压，就成了至关重要的事情。否则的话，雅典就会成为斯巴达的一个附属国，而底比斯就会被无可挽回地削弱。这两个新城邦毫无自卫能力；他们不得不寻求雅典的支援。德摩斯梯尼相信，这是雅典与阿卡迪亚和美塞尼亚结成新的联盟，从而移动天平的砝码——它已经在那儿静止一段时间了——以平衡斯巴达（自留克特拉之役后，斯巴达就一直与雅典联盟）力量的正确时机。①

《为罗德岛人的自由辩》这篇演说也遵循这一高度独立自主的外交思想。罗德岛人为卡利亚（Caria）国王所煽动和干涉，是退出第二次雅典海上同盟从而引发同盟战争的首批城邦之一；他们还未认识到雅典是唯一能够帮助一个民主国家捍卫其独立的国家这一事实。当卡利亚王在罗德岛将民主派政治人物——放逐并建立寡头政治时，他们就逃往雅典寻求庇护和支持，心中满是懊悔，急于与雅典签订新的联盟。至于阿卡迪亚人，雅典的孤立主义者们——他们有公众舆论的支持——

---

① 关于德摩斯梯尼外交政策的基本原则及其在《为麦加罗波利斯人辩》中的运用，参见拙著《德摩斯梯尼：其方针的起源和发展》，第86—89页。

找借口说，由于有雅典与斯巴达的盟约在先，所以不能帮助他们。他们充分利用了雅典人对罗德岛人的普遍的怨恨情绪：他们背叛了雅典，罪有应得。① 德摩斯梯尼尖锐地抨击了这种肤浅的情感主义。他说，对政府来说，这种诉诸感情的做法只是消极无为和犹豫不决的借口而已。② 在这两种情况下，德摩斯梯尼都表现得相当独立，以自己日益上升的政治声誉为赌注大胆建言。不过，德摩斯梯尼在这两个事件中都失败了，他的建议被否决。寻求支援者遭到拒绝后，加入了雅典敌人的阵营。阿卡迪亚人和美塞尼亚人后来都站到了马其顿的腓力一边。雅典不仅失去了罗德岛人，还失去了其他一些小国，如果雅典与罗德岛人的联盟得以结成的话，这些小国们就会很快回到雅典这边，就像当初在同盟战争中罗德岛人带领它们退出第二次雅典海上同盟一样。

以《诉阿里斯托克拉底》这一演说为标志，德摩斯梯尼首次转向北希腊的政治问题。[275]北希腊的关键问题是达达尼尔海峡的安全问题。雅典在海上的最后堡垒是她对赫勒斯滂海峡[即达达尼尔海峡]的控制，她的粮草供应依赖它，它也是保证她在北希腊海域控制权的保障。德摩斯梯尼根据其个人经历，熟知这一区域的重要性，他曾作为三层桨战船的船长巡视这里的海岸。附近的色雷斯人多年来一直威胁达达尼尔海峡的安全，有时还实际攻占过那里。现在，几兄弟瓜分了色雷斯的王位，德摩斯梯尼提议利用色雷斯人的这一短暂分裂机会，以便阻止这一祸患的死灰复燃，并尽可能削弱这一具有战略意义的海峡的危险邻居。③ 与此同时，另一个因素进入北希腊政治问题之中；这就是马其顿杰出的新国王腓力。自公元前 359 年腓力继承王位之后，短时间内，腓力迅速克服困难，将马其顿（在此之前，马其顿残破不全，一会儿依赖这个国家，一会儿依赖那个国家）统一为该地区的主导力量。甚至在此之前，在《为罗德岛人的自由辩》中，德摩斯梯尼就注意到了来自北

---

① 德摩斯梯尼本人也不得不非常小心地处理这一国家感情问题，他在《为罗德岛人的自由辩》15—16 中表现了对此事的关切。

② 参见《为罗德岛人的自由辩》8—10,13 和 15。

③ 在《诉阿里斯托克拉底》102—103 中，德摩斯梯尼说，在这种情况下，他的政策也是基于权力平衡的思想，这是他在《为麦加罗波利斯人辩》中为自己制定的原则。这里，他想把这一原则扩展到希腊的边境之外。

边的威胁。自从腓力吞并了争议很久的马其顿港口安菲波利斯(Am-phipolis)之后——雅典一直没有放弃其对安菲波利斯的主权要求，认为它是雅典早已建立的商贸和海军基地——腓力就一直与雅典处于战争状态。在他统一了自己的国家之后，他使自己成了邻居色萨利的主人——长期以来，色萨利内乱频仍，各邦争斗不休，国家四分五裂，经常邀请马其顿作为仲裁者来解决问题，马其顿人也乐得借此介入希腊内部事务。然后，腓力就介入了底比斯和福基斯之间的战争，打败了福基斯人，且准备经由温泉关侵入中希腊，以便作为那里之外的许多争端的仲裁者而出现，众所周知，温泉关是从北希腊进入中南希腊的咽喉通道，易守难攻；雅典迅速作出反应，紧急派兵前往温泉关，阻击腓力。①不过，腓力并没有发动进攻，而是再次掉头北上，他几乎毫无抵抗地穿过色雷斯，一举将色雷斯各邦收服，然后出其不意地出现在达达尼尔海峡，威胁雅典的安全。对雅典来说，赫勒斯滂(Hellespont)海峡是他们的生命线，色雷斯地区的稳定和安全极其重要，德摩斯梯尼保护海峡安全免受色雷斯人威胁的全盘计划瞬间被毁；整个画面全变了。马其顿的威胁瞬间显现，巨大而可怕，北希腊的安全问题开始笼罩雅典政坛。②

消息在雅典引起了恐慌。然而，当有人报告说，腓力已在病中且放弃了远征计划时，恐慌局面迅速转变成漫不经心的欢乐。[276]尽管如此，这是德摩斯梯尼最终决定放弃被动的孤立主义政策的时候了——政府部门一直遵循这一政策。③ 这一政策阻止了他抓住有利机会改善雅典地位的全部努力。现在，这已经不再是一个原则问题了，不再是一种介入和孤立之间的选择了：国家已经处在危险之中。无所作为现在已经不能被解释为"雅典安全第一"了，而是意味着放弃国家最重要的利益。此时的雅典对北希腊问题还没有清醒的认识，多数雅典政治家

---

① 关于腓力的崛起和政策，参见莫米利亚诺(Arnaldo Momigliano)的近著《马其顿的腓力》(*Filippo il Macedone*)，Florence，1934。

② 这是德摩斯梯尼本人在《奥林修斯辞》(*Ol.*)1.13 中对腓力的力量扩张的描述。关于腓力对赫勒斯滂海峡突袭的影响，参见《奥林修斯辞》3.4。

③ 《奥林修斯辞》3.5。

仍然把注意力放在雅典的传统敌人波斯和底比斯身上。针对腓力的阻击战，突然迫使雅典采取防御措施。雅典不得不调整全部国家战略。

腓力的迅速扩张唤起了德摩斯梯尼的全部能量。① 他终于发现了一个危险的攻击者，此时此刻，雅典需要这样一个攻击者来证明她在对外政策中采取一种大胆立场的正当性。很难说，如果德摩斯梯尼身处一种更为幸运的情境中，他是否就不会成为这样的政治家之一——他们出生于一个崛起的国家中，为国家添砖加瓦，使之更加强大。无疑，在公元前四世纪的雅典，倘若没有一个像腓力这样的对手，来激发出他的全部决心、他的远见卓识、他的对政治要领的斗牛犬般的把握，德摩斯梯尼就不可能成其为德摩斯梯尼。道德顾忌也随之消失了——长期以来，这些道德顾忌在那个最讲道德的时代，在那些深深地沉浸于哲学的良知问题的人中间，成了人们采取任何积极的对外政策的障碍。对德摩斯梯尼而言，这使他更容易绕过那些主要的绥靖者，从而直接诉诸民众——他最早的演说远离民众。在代表罗德岛的民主派人士发表的演说中，他已经提出了一些旨在说服民众的政治论点——某种非常不同于其首次演说的东西，那是一种贵族式的平和优雅的风格、充满道德说教与反讽语气，意在平息他们的激动心情。② 《诉阿里斯托克拉底》这篇演说包含着对当权政客的激烈抨击：德摩斯梯尼说，他们攫取财富，坐拥豪宅而怡然自得，却对有益于国家的事情，除了东抹一道墙、西修一条路之外，一无所为。③ 在其《论武器装备》（On Armaments）的演说中，他在他那个时代的雅典人——他们依赖国家生活，好像他们自己有独立的收入似的——和昔日满身伤疤的帝国建造者之间进行了批判

---

① 腓力对赫勒斯滂海峡的突袭可以看作德摩斯梯尼政治生涯发展的转折点的标志，参见拙著《德摩斯梯尼：其方针的起源和发展》，第 115 页及以下。

② 拙著《德摩斯梯尼：其方针的起源和发展》追溯了煽动性的修辞技巧在德摩斯梯尼演说中的发展；关于《诉安德罗提翁》，参见第 60 页；关于罗德岛人，参见第 93 页，关于《诉阿里斯托克拉底》的演说，参见第 103—104 页。此外，关于德摩斯梯尼第一篇演说《论海军筹备委员会》不同风格的说明，可参见第 73 页及以下。

③ 德摩斯梯尼，《诉阿里斯托克拉底》260 及以下。他在《奥林修斯辞》3.25 及以下几乎原封不动地重复了这一抨击。关于这些煽动性的陈腐套话在其几个不同演说中的运用，参见拙著《德摩斯梯尼：其方针的起源和发展》，第 64 页，第 103 页，第 142 页及其注释，第 242 页。

性的对比；他以这样一种思想来结束他的演说，也就是说，既然诉诸政客们已经无济于事，那么[277]就必须教育民众，使他们达到一种新的精神状态——因为政客们总是随便说些民众喜欢听的话。①

这句话包含着一个伟大的计划。迄今为止，人们还没有被认真对待过这句话，因为德摩斯梯尼的这篇演说直到最近还被认为是伪作。十九世纪的学者们常常把他们的怀疑主义推进到可能的限度之外，就像这里一样。② 不过，我们几乎没有必要去证明这篇演说的真实性，以表明德摩斯梯尼接下来的演说构成了一个同类型的精神整体。古代人把它们合并成一组独立的演说，命名为《反腓力辞》：不过，将它们从德摩斯梯尼的早期演说中区分出来，不只是因为它们都针对腓力这一事实。它们被组合在一起，是因为其教育雅典人民的伟大理想，这一理想在上述引用的句子中得到了最简洁、最令人印象深刻的表达。这句话是对德摩斯梯尼的变化的最明白不过的记录，他的这种变化曾被错误地描述为他转向了"民主派"，③但其实是他转变成了一个伟大的民众领袖。我们可以在《反腓力辞》中看到这种转变的发生。当然，这些演说也包含大量有意识的演讲技巧，雅典的演说家们常常用这些演说技巧来判断和掌控民众将会作出的反应。他们已经有一个多世纪的演说经验可以作为自己判断的根据；既然他们中的大多数不是普通平民，他们便想出一种特殊的语言来迎合民众的本能。不过，大凡有点智识辨

---

① 德摩斯梯尼，《论武器装备》13.16；另可参见 13.13，其中包含了相同的教育观念。

② 关于《论同盟税》(Περὶ συντάξεως)这篇演说的真实性，参见拙著《德摩斯梯尼：其方针的起源和发展》，第241—242页。这个问题迫切需要新的研究。甚至狄迪穆斯(Didymus)在其对《反腓力辞》的评注中（这个评注是数十年前才发现的），也觉得很难精确地确定这篇演说的写作日期，因为它没有任何具体的指涉。

③ 在《德摩斯梯尼：其方针的起源和发展》，第117—119,129—138页中，本人对《反腓力辞》的教育意图进行了相当详尽的探讨。它们意在"教育民众"。如果我们否认德摩斯梯尼的这种意图而只看他的具体建议，正如许多现代学者所做的那样——他们缺乏那种伟大的民主政治生活的个人经验——那么，我们就不可能真正理解他的《反腓力辞》。一个被民主地治理的民族，不会因为某个"政府"告诉它要开战就决定开战。这种决策必须由每一个个体公民努力作出，因为每个人都必须参与决议。德摩斯梯尼的各篇《反腓力辞》都致力于为雅典人民做出开战决定做准备的艰巨任务，因为对于这一决定，他们既没有足够的知识储备，也没有足够的自我牺牲精神。如果当初腓力像第二个薛西斯那样侵入阿提卡，情况就会完全不同。这里的困难在于让普通民众认识到他现在没有直接面对的危险，他还无法理解这一危险的必然性和将要涉及的范围。

别力的人，都不会将普通煽动家的语气与德摩斯梯尼间或使用那种语言的能力相混淆，促使他直接诉诸民众的心理情感与那些煽动家的内心诉求有根本的不同；他的这些心理情感是其准确的政治知识[对马其顿的威胁、对雅典岌岌可危的局势的判断]的结果，这种政治知识必然促使他克服其年轻与温和品格加于他的局限性，并作为一个批评者挺身而出。① 与此类似，他的非凡品格对雅典政治的影响不仅限于那些夸夸其谈的煽动家，而且还有像厄布鲁斯那种普通的、勤勉工作的、埋首卷宗的、值得尊敬的职业政客。显然，像德摩斯梯尼这样一个精神上成熟的政治家——他的首次对外政策演说表明了这一点——不会像一些严肃的学者所贸然认为的那样，[278]突然改变其本性，只成为一个慷慨激昂的演说者。但凡能体会到德摩斯梯尼在《反腓力辞》中所使用的语言是何等地新颖与美好的人，都不可能产生这样的误解。

要想理解这些演说的政治家风范和品质，只研究其中提出的具体措施是不够的。这些演说表明了，德摩斯梯尼对雅典以及对他本人的命运有一种极其深刻的历史感，一种迎接这一命运的坚定决心。这不只是政治。也许我们应该说，这是梭伦和伯利克里所理解的"政治"一词的政治。② 他与民众面对面地站在一起，安慰他们的不幸，他们确实已经够不幸的了。但是，他们一无所为，以期有任何改善！这是他们全部不幸唯一真正值得高兴的方面。③ 正如梭伦曾经起而警告雅典人那样，现在，德摩斯梯尼劝告他们：

> 不要责备诸神放弃了你们的事业。如果腓力迫使你们步步后退，如果他现在获得了如此强大的力量，以至于你们许多人认为已经无法抵御，那么，该受责备的是你们自己。④

---

① 参见德摩斯梯尼，《反腓力辞》1.1，其中，他将自己与那些得到民众高呼支持的职业政客进行了尖锐的对比。他提出其行动纲领时是三十一岁。

② 参见本书第一卷，第 181 页及以下，第 492 页及以下。

③ 《反腓力辞》1.2。

④ 关于梭伦的宣告：诸神无须为雅典人的苦难负责，参见本书第一卷，第 179 页及以下；另可参见伯罗克里说的话（修昔底德，《伯罗奔尼撒战争史》1.140.1）。德摩斯梯尼以同样的方式来推理和思考，参见《奥林修斯辞》1.10，《反腓力辞》1.42，等等。

梭伦在讨论诸神在城邦的苦难所起的作用时，引入了 tyché(即时运和命运)的观念。这一观念在德摩斯梯尼针对腓力的警示演说中又回来了。① 在他对雅典的命运和未来的深刻分析中，它是基本主题之一。这是一个个人主义大大增强了的时代，人们渴望自由，但也更敏锐地感觉到，其实每个人的命运又是多么依赖于外在世界的历史轨迹。以欧里庇得斯的肃剧为开端的世纪，对命运观念比任何其他时代都要敏感；那个时代的人们越来越倾向于委身于命运。德摩斯梯尼大胆地接过了梭伦与宿命论的这场古老而艰苦的战斗，宿命论是果断行动的最大敌人。德摩斯梯尼把对雅典命运的历史责任直截了当地放在他自己这个时代的肩膀上。他宣告，他们的任务，与伯罗奔尼撒战争失败后熬过黑暗时期、面对全希腊的敌人使雅典再次获得伟大的权力和声望的那一代人是一样的。② 为了完成这一任务，他们只用了一样东西：那就是人们全身心的警醒和奉献。现在，他伤心地补充说，雅典就像拳击比赛中的一个蛮族人，[279]只会用手拍打其对手最后一次击打他的地方，而不是在对手身上找一个还击的地方。③

这些都是简单而引人注目的想法，德摩斯梯尼在《反腓力辞》一中以此开始了教育雅典民众的工作。对一种新战略的初步建议——这是他在腓力对雅典发起一场新的攻击之前提出的——证明这篇演说(其日期通常被定得很晚)是在腓力对达达尼尔海峡的出其不意的威胁使德摩斯梯尼第一次看到危险之时发表的。④ 他建议雅典采取相应的军事和财政措施，以便做好应对下一轮进攻的准备，但这些措施没有被雅典人所采纳。⑤ 当腓力病愈之后，进攻北希腊的强大商业城邦奥林修

---

① 关于德摩斯梯尼演说中的"命运"观念，参见拙著《德摩斯梯尼：其方针的起源和发展》，第132页及以下。

② 《反腓力辞》1.3。

③ 《反腓力辞》1.40。

④ 这是德摩斯梯尼在《奥林修斯辞》3.4 中描述的处境；另可参见《反腓力辞》1.10—11。施瓦兹(Eduard Schwartz)的《蒙森纪念文集》(*Festschrift für Theodor Mommsen*, Marburg, 1893)将《反腓力辞》一的日期定得相当晚，在奥林修斯战争期间(公元前349至前348年)；许多现代学者接受了他的观点。拙著《德摩斯梯尼》第121页对此进行了反驳。哈利卡纳苏斯的狄奥尼修斯(Dionysius of Halicarnassus)的《论摹仿》(*ad. Amm.* )4 可能是对的：他说这篇演说发表于公元前 352/351 年。

⑤ 德摩斯梯尼是在《反腓力辞》1.16—19 提出这些建议的。

斯(Olynthus)时，他不得不再次提出这些建议，为雅典人提供一个联合奥林修斯人以遏止马其顿攻势的最后机会。① 德摩斯梯尼以加倍的真诚，再次问雅典人是想为自己的天命(destiny)负责，还是向注定的命运(fate)投降。他努力恢复雅典独立行动所需要的勇气。② 他愤怒地抨击那些试图制造恐慌和焦虑的假教师，以便使民众相信——已经太晚了——行动的时刻真的到来了。③ 他自己对敌人的力量的分析，不是那种"务实的政客"会提供的东西；它是对它建立于其上的道德基础的讨论和批判。④ 这些演说不是一位政治家对一次内阁会议所做的经过审议的报告，我们不应该以那样的方式来阅读这些演说。这些演说是引导这样一个公众团体的艰难尝试：这个团体天性颖悟，但自私自利，摇摆不定。这些演说意在陶铸公众，就像陶铸一种必须被塑造得适合政治家的目的的原材料一样。⑤ 这就是赋予德摩斯梯尼在那个时期发表的演说中的道德要素以特殊意义的东西。统观希腊文献，在其他任何关于对外政策的演说中，都没有诸如此类的东西。⑥ 德摩斯梯尼深知马其顿的腓力是何等伟大的人物，深知他有一种多么神奇的、魔鬼般的人格——一种不能用纯粹的道德标准来衡量的品格。⑦ 但他是梭伦的学生，他拒绝相信任何建立在这样一种基础之上的权力能够持久。尽管他对腓力的神秘运气十分钦佩，[280]但他仍然坚信雅典的机运，

---

① 《奥林修斯辞》1.16—18 提出的措施只是德摩斯梯尼在《反腓力辞》1.16—19 中的建议的重复。关于《奥林修斯辞》一与《反腓力辞》一的关系，参见拙著《德摩斯梯尼：其方针的起源和发展》，第 127 页及以下。

② 这一点对《奥林修斯辞》一而言尤其符合事实。这篇演说的第一部分还包含对政治领域中的命运(tyché)的讨论。德摩斯梯尼说，命运正在给雅典提供最后一次机会(καιρός)。演说的第三部分解释了雅典在腓力事件中的不利处境(ἀκαιρία)。

③ 在《奥林修斯辞》2.3 中，他抨击了这些假教师。

④ 《奥林修斯辞》2.5 及以下。

⑤ 关于《论同盟税》这篇演说及其教育民众的计划，参见本卷第 343 页，注释①。

⑥ 德摩斯梯尼论战性演说中的道德因素，将这些演说与修昔底德的历史中的那些文学性演说鲜明地区分了开来，后者只是说出不同政治家所持的观点，没有试图说服公众。修昔底德的演说是以有思想的读者为聆听对象的，其唯一目的是分析涉及政治情境的诸因素。在洞察和改变普通公民的心理状态和精神士气的能力上，德摩斯梯尼是一个名副其实的教育者(参见本卷第 343 页，注释③)。

⑦ 《奥林修斯辞》2.22；另可参见《反腓力辞》1.5，1.10；《奥林修斯辞》1.12—13 等相关段落。

雅典国家辉煌的历史使命触碰着她轻灵的翅膀。①

德摩斯梯尼努力使雅典人民理解其自身的天命，不过，经由希腊精神的各种变化追溯政治家品格理想之发展的人，如果不知道出现在阿提卡肃剧中的负责任的政治领袖的第一批伟大典型的话，没有一个能明白德摩斯梯尼的这种努力。② 肃剧中的这些典型人物有着与梭伦一样的精神和抱负，但却陷入了肃剧的两难抉择之中。在德摩斯梯尼的演说中，肃剧的两难抉择成了一种现实，③正是这种对抉择之艰难的意识，而不仅仅是主观的激动不安，成了压倒性的情绪，即"令人产生悲悯共鸣的力量（pathos）"的根源，这是后人在德摩斯梯尼那里感觉到的——尽管他们只在审美上感兴趣，只为模仿其风格的希望所激动——他们觉得这种悲情（pathos）是演说历史上的一个新纪元的基础，他们是正确的。④ 那是一种表达他那个时代的肃剧的文体风格；肃剧深邃动人的阴影再次出现在那个时代最伟大的雕刻家斯科帕斯（Scopas）所雕刻的面庞上；从对生活的一种新感觉的这两大预兆［德摩斯梯尼的演说和斯科帕斯的雕塑］，到国王帕加马（Pergamene）的宏伟祭坛，可以追溯到一条线索，追溯到一种丰富而强烈的情感涌动，新的雕刻风格就在这种情感涌动中达到其最崇高的表现。如果德摩斯梯尼未曾充分且完美地表达时代感受到的全部独特情感，他怎么可能成为希腊化时代——这个时代对他的政治理想几乎毫无同情——最伟大的经典？ 不过，对德摩斯梯尼来说，这些情感以及这些情感得以表达的风格，与他达成其政治理想的艰苦努力互为表里、不可分割。在德摩斯梯尼这里，演说家和政治家合二为一。如果缺乏政治思想的力量和分量，

---

① 关于腓力的时运和雅典的时运之间的对比，参见拙著《德摩斯梯尼：其方针的起源和发展》，第 131 页及以下。

② 参见本书第一卷，第 312 页及以下。伍兹（Virginia Woods）为最早的阿提卡戏剧中的统治者的政治道德观提供了一个完整的分析，参见其《埃斯库罗斯肃剧中的统治者的类型》（*Types of Rulers in the Tragedies of Aeschylus*），芝加哥学位论文，1941。这项工作是在本人的激励下进行的。

③ 参见拙著《德摩斯梯尼：其方针的起源和发展》，第 130、195 页。

④ 关于德摩斯梯尼的《反腓力辞》的文体风格，参见拙著《德摩斯梯尼：其方针的起源和发展》，第 124、174 页。这种风格成了一种常规模式：西塞罗用这一模式来写作他本人针对安东尼的《反腓力辞》。

而只是雄辩的话，那么雄辩本身就会一文不名。政治思想的力量和分量使他充满激情的作品态度坚定、立意深远、内容充实，在这方面，其各式各样的模仿者无人可以望其项背，也正是这些将他的作品牢牢铆定在其作品中将要永恒的时间、地点和历史危机之中。

我不打算对德摩斯梯尼的方针政策进行完整的阐释。他的演说为历史事件的重构、甚或为他成长为一名政治家的重构所提供的材料，[281]不连续，但却（与我们拥有的绝大多数时期的历史证据相比）极其丰富。我们在此应该做的是，追溯他是如何成长为国家的指引者的，直到雅典为独立生存而进行的最后一战。

奥林修斯的陷落和卡尔西狄克（Chalcidic）半岛繁华城镇的毁灭——这些城镇属于奥林修斯联盟——迫使雅典不得不与马其顿的腓力议和。条约于公元前346年签订，即使是德摩斯梯尼，也全心全意地支持和平的愿望；①不过，他反对接受腓力的和平条款，因为它们将毫无防御能力的中希腊移交给敌人，从而收紧了围绕雅典的包围圈。然而，不管怎样，他都无法阻止基于这些条款的和平条约的签订。在其《论和平》这篇演说中，他不得不最强烈地建议雅典人，不要在腓力占领福基斯和温泉关之后进行武力抵抗——这两地是控制中希腊不可或缺的根据地。就像他最早的那些演说一样——它们产生于与腓力战斗成为其终身事业之前的那个时期——这篇演说表明了他是一个怎样的现实主义政治家：他不追求那些不可能的事情，敢于反对政治领域中非理性情绪的统治。② 没有人会在其敌人最强大的时候发动进攻。③ 这些高度务实的演说表明了德摩斯梯尼的另一个方面，这个方面对任何关于他的价值的清晰判断都至关重要。这里，与在别的地方一样，他本质上就是一个教师。他不只是想说服民众，用演说的力量折服他们；他还

① 针对德摩斯梯尼对和平条款的批评，埃斯基涅斯（2.14—15和2.56）反驳说，德摩斯梯尼亲自帮助菲洛克拉低（Philocrates）开启了和平谈判。译注：关于雅典和腓力议和的来龙去脉，以及德摩斯梯尼的态度，参见王志超，《德摩斯梯尼与雅典的对外政策》，第二章之"德摩斯梯尼和菲洛克拉底和约"，北京：中国社会科学出版社，2012。

② 关于他在《论和平》这篇演说中的政治态度的详尽讨论，参见拙著《德摩斯梯尼：其方针的起源和发展》，第157—162页。

③ 《论和平》12和25（至结尾）。

推动他们上升到一个更高的平台，然后，在一步一步引导他们进步之后，他推动他们自己去判断那些事实。一个很好的例子就是《为麦加罗波利斯人辩》这篇演说及其对所运用的均势政策的讨论。① 《论海军筹备委员会》和《为罗德岛人的自由辩》这两篇演说，是体现他稳步上升的、平息和掌控大声喧哗的爱国主义情绪的能力的经典范例。② 它们以完美的清晰显示了德摩斯梯尼的"政治是一种完全客观的技艺"的思想；他在不利于雅典的和平条约（公元前 346 年）签订之后的演说，表明他与腓力的斗争完全没有改变他的这种客观态度。《反腓力辞》一和三篇《奥林修斯辞》充满了明智的建议，证实了下述观点，即他现在成了这样一个政治家：他深谋远虑，未雨绸缪；他知道在什么时候坚持已经做出的决定是正确的；他知道在这个由命运所主宰的世界上，[282]人事在多大程度上取决于有利的时机（tyché）。③ 他的行为总是表明，他知道他的决策在多大程度上取决于时机：这就是他在公元前 346 年的和平之后保持非凡的克制的原因。他的那些批评者和情绪激动的支持者，都尚未意识到这一点。他们都认为，当他的逻辑严密的推论使他改变态度以适应局势变化时，他们已经发现了他性格中的摇摆和弱点。④

不过，即使在德摩斯梯尼发表《论和平》这一演说时，他也知道他想要的是什么。他的眼睛紧盯着目标。他从不相信永久的和平，和平只不过是控制雅典的一种手段；他选择让那些因为其抵抗意志已经崩溃，所以对事实视而不见的政客们（如埃斯基涅斯），或那些准备更进一步，把不得已而为之事装成出于好心而为，声称腓力是全希腊领袖的人们（如伊索克拉底），去为和平对腓力的实际价值做辩护。⑤ 如果不牢记伊索克拉底是如何一步一步地变成希腊政治统一的主要先驱的话，我们就不可能理解他在反抗马其顿威胁的精神战争中的

---

① 参见本卷第 338 页。

② 参见本卷第 337—339 页。

③ 《奥林修斯辞》2.22。

④ 《论和平》的古代评注家们将德摩斯梯尼对形势的灵活适应——也就是说，平息和激发民众的能力——与伯利克里的相比较；参见修昔底德《伯罗奔尼撒战争史》2.65.9。

⑤ 关于伊索克拉底的《致腓力辞》，参见拙著《德摩斯梯尼：其方针的起源和发展》，第151 页。

特殊位置。即使希腊各邦像那个时候那样软弱无力，希腊也不可能通过把独立的各邦熔铸为一个单一的民族国家而达成政治统一。希腊的政治统一只能来自外部。没有任何东西可以把古希腊人(Hellenes)统一成一个国家，除非是反抗一个共同的敌人。但是，为什么伊索克拉底会认为这个敌人一定是波斯(它在一百五十多年前的一次进攻曾经使希腊人暂时忘却他们之间的纷争)，而不是马其顿呢(它才是此刻真正迫在眉睫的危险)？唯一真正的原因只能是惯性的力量。伊索克拉底没有源源不断的原创思想，多少年以来，他一直都在宣扬对波斯的东征。[①] 他认为腓力——雅典和全希腊的自由的敌人——是希腊命中注定的反抗波斯的民族战争的领袖，但是，他的这种思想——认可腓力是全希腊的领袖，从而回避马其顿对希腊的危害——是一种不可原谅的政治错误。这种思想就是捆住希腊的手脚，把她交给敌人，由此也把腓力抬升到了一个只有他特别乐意担任的职位[即希腊世界的领导者]，因为这确实可以消除一些希腊人可能会有的、对他统治他们的计划的道义指责。从这个高度看，伊索克拉底确实可以把每一个在接受马其顿的蚕食上犹豫不决的人都称为"战争贩子"；[②][283]亲马其顿派发现很容易从伊索克拉底的泛希腊口号出发进行系统的宣传。

我们必须永远记住，作为腓力对希腊的军事进攻的准备工作，政治战在其中所起的巨大作用。当然，他的策略永远是将其伪装为自卫。真正的军事决断注定是随时应便、尽快做出的，并且总是奋力一击使一切尘埃落定。而民主国家，因为对战争毫无准备，没有时间临

---

① 对波斯的泛希腊远征的理想显然是在安塔基达斯和约(公元前 386 年)期间孕育的；其背景是斯巴达国王阿格西劳斯对小亚的成功入侵。将这一时间归属于公元前 346 年有点困难。但这一理想很适合腓力，因为他需要一种思想意识来证明他干预希腊政治的正当性。乌尔里希·威尔肯(Ulrich Wilcken)极好地阐发了这一点，参见其《马其顿的腓力二世和泛希腊思想》(Philip II von Makedonien und die panhellenische Idee)一文，载《柏林科学院会议报告》，1929。

② 伊索克拉底，《书信》2.15。贝洛赫在其《希腊史》中也持同样的态度。译注：面对马其顿的腓力的入侵，雅典和希腊世界主要有两种态度：一是联合抗击，以德摩斯梯尼为代表；二是接受腓力为希腊世界的领导者，希望腓力带领希腊东征波斯，以伊索克拉底为代表。后者是腓力所希望的，可以消除希腊人对他统治希腊的道德指责。

时提供更为强大的武装。因此，通过煽动来削弱他们的力量和士气的工作得到了长期良好的安排。腓力目光锐利，对希腊人这样的国家很容易让自己被征服这一点洞若观火，因为在关键问题的决断上，文化和自由势必带来分歧和争吵。民众的目光太过短浅，根本无法预见到正确的结果。对于亲马其顿派在全希腊城市中的宣传鼓动，德摩斯梯尼不吝言辞，颇费口舌。在腓力的军事技术中，这种系统的宣传确实是一种新的不容觉察的事物。其结局往往是争吵双方中的一方请腓力来讲和。当我们看到德摩斯梯尼在其演说中是如何小心翼翼地选择攻击点时，我们必须认识到，对他来说，主要的问题是雅典内部的这种宣传鼓动，他的对手精明地、不知疲倦地进行这种宣传鼓动，以便扭曲所有的线索，模糊所有的问题。德摩斯梯尼的任务，不仅是要说服一个小小的内阁，而是还要说服一个无动于衷的、被误导的民族，那些盲目的或滥竽充数的领导者们正试图使他们变得麻木、仿佛被催眠般地相信，他们是否要为自己的自由和生命而战，完全取决于他们对和平的真诚热爱。

德摩斯梯尼不是那种退缩到自己的阵线之内的避战之人。现在，他重振其鼓、大胆地向那些反战主义权威出击，首先就是要打破雅典的孤立主义政策。① 腓力把自己伪装成一个将要联合全希腊的领导者；德摩斯梯尼开始联合希腊人反对腓力，并号召他们捍卫民族独立。他在和平期间所做的演说，是一系列急迫的努力：针对伊索克拉底的泛希腊主义建立自己的泛希腊主义，并将其组织成一股真正的政治力量。② 在为雅典的灵魂而战之后，[284]他开始为希腊（Hellas）的灵魂而战。他喊道：雅典避免被包围的命运的唯一道路，就是将腓力的希腊盟友从他身边拉开，并走到所有希腊国家的前面。③ 这正是他的理想。在《反腓力辞》二中，他描述了自己使伯罗奔尼撒诸邦与腓力断绝关系的努力。刚开始

---

① 参见本卷第 338 页及以下。

② 在《反腓力辞》4.33—34 中，德摩斯梯尼在他支持的反马其顿的泛希腊主义和亲马其顿派所支持的反波斯的泛希腊主义之间进行了对比，并解释说，需要全希腊人联合起来反对的，唯一的真正危险，不是波斯，而是腓力。

③ 与我们的"包围（encircle）"一词相对应的希腊语"περιστοιχίζεσθαι"一词，和"包围（encircle）"一样，也是来自于狩猎的一个比喻，参见《反腓力辞》2.27。

时，他没有成功。① 当伯罗奔尼撒诸邦前来要求结盟时，可能会被争取到雅典这边。那是在反对腓力的斗争变得如此激烈之前的几年：德摩斯梯尼曾公开支持尽可能与伯罗奔尼撒诸邦结成联盟的政策，并建议人们不要为了维持几乎毫无价值的与斯巴达的联盟，而将伯罗奔尼撒其他各邦都拒之门外——与斯巴达的联盟是这样做的唯一理由。② 现在，雅典将它们都推进了腓力张开的双臂中。甚至是底比斯，这个比斯巴达更具分量的盟友，也被斯巴达和雅典对其敌人福基斯的支持推向了腓力——底比斯对腓力的亲近甚至可以不顾自身利益。正如德摩斯梯尼后来所言，他总是认为仅仅出于对底比斯的厌恶而支持福基斯人，是一种不幸的政策。现在，福基斯战争已经为腓力干涉中希腊政治提供了机会。福基斯人遭到了碾压：雅典却多少年不能恢复与底比斯的友谊。③ 从许多被仇恨分割的希腊人中建立一条反腓力的泛希腊阵线，看起来是西西弗斯的那种永无止境的劳作。尽管如此，经过多年努力，德摩斯梯尼做到了这一点。联合希腊诸邦以对抗腓力的泛希腊理想，即使在伊索克拉底的修辞学宣告了这一理想之后，听起来也像是一个童话故事，德摩斯梯尼之成长为这种意义上的希腊自由的捍卫者，更是一件令人震惊之事。贯彻这一理想并将其坚持到底的是同一个德摩斯梯尼，他在其第一篇对外政策演说中，就已规定了这一自明之理："雅典的利益是我决定每一项对外政策的基点。"④此后，他就一直是头脑清醒、意志坚定的帝国统治拥护者卡里斯特拉图那一派的政客。现在，到他发表《反腓力辞》三时，他成了一个泛希腊主义的政治家。他认为，考虑到雅典之前政策的伟大传统，接过希腊世界的领导权以对抗腓力，是雅典最伟大的使命。⑤ 他成功地

---

① 《反腓力辞》2.19 及以下。

② 参见本卷第 338 页及以下。

③ 相信德摩斯梯尼从一开始就旨在恢复与底比斯的关系，本人已经为此给出了理由：参见拙著《德摩斯梯尼：其方针的起源和政策》，第 88、161、177、186 页。然而，与底比斯的联盟等到最后一刻，在喀罗尼亚战役之前才做出决定，参见《金冠辩》174—179。这对德摩斯梯尼而言是一个悲惨的胜利。

④ 《为麦加罗波利斯人辩》1—4。

⑤ 关于德摩斯梯尼成长为泛希腊主义的捍卫者，参见拙著《德摩斯梯尼：其方针的起源和发展》，第 171 页及以下、第 177 页、第 255 页；德摩斯梯尼自公元前 346 年和约谛结之后发表的演说的例释，参见第 256 页。当然，他的两种态度——早期演说中所持的务实政策，以及后来所持的理想主义的泛希腊主义方针——并不相互排斥。

将绝大多数希腊人联合在这一旗帜下，古典历史学家们甚至也将其描述为治国之才的最高成就。

[285]德摩斯梯尼的《论刻索尼苏斯》(On the Chersonese)和《反腓力辞》三发表于战争开始不久之前，在这两篇伟大的演说辞中，德摩斯梯尼全力克服民众的怀疑和绝望，再次显示自己是一个受欢迎的领导者——正如他在公元前346年和约签订之前发表的《反腓力辞》中所是的那样。不过，现在，整个场景都变了。那时，他是一个孤独的战士，现在，他是一场席卷全希腊的运动的主导人物。那时，他试图唤起雅典人。现在，他号召全体希腊人抛弃他们的无动于衷，为自己的生存而战。腓力的权力以惊人的速度扩张，而他们仿佛站在暴风雨中或某场自然灾难中，一动不动，面对这种灾难，人们只是消极观望，感觉自己绝望无助，只侥幸希望即将来临的冰雹击打的是邻居的房屋，而非自己的房屋。① 将人们的意志从危害严重的消极被动中解放出来，从那些心怀恶意的指导和顾问——他们乐于将自己出卖给敌人，只为腓力的利益服务——那里拯救出来，是一个真正的领导者的艰巨任务；公众喜欢听他们的话，因为他们对希腊人的意志不提出任何要求。② 德摩斯梯尼——清点腓力的第五纵队已经交予腓力的城市。奥林修斯、埃瑞特里亚(Eretria)，而奥琉斯(Oreus)现在也承认："早知如此，我们也不会陷落。现在，一切都为时已晚。"③当雅典的航船尚未覆没之时，船上的人，无论大小，都应动手救亡。一旦巨浪翻上船舷，那就一切都会同归于尽，一切努力都是枉然。④ 雅典人自己必须行动。即使别人都屈服了，他们也必须为自由而战。他们必须提供金钱、船只和人员，用他们的自我牺牲精神带领其他希腊人与他们一起前进。⑤ 民众的蝇蝇苟利和职业政客们的腐败堕落，必须而且理应让位给希腊的英雄主义精神——这种英雄主义精神曾经击败波斯侵略者。⑥

---

① 《反腓力辞》3.33。
② 《反腓力辞》3.53—55；63及以下。
③ 《反腓力辞》3.56—62；63；68。
④ 《反腓力辞》3.69。
⑤ 《反腓力辞》3.70。
⑥ 在《反腓力辞》3.41中，他从雅典历史中举例，表明早先的雅典人是多么热爱自由和痛恨腐败堕落。

多年之前，德摩斯梯尼就提出了这个问题，这一对比再次说清楚了现在的雅典人是否真的是一个堕落的种族，不配与他们的祖先同名。① 不过，他不是一个历史学家或人种学家，只对事实感兴趣。这里，与在其他地方一样，他自然是一位教师，也必然是一位教师，他意识到了他必须承担的教育责任。他不相信雅典的品质正在退化，尽管其绝大多数症状看起来令人不快。[286]他绝不会忍受自己去做柏拉图所做的事——对雅典城邦掉头不顾，闭门自守，就像对一个病入膏肓的垂死病人一样。② 现在，城邦的行为已经变得碌碌无为，不足称道；想必城邦的精神也必是猥琐不堪？怎么还能有奇思妙想和干云豪气？当伊索克拉底将现在与往昔对比时，他只得出一个结论——过去已逝，昔日不再，直到永远；但德摩斯梯尼作为一个积极进取的政治家，只要他这座堡垒的一堵孤墙依然屹立可守，就不能持这样的观点。③ 他只是将雅典昔日的壮举作为激励来唤起当代人的每一分力量。④ 不过，当他抚今追昔、以古类今时，他不仅得出他那个时代的雅典人应该配得上祖先的结论，他还认为他们必须配得上祖先。⑤ 无论阻隔今日与往昔的鸿沟有多宽多深，除非抛弃自我，否则雅典便不再成其为雅典，她终究不能断绝与历史的关系。一个民族的历史越是伟大而悠久，该悠久而伟大之历史，在该民族的衰落过程中，就越可能成为其人民之命运，他们在逃避其义务——即使这种义务根本就无法完成——方面的无能为力，就越具有悲剧性。⑥ 当然，德摩斯梯尼并非有意自欺欺人，不负责

---

① 《论同盟税》25 及以下。

② 《论同盟税》25。

③ 伊索克拉底，《论和平》69："我们现在没有我们曾经赢得帝国的那种品质，只有那种让我们失去帝国的品质。"每次伊索克拉底将往昔与当下作比较时，当下都是失败的一方，参见本卷第 131 页及以下，第 137 页及以下。

④ "模范(model)"——它是一个可供模仿的范例(pattern)——这一质朴而古老的教育观念再一次，而且是最壮丽地出现在这里。这一教育观念的光芒照亮了希腊民族最初的岁月。在约斯特的《至德摩斯梯尼的阿提卡演说家和历史学家中的"先祖"的范例和典范》这一有大量文献证明的著作中，有关于这一观念在德摩斯梯尼那里发生和发展的系统记录。

⑤ 雅典辉煌的过去使得他的同时代人必须配得上他们的先祖，德摩斯梯尼在其《金冠辩》中说这话主要是在事件之后，但毫无疑问，这种"必须"包含于他在《反腓力辞》中从过去推断出的义务之中。

⑥ 参见《金冠辩》这篇演说的那些气势如虹的段落，尤其是 66 及以下。

任地带领雅典人民去做一场凶险的冒险。然而，我们必须问自己一个问题，当前急迫的情势——对于这一点，他比任何其他政客都看得更清楚——真的允许他或任何其他人去实践那种被人们称之为"可能性的艺术"的政治吗？德摩斯梯尼是一个比绝大多数现代历史学家们所认为的要务实得多的政客。但是，在务实的政客和理想主义的政治家之间，当涉及到正义和道德责任时，对于以雅典的整体生存为赌注去冒险，并要求她以其有限的力量去做不可能之事是否正当这一根本问题，他心里必定有一场热烈的辩论。当他真的要求她孤注一掷时，他不是在为一个九死一生的希望做一种狂妄的浪漫的申辩。他非常清楚地知道，在一场遭遇致命危险的危机中，一个民族，比一个个人，更能做出巨大的难以想象的努力；而这种努力的程度，端赖于它在多大程度上意识到这场危机的危险性，又在多大程度上真的希望活下去。这是即使最聪明的政治家也无法预测的自然之奥秘。做事后诸葛亮是很容易的，他会说真正的政治家是这样一些人：他们把这个问题当作一个简单的算术问题，[287]且发现要想拒绝这样一场赌博极其容易——这不是一场他们必须要以对国家的信任、对国家的力量的信念、对命运的必然性的认识而被迫进行的赌博。值此存亡危急之秋，把城市国家的英雄主义理想表达得慷慨激昂且淋漓尽致的，是德摩斯梯尼。看看他的雕像的那张脸，忧心忡忡而若有所思，满怀关切而眉头紧锁。很容易看出，他生来就不是狄俄墨得斯（Diomede）那样的坚定分子，也不是阿喀琉斯那样的骑士；他是他那个时代的人。这肯定使他的战斗更加高贵，因为他对自己更为敏锐的天性和更为敏感的个性提出了更高的要求。

德摩斯梯尼无法拒绝挑战。他接受了挑战，并充分意识到这一切意味着什么。修昔底德曾经说过，只有当雅典人搞清楚面临的危险时，他们才会面对危险，而其他人，在他们颟顸无知时就会铤而走险。[1] 德摩斯梯尼遵循修昔底德的原则。他警告雅典人，这场战争不会与伯罗奔尼撒战争一样，在伯罗奔尼撒战争中，雅典只限于允许入侵的敌人进

---

[1]　修昔底德，《伯罗奔尼撒战争史》2.40.3。

入阿提卡，她只要躲在城墙后面看着这个敌人即可。从那时之后，战术有了改善。如果雅典坐等敌人越过边境，她就会浪费她的精力。① 这就是为什么德摩斯梯尼拒绝"等等看"的主要原因之一。他不仅呼吁希腊人，还呼吁波斯人小心唇亡齿寒；由于一旦马其顿人征服希腊，马上就会长驱直入推翻波斯帝国，所以，波斯对希腊命运的漠不关心和无动于衷分明是鼠目寸光、愚不可及。德摩斯梯尼以为，他的政治家式的强大推理足以使波斯国王认识到，如果腓力击败了希腊人，对波斯来说，必将到来的是什么。② 如果德摩斯梯尼亲往亚洲，也许事情真会如此。不过，他的使节显然无法打破波斯的惯性。

德摩斯梯尼必须面对的另一个问题，是社会问题。在他的整个职业生涯中，雅典的贫富差距越来越大。他很清楚地知道，绝对不能让这种贫富差距和阶级对立干扰雅典的生死存亡之战，如果真受到干扰，就会严重削弱社会各方的努力。《反腓力辞》四是他试图填平这一鸿沟的一篇演说，至少是想找到某种折中之道来抚平社会中存在的一些不满和敌意。这要求双方都作出让步和牺牲，③并表明了社会问题的解决是如何紧紧依赖于人们保卫自己反抗侵略者的意志。[288]也许，德摩斯梯尼成功的最好证据就是全体雅典人在接下来的战争中所体现的自我牺牲精神。

这场冲突以希腊人的失败而告终。公元前388年的喀罗尼亚战役之后，希腊城市国家永失自由和独立。即使在他们联合起来最后一次为自由而战时，原来的希腊城邦也不能抵御马其顿王腓力组织严密的军事力量了。在腓力突然被刺暴毙后，其继承者亚历山大横扫亚洲，在波斯疆域的废墟上建立起了马其顿帝国，现在，希腊人的历史就融入到了马其顿帝国的历史之中。一个新的意想不到的未来[希腊化世界]向希腊的殖民开拓、科学传播和商业贸易敞开了大门；在亚历山大英年早逝之后，当帝国分裂为继承者们的几大君主时，其余的领域也向希腊

---

① 《反腓力辞》3.49—52；《金冠辩》145及以下。

② 《反腓力辞》4.52；《反腓力辞》4.31—34。关于后一个段落，参见重新发现的狄迪穆斯(Didymus)对《反腓力辞》的评注，他解释了这段话对与波斯谈判的暗示。

③ 《反腓力辞》4.34—45。

人打开了。不过,在政治上,原来的希腊已经寿终正寝。伊索克拉底的梦想——即全体希腊人联合起来,在马其顿的领导下,发动一场针对希腊世仇波斯的民族战争——真的如愿以偿了。死亡使伊索克拉底不必为知道以下事实而悲伤:一个失去其独立和自由的民族对一个假想敌的胜利,并不真的意味着民族精神的提升;而外在强加的联合也并不能真正解决政治分裂的问题。在亚历山大远征期间,每一个真正的希腊人都宁愿听到这位新的阿喀琉斯的死讯,也不愿意向像神灵一般的他祈祷。看到所有希腊爱国者都那么狂热地等待他死亡的消息传来,多少次都大失所望,又是如何根据虚假的消息发动过早的反叛,真是令人悲哀之至! 马其顿的部队对他们的反叛进行了血腥的镇压;而德摩斯梯尼,因为相信他和希腊人都已经山穷水尽、无可指望,终于在马其顿的追捕中饮下藏于鹅毛笔管中的毒药,倒在了波塞冬神庙的祭坛边,在死亡中找到了自由。

　　然而,如果希腊人在亚历山大之死后真的成功地摆脱了马其顿的锁链,又能发生什么呢? 即使他们赢得胜利,无论是在希腊之内,还是在希腊之外,他们都没有政治前途。城邦的历史生命已经寿终正寝,没有任何新的人为组织可以代替它。以现代民族国家的标准来衡量希腊城邦的发展是一种错误。事实是,尽管在其他方面,希腊人有很强的民族意识,但在政治上,希腊人没有办法培养他们的民族感,[289]只有政治意义上的民族感才能使他们建立一个民族国家。亚里士多德在其《政治学》中宣告,如果希腊人联合起来,他们就能统治全世界。① 不过,这种观念只有作为一个抽象的哲学问题才能进入希腊人的头脑。一次,只有一次,在波斯战争之后,在德摩斯梯尼为城邦的独立自主而最后一搏时,希腊人的民族感才在共同抵御外敌时升起并采取真正的政治行动。在那一刻,当城邦最后一次积聚其衰弱的力量来捍卫自己的生命和理想时,它在德摩斯梯尼的演说中得到了永恒。备受尊崇而又被肆意滥用的政治演说——它与其所坚持的理想不可分割——的力量再次在这些演说中达到了最高的意义和价值;然后就化为乌有了;它

---

① 亚里士多德,《政治学》7.7.1327b32。

的最后一次伟大战斗是德摩斯梯尼的精彩演说《金冠辩》,这篇演说无关乎实际政治,而是涉及对一个曾经在关键时期领导雅典的人的个人品格的历史判断。看到德摩斯梯尼几乎以最后一口气仍然为其理想而战,真是令人惊叹。将德摩斯梯尼的此次演说理解为在历史的手指已经作出最后裁决并继续前进之后的最后辩驳,是错误的。不过,他原来的敌人都从老鼠洞里爬出来,纷纷试图以历史的名义对他作出最后的判决。他不得不最后一次挺身而出,告诉雅典人,从他一开始涉足政治时,他想要做什么,以及他究竟做了什么。我们在阅读《反腓力辞》时所看到的艰苦斗争——沉重的过去,日益增长的危险,艰难的决断——作为完成了其注定结局的历史再次一起涌到眼前。当德摩斯梯尼不得不为自己的事业辩护时,他是一个悲剧人物;但他告诫雅典人,除了他们的光荣历史要求他们做的决定之外,不要认为他们做了任何其他决定。雅典的光荣再次通过他的话语闪耀出光芒,并在一曲尽管苦涩但仍然和谐的乐曲中落下帷幕。①

---

① 《金冠辩》206—208。译注:德摩斯梯尼的意思是,他所做的一切[决定],以及他要求雅典人做的一切[决定],无非是雅典的光荣历史[雅典的天命]要求他和他们做的。正因为这是历史的必然要求,所以作者接着说,雅典在"尽管苦涩"但"仍然和谐"[因为必然]的乐曲中落下帷幕。

# 索　引

# 译后记

最早遇见耶格尔的书是在二十多年前,先是他的《早期希腊哲人的神学》,接着便是这个三卷本的《教化》。

那时,我还在上学,注意力集中在存在论或者形而上学方面,而耶格尔的书,严格点说属于古典学,通俗点说是思想史,与那时心目中的"哲学"相距甚远。所以,我们之间的相遇,并无修昔底德所谓的"真正原因"或"必然性",相遇的缘由,客观上是图书馆刚好有,主观上是觉得,希腊哲学家关于存在的言说(ontology)与他们关于神的言说(theology),关系相当暧昧。

之所以重续前缘,有两个原因。一是随着年岁渐长,切实体会到无论多么抽象的哲学理论,都是从当时特定族群的生活中生长出来的,哲学在哲学之外。正如本书作者所言:"哲学不能仅凭纯粹理性而存在:它只不过是把一种在某个历史阶段中生成的文化转化为抽象的理想形式而已。柏拉图和亚里士多德的哲学同样如此。没有希腊文化,我们不可能理解哲学;离开哲学,我们也不可能理解希腊文化。"(第一卷,第138页)

二是因为一度头脑发热,在学校开过一门有关柏拉图的选修课。上这门课,大致要考虑以下问题:一是柏拉图说了什么,二是柏拉图为什么要这样说，三是柏拉图的同时代人或者他的对手们又怎么说。我想，耶格尔的《教化》可以帮助我，因为他说过，他的这本书是为寻找通往希腊的道路的人而写的（第一卷前言）。《教化》的第一卷其实就是关于柏拉图的导论（第二卷前言），回答的是第二个问题；第二卷"探寻神圣的中心"回答的是第一个问题；第三卷"文化理想的冲突"回答的是第三个问题。当古代希腊辉煌的城邦文明在垂死挣扎之后终于寿终正寝，我们也就理解了柏拉图的问题，以及他内心的痛苦和希望——历史不只是灰烬。

于是，我先译出第一卷，后来忍不住又陆续译出第二卷，这时便有了也许可以分享给其他读者的念头，所以在犹豫了半载之后，硬着头皮译出第三卷。负百斤而行万里，等译稿完成的时候，文章村的鸡犬已经鸣叫了七八年，同楼层的租客也换了三四茬。

译稿得以出版，要特别感谢华东师范大学出版社六点分社的倪为国老师。抱着试试看的态度，我在网上搜到了倪老师的邮箱。想不到倪老师第二天就回了邮件，并打来电话，不仅愿意出版译稿，还给予热情的勉励。在接下来紧张的修改过程中，倪老师不时来电，语重心长地嘱咐。衷心感谢倪为国老师的帮助。

这样一部古典学著作，本来应该由学识和语言功底更好的学者来翻译。我自己阅读时，不懂的地方可以放过去，有些地方理解错了，也无所谓；但要完整地、大致不差地呈现给读者，本人实属勉为其难。力小而任重，只能求助于师友；在此，尤其要感谢一位年轻老师（谨遵其意愿，隐去其姓名）在古典语言方面的帮助，我不时请教，他有问必答，细致而严谨，使译文得以完整。当然，在翻译过程中，我也经常学习和参考前人的成果，没有他们的劳动，本书的翻译要艰难得多；直接的借用文中虽有注明，但更多潜移默化或者不知不觉的"模仿"，无法一一列出，在此一并致谢。

本书的责任编辑徐海晴博士是译稿的第一个读者，为本书的出版付出了辛勤的劳动。她说，编校改错就像抓虫子，抓不完，但抓虫子也有其乐趣。感谢徐博士这大半年与我一起"抓虫子"。

也感谢我就职的岭南师范学院。十年前，它给了我一个马克思主义学院的教职;感谢马院领导的宽容,很惭愧,除教学外,多年来没有为单位做贡献。

译文中的错误,恳请方家不吝指正,以便日后修改;本人的邮箱:fzlz2002@aliyun.com。

2021 年春
于文章村

**图书在版编目(CIP)数据**

教化:古希腊文化的理想 /(德)韦尔纳·耶格尔
著;陈文庆译.--上海:华东师范大学出版社,2021
(经典与解释)
ISBN 978-7-5760-1267-5

Ⅰ.①教… Ⅱ.①韦… ②陈… Ⅲ.①文化史—研究—
古希腊 Ⅳ.①K125

中国版本图书馆 CIP 数据核字(2021)第 030248 号

华东师范大学出版社六点分社
企划人 倪为国

本书著作权、版式和装帧设计受世界版权公约和中华人民共和国著作权法保护

## 教化:古希腊文化的理想

著　　者　(德)韦尔纳·耶格尔
译　　者　陈文庆
责任编辑　徐海晴
责任校对　王　旭
封面设计　吴元瑛

出版发行　华东师范大学出版社
社　　址　上海市中山北路 3663 号　邮编　200062
网　　址　www. ecnupress. com. cn
电　　话　021-60821666　行政传真　021-62572105
客服电话　021-62865537　门市(邮购)电话　021-62869887
地　　址　上海市中山北路 3663 号华东师范大学校内先锋路口
网　　店　http://hdsdcbs. tmall. com

印　刷　者　上海盛隆印务有限公司
开　　本　700×1000　1/16
印　　张　89.75
字　　数　1028 千字
版　　次　2021 年 6 月第 1 版
印　　次　2021 年 6 月第 1 次
书　　号　ISBN 978-7-5760-1267-5
定　　价　298.00 元(三卷本)

出 版 人　王　焰

(如发现本版图书有印订质量问题,请寄回本社客服中心调换或电话 021-62865537 联系)